공공신학과
한국 사회

공공신학과 한국 사회

후기 세속 사회의 종교 담론과 교회의 공적 역할

성석환 지음

새물결플러스

목차

1부   공공신학과 도시 공동체의 만남

2부 공공신학과 문화 변혁

3부 공공신학으로 읽는 한국 사회

4부 공공신학과 종교개혁 유산

시대적 요청으로서의 공공신학

세계 신학계가 이제는 '공공신학'을 신학의 한 방법론으로 받아들이는 분위기를 보이고 있지만, '공공신학'은 전통적인 주류 신학에서 그 위치를 굳건히 확보하지는 못한 듯하다. 기존의 전통적인 신학은 '4차 산업 혁명과 인공지능의 미래', '정의와 평화를 위한 도전', '도시와 인간의 공존', '생명과 기술의 조화' 등 인류의 미래와 관련해 제기되는 첨단의 도전들에 대해 적합한relevant 응답을 충분히 제시하지 못하고 난색을 보인다. '공공신학'은 '기독교 사회 윤리'나 '정치 신학'이 대응해왔던 질문들에 대해 시민 사회의 '공공'publics을 고려하고 모든 사회 구성원들의 '공동의 선'the common good을 지향하는 신학적 방법론을 새롭게 모색하며 그를 실천하고자 한다.

　전통적인 신학적 관점에서 볼 때, '공공신학'은 사회학과 정치 신학(해방신학이나 민중 신학 등 제3세계 신학들)의 전통을 분명히 계승하고 있다. 그러나 '공공신학'의 본격적인 궤도는 20세기 후반부터 전 지구적으로 확대된 신자유주의가 인간의 공존과 '공동의 선'을 현저히 위협하자 이에 저항하며 형성된 시민 사회의 공론장에 적극적 참여를 모색하면서 그 역할이 더욱 분명해졌다. 또 최근에는 이른바 '후기 세속 사회'의 종교 담론과 대화하며 신학의 사회적 의미를 공적인 방식으로 재구성하고 있다. 특히 신학 공동체가 직면한 사회 문화적 상황에 개입하되, 교회의 주체적 역할을 주장하기보다는 신학의 '자리'를 시민 사회의 협력과 참여의 테이블에 위치시킴으로써 다양한 대화의 통로를 확보하고자 한다.

한국교회는 현재 수적인 정체 및 감소에 직면하고 있다. 특히 젊은 층이 급감하여 미래의 생존을 걱정해야 하는 선교적 위기를 겪고 있다. 또 더 심각한 것은 도덕적 위기인데 이로 인해 '공공성' 의제에 더욱 책임적으로 대응해야 한다는 강력한 요구가 교계 안팎에서 제기되고 있다. 북미와 유럽의 '공공신학'이 중상위 계층과 관련한 생활 정치적 의제와 연관되어 발달한 반면, 한국의 '공공신학'은 '교회 개혁'과 한국 사회의 '정치 개혁'에 연관된 방식으로 특수하게 전개된다. 특히 언론과 미디어가 대형 교회와 관련된 문제점들을 다루면서 사회적인 이슈로 부상했고, 신학자들은 교회가 신앙 공동체이면서 동시에 민주 시민 공동체이기 때문에 그에 상응하는 사회적 역할도 감당해야 한다는 점을 강조했다. 그럼에도 안타까운 것은 한국교회 내부의 개혁 과제에 몰입하느라 사회적 문제들을 다루는 공론장에 참여하는 시도가 부족했고, 어쩔 수 없이 교회의 신학에 의존해 기존의 신학적 패러다임을 크게 변화시키지 못했다는 점이다. '공공신학'을 위한 한국교회의 논의가 초보적인 이유도 현장에서의 경험 부재에 기인하는 것이라 하겠다.

이와 달리 '공공성'을 토론하는 한국 사회의 공론장은 1987년 민주화 이후에 지속적으로 확장되어오다가 이전 정부의 실정에 저항하여 일어난 2016-2017년 촛불 정국을 거치며 그 정점에 이르렀다. 특히 '마을 만들기', '주민 역량 강화', '도시 재생 사업' 등의 주민 자치 사업이 정부와 지방 자치 단체에서 강력하게 전개되는 가운데, 시민들이 광장에서 주권자로서의 정치 참여를 경험함으로써 한국 사회의 공론장을 전에 없이 확대시켰다. 그러나 빈부의 격차가 더 심각해지고 청년 실업과 노인 빈곤 지수가 높아지는 등 사회적 갈등과 분열 양상도 여전해 향후 한국 사회의 '공동의 선'을 실현하기 위한 조정과 중재의 역할이 절실히 요구된다. 한국교회의 '공공신학'은 이러한 시대적 요청에 응답하기 위해 한국 사회의 다양한 갈등과 토론의 자리에 참여하는 새로운 실천 양식을 제시할 수 있어야 한다. 이는 서구의 시민 사회 공간이 주로 부르주아 계급의 사유 재산과 정치적 자유를 위해 확장되어온 반면, 아시아나 아프리카처럼 식민지를 경험한 나라에서는 제국주의나 독재 정권에 대한 저항을 통해 시민 사회가 형성되면서 공공성이나 정의와 관련한 의제가 더 강하게 나타나는 것과 밀접한 관련이 있다.

'공공신학'의 논의들: 시작하는 이들을 위하여

'공공신학'에 대한 기독교계의 논의는 매우 실천적이다. 생명, 환경, 정의 등의 기독교 윤리적 주제들은 물론이고, 도시, 여성, 의료, 기후 등에 대해서도 해당 전문가들과 적극적으로 대화하면서 공론장을 확대시켜나간다. 공공신학 지구 네트워크Global Network of Public Theology, GNPT와 「공공신학 국제 저널」(*International Journal for Public Theology*)의 창간을 주도했던 윌리엄 스토러는 2007년을 '공공신학'의 카이로스라고 표현하며, 교회가 "다원주의적 공공 영역에서 자신의 의견을 다른 많은 의견 중 하나로 여기고 기꺼이 참여할 수 있어야 하며, 다원주의적 시민 사회의 한 동반자로서 역할을 다할 준비가 되어 있어야 한다"[1]고 보았다.

앤드류 R. 모턴은 던컨 포레스터를 영국(유럽)의 대표적인 '공공신학'의 선구자로 평가하면서, 그는 교회와 학교에서만 활동하는 신학자가 아니라 정치나 과학 분야와 같은 공공의 영역에 참여했을 뿐 아니라 사회에서 소외된 이들의 아픔에 동참했던 활동가로서 "신학이나 종교의 영향력이 다만 사적인 삶private life이나 개인적인 주관성subjectivity에만 국한되어야 한다고 당연시하던 당대의 개념들을 거부"[2]한 신학자였다고 회고한다. 포레스터와 함께 에딘버러 대학교를 중심으로 '공공신학'의 현대적 토대를 구축한 이들의 활동은 기독교 사회 윤리의 전통에 가깝다.

'공공신학'이라는 용어는, 로버트 벨라가 베트남 전쟁과 관련된 라이홀드 니버의 주장을 다루며 루소의 개념인 '시민 종교'Civil Religion를 미국의 이데올로기로 제시하자, 이를 비판적으로 반박한 마틴 마티의 논문 "Reinhold Niebuhr: Public Theology and the American Experience"(*Journal of Religion*, 1974)에서 처음 등장한 것으로 많은 학자들이 인정한다. 그는 기독교의 에큐메니컬 상황과 다원화 사회인 북미에서 교회가 신앙적 통찰을 가지고 정의롭고 더 나은 세상을 위한 일에 헌신하도록 하는 것이 '공공신학'이라고 보았다.

한편, 앞서 언급한 스토러와 함께 북미의 '공공신학'을 이끌어가는 가장 중요한 인물이 바로 맥스 L. 스택하우스다. 그는 특히 지구화로 야기된 세계 시민 사회의 윤리적 위기 국면이 '공공신학'의 연대를 절실히 요청하는 사회 문화적 조건이라고 보았다. 그는 특정 공동체의 경험과 고백이 공동체 내부의 공적인 삶의 규범으로 작동하는 것은 당연하지만, "그것이 공동체나 사적인 연대 안에서만 작동되기보다는 시민 사회의 복합적 제도들과 다른 사람들의 신념들을 통해 작동되어 공적 영역을 형성"³해야 한다고 보면서, 신앙 공동체가 느껴야 할 이러한 세상에 대한 공적인 책임 의식의 기원을 성경에서 요청하는 '청지기 정신' stewardship에서 찾았다. 계몽주의 이후 종교, 윤리, 가치, 의미 등이 사적이고 주관적인 것으로 치부되었고 공적이고 사회적이며 객관적인 삶으로부터 제거되었다.⁴ 스택하우스는 지구적 위기에 직면한 상황에서 가치와 윤리의 통찰력을 공적 영역에 개입시키는 교회의 노력이 '공공신학'으로 전환되어야 한다고 주장한다. 그래서 '공공신학'은 하나님의 공의와 진리의 상징을 공동체적으로 고백함으로써 그러한 성례전적 행위를 발전시키고 사람들 가운데 공개적으로 노출되어야 한다.⁵ 스택하우스는 특히 경제적 문제에 집중하면서 오늘 지구 사회의 모순에 대한 정치 경제학적 분석과 이에 대한 기독교 윤리적 대응을 모색한다.

이외에도 한국인으로서 대표적인 공공신학자로 인정받는 김창환, 스콧 패스, 클라이브 피어슨, 일레인 그레이엄, 존 드 그루치, 리넬 캐디, 해롤드 브라이튼버그 등이 필자가 이 책에 주로 참고한 이들이다. 특히 김창환은 IJPC의 편집인으로서 활약하면서 *Theology in the Public Sphere*(2011)을 통해 '공공신학'의 방법론을 새롭게 제안했다. 사실 '공공신학'의 당위를 신학의 공적 특성과 복음의 공적 본성에 두고 작업하는 연구들과 기존의 상황 신학이나 정치 신학의 토대들 위에 구축하려는 시도가 있었지만, '공공신학'이 기존 신학과 구별되려면 그 신학적 방법론이 새롭게 구성되어야 한다. 이런 관점에서 김창환의 작업은 매우 의미 있고, 필자 역시 그의 의견을 대체로 수용했다. '공공신학'의 독특성은 다루는 주제가 공공 영역의 사회적 이슈들이라는 점뿐만 아니라 '공공신학'을 수행하고 논의하는 과정이 참여적이고 다원적이며 개방적이어야 한다는 방법론적 차원의 차별성도 고려한 것이었다.

그런 점에서 캐디와 남아프리카 공화국의 그루치, 또 브라이튼버그의 작업 또한 현대 '공공신학'의 발전을 위해 주목할 필요가 있다. 필자가 한국적 상황에서 '공공신학'을 재구성해야 하는 초기 작업[6]에 다음과 같은 점에서 큰 도움을 받았다. 캐디의 경우에는 리처드 니버가 분석한 '그리스도'와 '문화'의 관계성과 '신중심적' 책임 윤리 신학을 결합하여 다원적 사회에서의 신학의 공공성을 고민했다는 점에서,[7] 그리고 그루치의 경우에는 인종 갈등과 같은 특수한 상황에 응답했다는 점에서 큰 도움을 얻었다. 캐디는 공공신학이 스택하우스나 트레이시처럼 공공 영역의 의미 체계에 규범적 역할이 되도록 하는 방식, 즉 신학의 공공성 규명 자체에 집중한다면 오히려 공공신학의 성찰이 기독교 내부의 사적이고 편협한parochial 것으로 치부될 수도 있고, 또 벨라나 마티와 같이 시민 사회의 담론에 대한 비판적 성찰에만 집중한다면 정작 기독교적 정체성에 근거한 메시지의 영향력은 약화될 것이라고 보았다.[8]

브라이튼버그의 작업에 대한 평가는 *A Companion to the Public*

Theology(Brill, 2017)의 공동 편집자인 김창환과 케이티 데이의 서문에 잘 정리되어 있다. 필자 역시 이 책에 수록된 글들에서 브라이튼버그의 방법론을 매우 비중 있게 참고했다. 김창환과 케이티 데이는 브리튼버그가 '공공신학'의 특징을 매우 적절하게 분석했다고 보았다. 가장 큰 특징은 '공공신학'이 구성적constructive이라는 점이다. 즉 "공공신학을 구성하는 과정 자체가 사회적으로 상호 작용적"이며, 그것은 "신앙 공동체 안팎 모두를 향한 담론"[9] 과정이라는 것이다.

그래서 그는 기존의 '고백 신학'confessional theology과 '공공신학'이 다른 점을 몇 가지로 정리하는데, 우선 '공공신학'은 '고백 신학'과는 달리 명시적으로 비기독교적 자료나 기독교 전통에 속하지 않았지만 기독교적 통찰에 연결될 수 있는 자원들을 사용한다는 점에서 다르다. 다음으로 공공신학자들은 사회의 다양한 요소, 제도, 상호 작용을 다루며, 종교적 신념과 실천 사이에서 공적인 사안을 평가하고 해석한다는 점이 전통적인 신학자들과 다르다. 끝으로 교회 안팎의 모든 이들을 설득하고 이해시키기 위한 가이드나 해석을 제공하고자한다는 점에서 다르다.[10] 이렇게 해서 다양한 의견과 주장을 수렴하여 합의를 찾아가는 과정을 '공공신학'의 방법론으로 제시하는 브라이튼버그의 입장을 필자 역시 이 책에 반영했다. 이는 공동체 안팎의 '공동의 선'을 추구하려는 의도에서 나온다.

김창환과 케이티 데이는 '공공신학'의 담론적 수행을 위해 우선 '공공'에 대한 이해가 필요하다고 주장한다. 그들은 '공공'을 단일체 혹은 무정형으로 인식하면 기독교 내부의 논의로 국한될 수밖에 없다는 사실을 지적하며, '공공신학'은 '공공 영역'의 본성에 대한 성찰과 우리가 참여해야 할 '공공들'publics을 명료하게 하는 작업이라고 보았다.[11] 따라서 '공공신학'은 학제 간, 학문 간 협의와 대화를 통해 진전되어야 한다. 이는 좌우의 경계와 함께 위아래의 경계를 넘어서 상호적인 논의를 구성하는 것이다. 이런 점에서 김창환과 케이티는 전통적인 신학이 '사회에 대해'to society 말해왔다면, 이제 '사회 안에서'in society 대화를 해야 한다고 주장한다.[12] 이러한 시도는 결국 '성과 속', '공과 사', '교회와 국가', '신학과 타 학문', '국가적 차원과 지구적 차원'의 이분법적 경계에 도전할 것이며, 정치, 경제, 문화, 사회, 기술, 기후, 인간 노예, 건강, 이민, 건강, 청년, 가난 등의 의제를 다루는 지구적 차원의 공론장에 참여하도록 요청할 것이다. 인종과 종교, 성과 나이를 초월해 인류가 함께 대처해야 할 공동의 위기를 대처하고 '공동의 선'을 추구하는 일에 헌신하는 것이 '공공신학'의 비전이 된다.[13] 이는 신학교와 교회의 담장을 넘어 '공공의 영역'에 참여하고, 필자가 마지막 장에서 강력하게 제기하는 '공동의 선'에 기여할 것이다.

필자가 처음 '공공신학'을 접할 때, 그에 대한 정확한 정의를 내리는 일이 쉽지 않았다. '공공신학'을 기독교 사회 윤리나 정치 신학의 범주에 속한 것으로 이해할 때 발생하는 문제점이 바로 '공공'을 이해하는 방식이었다. 전통적인 신학적 범주 안에서 '공공'은 신학 외부의 영역에 위치한다. 그러나 '공공신학'은 '공공'을 신학의 대상으로 여기기보다는 신학의 '장'field으로 여긴다. 그래서 공론장의 문법과 담론 형식에 대한 연구가 필수적이다.

필자가 이러한 방법론적 논의에 집중할 때, 필자의 작업에 대한 평가나 이해는 다른 학자들과의 논쟁으로 이어지는 경우가 많았다. 가장 어려웠던 것은 기독교 윤리학이라는 전통적 범주 안에서 '공공신학'을 다루어야 할 때 발생하는 이해의 차이였다. 즉 필자의 연구가 전통적인 신학적 방법론을 사용하지 않는다는 비판이 제기될 때 대처하기가 쉽지 않았다. 공공 영역의 의제를 다루면서, '공공신학'은 필수적으로 담론적이며 상호 작용적이어야 하기에 참고 자료와 대화 상대가 신학적 자료 외부에서 동원될 가능성이 크다. 그래야 구성적일 수가 있기 때문이다. 이는 사실 오랫동안 개혁교회가 에큐메니컬 전망 안에서 수용해온 '협의회적 방식'conciliar process임을 인정한다면, 오늘날 학계나 교회에서 이러한 방법론이 아직 제대로 인정받지 못한다는 것은 시대착오적인 일이다. 그 자체가 대사회적 소통에서 실패하고 있는 한국교회의 현실을 그대로 보여주는 것은 아닌지 생각하게 된다.

'공공신학'의 새로운 조건, '후기 세속 사회'

20세기 70년대부터 가속화된 것으로 볼 수 있는 '공공신학'은 크게 두 가지 관점에서 당시 기독교 신앙의 문제점을 지적한 셈인데, 하나는 사사화된 신앙에 대한 것이고 또 하나는 그 반대로 종교의 지나친 정치화 혹은 공공화를 문제 삼았다. 캐디도 이러한 입장에 동조하면서, '공공의 종교'와 '공공신학'이 공공의 영역에서 어떻게 차별성을 드러내는지 질문한다. '공공신학'은 개인의 사적인 영역이나 혹은 그 공동체의 유익만이 아니라 '공동의 선'과 같은 우리의 공유된 삶의 가치와 이슈들에 강력하게 연관되어 있다는 점에서 다르다.[14]

　　그런데 이러한 주장이 가능해진 데에는, 근대화 이후에 종교의 사사화 혹은 종교화를 부추긴 '세속화'secularization 이론이 90년대를 전후로 전개된 세계의 종교적 부흥 및 정치적 세력화 양상에 따라 그 설득력을 잃었기 때문이었다. 캐디는 근대가 주도한 '종교' 대 '세속'의 대결 구도가 더 이상 작동하기 어렵다고 평가하면서 근대 서구 세계의 구성에 종교가 여전히 깊숙이 개입되어 있다는 점을 강조했다.[15] 필자는 이 책에서 마르크스주의자이자 프랑크푸르트학파에 속한 위르겐 하버마스가 오늘의 시대를 '후기 세속 사회'라 칭하며 종교의 공적 담론을 제기하고 있음을 여러 번 밝혔다. 그는 신학계에서의 주장과는 별개로, 근대 국가의 성립에 드리워진 종교적 기반을 재조명하며, 오늘날 인류가 직면한 여러 위기적 사태를 해결하기 위해서라도 종교의 도덕적 역할이 필요하다고 보았다. 이것은 "종교적 성찰insight과 세속적 의식consciousness이 상호 보완적인 '배움의 과정'learning process을 통해 두 영역의 한계를 극복"[16]해야 한다는 것이다. 사실 그것이 근대화의 본성이기도 했다. '공공신학'의 논의 과정에서 '공공'에 대한 사회학적 전이해가 필요한바 하버마스의 '공공성'에 대한 연구 성과들은 '공공신학'에서 동원하고 대화해야 할 매우 중요한 자원들이다.

이런 점들을 고려컨대, '후기 세속 사회'의 종교 담론에 참여하는 신학은 20세기를 주도했던 '변혁자'로서의 역할보다는 '정보의 한 운송 수단'의 역할을 우선 요구받는다는 사실을 수용해야 한다. 그러면서도 '종교'와 '세속'을 구분하는 흐름에 대해 종교의 공적 역할을 정당하게 인식해줄 것을 설득해야 하는 이중적 과제가 오늘 '후기 세속 사회'에서의 '공동의 선'을 추구하는 '공공신학'에 주어져 있다. 종교의 영역을 세속적 영역과 대립적으로 구성하는 구도를 극복하고, '후기 세속 사회'에서의 '공공신학'의 새로운 역할을 모색하는 일은 종교가 사회 모든 구성원의 더 나은 삶에 기여한다는 점을 재현하고 증명하는 일이라고도 할 수 있다.

그러므로 '공공신학'의 새로운 조건으로서 '후기 세속 사회'는 전통적인 신학의 지형을 현저히 바꿔놓을 것이다. 기존의 신학적 논의가 신자들의 삶이 구체적으로 연관되어 있는 세속적 사안에 대한 고민을 도외시하고 신앙 공동체 내부의 논의에만 국한된 것이 아닌지 비판적으로 성찰해야 한다. 우리가 살아가는 세계의 모든 공론장의 담론에 참여하는 신학적 지형을 새롭게 구성해가야 한다. 신학이 과학이나 경제, 정치와 대화하는 방식이 '후기 세속 사회'에서 '공동의 선'을 향한 논의가 될 수 있도록 지혜를 발휘해야 한다. 나아가 사회적 제도들이 '공동의 선'을 위해 운영될 수 있도록 윤리적 가치와 도덕적 토대를 제공하는 것이 '공공신학'의 역할이다. 이러한 시대적 요청은 한국교회에게 더욱 강력하게 제기되고 있다. 다양한 종교가 공존하고 사회적 공론장이 역동적으로 변화하는 상황에서, 기독교 신학이 교회라는 신앙 공동체 제도권 안에 머물러 있다면 앞서 제기되는 공적 역할을 제대로 수행하기 어려울 것이다.

한국교회의 '공공신학'을 위하여

'공공신학'이라는 구체적인 범주에 공식적인 참여를 통해 활동하지 않아도 신학을 공적으로 수행하고 그 실천을 '공동의 선'을 위한 프락시스로 이해하는 학자들은 한국에도 없지 않다. 예컨대 〈새세대교

회윤리연구소〉는『공공신학이란 무엇인가?』(북코리아, 2007),『공공
신학 어떻게 실천할 것인가?』(북코리아, 2008) 등을 출간해 한국교회
가 아직 익숙하지 않을 때 '공공신학'을 소개했다. 또 〈기독교윤리실
천운동〉이『공공신학』(2009)을 내놓았으며, 최근 임성빈은『21세기
한국 사회와 공공신학』(장로회신학대학교출판부, 2017)에서 한국 사회
의 다양한 주제를 다루고 한국적 '공공신학'의 실천 가능성을 제시
했다. 한편 대한예수교장로회(통합)의 장로회신학대학교 교수들로
구성된 〈공적신학과 교회연구소〉는 현재 GNPT에 참여하는 국내
유일의 단체다. 2008년 설립 이후 다양한 주제로 세미나를 개최하고
『공적 신학과 공적 교회』(킹덤북스, 2010)를 필두로 '경제', '정치', '지
역 교회' 등을 다룬 결과물을 출간했다. 김창환은 2018년 5월 장신대
에서 개최한 '국제학술대회'에 참가해 이 연구소의 활동을 높이 평가
하면서도, '공공신학'의 방법론적 차별성을 확보하기 위해서는 향후
비기독교 영역과 충분한 대화와 소통을 해야 한다고 주문했다. '공공
의 영역'에 대한 다원적이며 담론적 이해가 요청되는 새로운 상황에
서 한국 신학계는 '공공신학'의 구성적 방법론과 그 실천에서 공론장
에 참여하는 경험이 여전히 부족한 상태다.

　　한국적 '공공신학'은 당연히 한국 사회의 공적 이슈들과 대화하
면서 구성되어야 한다. 서구의 '공공신학'은 근대 시대를 지나 포스
트모던 시대를 거치며 새롭게 전개되는 다원적 시민 사회를 고려하
며 전개되었다. 지구화 국면의 신자유주의 경제 체제를 공히 경험
하며 비슷한 사회적 문제점들을 경험하고 있지만, 그것들이 부각되
는 한국의 정치 사회학적 지층과 그러한 논의에 참여하는 당사자들
의 계급적 특성 및 소통 방식은 서구와 현저히 다르다. 예컨대 최근

서촌의 '궁중 족발 사건'[17]으로 인해 사회적으로 이슈가 되고 있는 '젠트리피케이션'[18] gentrification 현상을 두고 각계의 토론이 진행되고 있다. 법적인 제도의 문제와 당사자들 간의 합의가 서로 상충할 때, 이견을 조정하고 합의를 이끌어내는 공론장 형성이 어렵다. 심지어 임차인은 시민 사회와 노동 단체들과 연대하고 건물주는 용역들을 동원해 물리적 충돌이 벌어지는 계층적 대립으로 결국 한쪽이 패배해야 끝이 난다. 아쉽게도 이 문제에 대한 신학계의 논의는 그리 활발하지 못하다. 〈옥바라지선교센터〉 등 젊은 기독 활동가들이 현장에서 사회적 약자들과 함께하고 있다. 한국교회의 주류 지도자들은 이런 사회적 사안을 이념적인 관점에서 바라보는 경향이 강하다 보니 이 주제를 다루는 신학적 작업에 참여하기 어렵다. 필자는 '공공신학'의 한국적 구성이란 바로 이러한 현장에 참여하여 갈등을 조정할 제도적·문화적 합의에 기여하는 실천을 포함한다고 본다.

위와 같은 국지적 개별 사안에 대한 대응은 아직 부족하지만, '토지', '주거', '도시권', '청년 실업' 등의 거시적 의제에 참여하는 신학자들의 논의는 적지 않다. '세월호 참사', '촛불집회', '4차 산업 혁명' 등 거대한 사회적 변동을 일으키는 사건들에 대해 새로운 신학적 통찰의 계기로 삼는 작업은 활발했다. 필자가 속한 학교와 학회에서도 해당 사안들에 대한 성명서 발표와 세미나 개최 등을 통해 기독교 윤리학적 통찰을 적극적으로 전개한 바 있다.[19] 최근에는 남북 및 북미 간 정상 회담을 계기로 '한반도의 평화 프로세스' 문제에 대한 신학적 고민 역시 활발히 전개되고 있다. 그러나 이런 거시적 의제들을 기존의 '고백 신학' 혹은 '교회의 신학'의 방법으로 수행한다면, 그 사안의 다양하고 다층적인 담론적 성격과 '공공'적 특성을 무시하는 결과를 낳을 수 있다는 점이 여전히 과제로 남아 있다.

이런 한계가 상징적으로 드러난 사안이 이른바 '차별 금지법'(국가 인권 정책 기본 계획 NAP)에 대한 기독교계의 대응 방식이다. 기독교계는 대도시를 중심으로 개최되는 '동성애 축제'에 대해 공개적으로 반대 집회를 열고, '차별 금지법'이 통과되었을 때 동성애가 무분별하게 확산될 것을 우려하는 목소리를 적극적으로 표현하고 있다. 또 교계 내부적으로는 '동성애'에 대한 입장을 근거로 신학교 입학이나 안수를 제한하는 법규를 제정하는 등의 조치를 취하고 있다. 서구 교회들이 이미 이 문제를 두고 십여 년 이상을 토론해온 것을 보면, 한국교회는 이제 초보적인 논의를 시작한 셈인데 보다 냉정한 대응이 필요한 시점이다. '동성애' 자체에 대한 신앙적 판단과는 별개로, 법적이고 제도적인 사회적 공론장에 참여하여 기독교적 통찰을 제시할 담론적 방식을 모색해야 하는데 현재로서는 그러한 행보 자체가 허용되기 어려운 실정이다.

이와 유사한 또 하나의 사례는 2018년 6월 제주도에 무비자로 입국하면서 사회적 이슈가 된 500여 명의 '예멘 난민'에 대한 기독교계의 대처 방식이다. 이들이 정부에 제출한 '난민 지위' 신청을 국제법에 따라 처리해야 한다는 입장과 이들의 종교가 이슬람교라는 점을 들어 신중하거나 거부해야 한다는 입장이 팽팽히 맞서고 있는 때에, 개신교가 더 적극적으로 부정적인 입장을 개진하면서 사회적으로는 오히려 비판을 받고 있는 상황이다. 물론 기독교계만이 아니라 일반 여론도 '우호적' 50.7%, '적대적' 44.7%로 형성되어 사회적 갈등의 원인이 되고 있다.[20] '공공신학'적 입장에서는 이 사안이야말로 공론화와 담론 과정을 거쳐 기독교적 통찰을 제공할 수 있는 적합한 이슈임에도 불구하고 기독교계 내부나 교회 안에서 신학적 공론을 모으기 어렵다 보니 적극적인 대처가 어렵다. 다만 이들을 위해 활동하는 많은 단체와 활동가들 중에 개신교인이 많이 있다는 것으로 위안을 삼아야 하는 실정이다. 선교적 차원에서라도 교회 밖의 관련자들과 공적인 대화에 참여해야만 기독교가 지지하는 사회 문화적 가치들을 사회적 합의의 근거로 제시할 수 있을 것이다.

　'공공신학'의 한국적 실천이 어려운 가장 근본적인 원인은 한국 교회의 대사회적 신뢰도가 현저히 낮으며, 향후 더 낮아질 것으로 전망되기 때문이다. 2017년 발표된 〈기독교윤리실천운동〉의 '한국교회의 사회적 신뢰도 여론 조사'(2017. 3.)에 따르면 "전반적인 신뢰도"에서 '그렇다'가 20.2%, '보통'이 28.6%, '그렇지 않다'가 51.2%였으며, "기독교인 신뢰도"는 '그렇다'가 18.1%, '보통'이 33.1%, '그렇지 않다'가 48.8%로 나왔다.[21] 사회적 신뢰가 이처럼 낮은 상태에서 '공공신학'이 한국적 실천을 담보하기란 쉽지 않다. 그래서 신학적 연구 주제로 '동성애', '난민', '여성 혐오' 등을 다루는 연구 논문들이 있지만, 실제로 사회적 공론장에 참여하고 담론 과정에 개입해 구성적 '공공신학'을 수행하는 사례는 드물다. 기독교 윤리학적 관점이나 정치 신학적 관점에서 다룰 수는 있어도, 한국의 시민 사회에 형성된 공론장에 참여하여 대화하는 '공공신학'적 방법론이 발전되기가 어렵다.

　이를 위해서는 우선 기독교 신학계의 공고한 분과별 경계가 속히 유연해져야만 한다. 신진 학자들은 이미 '공공신학'에 대한 최신 방법론들에 대해 개방적임에도 불구하고 기존에 형성된 경직된 신학계의 전공 및 학과 구분으로 인해 간학문적인 융합식 연구 방법론이 아직 뿌리를 내리지 못하고 있다. 또 앞으로 한국 사회의 발전 방향을 고려컨대, 의료, 기후, 과학 기술, 환경, 청년 정책 등의 전문가들과의 대화가 신학교 정규 교과 과정 안으로 들어올 수 있도록 교수진의 다양화를 모색해야 한다. 한국 사회의 '공동의 선'에 기여하는 복음적 실천은 기존의 신학적 방법론만으로는 점점 더 실체화하기 어려워지고 있다. 선교의 위기를 맞이한 한국교회의 현 실정을 극복하고 새로운 전기를 맞이하기 위해서라도 '공공신학'의 새로운 신학적 방법론이 기존의 신학 방법론과 함께 공존, 발전할 수 있도록 보장되어야 한다. 목회 현장의 다양성이 확대되고 신자들의 삶의 자리 역시 전에 없이 다층적으로 변화하고 있는 상황에서 이러한 도전은 오히려 하나님께서 주신 새로운 기회로 여겨야 한다는 것이 '공공신학'을 제안하는 필자의 진심이다.

이 책은 그동안 필자가 연구한 논문과 기고문들을 정리해 재배치하고 수정한 글들이다. 세미나에서 발표되거나 기고한 글들 외에 이미 출간된 논문의 출처를 밝힌다. 우선 몇 편의 글은 필자의 박사 학위 논문인 「다원주의 사회에서 기독교 문화 변혁에 대한 해석학적 연구」(2010)에서 발췌해 수정 및 보완했으며, 또 몇 편의 주제별 글들은 다음의 논문들을 수정 및 보완했다. "리처드 니버의 '문화 변혁론'에 대한 비판적 논쟁과 해석학적 이해", 「문화와 신학」(2009), "한국 사회의 다원화와 '변혁적 문화관'의 공적 실천", 『윤리 신학의 탐구: 김철영 교수 은퇴 기념 논문집』(장신대, 2012), "공공신학의 문화적 실천을 위한 지역 공동체 형성 방안 연구", 「한국기독교신학논총」(한국기독교학회, 2011), "지역 공동체의 문화 복지를 위한 공공신학의 실천적 연구", 「선교와 신학」(장로회신학대학교 세계선교연구원, 2014),

"칼뱅의 제네바 도시 목회와 한국교회 '문화 목회'의 실천 연구", 「한국기독교신학논총」(한국기독교학회, 2014), "공공신학적 영화비평의 가능성 연구", 「장신논단」(장로회신학대학교, 2015), "지역 공동체를 지향하는 선교의 공공성 연구: '후기 세속 사회'의 종교 담론을 중심으로", 「선교와 신학」(장로회신학대학교 세계선교연구원, 2015), "한국 사회의 청년 문제와 한국교회의 공적 과제 : '후기 세속 사회'에서의 공공신학적 관점에서", 「장신논단」(장로회신학대학교, 2016), "루터의 '만인사제론'의 공적 의미와 현대적 실천 연구: 영미의 '선교적(형) 교회' 운동을 중심으로", 「한국기독교신학논총」(한국기독교학회, 2018), "루터의 종교개혁과 '교단/교파주의'에 대한 공공신학적 비판", 「교회와 신학」(장로회신학대학교출판부, 2018), "공공신학적 '청년 신학'의 필요성과 방법론", 「선교와 신학」(장로회신학대학교 세계선교연구원, 2018).

필자 역시 공공신학자로서 아직 연구가 부족하다. 필자가 이 책에서 다룬 주제들은 현장에서 실천하며 경험한 이슈들이다. '마을과 도시', '청년', '문화' 등의 주제는 필자가 오랫동안 관심을 가지고 연구해온 주제들이었다. '공공신학'을 접한 후 해당 주제들에 대해 보다 더 구성적으로 접근해야 한다는 필요를 강력하게 느꼈다. 그래서 이 책이 지금까지의 연구를 정리한 것이라면, 추후 연구 과정들은 '공공신학'의 방법론을 한국적으로 구성해가는 실제적인 시도로 이루어지길 바란다. 이 책의 정리와 편집에 참여해 도움을 주신 최경환, 박종설, 박상혁 님께 감사를 드리고, 그리 독자층이 넓지 않을 것임에도 불구하고 출간을 허락해주신 새물결플러스출판사의 김요한 대표님께 감사드리고, 무엇보다 신학의 시대적 사명을 고민하도록 이끌어주신 임성빈 총장님께 감사드린다. 모쪼록 이 책이 '공공신학'을 처음 접하는 연구자와 목회자들에게 작은 도움이 되기를 바란다. 그리하여 한국교회가 새로운 선교적 전기를 맞이하는 일에 작은 기여라도 할 수 있기를 진심으로 기도한다.

2019년 2월 별내에서

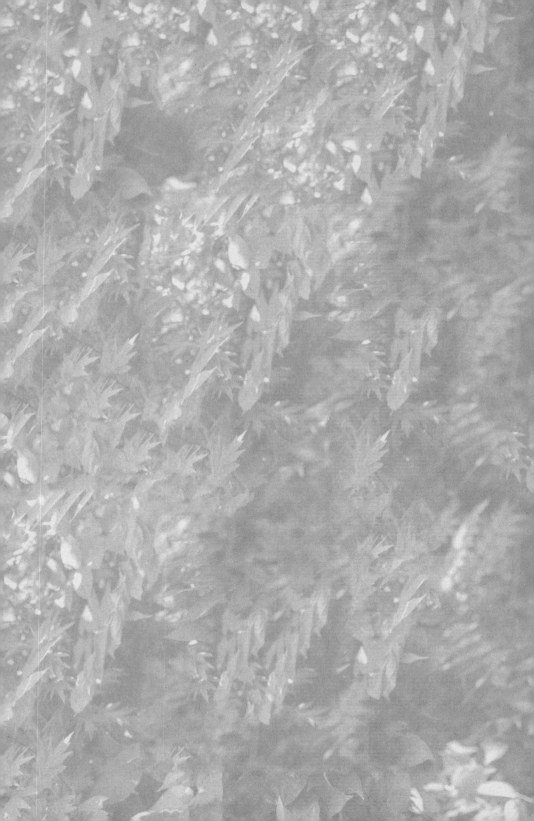

· 1부 ·

공공신학과
도시 공동체의 만남

1장
한국적 공공신학의 필요성

역사적으로 많은 희생과 비용을 치렀음에도 불구하고 한국 사회의 갈등과 충돌은 여전히 계속되고 있다. 이념이나 문화적 경험의 차이로 발생하던 이전의 사회적 갈등이 이제는 개인의 생존을 지키기 위한 생활 세계의 갈등으로 더 심화되고 있는 상황이다.[1] 이런 문제를 해결하기 위해 우리 사회의 공공성publicness을 회복해야 한다는 주장이 각계에서 제기되고 있다. 자신이 속한 집단이나 개인의 이익만을 추구하기보다 타자나 타 집단과 더불어 더 큰 공동체의 유익을 추구해야 한다는 사회적 요구가 반영된 것이다.[2]

최근 한국교회의 신학자들 가운데도 동일한 맥락에서 한국교회가 공공성을 회복해야 한다는 주장이 힘을 얻고 있다. 그동안 사회적 비판의 대상이 된 한국교회가 공적 역할을 책임 있게 감당함으로써 신뢰를 회복하고 한국 사회의 공공성을 높이는 일에도 기여하자는 것이다. 문제는 한국 사회에서 교회는 오히려 사회적 공공성을 저해하는 집단으로 인식되고 있다는 것이다. 이런 상황에서 교회가 공공성을 주장하는 것은 자칫 자신들의 기득권을 유지하려는 것으로 오해를 불러일으킬 수 있다.

그럼에도 많은 학자들이 언급하고 있듯이 교회는 본질적으로 공적인 기관이며, 신앙 공동체는 근본적으로 공적 성격을 가지고 있기에, 교회가 사회 안에서 공적 역할을 감당하는 것은 선택의 문제가 아니라 마땅히 수행해야 할 신적 명령divine command이다. 그렇다면 한국교회는 사회 일반의 오해를 불식시키고 우리 사회의 공공성을 고양시키는 일에 어떻게 참여할 수 있으며 어떤 역할을 할 수 있을까?

이 질문에 답하기 위해 먼저 필요한 것은 교회의 공공성을 신학적으로 살피고, 오늘날의 시대 상황에 맞게 그 의미를 파악하는 일이다. 최근 신학계에서 큰 관심을 보이고 있는 공공신학public theology은 우리에게 적절한 통찰을 제공해준다. 다만 이 또한 한국적 상황을 토대로 성립된 신학이 아니라 영미 신학자들의 담론이므로 우리 상황에 맞게 수정하고 적용해야 한다. 새로운 변화에 응답하며 나타난 공공신학의 서구적 특수성을 고려하면서 한국적 특수성 또한 매우 중요한 요소로 간주되어야 한다.

현재 많은 신학자들이 해외의 최신 신학을 앞다퉈 소개하고 있으나, 그러한 신학이 한국 사회와 교회의 공공성 회복이라는 과제에 응답하는지, 또 그 과제를 어떻게 구체적으로 실천하는지에 대한 고민은 깊지 않다.[3] 정치 신학이나 사회 선교가 한국교회의 공적 역할을 주도적으로 수행하던 시절이 있었다. 그러나 21세기 지구화와 다원화 상황을 반영하고 한국 사회의 문화적 특수성을 고려하면서 신학적 작업을 수행한 경우가 얼마나 있는지 의문이다. 이제는 더욱 진취

적이고 적극적으로 한국의 공공신학을 고민해야 할 때다. 때로는 유연하게, 때로는 역동적으로 서구의 공공신학을 한국 사회에 맞춰 전유할 필요가 있다.

어쩌면 이 책 역시 기존의 논의들이 가지고 있는 한계와 약점을 넘어서지 못할 수도 있겠으나 구체적인 실천의 장을 확보한다는 의미에서 본다면 공공신학의 문화적 실천에 나름의 공헌을 할 수 있다. 이 책에서는 지역 사회를 교회의 실천의 장으로 놓고, 교회와 지역의 공동체적 연대를 어떻게 형성할지에 대한 방안을 모색하고자 한다. 이 작업은 일차적으로 공공신학이 놓여 있는 사회 문화적 배경과 실천적 의미를 파악한 후, 문화적 실천으로 구체화하는 과정이 될 것이다.

1. 공공신학은 왜, 어디서, 어떻게?

현대 공공신학의 선구자로 인정받는 맥스 스택하우스Max L. Stackhouse 는 가속되고 있는 지구화의 상황이 전 세계적으로 공공신학의 연대를 절박하게 요청하게 된 사회 문화적 배경이라고 말한다. 그는 기독교를 포함해 특정 공동체의 경험과 고백이 우선적으로 지지자들의 공적인 삶의 규범으로서 작동하는 것은 당연하지만 "그것이 공동체나 사적인 연대 안에 머물기보다는 시민 사회의 복합적 제도들과 다른 사람들의 신념들을 통해 작동되어 공적 영역을 형성해야 한다"고 주장한다.[4] 공공신학은 이러한 전제에 근거해 "자신의 특수한 고백적 정황을 초월하여 고려되고 이해될 수 있는 방식으로 정체성, 규범,

사회에 대해 신학적 근거"를 제시하는 학문이다.[5]

스택하우스는 현대적 의미의 공공신학이 태동된 배경으로 지구화와 그에 따른 사회 문화적 다원화의 가속화 양상에 주목한다. 왜냐하면 현대적 의미의 공공신학이 대화의 상대로 삼는 것은 기독교 공동체나 교회 구성원이 아니라 다원주의 사회의 공중들이기에 그들과의 관계를 신학적으로 해명하고 동시에 그 관계를 변혁시켜나가려는 실천이기 때문이다. 스택하우스는 지구화가 몰고 온 변화에 주목하는 이유를 "극도로 다양한 범세계적 문명의 변화에 대처할 만한 도덕적 토대를 만드는 것이 우리 시대의 가장 중요한 사회 윤리"이기 때문이라고 말한다.[6]

해롤드 브라이튼버그 E. Harold Breitenberg Jr. 는 스택하우스의 주장에 동의하면서 공공신학의 의미를 세 가지로 정리한다. 첫째, 공공신학은 자신이 속한 종교적 전통 안에 있는 이들이나 그것 밖에 있는 이들 모두가 이해할 수 있도록 돕는 신학적 담화다. 둘째, 공공신학은 교회, 타 종교, 사회단체나 조직 간의 작용과 이슈들에 관심을 쏟는다. 그래서 공공의 삶을 해석하고 사회와 제도들에 참여하며, 사회의 다른 영역이나 단체들에게 도덕적 가이드를 제공한다. 즉 공공신학은 본성적으로 윤리적이다. 셋째, 공공신학은 비신학 분야의 다양한 자료와 자원들을 참고하고 활용한다. 그래서 공공신학은 제도와 작용에 대한 기술적이고 규범적인 신학 담론으로서 교회, 타 종교, 더 큰 규모의 공공의 문제에 적용 가능한 기준을 제시하고, 동시에 그 권위에 의해 평가될 수 있는 방식으로 선언하고 주장한다.[7] 간단히 정리하면, 공공신학은 신학적인 정보에 의해 구성된 담론이지만 그 근거나 방법론은 특정한 종교 양식에 국한되지 않는다.

이상에서 가장 크게 강조된 것은 공공신학의 자리가 교회나 기독교 내부가 아니라는 것이다. 공공신학은 변화하고 있는 오늘의 현실에 책임 있게 응답하며 교리나 신앙고백보다 사회 문화적 변화의 추이나 시대적 요청에 더욱 민감하게 반응한다. 물론 공공신학은 "사회의 영역에서 종교가 지니는 역동성을 인정하는 것이며, 그 역동성의 어떤 특질이 유효하고 정당한지를 평가하기 위해 윤리적 기준에 따라 성찰하는 특성을 지니고" 있다.[8] 따라서 방법론적으로는 다양한 접근이 가능하지만 동시에 분명히 신학적이고 도덕적인 차원을 가지고 있다.

　　그렇다면 공공신학은 어떤 계기로 시작되었을까? 문시영은 공공신학을 다루면서 그 논의의 장이 시민 사회라고 밝히고, 그 출발점은 "종교를 공공의 영역에서 배제시키려는 시민 사회의 관점을 넘어서는 것인 동시에 신앙을 교회 안에 가두어두려는 교회론적 윤리를 극복하려는 시도"라고 주장한다.[9] 이런 점에서 공공신학의 사회 문화적 배경인 시민 사회와 시민 종교에 대한 이해가 필요하다.

　　공공신학은 "지구화 국면의 시민 사회에 있어서 여전히 종교의 역동성에 대한 고려가 놓일 자리가 있는지" 묻는 것이고, 그것은 시민 사회가 "사회적 다원주의를 토대로 성립되었음에도 불구하고 여전히 종교가 그 속에서 어떤 역할을 하는지"에 대한 질문을 담고 있다.[10] 종교사회학자 로버트 우스나우 Robert Wuthnow는 다원주의 시대에 종교의 공적 비판 역할을 설명하면서 "오늘의 다문화주의는 시민 사회에 참여하기 위해 차이 difference와 교양 sophistication을 갖출 것을 요구하고 있다"고 지적한다.[11] 그는 공적 영역에서 기독교가 예언자적 비평 기능을 수행해야 하는데, 그것은 자신들의 입장을 일방적으로 관철하는 것이 아니라 어느 하나의 입장만이 절대화되는 것을 제한하는 역할이라고 말한다. 한마디로 종교적 비평의 역할은 공적 영역인 시민 사회에서 공공신학을 수립하는 것이다.[12]

공공신학이라는 용어 자체가 시민 사회와 시민 종교에 대한 논의를 배경으로 하고 있다. 시민 사회의 등장은 시민 계급의 자발적 참여와 연대가 전제되는데, 서구에서 시민 사회의 형성은 곧 기독교의 사사화privitization를 의미했다. 시민 사회에서 공적인 것은 곧 탈종교적 성격을 지니게 되었다. 그러나 공공신학은 지구화로 인해 극도로 확장된 시민 사회의 질서를 유지할 만한 기준과 토대가 거의 사라졌다고 보고, 바로 여기에 종교가 감당할 공적 역할이 있다고 주장한다. 올바른 기독교 신앙은 세상의 변화와 개혁을 추구하며, 사회에 필요한 도덕적 근거를 제시하고, 인격적 공동체와 윤리적 원칙을 제공한다는 점에서 공적 삶과 공적 영역에 유익하다.[13]

학자들은 마틴 마티Martin Marty가 로버트 벨라Robert Bellah의 "미국에서의 시민 종교"Civil Religion in America를 말하면서 라인홀드 니버Reinhold Niebuhr를 공공신학자로 언급한 것이 공공신학에 대한 출발점이었다고 말한다. 그러나 벨라와 마티 모두 신학의 공적 역할이 시민 종교와는 분명 다르다는 점을 강조했다. 벨라는 시민 종교가 대중적으로 사회화된 종교라면, 공공신학은 기독교 전통을 사용하면서도 국가나 시민 사회의 필요에 대해 응답하고 도덕적인 방향을 제시하기 위해 다양한 영역의 자료와 대화한다고 보았다. 그래서 공공신학은 시민 사회의 필요나 문제에 대해 응답하되 국가나 다른 사회단체보다 기독교 전통에 서서 통찰하고자 한다. 그러나 데이비드 트레이시David Tracy가 신학자의 세 가지 공적 영역을 사회, 아카데미, 교회라고 한

것처럼 이 세 영역에서 모두 설득 가능한 소통이 이루어져야 한다.[14]

결국 공공신학은 기독교 외부의 시민 사회까지도 이해 가능한 방식으로 신학적 통찰을 번역하여 전달하는 작업이라 할 수 있다. 지구화의 확장과 사회적 다원성이 확대되었지만, 여전히 종교의 도덕적 역할이 중요하다는 점을 설득하고, 타자와 타 종교 그리고 타 학문과 단체들과의 상호 작용을 고려하는 것이다. 그렇다면 참여와 연대의 영역인 시민 사회에서 공공신학은 구체적으로 어떻게 실천되어야 하는가? 공공신학은 단지 신학의 공공성을 해명하고 시민 사회의 도덕적 가이드를 제공하는 것으로 그 역할을 다하는 것인가?

2. 실천으로서의 공공신학

스콧 패스Scott R. Paeth는 극단적으로 다원화된 지구 사회에서 공공신학이 사회적 연대를 창조하기 위해 가장 유효한 시민 사회의 형상을 증진하고 자극할 수 있을지 질문한다.[15] 이 질문에 대해 정치 신학이나 해방신학의 전통에 서서 보다 급진적으로 접근할 수 있겠지만, 스택하우스를 중심으로 하는 공공신학계는 앞서 언급한 대로 시민 사회 속에서 시민운동에 참여하거나 평신도의 생활 윤리를 성숙시키는 방식을 선호한다. 즉 공공신학은 "정치에 중요한 영향을 끼칠 수밖에 없고 또한 반드시 끼쳐야 하지만 이것은 사회에 대한 정치 이론이 아닌 정치에 대한 사회 이론을 규범적 견해로 여기는 것"이라는 점에서 에토스ethos 형성을 더 중요하게 여긴다.[16]

그렇지만 그러한 에토스 형성에는 구체적인 실천과 현장이 필요하다. 공공신학의 정의와 규정을 해명하는 일 자체는 그저 이론에 대한 탐구에 그칠 위험이 있다. 공공신학은 구체적인 실천을 통해 실제 생활 세계에서의 영향력을 확인할 수 있어야 한다. 이런 점에서 영국이나 미국의 공공신학자들이 구체적인 생활 세계에서 공공신학적 적용을 시도하는 일은 긍정적인 평가를 받을 만하다. 하지만 미국이나 영국의 상황은 이미 시민 사회가 성숙한 단계이므로 공공신학이 생활 세계의 문제들까지 접근하는 일이 상대적으로 용이하다.

자발적 참여나 민주적 의견 개진이 쉽지 않고 시민성이 미숙한 사회에서는 갈등 당사자들의 충돌을 조정하고 새로운 대안을 도출하는 매개체 역할도 공공신학의 영역에 속한다. 남아프리카 공화국의 특수한 정치적 상황을 바탕으로 공공신학의 지역화를 주도하는 존 드 그루시John W. de Gruchy는 공공신학의 공공성에 대해 다음과 같이 말하면서 공공신학의 실천성을 강조한다.

> 그리스도인의 증언 witness은 사적인 것이 아니라 공적인 것이지만, 공공신학은 단지 교회의 공적 선언이나 사회 활동에 참여하는 것만이 아니다. 그것은 오히려 공적으로 중요한 사안들을 문제 삼는 '신학 하기'doing theology의 한 양식이다.[17]

그는 한 사회에서 공공신학의 실천은 결국 공동의 유익을 성취하는 것으로 나타나야 한다고 보는데, 그것은 특히 약자와 고통받는 이들을 위한 공의와 정의를 실천하는 것이다. 그루시의 입장은 남아프리카 공화국의 특수한 경험을 바탕으로 한다는 점에서 공공신학의 실천적 의미를 진지하게 성찰할 수 있게 도와준다. 드 그루시는 공공신학의 과제가 그저 학문적인 작업에 국한되지 않는다는 것을 잘 보여준다.

　한편 윌리엄 슈바이커 William Schweiker 는 공공신학이 어느 한 방향의 문제에만 집중할 것이 아니라 우리 삶의 복합적인 측면을 인식하고 이른바 삶의 통전성 integrity of life 을 증진시키는 책임적 태도를 가져야 한다고 주장한다. 이러한 문제제기는 다시 기독교적 정체성과 규범성을 어떻게 규정할 것인지에 대한 질문으로 이어진다. 예컨대 스탠리 하우어워스 Stanley Hauerwas, 존 요더 John Howard Yoder, 그레이엄 워드 Graham Ward 등은 기독교적 정체성을 명확히 하는 일과 공동체의 규범을 구축하는 일을 동일한 것으로 인식하지만, 슈바이커는 이러한 인식이 경쟁하는 가치나 고백에 대한 승리 혹은 우월함을 주장하는 것과 같다고 본다. 그래서 그는 복합적이고 특수한 전통과 도덕적 자원들을 참고하여 자신이 속한 공동체가 놓인 더 넓은 공동의 정체성 유형을 파악해야 한다고 본다. 그것이 곧 개인적 삶과 사회적 삶의 통전성을 확보하는 것이다.[18]

　이처럼 공공신학은 구체적인 정황에 응답하며 시민 사회의 생활세계와 접촉한다. 가족, 교회, 지역 사회, 경제 활동, 세금 문제 등, 모든 영역이 시민들의 삶과 직결되면서도 공적 영역에 속하는데, 공공신학은 이러한 구체적 장에서 윤리적 대안을 제시하고자 한다. 공공신학에 대한 탐구나 공공신학의 신학적 정당성을 연구하는 것은 공공신학에 대한 이론을 구축하는 작업인 반면, 드 그루시의 말처럼 공공신학 하기는 구체적인 실천의 장을 갖는다. 또 오늘날 시민 사회의 확장과 다원주의의 확대는 문화적 실천을 요구하는바, 이미지를 변화시키고 미학적 소통을 확대하는 방법으로 공공신학의 문화적 실천을 전개해야 한다.

2장
공공신학의 주제들

공공성에 대한 담론은 대부분 하버마스가 제기한 근대 사회의 공론장 논의를 중심으로 전개되어왔다. 그는 근대 사회에서 공론장의 약화와 합리적 의사소통의 변질을 공론장의 위기로 진단하고 공론장의 복원을 위해 다양한 제안을 해왔다. 최근에는 후기 세속 사회post-secular society 담론을 주도하면서 공론과 윤리적 가치를 결합시키는 일에 종교가 중요한 역할을 해야 한다고 말했다. 공공신학을 제대로 이해하기 위해서는 그것이 발생하게 된 시대적 배경과 상황 그리고 사상사적 흐름을 먼저 살펴볼 필요가 있다. 이번 장에서는 하버마스의 공론장 개념을 시작으로 그가 후기 세속 사회를 어떻게 진단했는지, 그리고 공공성 담론이 복지 문제와 어떻게 연결되는지를 설명해보고자 한다. 마지막으로 이러한 담론을 신학자들이 어떻게 공공신학에 적용해서 새로운 대안을 제시했는지도 살펴보고자 한다.

1. 공공성

위르겐 하버마스Jürgen Habermas는 『공론장의 구조변동: 부르주아 사회의 한 범주에 관한 연구』에서 공공성과 공론장의 기원에 대해 자세히 논한다. 그는 공공적이라는 말과 공론장이라는 말이 상이한 배경에서 태동하여 이미 복지 국가 체제를 갖춘 부르주아 사회에서 사용될 때는 매우 불투명한 의미를 갖는다고 말한다. 우리가 공공적이라고 할 때, 그것은 모든 이에게 개방되어 있거나 국가가 주도한다는 의미를 띤다. 국가가 모든 법적 구성원 공동의 복리를 보살핀다는 의미에서 이러한 공공성의 속성을 갖는다.[1] 그러나 하버마스는 공공적이라는 개념에 대해 분명한 정의를 내리기보다 오히려 공공성의 주체에 관심을 집중한다. 즉 공공성의 주체는 공중인데, 공중은 여론의 담지자로서 여론의 주도자라는 의미가 부가된다.

그러나 이후에 공권력의 힘이 강해지자 부르주아들은 생각과 의견을 모으고 이를 신문이나 언론에 공론화해서 공권력에 대항했다. 공공성을 실현하려면 널리 알려 힘을 모아야 했다. 그래서 근대에 오면 공공성은 공론장과 밀접하게 연관될 수밖에 없었다. 이처럼 근대 공론장은 공권력과의 일정한 긴장 속에서 부르주아의 이해관계를 공적인 이해관계로 전환시키려는 노력을 통해 발전되었다. 그리고 시민은 자기 자신을 다시 공공성의 주체로 여기게 되었다.

초기에 문화와 예술을 논하고 사회적 주장을 형성하던 문예적 공론장의 주역들은 자본주의가 심화되면서 "문화를 논의하는 공중으로부터 단순히 그것을 소비하는 공중으로 변화하는 과정"을 겪고, 결국 "정치적 공론장과 구별될 수 있었던 문예적 공론장의 특유한 성격을 상실"한다.[2] 문화적 문제만이 아니라 정치적 문제까지 다루던 공론장은 국가와 시장의 간섭에서 자유로운 여론을 형성했지만, 자본주의와 관료제의 심화로 국가와 시장의 통제에 갇히는 재봉건화의 길을 걷는다. 그러나 이러한 "공론장의 무력화라는 실제적 경향에 대항해 기본권의 복지 국가적 기능 전환, 즉 자유주의 법치 국가의 사회 복지 법치 국가로의 전환"이 일어난다.[3]

이로 인해 개인들로 조직된 공중이 등장하게 되는데, 국가의 일방적인 통제를 극복하고 자율적이고 소통적인 공적 영역을 창출하는 것이 이제 새로운 공공성의 과제가 되었다. 김세훈은 토니 베넷Tony Bennett의 의견을 참고하면서 "사적 영역에 대한 국가의 개입이 증가, 강화된 것은 사실이지만 이것이 국가와 시민 사회의 경계를 허물어뜨린 것"은 아니라고 주장한다.[4] 이제 공적 영역은 시민 사회가 자율적으로 관리하고 역량을 발휘하는 영역으로 자리매김을 하게 되었다. 한편 홍성태는 하버마스의 공공성 개념을 언어학적으로 정리하는데, 독일어에서 Öffentlichkeit는 공공성이 아니라 개방성으로 이해해야 하며, 그 의미는 18세기에 비로소 성립되었다고 본다. 국가가 공공성을 구현하려는 노력의 한 일환으로 개방성을 확대했다고 이해하는 것이 정당하다는 주장이다.[5] 문제는 공공성publicness, 공적인 것the public, 공적 영역public sphere, 공개적으로 알려짐publicity 등의 개념이 혼합되어 사용되면서 공론장에서 나타나는 공공성의 특징이 명확하지 않다는 점이다.

이에 대해 사이토 준이치齋藤純一는 세 가지로 공공성을 정리한다. 첫째는 국가에 관계된 공적인official 것으로서 정부, 법, 정책, 강제, 권력, 의무를 의미하며, 둘째는 모든 사람과 관계된 공통적인 것common

으로서 공통의 이익, 재산, 공통적으로 타당한 규범, 공통의 관심사, 공공복지, 공익, 공동의 질서를 뜻한다. 이는 종종 개성의 신장을 억누르는 불특정 다수의 힘으로 나타나기도 한다. 셋째는 누구에게나 열려^{open} 있다는 것으로 공개됨을 뜻한다.[6] 특히 그는 복수형인 publics는 공공으로, 단수형인 public 혹은 public sphere는 공적 공간으로서 담론 네트워킹의 총체로 이해하고 있다. 그렇다면 공공성 혹은 공론장의 각각 다른 유형은 어떻게 구별될 수 있을까? 이러한 유형적 구별에 따라 공론장의 다양한 특성과 그에 따른 공공성의 요청이 차별화될 수 있다.

임의영은 공공성의 유형화 기준을 두 가지로 구분한다. 먼저, 공공성의 주체를 정치 공동체의 다양한 구성원으로 상정한다. 참여 욕구가 있는 이들의 권리는 민주주의 정치 체제에서 정당하게 받아들여져야 한다. 공공성이란 이런 의미에서 참여의 방식으로 구분되는데, 그 동기가 사적인 경우 시민 민주주의이며, 그 동기가 공적인 경우 공민 민주주의를 실천하게 된다. 둘째, 사회적 부담과 혜택의 분배에 따르는 평등과 정의에 관한 것인데, 예컨대 마이클 노직^{Michael Nozik}과 존 롤스^{John Rawls}가 대비되듯이 과정의 평등한 분배와 결과로서의 정의로운 분배를 구분하는 것이다. 임의영은 전자를 과정 중심적 관점, 후자를 결과 중심적 관점으로 구분한다. 첫째와 둘째의 조합, 즉 시민적 민주주의와 과정 중심적 관점의 만남을 도구적 공공성 instrumental publicness으로, 시민 민주주의와 결과 중심적 관점의 만남을 윤리적 공공성^{ethical publicness}으로, 그리고 공민 민주주의와 과정 중심적 관점의 만남을 담화적 공공성^{discursive publicness}으로, 또 공민 민주주의와 결과 중심적 관점의 만남을 구조적 공공성^{structural publicness}으로 유형화한다.[7] 이는 각각 자유 지상주의, 정치적 자유주의, 공화주의, 그리고 마르크스 공산주의로 대표된다. 특히 임의영은 담화적 공공성이 "공동선을 동기로 하는 참여와 실질적인 참여 기회의 평등성을 조건으로 이루어지는 토론과 논쟁을 통한 합의를 도출하는 과정에서 이루어진다"고 본다.

> 담화적 공공성의 실현이 보다 증대하기 위해서는 공론 영역을 구성하는 시민 사회의 발달이 매우 중요하다. 사회가 다루어야 할 공적 논제들은 다양하며, 사회적 조건에 따라 특정한 논제가 중점적으로 다루어진다.…시민 사회가 보다 분화되고 다원화되어 다양한 집단들이 다양한 사회적 의제들을 항시적으로 고민하고 공론화하는 분위기가 형성될 때, 공론 영역의 활성화를 기대할 수 있다.[8]

임의영이 제시한 담화적 공공성은 공공신학과의 대화를 시도하기에 적합한 유형으로 고려할 수 있다. 하지만 여기에 복지적 차원도 추가되어야 할 것이다. 예컨대 복지 사회와 함께 사회 구조적 모순에 대한 변혁 또한 공공신학의 과제로 인정해야 하겠으나 공적 토론과 영역에 참여하기 위한 신학적 방법론의 구성이라는 입장에서 볼 때 우선적으로 담화적 공공성에 대한 고려가 선행되어야 할 것으로 보인다.

담화적 공공성을 바탕으로 공공신학을 연구하기 위해서는 공공성이 발생하게 된 사회 문화적이며 전 지구적인 여건을 고려할 필요가 있다. 특별히 신진욱은 공공성의 사회 문화적 분석을 지속적으로 연구해왔는데, 그는 공공성이라는 가치를 공공성 담론의 정당성을 통해 확보하려고 한다. 우선, IMF, World Bank 등 세계 기구들이 진행해온 민영화 및 공공 부문 축소가 심각한 모순을 양산함에 따라 공세적 시장 중심주의에 대한 수정과 공공성의 필요가 대두되고 있다. 이러한 필요는 정부와 초국적 기구들과 시민 사회의 건전한 협치를 모색하는 방향으로 나아가고 있다. 둘째, 전 지구적으로 신자유주의 국면에 대한 저항이 아래로부터 나타나고 있으며, 이는 한국과 같은 개발 도상국은 물론 아시아, 아프리카의 저개발 국가와 영국이나 캐나다 같은 선진국에서도 동일하게 나타나고 있기에 지구적 연대를 모색하고 있다. 이는 공공성 의제를 더욱 절실하게 만든다. 셋째, 공공성 담론을 둘러싼 사회 각계의 경쟁은 헤게모니 투쟁과 관련이 있다. 즉 "누가 보편적 이익을 정의하고 실질적으로 추구하고 있는가?"라는 질문에 답하기 위해 어떤 계급적 이익을 대변하더라도 사회 보편적인 동의를 획득하기 위한 노력이 필요하다. 이런 점에서 변혁주의나 점진적 변혁과 달리 합의와 동의를 통한 공공성 투쟁의 헤게모니를 장악해야 한다는 것이다.[9]

공공성 담론은 공론장의 형성과는 별개로 사회 계급적 차원의 정치적 의제다. 하버마스 역시 정치 철학의 연장선상에서 이 문제를 다루고 있는 것은 분명하다. 물론 하버마스가 『공론장의 구조변동』을 저술한 이후 30년이 지나 신판을 내며 추가한 서문에는 시민 사회의 자율적 공론장 형성에 대한 명확한 입장을 밝히고 있다. 초기에는 시민 사회, 즉 부르주아 사회가 경제나 정치 영역에 의해 조작되고 있다는 식의 주장을 하지만 오늘날 전 지구적으로 시민 단체나 포럼, 네트워크 등의 새로운 시민 사회 공론장이 별개로 성장해왔다는 점을 주목한 것이다. 그는 근본적으로 체계의 식민화를 극복하고 생활 세계의 지평을 확대하는 데 중점을 둔다. 하버마스는 체계 위주의 사회에서 균형을 이루기 위해 의사소통의 합리성을 활성화하고, 생활 세계 내 시민들의 모임을 재발견하는 데 초점을 맞춘다. 그에게 공론 장은 소통을 위해 내용과 태도를 표현하는 넓은 네트워크, 논증과 합 의를 통해 제도화된 담론의 상호 작용이 이뤄지는 공적인 토론, 제 약과 구속이 없는 의사소통 합리성이 주된 이념으로 작동하는 공간 이다.[10]

그런데 사이토 준이치는 한나 아렌트 Hanna Arendt 나 낸시 프레이저 Nancy Fraser의 비평적 입장을 수용하면서, 하버마스의 공론장이 자칫 서구 중심적 관점에서 벗어나지 못하고 획일화된 소통 구조를 강요 하게 될 위험을 지적한다. 그래서 "공공적 공간은 공통 세계에 대한 다원적인 관점이 존재할 때에만 그것들이 서로 교환되는 공간으로 서 의미를 가진다. 따라서 관점의 복수성을 잃었을 때, 공공적 공간 은 종언을 맞이"한다.[11] 이때 "공공성의 공간은 소진되지 않는 담론의 풍부함이 향수되는 공간이지, 단수의 진리가 사람들 위에 군림하는 공간이 아니다."[12] 이런 점에서 한길석은 강한 공론장(공영역)과 약한 공론장(공영역)을 구분한다.

> 공영역이 다원주의적 사회의 현실에서 제기되는 인정의 문제를 사려 깊게 다루 기 위해서는 공적 대화의 스펙트럼 속에 규범적으로 타당한 주장을 공론으로 합 의하는 논의 절차뿐만 아니라 의미 해석의 계기도 충족시킬 수 있는 공적 의사 소통의 절차도 포함해야 한다.[13]

이런 점에서 볼 때 공공성 의제는 공론장 형성에서 가장 극명하게 드 러나는 것이 분명하지만, 세부적으로 볼 때 공론장의 주체를 규명하고, 참여와 개입, 동의와 설득의 방식을 해명하는 것이 핵심 의제라고 할 수 있다.

공공성 담론이 합리적인 공론장, 또는 담론적 민주주의의 공간을 형성하는 문제라면, 이 공간에 참여하는 방식이 문제가 될 것이다. 이제는 공론장에 개입하는 다양한 주체들과의 가치 경쟁이 더욱 치열해질 것이다. 하나의 공론장이 아니라 복수의 담론이 공존하는 공론장이라면 더욱 그러한 참여 방식에 대한 태도가 중요해질 것이다. 바로 이 지점에서 신학적 개입을 고민하게 된다. 공공신학의 자리는 이러한 시민 사회 속에서 담화적 참여를 어떻게 실현할 수 있는지 대답하는 곳이다.

2. 후기 세속 사회

세속화secularization 이론은 근대화가 진전될수록 종교는 공적인 영역에서 사라지고 사적인 선택의 문제로 퇴거하여 사사화될 것이라는 주장이다. 그런데 최근에 이러한 주장이 틀렸다는 것을 증명하는 사태들이 늘어나고 있다. 북미의 복음주의, 남미의 오순절 교회, 중동의 근본주의적 이슬람 등의 재기는 두드러진다. 그런가 하면 유럽에서도 기독교의 세력은 약화되고 있지만 이슬람을 비롯하여 다양한 종교의 발흥이 목도되고 있다. 제도화된 종교의 쇠퇴는 여전하지만 탈제도화된 종교들의 새로운 형식이 사람들의 선택을 받고 있으며, 이는 근대화를 곧 세속화라고 본 학자들의 주장을 흔들고 있다.

1960년대에 하비 콕스Harvey Cox는 『세속도시』The Secular City, 1965에

서 종교가 세속화된 사회, 신이 일상적인 삶의 자리에서 현현하는 사회, 교회와 사회의 이분법적 구분이 사라진 사회에 대한 통찰을 제기한 적이 있다. 한편 피터 버거^{Peter Burger}는 『종교와 사회』^{Social Reality of Religion, 1968}에서 시장 상황에 놓인 종교는 세속화되어 전통적인 의미를 유지하기 어렵다고 예언했다. 그 이후 1990년대부터 현재에 이르기까지 이러한 예견이 잘못되었음을 알려주는 여러 현상이 나타나고 있다.[14] 전통적인 서구의 복지 국가에서 종교의 공적 역할이 다시 논의되고 있고, 이러한 상황은 전 지구적인 사회 문화의 역동적 변화와 관련이 있다. 또한 문화, 사회, 경제의 성장 요인으로 재등장하고 있는 신앙의 정치화^{politicization}와도 관련이 있다. 공적 종교의 새로운 등장, 특히 남반구에서 규범적인 서구 종교의 쇠퇴 모델에 의문을 제기하고 있다. 종교가 공적 삶에서 사라지고 정치적 의미를 상실할 것이라고 했던 정통 사회학에 수정이 필요함을 알려주는 것이다. 그래서 본래 세속화 이론가였던 피터 버거조차 이제는 탈세속화^{desecularization}의 과정에 대해 이야기하는 것이 더 정확하다고 말할 정도다. 또 비록 기독교는 아니지만 소종파 혹은 종교의 부흥이 서양에서도 확산되고 있으며, 아시아나 아프리카를 위시한 제3세계에서 기독교의 수적 팽창은 더욱 가속화되고 있다. 물론 타 종교의 부흥은 다원주의가 확대됨을 의미하는 것이라 일부 선교학자들은 이를 선교의 위기로 인식하기도 한다.

이러한 상황에 대해 사회학자 송재룡은 세속화 이론의 오류를 지적하면서 이른바 영성 사회학의 부상을 주목해야 한다고 주장한다.[15] 그는 새로운 종교는 우리에게 윤리적 성찰과 주관적 판단을 요구하며, 특히 제도적 형식 종교가 아니라 문화적 체계로서의 종교를 부각시킨다고 말한다. 오늘날 종교의 공적 역할에 대한 요청은 인간의 도덕과 가치에 영향을 미치는 방식임을 알 수 있다. 그래서 학자들은 다종교 사회, 시민 사회에서 종교의 공적 역할, 새로운 도덕 질서와 가치 수립을 위한 종교의 역할 등을 고민하는 오늘의 상황을 후기 세속 사회라고 칭한다.

그런데 후기세속에 대한 논의도 하버마스와 깊은 관련이 있다. 1990년대부터 하버마스는 강연과 저서에서 종교의 공적 역할에 대해 매우 깊은 관심을 가지고 주목해왔다. 그는 세계에서 점증하고 있는 갈등과 대결 양상 중에서 종교적 갈등이 심화되고 있으며, 국제적 테러, 특히 9·11이나 인간을 도구화하는 과학 기술로 유전자 기술 등의 발전에 대한 종교의 저항 사태를 지켜보면서, 이성만으로는 더 이상 지속할 수 없는 후기 세속 사회의 합리적 의사소통을 종교가 복원해야 한다고 생각한다. 그러기 위해서는 공동체적 가치나 인간성의 규범을 다시 의제로 상정해야 하는데, 종교가 그 역할을 할 수 있다고 판단한 것이다.

하버마스에게 종교는 의미의 원천으로서 중요한 의의를 지니고 있다. 그가 볼 때 형이상학을 배제한 근대 철학은 선행이나 모범적 삶에 대한 구속력 있는 개념을 생동감 있게 형성해내지 못하는 약점이 있다. 이에 반해 종교 전통은 깨어진 삶에 대한 구원의 가능성을 늘 숙고해왔기에 다른 곳에는 없는, 즉 객관적 지식의 전문가들이 재생할 수 없는 정신적 유산을 간직하고 있다.[16] 이러한 하버마스의 입장은 2004년 1월 19일에 바이에른 가톨릭 아카데미의 주최로 열린 대화의 밤에서 당시 로마 교황청 신앙교리성 장관인 요제프 라칭거 Joseph Ratzinger 추기경(후에 교황 베네딕토 16세로 즉위)과 자유로운 입헌 국가의 기초라는 주제로 대담한 『대화: 하버마스 대 라칭거 추기경』에 잘 나와 있다.[17] 여기서 하버마스는 철학이 신학으로부터 배울 점이 있다고 말한다.

인식론적 주장들의 불균형은 우리로 하여금 철학이 신학으로부터 배울 준비를 해야만 한다는 것을 확증해준다. 그것은 단지 기능주의적 원인에서만 그런 것이 아니라 (우리가 헤겔주의의 성공적인 배움의 과정을 회상할 때) 본질적인 원인들 때문에도 그러하다.[18]

이어서 그는 후기 세속 사회에 대한 의의도 분명히 밝히고 있다.

후기 세속 사회에 대한 대중적 자각은 비신자 시민과 신자 시민을 정치적으로 함께 다루는 결과를 가져오는 규범적 통찰을 반영한다. 후기 세속 사회에서는 "공공 의식의 근대화"라는 구절이 종교적이고 세속적인 정신세계 모두를 수용하고 또 성찰적 변혁을 도모하는 일에 해당된다는 합의가 점증하고 있다.…만약 양측 모두가 세속화를 상호 보완적 배움의 과정으로 이해하는 일에 동의한다면, 그들은 공론장에서 논쟁적 주제들에 대해 서로의 역할을 진지하게 취해야 할 인지적 이유를 갖게 될 것이다.[19]

하버마스와 라칭거 추기경은 공히 상대주의에 반대하면서, 종교적 삶의 방식은 민주주의의 배경으로서 중요한 기능을 담당한다는 점에 동의한다. 비록 그것이 민주적 의사 결정 과정에 규범적인 가이드라인을 제공하지 않는다 해도 말이다. 지금 정치 사회학자들은 "만약 종교의 공인된 입장들이 공공 영역에서 합법적인 위치를 부여받는다면, 정치적 공동체는 공식적으로 종교적 언사들이 원칙에 대한 논쟁적 질문들을 명확하게 정리하는 일에 의미 있는 기여를 할 것이라는 점을 인정한다."[20] 결국 라칭거에 대한 하버마스의 응답은 국가 혹은 정치가 강력한 시민 사회나 공유된 가치가 없이는 결코 작동할 수 없다는 생각에 의존하고 있다.[21]

하버마스에게 인간의 소통적 이성의 불환원성 non-reductiveness은 진정한 공적 합의와 절차적 정의의 가능성을 보장했다. 문제는 어떻게 인간이 공동의 보편적 이성과 합의에 헌신하도록 인도되느냐, 어떻게 문화가 가치를 자각하도록 문화화하는가 하는 것이었다. 롤스주의의 자유주의 계약 모델, 즉 우리 자신을 특정한 문화와 윤리적 체계로부터 추출하여 불편부당한 시민으로 기능하도록 해야 한다는 주장과 달리,[22] 하버마스는 프랑크푸르트학파를 따라 인간을 소통적 이성의 프로토콜을 초월하거나 그것으로 환원 불가능한 태생적 가치들로 언제나 이미 채워져 있는 존재로 본다.[23] 그래서 그는 공적 공간을 세속적 본성으로만 규정하려 했던 것을 비판하고, 우리의 사회적·정치적 상상의 보고로서 이성 추론의 종교적 원천을 재고해야 한다고 요청한 것이다. 그것은 바로 시민 덕목에서 잃어버린 어휘, 이른바 종교적 가치들을 추가하는 것을 의미한다.[24]

사실 근대화와 세속화를 동일시한 학자들은 근대화와 세속화의 양상이 복수적이며 다양한 방식으로 전개될 것이라는 생각을 하지 못했다. 그들은 동일한 궤도를 그리며 보편적 양상으로 드러날 것이라고 예상한 탓에 세속화는 근대화의 필연적 결과라고 보았다. 그러나 하버마스는 이러한 주장을 교정하고, 종교의 사회적 의미를 재고하고자 한다. 물론 그가 세속화 자체를 부정하거나 무력화시키려

1부

•

공공신학과 도시 공동체의 만남

1부
•
공공신학과 도시 공동체의 만남

는 것은 결코 아니다. 다만 그는 자신이 주창한 근대의 이성주의를 다시 복원하기 위해 종교의 의미 생산적 기능을 요청한 것이다. 그 렇다고 해서 종교가 공론장에 복귀할 때 무조건 환영받는 것은 아니다. 일종의 번역translation의 과정이 필요하다. 하버마스는 공적 영역의 종교의 영향력을 다루면서 그 필요성을 주장한다.

> 자신들을 민주주의의 충직한 구성원이라고 여기는 종교적 시민들은 경쟁하는 세계관들 앞에 국가 권위의 중립성을 위한 대가를 지불하기 위해 번역이라는 단서를 받아들여야만 한다.…세속적·종교적 시민은 같은 눈높이에서 자신들의 이성을 공적으로 사용하는 일에서 서로 만나야만 한다.[25]

하버마스는 롤스의 주장을 넘어서면서 타협할 수 있는 방법을 고안한 셈인데, 종교가 사적 영역으로 배제되지 않고 공적 영역으로 복귀할 수 있으려면 보편적이고 소통 가능한 언어로 참여해야 한다고 분명히 말한다.

필자는 바로 이 지점에서 공공신학이 자신의 역할을 감당할 수 있는 자리가 있다고 본다. 만약 오늘날 신학이 여전히 세계에 대한 해석적 권위를 유지할 수 있으려면, 그리고 인간의 삶에 대한 적절한 해명을 수행하려 한다면, 반드시 후기 세속 사회의 공론장에 참여할 수 있어야 한다. 신학의 자리가 교회를 위한 변증적 기능에만 국한된다거나 전통적인 교리를 정리하고 정교하게 만드는 일로만 여겨진다면 오늘의 시대적 변화 속에서 기독교 신학은 세속화 이론가들의 정당성만 확인해주고 말 것이다.

공공신학은 기독교 사회 윤리나 정치 신학과는 다른 맥락에서 기독교의 공적 역할을 다룬다. 여기에는 정치와 종교 사이의 적합성 여부에 대한 논의를 비롯하여 다원적인 특성을 지닌 현대 사회에서 종교가 무엇이어야 하며 어떤 역할을 해야 하는가에 대한 관심이 포함된다.[26] 다원적 시민 사회에서 간학문적 대화와 토론에 참여하여 사회 구성원이 직면한 일상적이고도 정치적인 사안들에 대해서 기독교적 가치를 유통하고 설득해야 한다. 정치 사회학자들과 논의의 장은 공유하지만, 관점은 여전히 기독교적 의미 생산의 역할을 감당하는 것이다.

그런데 합리적 의사소통을 위해 종교가 기여해야 한다고 주장하는 후기 세속 사회의 종교 담론에는 긍정적으로 응답해야 하지만, 종교가 합리적 소통의 걸림돌이 될 수 있다고 주장하는 정치 사회학자들도 여전히 있다는 점을 간과해서는 안 된다. 즉 "하버마스는 종교 자체가 아니라 인간성, 인본주의의 완성에 더 관심이 있다"는 것이다.[27] 후기 세속 사회의 종교 담론을 주도하는 정치 사회학자들은 자신들의 의도가 그들이 염원하는 근대의 기획을 완성하는 데 있다는 주장에는 동의하지만, 종교 본연의 신앙을 회복하는 데 있다는 주장에는 근본적으로 동의하기 어려울 것이다.

그래서 대화를 하더라도 전통이나 감정 등의 사회 문화적 의미를 생산하는 측면만이 아니라, 구원과 용서와 같이 공적 영역에서 그 의미를 인정받을 수 없는 가치들도 기독교의 정체성에서 중요한 요소임을 인식해야 한다. 사회학자인 미셸 딜론Michele Dillon 역시 하버마스가 마치 시민 사회와 종교 사회가 엄격하게 구분될 수 있는 것처럼 전제하고 있다고 지적하는데, 양쪽은 대립적 공동체가 아니라 구성원이 중첩되기에 삶의 영역에서는 구분될 수 없는 층위가 있다고 말한다. 또한 종교가 문화적 변화나 공적 토론의 활성화에 기여할 수는 있으나 더 심층적인 차원이 있다는 점을 간과해서는 안 되고, 종교가 모든 문제의 해결책인 것처럼 인식되어서는 안 된다고 주장한다.[28]

그런 의미에서 미로슬라브 볼프[Miroslav Volf]가 말하는 공적 신앙에 주목할 필요가 있다. 그는 『광장에 선 기독교』에서 기독교 신앙의 예언자적 전통은 신의 메시지를 받아 수용하는 상승과 그 메시지를 선포하고 실행하는 회귀의 두 축으로 이뤄진다고 정의한다. 전자는 수용적이며, 후자는 창조적이다. 수용적인 상승 없이 신으로부터 세상을 변화시킬 메시지를 받을 수 없고, 창조적인 회귀 없이 세상을 변화시킬 참여가 일어나지 않는다.[29] 기독교가 공적 신앙의 특성을 잃어버리게 된 것은 신의 메시지를 받는 수용성과 이를 선포하는 창조성에 기능 장애가 발생했기 때문이다. 특히 회귀의 기능 장애는 기독교 신앙의 공적 특성을 심각하게 훼손한다.

> 신앙은 사람들의 삶과 사회적인 현실을 형성하는 데 완전히 실패한다. 대신 신앙생활은 좁은 영역에 한정되어 영혼이나 개인 윤리 또는 가족과 교회에 관련된 일들에 국한된다. 그 결과 예언자적 종교라면 적극적으로 영향력을 행사해야 하는 중요한 영역들에서 신앙은 나태해지고 만다. 이렇게 신앙생활의 영역이 제한된다는 것, 특히 근대성의 조건들 아래서 그렇게 된다는 것은 놀라운 것이 아니다.…이 새로운 다신교 사회에서는 일터에서 섬기는 신과 가정이나 교회에서 섬기는 신이 다르다.[30]

오늘날 기독교는 번영을 향한 욕구에 공적으로 응답할 수 있어야 한다. 하버마스가 요구하고 정치 사회학자들이 호소하는 공적 기능은 기독교의 정체성의 토대 위에서 이뤄져야 한다. 이는 고립이나 배제를 의미하지 않는다. 그것은 기독교 복음의 핵심 진리를 명확히 함으로써 시작된다. 바로 복음이야말로 인간의 번영에 도움이 되고, 가장 결정적인 역할을 한다는 사실을 설득하는 것이다.[31]

이를 위해 볼프가 제안하는 실천 방식은 참여다. 정치의 영역이든 일상의 영역이든, 기독교 공동체의 예언자적 역할은 "세상을 고치기 위해, 인간의 번영을 위해, 그리고 공동선을 위해 세상에 참여하는 것이며 기독교 정체성을 말과 행동을 통해 세상 속으로 투사하는 것"이다.[32] 이는 인생의 전 과정을 통해 수행되어야 하고, 인간의 모든 문화를 통해서 사회적이며 관계적으로 실천되어야 한다.

그러나 볼프는 종교가 다원 사회에서 추상화되고 보편화되는 것이 겉으로는 가능한 것처럼 보이지만 오히려 충돌의 가능성을 배태하는 것이라 보고, 각 종교의 고유한 차이점을 인정하고 이를 서로가 용납하며 지혜를 나누려는 태도가 필요하다고 말한다.[33] 따라서 기독교의 공적 역할은 기독교의 예언자적 역할을 공적으로 실천하는 것이다. 이는 후기 세속 사회의 종교 담론이 요청하는 종교의 역할을 논할 때, 기독교 본연의 독특성을 바탕으로 대화에 나서야 한다는 주장에 힘을 더하는 것이다.

오늘날 공과 사, 국가와 교회의 분리를 거부하는 전 지구적 종교 운동들이 출현하는 것은 공동체와 개인 모두의 삶과 동기 부여에 있어서 다른 신앙을 요구하고 있음을 알아야 한다. 이 모든 요소들이 공공신학의 역할을 재고하게 만든다. 이제는 기독교의 사회적·문화적 수용과 영향력을 말하기보단 그것이 어떻게 미래적 가치·과정·목적을 형성할 수 있는지 또 그러한 정황과 맥락을 창조할 수 있는지를 고민해야 한다.

3. 사회 복지

서구에서도 공공성 담론과 복지 문제는 긴밀히 연결되어 있다. 하버마스가 종교의 공적 역할을 요청하는 이유 중 가장 중요한 것도 종교의 복지 증진에 대한 기대 때문이었다. 서구의 복지 정책은 19세기에 사회주의의 등장으로 인해 자유주의 국가도 공적 서비스를 강화하는 방향으로 전환하면서 시작됐다. 사실 서양에서는 개인의 자율적 판단을 강조하면서 근대주의가 등장했기에 국가의 공적 개입을 그리 좋아하지는 않았지만, 자본주의 체제의 모순과 폐해가 드러나면서 복지 국가의 이상이 강력하게 요구됐다. 하지만 "복지 국가는 다양한 사회 서비스를 제공하며 사회 모순들을 해결했지만 그에 따른 재정 위기에 빠졌고, 정부가 시민들의 인격적인 관계망을 대체하면서 시민 사회의 쇠퇴라는 문제를 경험하게 했다."[34]

이 문제에 대해 일레인 그레이엄 Elaine Graham 은 영국의 사례를 소개하면서 종교의 공적 영역으로의 복귀를 추적한다. 그녀에 따르면 지금 영국에서는 종교가 복지 지원이나 정책, 배급에 참여하는 일이 매우 당연한 것처럼 받아들여지고 있지만, 역사적으로 볼 때 유럽에서 사회 민주당이 정권을 잡고 법적 복지 체계를 위한 사회 간접 자본을 세워나가기 시작할 때, 교회와 지도자들은 국가에게 그 복지에 대한 책임을 이양했다. 그것이 대중의 의지를 실현하는 것으로 간주되었기 때문이었다. 그러나 교회가 지배적인 정치 문화를 따르면서 그들은 자신들만의 독특성 distinctiveness을 상실하고 말았다. 인도주의, 박애주의, 그리고 복지 개혁의 종교적 근간을 잃어버린 것이다.[35]

우리가 잘 아는 대로, 영국은 신자유주의의 물결이 시작된 1970년대 이후 복지 지출은 축소되고 정부나 당국은 종교 단체들과 연대하여 사각지대에 대한 민간 또는 자원봉사, 제3섹터의 활동을 지원했다. 1990년대 이후 복지 지원에 참여하는 종교 단체들은 정부의 동반자적 입장이거나 기업가 정신에 입각하여 협력하는 분위기였다.[36] 영국적 사회주의의 가치에 큰 무게를 두고 정부 정책에 많은 기여를 했던 토마스 험프리 마샬 Thomas Humphrey Marshall은 "복지 국가가 긴축 사회 Austerity Society와 연결되었던 시기에는 도전을 받지 않고 군림했던 반면에, 풍요로운 사회와 연결되자마자 모든 방면에서 공격을 받았다는 결론"에 도달했다.[37] 여기서 말하는 풍요로운 사회란 모든 이가 소비하기에 충분한 재화가 개인의 권리를 충족시킬 수 있을 만큼 넘치는 사회였다는 것인데, 이때부터 생산보다는 소비가 중요해지고 사회적 타당성의 고려나 공평 분배의 원칙 등이 무시되기 시작했다. 1970-80년대 서구 사회는 규제 풀린 자유주의가 권장되었고, 공동체적 가치보다는 개인의 자유를 소유와 소비의 권리로 귀결시키는 결정적인 오류를 범했다.[38]

초기 영국을 포함한 서양의 복지 사회 이상은 자본주의 시장 경제를 반대하거나 개인의 권리를 제한하는 것이 아니라, 그것들을 공정하고 공평하게 실행되도록 하는 상위 가치나 사회적 합의를 토대로 기능했다. 그러나 이러한 긴축과 절제, 공평과 정의, 공동선과 공동체 등의 가치와 삶의 태도들은 개인의 욕망을 통제하기에 역부족이었다. "복지 국가의 제도, 실천, 기술은 여전히 우리와 함께 있지만,

복지 국가만의 독특한 정신으로 그것들을 사회 체계와 결합시켰던 합의는 사라진 다른 환경에서 작동하고 있다."[39] 마샬은 그렇기에 영국과 유럽에서는 새로운 복지 국가의 모델이 풍요로운 사회 조건에 맞게 재정비되어야 하고 동시에 복지 국가의 원칙에 맞게 현재의 소비적 사회정신을 변혁하는 것이 필수적이라고 강조한다. 바로 이 지점에서 서구 사회가 종교의 역할을 재요청하고 있는 것이다.

사이토에 의하면 일본의 경우 공공복지는 오히려 국민의 복지를 억압하는 기제로 작동했다. 일본에서 적어도 1990년대 이전까지 공공성은 관제 용어의 하나였고, 그것이 이야기하는 맥락도 극히 한정되어 있었다. 그것은 철도, 도로, 발전소, 항만 등의 건설을 추진하고자 하는 정부가 공공사업에 이의를 제기하는 사람들을 설복시키기 위한 말이었다. 또는 공공복지라는 용어는 공권력에 항의하는 권리 주장을 기각하며, 사람들에게 인내를 강요하는 판사의 말이었다.[40] 이후 일본의 시민운동은 시민권의 차원에서 복지의 주권 혹은 주체를 시민의 권리로 복권시키는 방식으로 전개되었다.

그렇다면 오늘날 복지 사회 담론에서는 공공성의 문제를 어떻게 다루고 있는가? 신동면은 사회 복지와 공공성 강화를 다음과 같이 설명한다.

한국 사회 복지의 과제를 논의할 때 '사회 복지의 공공성 강화'가 필요하다는 주장은 언제나 빠지지 않는다. 사회 복지 공급 주체로서 국가 역할이 확대되어야 하며, 이를 위하여 사회 복지 예산의 증대와 정부에 의한 사회서비스 제공이 추진되어야 한다는 것이다.…사회 복지 전달체계를 크게 공공 부문과 민간 부문으로 구분할 때, 사회 복지의 공공성 강화는 공공 부문, 다시 말해서 국가 역할을

확대하는 것을 의미한다.[41]

그런데 사이토가 주장한 대로, 신동면 역시 동일하게 국가의 역할이 증대되는 것이 공익과 부합하지 않는 결과를 낳을 때가 많다고 지적한다. 이런 까닭에 최근 서구에서는 국가의 역할을 축소하고 민간과 시민 사회 및 종교 단체의 개입을 적극적으로 허용하고 있는 추세라고 설명한다.

사회 복지의 공공성이 공급 주체라는 측면에서 국가의 역할과 관련된다면, 실질적 차원에서 사회 복지의 공급 구조는 사회적 결과로서 평등 또는 정의와 연결된다.[42] 이렇게 본다면, 복지 문제는 단지 국가에게 권한이 독점될 수 없다. 사회 계층의 재조정에 의한 파급력은 한 사회의 공동체성을 조정하며 정체성을 규정할 만큼의 영향을 끼칠 것이기 때문이다. 이러한 사실을 고려한다면, 한 사회에서 복지가 생산·분배되는 상호 의존적 방식을 올바르게 파악하기 위해서는 국가, 시장, 가족뿐만 아니라 비영리 조직과 기업의 역할도 포함해야 한다.[43] 사회 복지의 공공성은 시민 사회의 개입과 비영리 조직 및 종교 단체들의 적극적인 개입과 공론장 참여를 허용하는 경로를 확보해야 한다. 사회 복지의 공공성이 과정뿐만 아니라 결과도 중요하게 여긴다면, 기업이나 국가의 영향력과 함께 제3섹터의 개입을 통한 공론장의 민주적 운영이 필요하다.

한국의 경우도 마찬가지로 신자유주의의 물결 앞에 IMF 구제 금융을 요청하면서 발생한 사회적 위기 앞에 시민 사회의 연대와 저항이 공공성에 대한 사회적 논의를 촉발시켰다. 직장을 잃고 가정이 해체되고 기업이 도산하면서 한 사회의 공공성이 약화되면 구성원들의 삶의 기초적 안정망이 사라진다는 것을 목도했다. 이후 노동계와 시민 사회는 정부의 정책에 대응하여 공공성 논의를 사회 운동의 실천적 과제로 삼고 각 주체들의 연대를 강화해나갔다. 이후 한국 사회의 공공성은 시민 사회가 주도하고 정부와는 일정한 간격과 긴장을 유지하며 논의되었는데 이 긴장은 지금도 여전히 유지되고 있다.

21세기에 들어서면서 한국 사회는 본격적으로 복지 사회를 위한 사회적 토론의 시대로 접어들었다. 대통령 선거나 총선거 국면에는 언제나 복지에 대한 공약과 토론이 난무했는데, 이는 그 공약의 이행 여부를 떠나 한국 사회의 구성원들이 공공성 논의를 민주화의 의제로 받아들이기보다는 복지 사회의 의제로 받아들이기 시작했다는 것을 의미한다. 한때 정치권에서 벌어졌던 무상 복지, 무상 교육 논란은 아직도 한국 사회의 공공성에 대한 기본적인 합의가 진전되지 못했음을 보여주는 상징적인 사건이다. 정부와 시민 사회의 역할에 대한 합의도 제대로 이뤄지지 않았고, 복지 보급과 분배의 원칙도 아직 명확하게 정리되지 못한 상태다. 영국이나 일본에 비해서 여전히 초보적인 복지를 유지하고 있음에도 보편 복지와 선별 복지를 차별적으로 구상하고 있다. 따라서 문제의 핵심은 복지 정책에 구현할 공공성을 어떻게 이해하느냐 하는 것이다. 공공신학은 이 의제를 논의하는 공론장에 참여하여 한국 사회의 공공성 증진을 통한 복지 사회에 기여할 수 있어야 한다. 일레인 그레이엄은 하버마스의 입장을 설명하면서, 복지 문제가 공공신학의 자리를 마련하고 있다고 본다. 그녀가 제시하는 공공신학의 자리는 다음과 같다.

세속화와 종교의 탈제도화는 계속되고 있는데, 변한 것은 '점증적으로 세속화된 환경 속에서 종교 공동체들의 지속된 실존'이다. 이는 이민에 의해 발생한 종교적 다원주의의 새로운 조건 때문이기도 하고, 전 지구적 근본주의의 간접 영향과 전통적인 사회 민주주의 국가의 복지 체계에 대한 재구조화의 필요성 속에서 드러난 종교 단체들의 등장 때문에 나타난 것이기도 하다.[44]

이런 관점에서 보면, 영국이나 일본 그리고 한국에서도 공공성을 논하면서 가장 중요한 과정으로 여기는 것은 바로 정부와 시민 사회 그리고 지역 주체들의 협치governance다. 협치는 그 자체로 공론장으로서의 성격을 띤다. 그래서 공공신학은 사회 복지의 논의에서, 특히 지역 사회의 사회 복지를 논의하기 위해 지역의 공공성에 대한 신학적 지향점을 분명히 해야 한다.

3장
공공신학과 지역 교회

문화 선교의 변혁적 실천을 위해서 문화 선교의 공공성을 확보하는 것이 오늘날과 같은 다원주의 시대를 살아가는 그리스도인들에게는 절실하게 필요한 전략이다. 앞으로 선교는 공적 성격을 잃지 않고 교회의 자원을 적절히 활용할 수 있어야 한다. 다행히 최근에 기독교의 공적 역할에 대한 공론이 모아지고 있는데, 문제는 한국의 경우 공공신학을 통해 다원적 대화와 공적 변혁을 지향하려는 것뿐만 아니라 과거에 교회가 누렸던 사회적 영향력을 되찾으려는 동기도 있다는 점이다. 그렇게 된다면 오히려 신학의 사적 측면만을 강화할 것이라는 우려도 있다. 리넬 캐디^{Linell E. Cady}는 "공공 영역으로부터 종교적 가치와 신념이 의도적으로 퇴거된 데 대한 불만이 공적 정책에 대한 종교의 역할과 시민 종교 현상에 대한 새로운 관심을 갖도록 많은 토론을 부추겼고" 동시에 "신학이 학문적 주변부로 밀려나게 된 상황에서 공적 담론과 논쟁에 참여하려는 신학자들의 반작용"도 영향이 컸다고 말한다.¹ 이처럼 공공신학이 자칫 공공 영역에서 주도권 경쟁을 하는 것처럼 보일 수도 있다.

공공신학의 문제 제기가 신학의 공적 주도권을 회복하려는 것이 아니라 신학 본연의 공공성을 실천하려는 것이라면, 필자는 두 가지 질문에 응답해야 한다고 본다. 먼저 근대 사회학의 세속화 이론은 종교의 필연적 위축을 예측해왔는데, 공공신학은 오늘날 새로운 종교의 부흥 현상에 대해 신학적으로 해명하고 그 필요성을 제기할 수 있어야 한다. 또 공공신학이 기독교의 공적 주도권을 확보하여 크리스텐덤의 이상을 실현하려는 의도가 아님을 설득하려면, 다문화주의에 대해 신학적으로 응답하고 다원주의 사회에서 구체적인 실천의 장을 확보할 수 있어야 한다. 필자는 민주화 이후 한국 사회의 다원화가 특히 문화 영역에서 두드러졌다고 보는데, 그동안 한국의 공공신학 논의는 문화 영역에 많은 관심을 기울이지 못했다고 본다. 따라서 한국적 공공신학의 논의와 실천은 대중문화 운동의 담론과 실천의 장에서 구체화되어야 한다.

1. 신학의 공공성

2007년을 공공신학의 카이로스*Kairos*라고 부른 윌리엄 스토러William Storrar는 다원화된 세속적 공공 영역에서 교회와 신학자가 민주주의 사회의 변화에 여전히 영향력을 끼칠 수 있으려면, "다원주의적 공공 영역에서 자신의 의견을 다른 많은 의견 중 하나로 여기고 기꺼이 참여할 수 있어야 하며, 다원주의적 시민 사회의 한 동반자로서 역할을 다할 준비가 되어 있어야 한다"고 말한다.[2] 이런 다원주의가 기독교의 정체성을 약화시킬 수 있다는 우려도 있지만, 공공신학은 오히려 공적 영역에서 기독교적 정체성을 정당하게 표명할 방법을 발견하고자 한다. 실제로 많은 기독교 시민 단체와 교회가 공공 영역에서 다양한 활동을 전개하고 있다.

하지만 공공신학의 전 지구적 연대와 학문적 관심이 고조되고 있음에도 불구하고 공공 영역에서 특정 종교의 입장을 개진하는 것은 여전히 사적인 일로 인식되는 것이 현실이다. 종교를 사회현상학적 입장에서 다루는 피터 버거는 세속화를 "사회와 문화의 제 영역이 종교적인 제도와 상징체계의 지배로부터 벗어나는 과정"이라고 보았다.[3] 이러한 과정은 다원주의를 가속시키고, 종교는 이른바 설득력 구조plausibility structure를 통해 시장에서 경쟁해야 한다는 것이 20세기 근대 사회학의 입장이었다. 그런데 이러한 입장들이 다원주의 상황의 공적 영역에서 종교의 역할에 대해 부정적으로만 본 것은 아니다. 예컨대 로버트 우스나우의 경우 버거와 같이 사회 제도 혹은 질서로서의 종교가 경쟁 상황에 놓여 있다는 점에는 동의하지만, "다원주의 상황은 한 사회에서 경쟁과 지지자들의 선택의 폭을 넓게 하여 다양한 종교적 지향들이 총체적으로 생명력을 얻도록 기여하기도 한다"고 함으로써 종교들이 시장에 적응할 경우 새로운 가능성을 발견하게 될 것이라고 예측한다.[4]

그러나 새로운 가능성을 발견한다고 해도 공적 영역에서 종교의 역할은 외부 환경의 변화에 적응해야 할 수동적 위치를 벗어나지 못한다. 그 결과 그들의 종교적 지향은 더욱 개인화되는 특성을 갖는다. 종교 자체는 시장 상황에 놓이지만, 그 시장의 소비자들은 하나의 종교만을 선택하는 것이 아니라 다양한 종교적 취향이나 제도를 선택할 수 있다.[5] 예컨대 20세기 후반부터 불어닥친 영성 운동의 발흥을 주목하고, 이를 종교의 새로운 가능성으로 평가하려는 입장들이 있는데, 하비 콕스는 『영성, 음악, 여성』에서 쇠락한 종교가 새로운 영성의 출현으로 새로워지고 있다고 흥분하면서 이제는 영성이 아니라 세속성이 사라지고 있다고 본다. 그는 성령 운동의 새로운 의미를 다음과 같이 말한다.

> 인간 삶에 대해 단지 세속적인 설명이나 종교적 교리와 기관의 권위에만 의존하는 설명이 완전하지 못한 이 시대에, 성령 운동이라는 예상치 못했던 용암의 분출은 우리들 모두에게 잠재해 있는 심원한 종교적 본능을 일깨워주었다. 성령 운동은…인간의 광범위하고 오래된 종교적 본성의 모든 형태를 망라한 종교사의 한 부분이다.[6]

그러나 이처럼 20세기 후반부터 확연해진 영성 운동과 오순절 교회의 성장세가 오히려 신앙의 개인화·내면화의 특성을 더욱 강화했다고 보는 입장도 있다. 신학의 공공성을 강력히 주장하는 위르겐 몰트만 Jürgen Moltmann은 강력한 성령론에 근거해 자신의 신학을 전개하면서도, 이 시대의 영성 운동이 자칫 근본주의와 결탁할 위험이 있음을 경고한다. 이는 하비 콕스도 마찬가지다. 몰트만의 생명의 영은 해방의 영으로 반복되는데, 그는 성령 운동이 근본주의가 아니라 체험주의에 연관되어야 하며 임박한 재림보다는 현실의 변혁을 지향해야 한다고 주장함으로써 성령 운동의 근본주의적 개인화를 경계한다.[7] 이러한 새로운 현상이 종교의 사사화를 더욱 강화하는 것인지, 아니면 종교 스스로 내부의 성찰을 통해 변혁적 힘을 드러내고 있는 것인지는 더 많은 논의가 필요하다. 공공신학은 분명 후자의 입장을 지지한다. 그것은 신학의 본성 자체가 공적이라는 사실에 근거한다. 예컨대 몰트만은 『세계 속에 있는 하나님』God for a Secular Society, 1999에서 "오늘날 혹은 미래의 근대 세계에서 우리가 제대로 하나님 나라의 과제를 인식하려면 근대의 탄생 때부터 내재된 신학적 생명력과 약점을 알아야 한다"고 말한다.[8] 즉 생태계 문제, 사회적 정의와 평등 등 근대 세계의 공적인 문제를 해결하기 위해서는 근대의 도구적 합리성을 극복하고 하나님 나라를 실천하는 신학의 공적 생명력을 회복해야 한다고 역설한다.[9]

이처럼 공공신학은 신학의 본래적 공공성을 부각시키려고 한다. 던컨 포레스터Duncan B. Forrester는 "신학이나 종교의 영향력이 단지 사적인 삶이나 개인적인 주관성에만 국한된 것이라고 당연시하던 당대의 개념들을 거부했다"고 말한다.[10] 스택하우스는 특히 지구화 상황이 전 지구적인 공공신학의 연대를 절박하게 요청하는 사회 문화적 조건이라고 보는데, 그는 특정 공동체의 경험과 고백이 우선적으로 지지자들의 공적인 삶의 규범으로 작동하는 것은 당연하지만, "그것이 공동체나 사적인 연대 안에 머물기보다는 시민 사회의 복합적 제도들과 다른 사람의 신념을 통해 작동되어 공적 영역을 형성해야 한다"고 말한다.[11] 또 남아프리카 공화국의 독특한 경험을 바탕으로 공공신학의 지역화를 주도하는 드 그루시는 공공신학의 공공성에 대해 다음과 같이 말한다.

그리스도인의 증언은 사적인 것이 아니고 공적인 것이지만 공공신학은 단지 교

3
장
◆
공
공
신
학
과
지
역
교
회

65

회의 공적인 선언이나 사회 활동에 참여하는 것만이 아니다. 그것은 오히려 공적으로 중요한 사안들을 문제 삼는 '신학 하기'doing theology의 한 양식이다. 종종 교회의 공적 선언들이 본성상 사회학적임을 강조하는 것으로 그치는 경우가 있지만, 공공신학은 기독교 전통 안에 깊이 드리워진 신념과 헌신을 신학적으로 성찰하고 그렇게 공적으로 표현하는 것이다.[12]

이와 같이 신학은 본질상 공적인 것이므로, 세속화로 인한 종교의 시장 상황이나 다원주의 시대는 오히려 신학의 진정성을 실천할 수 있는 주요한 계기로 작동할 수 있다. 그래서 데이비드 마틴David Martin 은 근대 세속화 이론을 수정하고, 오늘날의 상황이 세속화를 바라보는 종교사회학에게는 근본적인 변혁적 상황fundamental transformation 이라고 본다.[13] 그와 함께 비슷한 주장을 하는 호세 카사노바Jóse Casanova는 종교의 사회적 기능에서 세속화가 일어나기는 했지만, 그것이 곧 공적 종교의 종국을 의미하는 것은 아니며 사회적 의미를 상실한 것도 아니라고 말한다. 오히려 종교는 다양한 방식으로 시민 사회에서 새로운 사회적 위치를 제도적으로 확보해나가고 있다고 본다.[14]

공공신학은 세속화로 인해 위축된 기독교의 위상을 되찾기 위한 주도권 다툼이어서는 안 된다. 그것은 개인 / 공공, 교회 / 사회를 이원화하는 근대적 주객 도식의 틀에서 벗어나 신학의 본질적 공공성을 공적 영역에서 구체화하는 작업이어야 한다. 이것은 세속화에 포섭된 종교사회학의 협소한 현상학적 이해를 교정할 뿐만 아니라 종교의 사회적 의미를 생산하고 재해석하는 작업이다.

2. 하나님 나라의 공공성

지구화는 시민 사회를 지구적으로 확장시켰는데, 지역적으로는 단위 문화 공동체 안에 다문화 환경을 조성함으로써 시민 사회가 더 이상 근대적 경계 안에 머물지 않게 했다. 지구화를 공공신학의 중요한 연구 주제로 삼는 스택하우스는 각 지역의 종교 문화를 이해하지 못하면 각 지역의 전통문화나 관습을 이해할 수 없으며 따라서 공공신학의 지구적 실천이 어렵다고 본다.[15] 따라서 현 상황은 이미 전 지구적으로 퍼져 있는 주류 종교들이 서로 연대하거나, 종교적 헌신자 역시 시민 사회의 일원으로 운신하기에 매우 유리한 조건이다. 동시에 교회가 시민 사회의 일원이 되면 교회 메시지의 보편성을 약화시키고 교회의 이익만을 대변할 우려도 있다. 그러므로 패트릭 리오단[Patrick Riordan]은 교회가 시민 사회와 국가 혹은 정치 사이에서 공동선을 높이는 사회 자본[social capital]으로서의 역할을 충실히 해야 한다고 주장한다.[16]

클라이브 피어슨[Clive Pearson]에 의하면 다원주의 사회에서 공공신학의 공공성이란 기독교 신학의 공적 연관성을 말하는 것이고, 단지 그리스도인만이 아니라 모든 인간의 문제를 다루며, 사상[ideas]의 시장에 나온 다른 많은 목소리 중 하나의 목소리로 다른 이들의 개종이 아니라 사회의 복지에 관심을 갖는 것이다. 즉 공공신학이 사회 자본으로서 시민 사회의 공동선을 도모하고 지구적 시민 사회 형성에 기여하려면, 내부적으로 근본주의적 열광을 극복해야 할 뿐만 아니라 크리스텐덤의 승리주의적 이상으로부터 벗어나야 한다. 로날드 사이더[Ronald J. Sider]와 하이디 롤랜드 언루[Heidi Rolland Unruh]는 사회 자본이라는 개념이 건강한 민주주의와 활력 넘치는 공동체를 증진할 수 있는데, 특별히 자발적 결사체와 교회가 중요한 역할을 한다고 본다. 제임스 콜맨 James Coleman 의 경우 사회 자본을 개인적인 혹은 협력적인 목표를 성취하기 위해 사회적 구조 속에 배어 있는 자원으로 정의한다. 또 개인의 사회적 참여, 시민 행동, 접근 가능한 자원들, 사회적 네트워크에 접근할 수 있는 다양한 방법 등을 의미하기도 한다. 사회 자본은 사회적 의미와 가치를 생산하고 재해석하여 제도와 체계를 정당화하는 역할을 한다. 개인의 종교 생활이 공공 영역의 의미 생산과 상징체계들을 형성하는 중요한 계기가 된다는 성찰이 우세해지면서 사회 자본으로서의 종교의 역할은 새삼 중대해지기 시작했다. 공공신학의 입장에서 볼 때 교회를 사회 자본의 차원에서 접근하는 것은 매우 의미 있는 시도가 될 수 있다.[17]

근대의 이원론과 인본주의적 뿌리를 공유한 서구 교회는 타자를 자기 동일성으로 환원시키고, 이로 인해 발생한 소외의 문제를 크리스텐덤 이상에 근거한 정복주의나 승리주의 선교로 더욱 강화시켰다.[18] 앞으로 서구 교회는 근대성이 야기한 다양한 문제를 신학적으로 정당화했다는 의심을 해소하지 못한다면 다원주의 사회에서 정당하게 자기 목소리를 내기 어려울 것이다. 결국 세속화 이론은 오류이며 기독교가 여전히 공공 영역에서 유의미한 역할을 할 수 있음을 설득하려면, 기독교 외부의 이웃들과 어떻게 소통, 연대, 협력할 수 있을지를 고민해야 한다.

캐디는 공공신학의 방향성을 두 가지로 나누면서 이 문제의 의미를 간접적으로 시사한다. 그는 공공신학이 스택하우스나 트레이시처럼 공공 영역의 의미 체계에 규범적 역할이 되도록 하는 방식, 즉 신학의 공공성 규명 자체에 집중한다면 오히려 공공신학의 성찰이 사적이고 편협한 것으로 치부될 수도 있다고 말한다. 또한 벨라나 마티와 같이 시민 사회의 담론에 대한 비판적 성찰에만 집중한다면 정작 기독교적 정체성에 근거한 메시지의 영향력은 약화될 것이라고 본다.[19] 그러므로 모든 공적 사안을 기독교적으로 해결하려는 크리스텐덤의 유혹에서 벗어나 기독교적 정체성을 희석시키지 않으면서도 다른 의견들과 공존하여 함께 협력할 수 있는 전략이 필요하다. 따라서 "공공신학은 자기 반성적이어야 하며, 역사적 맥락뿐만 아니라 다른 관점들이나 접근 방식들에 대해서도 민감해야 한다"고 주장하는 드 그루시의 주장은 중요하다.[20] 즉 공공신학은 교회 혹은 기독교 외부 세계에 대해 서로 열려 있어야 한다.

이런 점에서 공공신학이 지향하는 공공의 영역은 기독교 공동체가 아니라 기독교 외부의 대중 사회라는 것을 분명히 해야 한다. 즉 공공신학은 기독교의 공동체 신학이 아니다. 공공신학은 기독교 내부의 공동의common 혹은 공유된shared 것을 강조하려는 것이 아니고, 서로 다른 가치와 신념들이 함께 거하는 일종의 아고라agora 광장에서 신학적 실천을 도모하는 것이다.[21] 공공신학의 이상은 획일적인 정치적·문화적 통일을 위해 타자에게 폭력을 행사하는 크리스텐덤이나 근대적 이원론이 아니라 하나님 나라의 공적 실천이다.[22] 이는 종교, 인종, 지역, 나이, 성에 관계없이 모두가 하나님 나라의 일원임을 공표하고 초청하는 것이다. 조아닐도 부리티Joanildo Burity는 교회가 "정의롭고 참여적이며 자유로운 삶의 틀을 제시하는 가장 좋은 방법은 서로 다른 제도들, 실천들과의 다원적이고 상호적인 참여적 관계를 확증하는 것"이라고 말한다.[23] 스토러도 "타 종교 전통들과의 대화를 통해 기독교 전통을 지구적 넓이로 확장하고 에큐메니컬한 성취를 이루는 것만이 우리 시대의 공적 문제에 있어 신실한 신학적 참여를 가능하게 할 것"이라고 말한다.[24] 공공신학은 시민 사회나 공공 영역에서 기독교의 공공성을 배타적으로 드러내는 것이 아니라, 오히려 기독교 외부의 개인, 제도, 문화와 공동선을 위해 연대하고 협력하는 실천이어야 한다. 그렇다면 이것은 한국 사회에서 구체적으로 어떻게 실천되어야 하는가?

3. 한국적 공공신학과 문화 변혁

한국의 공공신학은 신학적 논의에 그치고 구체적인 실천의 장을 확보하지 못했다는 비판이 지속적으로 제기되었다. 한국의 공공신학은 자칫 위축된 기독교의 옛 영화를 회복하고 크리스텐덤의 이상을 실현하려는 일종의 주류 콤플렉스로 비춰질 가능성이 농후하다. 한국에서 공공 영역의 다원화 현상은 민주화 이후 대중문화의 담론과 실천이 확대되면서 공식화되었다. 한국교회와 시민 사회의 갈등과 마찰이 가장 첨예하게 드러났던 영역이 시민 사회의 문화 운동이었다는 사실을 생각해보면, 한국적 공공신학의 실천은 특히 문화 영역에서 구체화되어야 한다.

공공신학의 주체는 신학자가 아니라 시민 사회를 구성하는 다양한 문화적 삶의 주인공들로부터 나와야 한다. 안드리스 판 아르데 Andries van Aarde는 공공신학의 공공성을 논하면서 오늘날의 "공공신학은 영화, 노래, 시, 소설, 예술, 건축, 시위, 의복, 신문과 잡지의 기사들

속에서 복합적인 형태로 출현한다"고 말한다.[25] 즉 오늘날 공공신학의 주체는 대학의 신학자가 아니라 시민 사회의 아고라에서 문화적 삶을 통해 자신들의 신앙을 표현하는 공중들이라는 것이다. 사실 다원주의 상황에서 문화적 질문이란 "서로 다른 사회적 강제 규범과 기준들에 따라 움직이는 세속적인 문화 해석의 틀 속으로 그리스도인의 삶을 이끌어가려는 노력 중에 조우하게 되는 질문"이다.[26] 따라서 공공신학의 실천은 다양한 문화 해석의 틀들이 함께 공존하고 만나는 다문화주의적 현실을 고려하지 않고서는 불가능하다.

이러한 상황은 한국에서도 시민 사회의 문화 운동을 통해 확인할 수 있다. 1980년대 민주화 세력은 문화를 선전의 도구로 인식한 반면, 90년대는 문화 자체의 새로운 역동성을 발견함으로써 사회 변혁의 동력으로 전환시키려고 했다. 심광현은 "새로운 문화 운동이 문화적 공공 영역화라는 화두를 제기하면서, 기존의 문화적 공공 영역의 전문가주의를 비판하는 일"과 "지역 사회의 구체적인 삶의 맥락에 뿌리를 두는 새로운 문화 활동을 창출하면서 이를 통해 참여 민주주의적인 새로운 형태의 문화적 공공 영역을 창출해가야 할 과제"를 맡아야 했다고 말한다.[27] 이러한 상황을 이론적으로 분석하고 비판했던 문화 연구Cultural Studies와 대중문화 이론들은 "타자성과 차이를 긍정하고 과거의 문화적 대화에서는 배제되었던 주변적이고 저항적인 소수 집단의 목소리에 귀를 기울이려는 다문화주의"를 표방했다.[28]

그런데 한국 사회의 이러한 문화적 공공 영역의 확대에 대한 한국 교회의 초기 대응은 매우 부정적이고 소극적이었다. 시민의 공공 영역이 확장되던 것과는 달리 주류 교회는 신앙생활의 공공성보다 공동체 내부의 연대성을 강화함으로써 오히려 신앙의 개인화·사사화를 더욱 부추기는 결과를 낳기도 했다. 수적 감소, 대사회적 공신력 저하 등의 선교적 위기를 겪으면서 한국교회는 90년대 후반부터 대중문화의 형식적 수용을 통해 사회 문화적 변화와 적극적으로 소통하려고 했다. 하지만 이러한 형식적 수용은 시민 사회의 문화적 담론에 참여하거나 새로운 사회적 상상력을 발휘하는 데까지 진전하지 못했다. 이제 공공신학은 공공 영역의 담론과 실천에 참여하는 구체적인 실천이어야 한다.

이 실천은 기독교가 가진 고유한 해석과 상상력을 문화적으로 표현하고, 유포하며, 보급함으로써 시민 사회 공동의 유익을 증진하는 일에 효과적으로 기여할 수 있음을 설득하는 것이다. 기독교의 상징, 언어, 해석 등은 일종의 문화 자본으로서 독특한 사회적 의미와 관계를 형성한다.[29] 신국원은 그동안 한국교회가 보여준 공공 영역에서의 문화적 태도를 반성하면서 하나님 나라의 핵심 개념으로 변혁과 샬롬을 부각시키고, "그리스도인의 문화 변혁 운동은 바로 이 큰 그림인 샬롬의 문화를 바라보는 비전을 바탕으로 해야 한다"고 주장한다.[30] 임성빈도 기독교의 문화적 소명에 대해 하나님의 선교*missio Dei*와 하나님 나라라는 신학적 개념에 의지한다.[31] 그렇다면 한국교회가 공공신학을 통해 실천해야 할 분명한 문화적 소명은 하나님 나라의 원리에 어긋나는 사태들을 변혁하는 것이다.

우스나우는 공공 영역에서 기독교의 예언자적 비평 기능의 수행은 자신들의 입장을 관철하는 것이 아니라 어느 하나의 입장이 절대화되는 것을 제어하는 역할이라고 말한다.[32] 이것이 그에게는 공공신학의 일차적 임무다. 공공신학의 변혁적 역할은 강제와 폭력을 통해 타자를 기독교와의 동일성으로 환원시키는 것이 아니다. 오히려 기독교 고유의 상상력과 내러티브를 타자의 그것과 소통시키는 것이야말로 공공신학의 과제다. 가톨릭 공공신학자인 데이비드 홀렌바흐 David Hollenbach는 기독교가 자신의 "상상력을 통해 문화를 형성함으로써 공적 삶의 영역에 가장 중요한 역할을 할 수 있을 것"이라고 주장한다.[33] 그러므로 한국교회의 공공신학의 실천은 그 무엇보다도 현실의 모순을 변혁하는 기독교적 상상력과 내러티브를 보급하여 공공 영역을 하나님 나라의 그것으로 변혁하는 것이라고 할 수 있다.

이러한 논의가 삶의 실제적인 현장에서 더욱 활성화되어야 한다. 한국의 공공신학은 앞으로 한국 사회의 문화적 공공 영역의 확장에 더욱 관심을 기울여야 한다. 예컨대 도시 공동체 형성, 도시 미학, 공공 디자인, 공공 예술, 지역 문화 축제 등은 모두 이미지와 상징을 통해 사회적 상상력이 사회적 의미를 생산하고 있음을 보여주는 사례들이다. 이런 것들은 한국 사회의 문화 해석 능력을 확장시키는 결정적인 역할을 한다. 한국교회의 공공신학은 이러한 문화적 실천에 주목하고 정의, 인권, 평화 등 거대 담론뿐만 아니라 공중의 사사로운 삶에 공공의 신학적 의미를 부여하는 작업까지 수행해야 한다. 또한 공공신학은 신학의 미학적 실천과 밀접하게 연관을 맺는다. 그러자면 영화감독, 예술가, 작곡가, 가수, 패션 디자이너, 건축가, 사회 운동가 등 각계에서 문화적 표현과 실천을 감당하고 있는 이들과 연대하고 소통하여 그들의 작업에 신학적 공공성을 부여하는 일에 동참해야 한다.

4. 공공신학의 장소: 지역 교회와 지역 사회

한국적 공공신학의 논의는 이제 시작 단계다. 그러나 신학의 공적 특성에 대한 논의는 오랫동안 윤리 신학의 주제였다. 토착화 신학, 민중 신학 등 특수한 한국적 상황을 배경으로 전개된 일종의 사회 윤리적 실천이 오랜 시간 에큐메니컬 진영의 주된 관심사이기도 했다. 이제 복음주의 진영은 이러한 논의에 적극 동참함으로써 새로운 가능성을 도출해야 할 것이다.[34] 공공신학 논의를 선점한 주체들이 민주화 이후 전개되고 있는 한국 사회의 대중문화 담론과 시민 사회의 문화적 공공성 확대 프로젝트에 적극적으로 참여해야 한다. 이러한 참여는 크리스텐덤의 정복적 일방주의나 종교의 세속화 이론을 극복하고, 기독교 고유의 창조적 상상력을 사회화함으로써 공동선을 창출할 수 있다.

그 구체적인 실천은 지역과 현장에서 이뤄져야 한다. 공공신학의 문화적 실천은 지역 교회가 지역의 일원으로 지역 공동체를 위해 헌신하는 과제를 수행하기 위해 동원되어야 한다. 그동안 한국교회는 지역을 떠나 있었다. 지역을 떠나 있는 교회는 사적 기관으로 변질된다. 이제 한국교회는 공공신학의 구체적 실천을 문화 영역에서 현실화함으로써 지역의 문화 공동체를 건설하는 일에 기여해야 한다. 그것은 하나님 나라의 비전을 지역화하고 문화화하는 일이다.

4장
공공신학과 지역 공동체

1. 한국 시민 사회의 문화적 특수성

앞에서는 공공신학이 태동된 사회 문화적 배경으로 지구화와 시민 사회를 들었다. 특히 참여와 연대, 자발성과 자율성을 전제하는 시민 사회의 다원주의적 성격은 공공신학이 고려해야 할 가장 중요한 특성이다. 그런데 한국의 시민 사회 형성과 성숙도는 공공신학이 전제하고 있는 서구의 시민 사회의 그것과 상당히 다르다. 박영신은 한국의 시민 사회를 "시민의 덕목을 가지지 못한 사이비 시민 사회"라고 비판한다.[1] 그에 의하면, 서구에서 형성된 시민 사회는 국가로부터 독립된 자율적 시민을 주체로 삼고 혈연이나 지연, 학연과 같은 특정 집단을 절대화하지 않으며 공존했다. 그래서 더 큰 공동체를 지향할 수 있는 공공성이 확보되었던 반면, 한국의 시민 사회는 여전히 지연, 학연, 특정 집단에 대한 충성심을 강요하고 타자를 배제하는 이

4
장
◆
공공신학과 지역 공동체

75

른바 강력한 유사 가족주의에 기초하고 있다.[2] 한국인의 문화적 문법을 정리한 정수복도 이러한 의견에 동의하면서 종교가 문화적 변화를 주도해야 한다고 주장한다.

> 한국의 사회 운동은 정치 중심적 운동에서 문화 중심적 운동으로 전환해야 하고…지금까지의 시민운동이 국가 영역과 시장 영역의 민주화, 투명화, 합리화를 위해 싸웠다면 앞으로의 시민운동은 가정, 학교, 직장, 교회, 사찰에서 개인 주체의 형성을 돕고 개인 주체들이 대화와 토론을 통하여 전근대적이고 특수주의적인 한국인의 문화적 문법을 21세기에 맞는 보편주의적 문화적 문법으로 바꾸어야 한다.[3]

정수복의 주장은 대부분 공공신학의 주장과 동일하다. 서구의 경우 기독교가 혈연이나 지연에 얽매이지 않는 도시 공동체를 형성하는 일에 큰 기여를 했으나, 한국에서는 종교가 오히려 시민 사회의 진정한 형성을 방해했다는 인식도 있다. 박영신에 의하면 한국의 종교들은 "국가에 고분고분 시중드는 역을 맡아오면서 종교는 국가와 국가 정책의 테두리로부터 얼마만큼 자유로운 시민을 길러내거나 그러한 시민의 활동 공간을 만들 수 있는 능력을 잃어버렸다."[4] 한국의 도시화, 산업화가 진전되고 교회 성장이 급격히 이뤄지면서 국가주의와 결탁한 한국교회는 초기에 가졌던 사회적인 공적 역할을 제대로 수행하지 못했다.

공공신학이 성숙한 시민 사회를 배경으로 한다는 점에서 시민 사회의 공공성을 증진시키는 문화적 실천을 통한 사회적 에토스 형성은 한국의 공공신학이 우선적 과제로 삼아야 할 영역이다. 자율적 참여와 공동체적 연대가 시민 사회에 뿌리내릴 수 있도록 공공신학은 일상적 생활 세계에 대한 구체적인 문화 실천의 장을 설정해야 한다. 교회가 가장 손쉽게 접할 수 있는 공적 생활 세계는 지역 사회이며 그곳의 이웃들이다.

2. 지역 공동체 형성의 공공신학적 의미

지역 공동체local community 혹은 지역 사회에 대한 관심은 꽤 오래되었다. 서구에서 지역 공동체라는 개념은 자본주의 체제의 대안을 모색하면서 주목받았다. 오늘날 현대적 공동체 개념은 지리적으로만 정의되지 않고, 경제·문화·생태와 같은 공동의 목표를 위해 연대하는 자발적 결사체들을 포함한다. 최근 도시와 도시적 삶에 대한 관심이 높아지고 있는데, 예컨대 김찬호의 경우 지역을 현대 도시의 공간 속에서 파악하면서, 현대 도시는 더 이상 주체적이고 사회적인 실천 공간이 아니라 수동적이고 폐쇄적인 소비의 공간으로 전락했기 때문에 "그 공간을 풍요롭고 윤택하게 가꿔가기 위한 전략, 그리고 그것을 실행할 주체의 형성 방안을 모색하는" 것이 오늘날 지역 공동체에 요구되는 논의 주제라고 말한다.[5] 따라서 지역으로서의 도시 공동체를 논하는 것이 결국 도시 공간의 공공성을 회복하는 것이라는 주장이다.[6]

이와 관련하여 조명래는 산업 도시화를 추진하는 과정에서 탄생한 경직된 도시는 인간의 소외를 불러일으키는 기능적 이익 사회Gesellschaft였지만, 도시적 삶의 주체로서 인간이 스스로 참여하고 연대하는 공동체, 즉 지역으로서의 도시에 맞게 재편된 공동 사회 Gemeinschaft야말로 우리가 지향해야 할 도시 공동체라고 봤다.[7] 그것은 단지 전통적 의미의 공동체를 복원하는 것이 아니고, 근대적 자유주의와 자본주의의 모순을 반성하여 사회의 진보적 재조직을 염두에 두는 것이다. 그러자면 시민 스스로 지역의 의제에 참여하고 결정할 수 있는 장치들이 보장되어야 하는데, 이는 지역성을 기반으로 하는 공적 영역의 공공성을 복원하는 것으로 가능해진다. 도시의 교회들이 이를 지역 선교의 과제로 받아들인다면 이것이 곧 공공신학의 실천적 장이 될 것이다.

이를 위해 도시의 지역 교회들은 지역 사회에 거주하는 다양하고도 다층적인 구성원들과 지역적 정체성을 공유해야 한다. 그러자면 지역의 인구학적 특성과 문화적 특성 그리고 정치적 의제를 민감하게 다룰 수 있어야 한다. 즉 지역의 미래를 위해 필요한 제반 사항들을 고려하고 지역 구성원들과 함께 대처할 수 있도록 협력해야 한다. 대도시의 젊은 노숙자와 실직자들을 위한 사역에 참여하고 있는 존 커트 Jon Kuhrt는 사회 선교에만 집중하는 자유주의적 접근과 개인 구원만 강조하는 보수주의적 접근을 모두 부족주의 신학 tribal theology 이라고 비판하고, 공적이고 사회적인 사역을 위해서 건강하게 성장하는 지역 교회가 반드시 필요하다고 강조한다.[8] 그는 또 도시의 전통적인 교회들이 도시의 문제가 부정의와 불공평으로부터 초래되고 있다는 현실을 무시해서는 결코 지역 구성원의 일원으로 인정받기 힘들다고 조언한다.[9] 도시 선교의 재정립은 이러한 이분법을 뛰어넘어 교회가 위치한 지역의 정치 경제적 현실과 사회 문화적 정체성을 직시하고 이를 전 지구적인 관점에서 접근할 때 가능하다. 그러므로 공공신학은 이러한 지역 공동체를 지향하는 도시의 지역 교회들을 지지하며 신학적 근거를 제공한다.

교회가 지역 사회의 일원으로서 지역의 필요와 현안 해결을 위한 윤리적 가이드를 제공하여 지역 이미지를 변화시키고 주민의 자발적 참여와 연대를 고양하는 일은 한국의 시민 사회를 성숙시키는 일이고 지역의 문화적 에토스를 확장하는 사역이다. 공공신학은 이러한 일에 지역 교회를 적극적으로 참여시키고 구체적인 실천의 장을 도와줄 수 있다. 도시민의 삶이 분열과 경쟁의 가속화로 인해 더욱 피폐해지고 있는 상황에서 교회가 지역 사회에서 공동체 형성을 위한 문화적 실천을 다양하게 펼친다면 그것은 공공신학의 담론적 차원을 극복하고 구체적인 현장을 확보할 수 있을 것이다.

공공신학의 성경적 정당성은 구약에서부터 신약으로 흐르는 하나님 나라에 대한 갈망에서 찾을 수 있다. 구약과 신약에 나타난 이스라엘 공동체의 공적 삶과 공동선의 구현은 하나님 나라와 연관되어 있으며, 이는 공공신학의 근거가 될 수 있다.[10] 공공신학이 담론적 수준에 머물러 있어서는 그 함의를 충분히 드러낼 수 없다. 공공신학은 증언과 실천으로서의 신학이다. 공공신학이 시민 사회의 특성과 지구화의 확장이라는 사회 문화적 배경을 고려할 때, 한국에서 공공신학은 미숙한 시민 사회의 시민성을 자극하고 갈등과 충돌로 접점을 찾지 못하는 지구화에 대한 적절한 윤리적 가이드를 제공하는 것으로 자신의 과제를 설정할 수 있다.

공공신학의 구체적인 실천의 장은 우선 교회와 지역 사회다. 한국에서 시민 사회의 성숙은 이제 지역자치제의 본격적인 실행과 함께 지역 현안에 대한 주민들의 자발적 참여와 공동체적 연대를 통해 실제화되어야 한다. 공공신학은 지역 교회가 지역 사회의 일원으로 지역의 공적 문제들과 주체들 간 발생하는 상호 작용 속에서 어떻게 윤리적이고 도덕적인 가이드와 신학적 입장을 개진할 수 있을지 고민해야 한다. 이를 위해 지역의 이미지를 개선하고 상호 간의 유대와 공동체성을 형성해야 하며, 각 주체의 자발적 참여를 유도하여 문화적 네트워크를 구축해야 한다.

공공신학이 무엇인지에 대한 논의나 그 특성과 신학적 근거에 대한 논의는 한국에서도 어느 정도 성과를 보이고 있다. 이제는 공공신학이 구체적으로 한국 사회에 어떻게 기여할 수 있으며, 지역 교회들이 공공신학적 실천을 감당하기 위해 어떤 실천적 지침을 마련해야하는지 논할 필요가 있다. 다원 사회를 넘어 다문화 사회로 진입한한국 사회의 시민 역량은 부족한 부분이 많다. 아직도 국가가 시민 사회를 주도하고, 지역의 현안에 대한 정책 결정에 주민들의 의사는반영되지 못하고 있는 실정이다. 공공신학은 이러한 한국 사회의 당면 과제에 민감하게 반응하여 시민 혹은 주민의 생활 세계와 연관되는 일상사들의 문제에 윤리적 가이드를 제공할 뿐 아니라 문화적 에토스를 형성하는 일에 기여해야 한다.

3. 도시 선교로서의 실천

도시의 지역 교회들이 공공신학의 실천을 구체화하기 위해서는 도시의 지역 문제에 민감하게 반응해야 한다. 교회의 공적 역할을 강조하면서 도시 선교의 전략을 새롭게 구성하고자 하는 로버트 린티

컴Robert C. Linthicum은 도시에서 지역 공동체를 형성하는 일은 지역의 약자와 소외된 이들을 돕기 위한 네트워크를 조직하는 일이라고 보고, 곤경에 처한 이웃, 필요가 채워지지 못한 공동체, 구조적으로 문제를 안고 있는 도시를 네트워크를 통해 도울 수 있어야 한다고 말한다.[11] 자선이나 구제에 멈추지 않고 그들과 소통하고 연대하여 그들의 의견이 지역 정책이나 복지 정책에 반영될 수 있도록 하는 것이 바로 공공신학의 문화적 실천이다.

필자는 몇 번에 걸쳐 팀 켈러Tim Keller가 사역하는 뉴욕의 리디머 교회Redeemer Presbyterian Church를 방문한 적이 있다. 특히 리디머 교회의 도시 공동체 형성 관련 사역을 살피기 위해 브로드웨이에 위치한 뉴욕을 위한 희망Hope For New York 활동을 집중적으로 살폈다. 이 단체는 리디머 교회가 설립한 지역 사회 봉사 네트워크로 일종의 NGO 단체다. "사람을 돕는 이들을 돕는다"We help people who help people!라는 구호 아래 맨해튼의 여러 기관들과 협조하여 자원봉사자들과 교인들을 여러 기관에 연결하고 경제적인 자금을 선별적으로 지원한다.

이 단체는 자신들의 비전을 "그리스도의 사랑을 표현함으로써 개인과 공동체가 영적·인격적·사회적·경제적 복지well-being를 경험할 수 있는 도시를 만드는 것"이라고 말한다.[12] 그들은 2009년에만 41,386시간의 봉사와 854,454달러의 자금을 지원했고 리디머 교회 교인들의 달란트와 자원을 동력화하며 맨해튼 전역을 대상으로 공동체 지원 사업을 펼친다. 이 단체는 월드비전, 해비타트와 같이 세계적인 역량을 가진 구호 개발 단체와 지역 교회, 시민 단체 등과 네트워크를 유지하며 이들의 사역과 자원봉사자, 자금을 이어주는 일종의 허브 역할을 하고 있다. 대도시 교회로서 지역 공동체와 연대하는 가장 효과적인 방법을 구사하고 있었다.

또한 LA 시내의 드림센터^{Dream Center}는 실업자나 알코올 중독자, 마약 중독자를 센터로 인도해 예배에 초청하고 제자 훈련을 통해 지역의 각종 봉사 활동에 참여하고 스스로 자립할 수 있도록 한다.[13] 이 센터는 지역을 입양한다는 전략으로 우범 지대였던 이 지역을 변화시키고 있다. 지역 주민들과 미국 전역에서 참여한 자원봉사자들은 지역을 섬기기 위해 헌신적으로 봉사한다. 이 센터로 인해 지역 이미지가 변하고 있으며, 범죄 지역에서 참여와 연대의 공동체로 거듭나고 있다.[14] 지역 사회의 이미지를 바꾸고 지역 구성원의 자발적 참여와 연대의 네트워크를 활성화한다면 이는 공공신학의 문화적 실천의 모범 사례로 언급하기에 부족하지 않다.

나단 코빗^{J. Nathan Corbitt}과 비비안 닉스 얼리^{Vivian Nix-Early}는 뉴잉글랜드 예술재단^{New England Foundation for the Arts, NEFA}을 설립하고, 볼티모어 뉴송 교회^{New Song Church}는 지역의 문화 예술 네트워크를 형성하여 지역 사회의 현안을 해결했다. 1993년 설립된 NEFA는 지역 문화 네트워크를 형성하여 공동체 만들기에 주력했다. 지역 공유지나 유휴지에 청년과 10대들을 참여시켜 자신들의 공간을 만들어가도록 지원하거나 스스로 영화를 찍고 음악을 배울 수 있도록 아카데미를 신설하며, 지역의 예술가들이 창작 활동을 할 수 있도록 센터를 만들었다. 이런 일들을 통해 마을의 공동체가 회복되었다. 또 낙후되고 분리되어 있던 지역에서 뉴송 교회는 지역의 병원, 학교, NGO 단체들을 연결해서 해비타트 운동을 시작했고, 청소년들을 위한 교육 센터를 만들어 지역 사회가 함께 이들을 지원하는 방과후 학교를 운영했다. 그 결과 지역의 문화적 수준이 향상되었을 뿐 아니라 지역 사

회가 하나의 공동체가 되었다.[15]

세 곳 모두 도시 속에서 네트워크와 자원봉사 시스템을 통해 지역 공동체를 형성하는 전형적인 모범 사례를 보여준다. 직접적인 자원을 가지고 있지 않아도 도시가 가진 물적·인적 자원들을 동원하여 필요한 곳으로 흐르게 함으로써 새로운 공동체가 형성되도록 한 것이다. 이것이 바로 새로운 공동체를 가능케 한 상상력의 결과다.

4. 문화 복지와 공공신학의 실천[16]

공공신학이 문화 복지적 실천을 도모한다면 당연히 지역 사회에 대한 관심을 가져야 한다. 김창환은 공공신학이 마주해야 할 6가지 공적 영역에 국가, 미디어, 시장, 종교 단체, 학교와 함께 시민 사회를 언급하는데, 시민 사회는 NGO, 다양한 이익 집단, 캠페인이나 사회 운동 단체들과 더불어 지역 사회 공동체를 포함한다.[17] 지역 사회 공동체가 참여하는 다양한 형식의 지역 역량 강화 운동들이 이에 해당될 것이다. 서로 다른 의제와 주장들이 존재하는 공공 영역에서 신학은 모든 관심사가 함께 논의되는 공적 마당에 참여해야 한다.

지역 사회에서 공공신학을 실천하려는 교회는 지역 사회의 공동선을 위해 노력해야 한다. 공공신학의 실천적 입장에서 볼 때, 교회가 시민 사회의 다원적 공공 영역에 참여하여 지역 사회의 발전에 기여하고, 지역의 문화 복지를 증진시키기 위한 공적 논의에 참여하는 것은 매우 바람직하다. 공공신학적 관점에서 지역의 복지에 기여한다는 것은 단지 예술적 프로그램을 운영한다거나 문화적 체험을 제공하는 기능주의적 접근만을 의미하는 것이 아니다. 문화 복지란 문화를 체험하는 수준을 넘어 개개인이 자신의 삶의 주체적 결정권자가 되는 것이고, 자신이 원하는 삶을 살 수 있는 상태에 이르는 것을 의미한다. 한국에서 문화 복지는 "모든 이들이 그들에게 영향을 미치는 정책의 결정을 내리는 데에 평등한 시민으로서 책임감을 가지고 참여할 수 있게끔 공동체 생활의 사회적·정치적 측면을 변형·변혁시키는 것"을 목표로 삼았다. 민주화 이후 성숙한 민주주의의 실현을 지역 사회에서 공동체적으로 재구성하는 것이 목표였다.[18] 대략 1990년대 이후 수립되고 집행된 문화 발전 중장기 계획은 미국과 영국의 정책을 그대로 따라서 작성되었는데, 이미 이때부터 문화 복지 사회, 문화 민주 사회를 건설, 구현하는 것을 목표로 진행되었다.[19] 여기에 최근 복지 사회로의 진입기에 이르러 양적 배분과 지원의 차원을 넘어 삶의 질적 향상과 정서적 행복을 향한 복지가 더 중요하다는 논의가 대두되고 있다. 구혜영에 따르면 한국의 문화 복지 정책 역시 그 범위를 확대하고 있다.

> 단순히 문화유산의 보전과 전문가 중심의 창작 기반 조성이라는 소극적 의미의 문화 계획 개념에서 벗어나 지역 주민의 문화 향수 기회 확대를 통한 문화의 생활화와 지역 문화를 통한 지역 사회의 정체성을 강조하는 문화 복지적 방향으로 그 범위가 넓어져 가고 있다.…문화생활에 있어 주민의 자발적 참여에 대한 부분은 문화 복지의 중요한 이념적 근거가 되고 있다. 즉 문화의 향수를 대중들에게 확장해야 한다는 것과 관련되는 것으로…자신의 감정과 생각을 자유롭게 표현하고 공동체의 문화적 생활에 공헌할 수 있다는 문화의 민주화 등은 문화 복지를 위한 중요한 논리적 근거(이다).[20]

문화적 권리를 보장받는다는 것은 공연을 즐기고 영화를 관람하는 행위에 집중하기보다 자신의 삶의 행복을 결정하는 기준을 스스로 정하고 지역의 관계망에 참여할 수 있도록 보장받는 것이다. 이런 의미에서 문화 복지는 문화 공동체·문화 사회를 지향한다.

문화 사회는 자본주의의 소비문화나 쾌락적 소비 양식을 확대한다든가 고급문화나 예술의 형식을 보편화하는 것이 아니라 제3의 공공 영역이라는 새로운 패러다임을 개척하여 지역 사회와 시민 사회에 실현하려는 시도다.[21] 예컨대 주민 인문학 모임, 마을 기업 공동 운영, 지역 개발의 공론장 형성, 지역 사회 도서관 운영과 같은 문화 서비스를 개인의 참여와 자치가 극대화되도록 지원한다. 이를 통해 주민의 일상적 삶에 미학적 자각이 발생하여 자신들의 삶을 스스로 품격 있고 윤리적인 방식으로 재구성할 수 있도록 돕는다. 후기 세속 사회에서 윤리적·도덕적 가치의 재구성에 기여하고 공동선을 고양시키는 것이 공공신학의 공적 역할이라고 한다면 우리나라에서도 마찬가지로 공공신학은 문화 변혁적 기능을 감당해야 할 것이다.

실제로 1996년 발족한 〈문화복지기획단〉은 이 문제를 인간성 유지라는 개념으로 표현했는데, 재산과 소득, 지위, 권리 등 네 가지 사회적 신분 결정 요인과 연관시켜 개념화를 시도했다. 이러한 욕구의 충족이 보장되지 않으면 진정한 복지가 달성되기 어렵다고 본 것이다. 복지는 양적 지원보다 삶의 질에 대한 만족감과 행복지수가 중요한데, 문화 복지는 바로 그 지점에 주력하여 복지를 실천하고자 한다.

필자는 공공신학과 지역 공동체 운동을 연구하기 위해 영국을 방문한 적이 있다. 영국의 경우, 전통적인 복지 국가의 이념을 유지하면서도 신자유주의 정책으로 인해 심각한 충돌이 있었으며, 최근에는 문화적 삶의 질을 높이고자 새로운 정책들을 시도하고 있다. 영국의 사회 혁신 노력은 정부, 시민 사회, 종교 단체 등의 협조 가운데 일정한 방향으로 전개되고 있다. 한국의 상황을 볼 때 사회의 각 주체들이 서로 협력하지 못하고 있는 상황에서 영국의 이러한 협력적 논의 구조는 매우 부러운 부분이다.

연구 초기에 방문했던 영 파운데이션Young Foundation은 세계적으로 알려진 사회 혁신 프로그램을 진행하는 비영리 기관인데, 필자는 이곳에서 종교 단체나 시민 단체가 어떻게 정부와 협력하여 지역 사회의 문화적 질을 높일 수 있는지 살펴보았다.[22] 특히 "응집력 있는 공동체들"Cohesive Communities이라는 보고서에서는 자발적이고 공동체적인 분야voluntary and community sector가 지역 사회의 응집력 있는 공동체를 강력하게 확립하고 함께 생산적으로 일할 수 있도록 하는 주요한 요소이며, 서로 이어주기, 묶어주기, 연결하기에 탁월한 사회적 자본을 발전시키도록 기여한다고 정리했다.[23] 또 재단이 영국 Future Communities와 함께 진행한 다른 조사 연구에서는 지역 사회의 지속 가능성sustainability의 중요한 요소로 문화적 요소를 꼽고 있는데, "이는 한마디로 행복한 삶을 영위할 수 있는 터전을 가꾸는 일이며 사회적·문화적 삶에 공히 참여하고 활동할 수 있는 기반을 조성하는 것"이라고 말한다.[24] 이를 위해 정부와 재단은 지역 공동체의 지속 가능성을 강화하기 위한 다양한 정책을 시도하고, 거주자의 문화적 질을 높이고 관계망을 확대하기 위한 활동을 모색하고 있다.

필자가 재단을 방문해서 사례를 요청했을 때, 종교 기관과 관련된 사례 중 가장 모범적이며 또 자신들도 교육 사례로 인식하고 있다는 곳을 소개했는데, 그곳이 바로 BBBC ^{Bromley by Bow Center & Church}였다.[25] 1984년 연합 개혁 교회^{United Reformed Church} 계통의 앤드류 모슨^{Andrew Mawson} 목사 부부가 몇 명의 회중과 함께 개척을 시작했던 이곳은 런던 동부의 전통적인 빈민촌, 이민자와 무슬림들의 지역으로 전쟁 이후 개발이 더뎠던 곳이었다. 처음 이 교회는 곧 문을 닫을 것으로 예상되었으나 앤드류 목사와 일행은 가난하고 비위생적이며 교육받지 못한 지역 주민들을 위해 봉사했고, 런던 최초의 무료 건강 센터를 건립하여 지역의 예술가와 주민들을 연결시키는 사회적 기업, 문화 예술 활동을 통한 자립, 무엇보다 기독교 예배당을 주로 무슬림 주민들의 탁아 보육 공간으로 제공함으로써 획기적인 지역 공동체 선교를 감당했다.

이후 교회는 더욱 전문적인 사역을 위해 사회적 기업 지원 센터 격인 CAN ^{Community Action Network}을 창립했고, 여기서 지역 사회의 청년들을 사회적 기업가로 교육했으며, 현재는 여러 사회단체들이 함께 시민 사회의 혁신과 정의를 위해 협력하는 센터로 변모했다. 이 교회는 처음부터 수적 부흥이나 전도 자체에 목적을 두지 않고 지역 주민이 가장 필요한 것에 집중하여 하나님의 선교를 수행했다. "2010/2011 연례사역보고서"를 보면, 건강 관리가 취약한 가난한 이들의 센터 등록자 수는 1,111명, 새로운 직업 훈련을 받은 이들은 237명, 실제로 직업을 얻은 이가 325명이었으며, 사회적 기업가는 22명, 그중 4명이 창업을 했다.[26] 또한 134명에게 처음 직업을 얻도록 했으며, 직업을 연결해주는 BBBC의 서비스를 경험한 이들 100%가 만족을 표시했다고 한다. 사회적 기업은 30개가 새롭게 시작되었고, 이 창업으로 200개의 직업이 새롭게 생겨났으며, 33개의 기업이 국가 기금을 수주할 수 있었다니 놀라운 일이 아닐 수 없다. 이 사례를 조사한 일본학자들은 "사회적으로 소외된 지역 주민에게 사회적 유대를 만들고 생활을 풍요롭게 하는 여러 가지 사회 서비스를 교회와 의료 관계, 행정과의 네트워크에서 제공하는 활동은 거버넌스 형 마을 만들기의 한 사례"라고 보았다.[27] 한마디로 문화 복지에 기여한 것이다. 그들은 BBBC가 이러한 일을 성공적으로 할 수 있었던 이유는 기독교 신앙에 기초하여 가난한 이들을 스스로 자립할 수 있도록 돕겠다는 정신 때문이었다고 설명한다.[28]

한국의 경우 이와 비슷한 사례를 찾기가 쉽지 않다. 한국은 복지 개념이 도입된 지 얼마 되지 않았고, 또 그나마도 대부분 지역 주민의 자립보다는 교회의 전도를 위해 문화 복지가 수행된 경우가 많기 때문이다. 최근에 부천의 새롬교회(이원돈 목사)나 양평의 국수교회(김일현 목사) 등이 지역 주민의 문화적 질을 높이고 공동체적 유대 강화를 위해 사회 문화적 프로그램을 진행하고 있으며, 일자리 창출을 위한 사회적 기업과 같은 노력을 기울이고 있다. 최근 대학로의 동숭교회 서정오 목사는 지역 공동체 형성을 위한 〈잣골문예협동조합〉을 창립하고 〈대학로문화포럼〉을 결성하여 지역 주민과 문화 단체들의 관계망을 넓히고, 대학로의 상업적 개발을 연결시켜 지역 주민들의 의견이 충분히 반영된 문화 지구를 개발하여 관과 협력하고 있다.[29] 이러한 작업을 통해 대학로의 각 주체들의 원탁회의를 만들고, 향후 도시 공동체 형성에 기여하는 문화 복지 사업을 확장시키고 있다. 동숭교회는 간접적인 지원을 통해 지역 선교를 공공신학적으로 실천하려 한다.

공공신학이 학문적 담론의 수준에 머물지 않고 구체적인 실천으

로 이어지려면 지역 교회가 지역 사회에서 공동선을 확장하는 일에
기여해야 한다. 이렇게 볼 때 BBBC나 국내의 사례들 모두 지역 사
회의 공동선에 기여하고 있으며, 이는 다양한 주체가 공존하는 후기
세속 도시의 시민 사회에서 교회가 어떻게 공적인 역할을 감당해야
하는지를 잘 보여주고 있다.

5장
공공신학과 도시 공동체[1]

오늘날 세계 인구의 약 60% 정도가 도시에 살고 있고, 그 추세는 점차 늘어나고 있다.[2] 도시 city와 문명 civilization이 같은 어원을 갖고 있다고 볼 때, 인간에게 도시란 곧 문화를 의미한다. 사람들은 함께 모여 살면서부터 문화를 지니게 되었고, 그것은 도시라는 공간과 공간을 향유하는 삶의 형태로 표현되었다. 티모시 몬스마 Timothy M. Monsma는 도시가 발달하는 이유를 거주민과 그 배후 지역에 각종 서비스를 제공하는 자족 기능이 있기 때문이라고 말하는데, 그와 더불어 일정한 형식의 통제 시스템을 통해 사람들에게 동일한 기대치를 형성할 수 있기 때문이라고 분석한다.[3] 그러나 초대형 도시들은 빈부의 격차나 불균형 발전 등의 문제로 인해 이러한 서비스 기능을 온전하게 제공할 수 없는 경우도 많다. 따라서 오늘날 도시는 그 기능이 제대로 실현되어 사람들의 삶의 질을 향상시켜야 하는 과제에 직면해 있다.

이러한 과제는 도시에 세워진 교회들에게도 동일하게 주어진다.

현대 도시는 인간 소외와 공동체 와해, 거대한 소비 시장으로 전락하여 환락과 퇴폐가 만연한 도덕적·윤리적 문제로 고심하고 있는데, 초기 교회 당시에도 도시를 중심으로 전개된 선교적 상황은 크게 다르지 않았다. 이제 도심 한가운데 위치한 교회든, 아니면 주택가에 있든, 아니면 교외 지역에 있든, 도시에서 발생하는 인간의 문제는 교회의 선교적 과제일 수밖에 없다.

이러한 문제를 대처하는 한국교회의 선교는 1970-80년대에 주로 인권이나 민주화를 위한 정치적 방식으로 전개되었다. 반면 민주화 이후에는 공공 영역의 문화화와 사회 문화적 다원화 추세가 강화됨에 따라 도시 지역의 교회들은 문화적 방식의 선교나 소통에 많은 노력을 기울여야 했다.[4] 그럼에도 여전히 성장을 목적으로 하는 기본 전략이 유지되었기에 교회가 위치한 지역의 도시적 특성이나 의제와는 상관없이 교회 건물 중심의 일방적인 선교 전략이 전개되었다. 이제 도시 교회의 지역 선교 전략이 지역의 필요와 의제를 담아내는 문화적 소통과 변혁적 운동의 일환으로 재편되어야 할 시기가 되었다. 이러한 문제의식으로부터 출발하여 도시의 지역적 특성을 이해하고 그에 따른 새로운 도시 선교의 문화 모델을 제시해보고자 한다.

1. 도시와 도시적 삶

1) 도시의 삶과 포스트모더니티

도시는 역사적으로 볼 때 유목민이 농업을 하면서 등장했다. 기원전

7,000년경에 발생한 농업 혁명은 적합한 자연환경을 찾아 떠돌아다니던 인간이 특정한 지역을 기반으로 공동체를 형성하는 계기가 되었다. 도시는 농촌이나 시골의 반대어가 아니라 집단을 이루고 살아가는 삶의 형태 자체를 의미한다. 즉 도시는 그 자체로 지리적 영역을 가진 지역 공동체의 한 유형이다.[5] 그런데 지금 우리가 거주하고 있는 도시는 산업 혁명으로 등장한 새로운 형태의 공동체다. 산업 혁명은 봉건 제도에 묶여 있던 농촌의 노동력을 상인들이 지배하는 자본주의 공장으로 불러들였다. 이때부터 도시 공동체는 단지 지역 공동체가 아니라 일종의 사회 문화적 공동체가 되었다. 도시 사회학자 루이스 워스Louis Wirth에 의하면 도시의 인구 규모, 인구 밀도, 인구의 이질성, 이 3요소가 상호 작용하는 가운데 도시의 독특한 생활 양식이 출현했고, 이는 곧 도시 공동체의 문화적 특질을 이룬다. 그는 이를 도시성urbanism이라고 불렀다.[6]

오늘날 도시 인구가 계속 증가하고, 천만이 넘는 이른바 초대형 도시들이 속속 등장하면서 도시 인구와 도시화 현상의 변화에 대한 사회 문화적 연구가 지속적으로 전개되고 있다. 도시 공동체가 공유하는 문화와 사회적 삶을 어떻게 규정하고 어떤 방향으로 이끌어가야 하는지에 대한 고민은 앞으로도 중요한 연구 주제가 될 것이다. 이러한 질문 중 최근에 가장 주목받고 있는 분야는 도시의 문화적 기능에 주목하면서 도시인들의 소외 현상과 공동체 부재를 극복하기 위한 다양한 프로그램 개발 및 정책적 지원이다.

우선 도시적 삶을 어떻게 규정할 것인지가 문제다. 도시에서 산다는 것이 인간에게 어떤 삶의 형식을 요구하고 있는지, 특히 오늘날 포스트모더니즘과 다문화주의가 공공 영역의 정책적 원리로 정립되

5
장
◆
공공신학과 도시 공동체

93

고 있는 상황에서는 도시에 사는 사람들의 삶의 형식과 내용이 어떻게 변화하고 있는지를 살피는 일이 중요하다.[7] 이 문제에 관한 국내의 연구도 활발한데, 이 중 도시 교회의 지역 선교와 관련하여 유의미한 논의를 살펴보고자 한다.

일반 학문 영역에서는 도시라는 공간과 삶을 계급적으로 파악한다. 도시는 단지 장소적 의미만이 아니라 그 안에서 새롭게 형성되는 자본주의적 계급의 관계라는 것이다. 예컨대 데이비드 하비David Harvey는 자본주의 축적 과정에서 필연적으로 발생하는 잉여물들의 배분과 공급 그리고 소비를 자본주의 도시화의 본질로 보면서 이를 중심으로 도시 계급 구성의 가능성을 타진했다.[8] 그런데 조명래는 이러한 근대적 도시 개념이 최근 현저히 변화하고 있다고 보고, 포스트모던 도시의 새로운 면모에 주목한다. 그것은 근대적 자본주의의 계급적 질서가 도시에서 관철되면서 발생한 도시의 비인간화를 고발하려는 것이다. 도시의 수요가 폭발하면서 이러한 부정적 결과에 대한 고발이 자연적으로 표면화될 것인데, 포스트모더니즘은 이러한 문제에 하나의 새로운 가능성으로 기능한다.

현실에서도 사회적 과정들은 코드화된 계급적 관계, 제도적 규준, 사회적 이데올로기를 중심으로 하기보다 문화적 상징, 소비 규범, 이미지, 담화 등을 중심으로 보다 의미 있게 엮어지고 있다. 중요한 것은 포스트모던 문화적 변동이 공간으로 흘러들어와 '공간의 재형상화'spatial re-configuration를 통해 그 명증성을 드러내고 있다는 사실이다. 이 결과로 기존 공간의 해체는 불가피해졌다. 다시 말해 기존의 구조주의 공간은 포스트모던(탈구조주의적) 공간으로 이행되게 되었다.[9]

그가 말하는 공간의 재형상화란 하비가 말한 시-공간의 압축과 유사하다. 실시간real 연결이 가능한 소통 체계가 구축되면서 순간성이 확대되고, 전통적인 공간의 의미는 사라졌다. 포스트모던 도시는 통제와 지배를 목적으로 하는 중앙 집권적 공간 운영을 벗어나 탈중앙적이고 각 지역과 지방을 중요시하며 다양성과 다원성을 강조하는 모습으로 변모했다. 또한 대도시와 중소 도시 그리고 교외 농촌의 위계적 통일성보다는 지역 간의 비대칭적 기능과 발전을 모색하는 쪽으로 방향을 전환한다. 포스트모던 도시의 실재는 모던적 도시 구조의 재편의 결과로서 도시의 경제·정치·문화 영역에 포스트모더니티가 확산되는 도시적 현상urban postmodernization이라 할 수 있다.[10]

그런데 이러한 포스트모던 도시화 현상은 생산의 전진 기지로서의 도시를 소비의 시장으로 전환시킨다. 하비는 전 세계의 음식이 한 장소에서 경험되는 일상적 현상을 토대로 먹거리, 음악, 텔레비전, 오락, 영화의 모든 경험이 일종의 시뮬라크라simulacra로 대리 경험된다고 말한다. 현실은 "그 기원의 흔적을 철저하게 은폐시키며, 그것들을 생산해낸 노동 과정이나 생산에 내포된 사회적 관계들의 흔적도 모두 은폐시킨다"고 말한다.[11] 거대한 몰Mall로 형상화되는 현대 도시는 시간의 기원이나 공간의 한계를 넘어서는 이미지를 소비함으로써 일상적 삶의 도피, 기분 전환의 환경을 창조해낸다. 거대한 몰로서의 도시는 또한 거대한 이미지의 전시장이다.[12] 그래서 포스트모던 도시의 소비는 일종의 미학적 소비이며, 동시에 의미의 소비로서 도시민의 삶을 파편화하고 기호화한다.

2) 도시의 미학적 경험

그렇다면 도시의 삶이 단지 소비 시장에 편입되는 것인가? 학자들은 도시적 삶이 주는 미학적 경험에 주목하기도 한다. 주로 발터 벤야민 Walter Benjamin의 사유 방식을 따르면서 도시적 삶에 성찰적 반성을 요청하는 심혜련은 도시에 은닉되어 있는 문화적·사회적·정치적 함의를 읽어내려고 한다.

> 도시는 하나의 문화적·예술적 공간이다. 그 공간에서 벌어지는 여러 가지 문화적 예술적 행사나 전시 때문이 아니라 공간 자체가 우리에게 문화적·예술적 체험을 주기 때문(이다).[13]

벤야민의 분류에 따르면 도시의 주체는 도시 풍경의 일부가 되어 익명성 뒤에 숨어버리는 대중과 스스로 성찰하는 개별자인 산책자로 나뉜다. 포스트모던 도시의 대중이 소비적 인간으로서 수동적이고 비주체적이라면, 그래서 여전히 구조화되어 있는 권력 관계나 계급 관계를 극복하려는 의욕을 상실했다고 한다면, 성찰적 도시인은 이러한 수동적 자세에서 벗어나려고 한다. 심혜련의 문제 제기는 도시의 산책자가 경험하고자 하는 미학적 체험이 허용되는 환경을 조성해야 한다는 것이다.

최근 한국에서도 도시 미학에 대한 접근이 활발히 이루어지고 있다. 공공 예술이나 도시 디자인 등에 대한 공적 논의가 정책적으로 반영되면서 도시의 경관을 미학적으로 재조정하기도 하고 광고나 미관을 수정하기도 한다. 하지만 도시의 경관을 마치 광고판 다루듯

화려하게 치장하거나 다양한 색을 입히는 것으로 도시의 미학적 경험을 고양시킬 수는 없다. 그래서 조명래는 다시 산책자의 성찰성을 문제 삼는다.[14] 산책자에게 성찰성은 "주체들이 기호와 의미의 사물로 구성된 자본 순환이 흐르는 도시 경관에 대한 미학적·감성적 반응"을 의미한다.[15]

심혜련도 동일한 방식으로 논의를 전개하는데, 산책자 혹은 만보객이 도시에서 미학적 경험을 충분히 할 수 있는 성찰적 주체가 되려면 현대 도시들의 소비 구조를 재편해야 한다고 주장한다. 심혜련과 조명래가 따르고 있는 벤야민은 파리에서 산책자가 겪는 미학적 경험을 이렇게 표현한다.

> 거리를 쏘다니다가 추억에 잠겨 도취에 빠지곤 하는 산책자는 눈앞에 감각적으로 나타나는 것뿐만 아니라 종종 단순한 지식, 죽은 데이터까지 마치 몸소 경험하거나 직접 체험해본 것처럼 자기 것으로 만들어버린다.…열정적인 산책자는 매우 매력적인 도덕적 성향을 갖고 있다는 것을 이해하도록 노력해야 한다.…이 공간이 산책자에게 눈짓하며 자신 안에서 대체 무슨 일이 일어났는지를 묻는다.[16]

산책자는 도시를 통해 자신을 성찰하는 능력이 있다. 도시의 산책자가 광고판에 매혹당하지 않고 도시적 삶을 주체적인 미학적 삶으로 경험하려면, 어떤 의미에서 풍요와 시각적 자극이 포화에 이른 대도시에서 미학적 맹점을 가질 필요가 있다.[17] 그래서 일시적인 환경 미화에 그치지 않고 도시에 살고 있는 주체가 산책자의 권리를 가지고 자신의 경험들을 미학적으로 내면화할 수 있어야 한다. 또한 그것들을 자신의 삶 속에서 반성하면서 도시적 삶이 개인에게 문화적 기억으로 남을 수 있어야 한다.

그러나 산책자의 권리를 박탈하는 소비적이고 중앙 집권적 통제가 여전히 강요되고 있는 상황에서 다시 포스트모던 도시의 특성들을 상기할 필요가 있다. 탈중앙적이고 비위계적인 다원성은 지역의 특수성에 대한 관심을 고조시키고, 개인과 개인, 집단과 집단의 네트워킹을 통해 서로에게 영향을 미친다. 그러므로 미학적 맹점에 대한 요청, 즉 도시에 대한 미학적 성찰성의 고취는 도시를 지역화하고 지역의 인간적 관계를 복원하는 것으로 구체화될 수 있다. 대도시에 거주하는 산책자는 대중으로 편입되지 않고 지역의 특별한 미학적 경험을 즐기고 다양한 네트워크와 관계를 통해 새로운 공동체를 형성함으로써 성찰성을 훈련받을 수 있다.

그렇다면 도시 선교의 과제가 지역의 필요를 담아내고 지역 공동체의 의제를 반영하는 문화적 소통과 변혁의 실천이 되어야 한다는 주장은 도시적 삶의 미학적 경험을 위한 성찰성 고취라는 측면과 긴밀하게 연결될 수 있을 것이다. 도시에 위치한 교회들이 교인과 지역주민들의 미학적 경험과 문화적 기억을 풍부하게 지원하는 다양한 프로그램을 구상하고 구체적인 실천들을 도모할 때, 쇼핑몰과 대중에 함몰된 사람들을 스스로 성찰하는 산책자로 이끌어갈 수 있을 것이다.

2. 도시 선교와 지역 공동체 형성

1) 도시 선교와 지역

전통적으로 도시는 하나님의 도성과 대비되는 죄가 만연한 곳으로 여겨졌다. 소돔과 고모라나 이집트, 니느웨, 바빌론, 로마 등은 죄가 충만한 곳으로 선교의 대상이었다. 하지만 산업 혁명 이후 도시가 행정, 문화, 정치, 경제의 복합 중심지가 되면서 도시에 대한 새로운 선교학적 인식이 시작되었다. 도시는 이제 하나님의 왕국이거나 사탄의 나라로 동일시될 수 없게 됐다. 도시도 하나님의 일반은총의 결과이며, 하나님은 도시를 통해 죄를 억제하고 은총을 베풀며 심판과 은총 속에서 자신의 주권적인 목적을 이루어가신다.[18]

이렇게 도시 선교의 성경적 동기를 제공하는 이야기가 구약의 요나서에서 발견된다. 니느웨는 비록 죄악이 만연한 도시였지만 하나님은 그곳을 구원하시고자 요나를 보내신다. 성경에서 하나님은 인간을 구원하시기 위해 예언자들을 보내시고, 결국 아들을 도시로 보내는 분이시다. 또 신약에서 바울이 선교한 곳은 대부분 번성한 도시 지역이었다. 당시 무역과 상업의 중심지였던 도시에서 바울은 새로운 교회를 세우며 선교 사역을 감당했다. 그러므로 애초부터 도시는 기독교 선교의 배경이 되는 곳이다.

종교개혁은 도시에서 꽃을 피웠다. 칼뱅의 제네바, 츠빙글리의 취리히, 또 베른과 바젤에서 각각 종교개혁의 불꽃이 타올랐다. 19세기 부흥운동과 세계 선교의 열정도 아시아와 아프리카의 도시에서 실현되었다. 20세기에는 본격적으로 대도시가 등장하게 되는데, 인구

천만이 넘는 초대형 도시들이 등장하면서 북미나 유럽보다는 제3세계나 개발 도상국의 도시들이 급격하게 성장했다. 이러한 도시들의 대부분에서 거주자 중 그리스도인 비율이 점차 하락하고 있다는 것이 실제적인 선교적 도전으로 다가왔다.

20세기의 도시 성장에 따른 교회의 선교적 책임을 다루면서 하비 콘 Harvie M. Conn 은 오늘날 교회가 도시 선교를 위해 반드시 고려해야 할 네 가지 요소를 제시한다.[19] 우선, 도시에 대한 교회의 반감을 해소해야 한다는 것이다. 도시는 20세기에 생겨난 것이 아니라 선교와 연관하여 언제나 존재했었고, 따라서 지난 세기의 반도시적 정서는 빨리 극복되어야 한다. 둘째, 과정으로서의 도시화는 도심지의 교회 개척 전략을 도시 공동체와 연결하는 자원을 제공해야 한다는 점이다. 과거에는 도시를 단일한 하나의 단위로 파악했다면 이제는 다양한 모자이크의 네트워킹으로 이해해야 한다. 셋째, 이웃과 이웃, 네트워킹과 네트워킹, 이웃과 네트워킹을 연결하는 기독교 공동체 외부의 사회 문화적 고리들을 긴밀히 연결하여 도시의 새로운 맥락에 민감하게 반응해야 한다. 마지막으로 콘은 선교가 서구, 기득권자, 우월한 자, 권력자가 주도권을 갖는 것이 아니라 도시의 가난한 이들과 소외된 이들에 집중하는 방식이 되어야 한다고 주장한다. 과거의 승리주의 선교 방식은 이제 더 이상 다원주의 사회에서 환영받지 못한다.

여기서 주목할 것은 오늘날 도시를 네트워킹의 관계망으로 이해해야 한다는 것과 도시의 각 지역 공동체에 관심을 집중해야 한다는 것이다. 도시 선교에서 "도시 네트워크를 형성하는 것은 곧 선교적 공동체를 창조하는 것과 같다."[20] 그러므로 도시에서 교회를 세우는 일은 도시를 한 지역으로 혹은 도시화의 과정으로 접근함으로써 각 지역과 연결되는 선교적 공동체를 형성하는 것이다.

사실 도시를 하나의 지역으로 인식하는 것은 지구화 논의를 거치면서 더욱 분명하게 드러났다. 롤랜드 로버트슨Roland Robertson이 처음 사용하고 지금은 많은 학자들이 함께 사용하는 지구지역화 glocalization라는 개념은 지역에 대한 새로운 인식을 가져다주었다.[21] 이제 지구화는 자동화된, 또는 일면적·일차원적 지구화를 의미하지 않고 지역화와 더불어 교차 확대되는 일종의 변증법적 과정으로 인식되고 있다.[22] 울리히 벡Ulich Beck은 지구화를 다음과 같이 설명한다.

> 지구화는 단순히 단방향적이거나 일차원적인 '탈지역화/탈국민화'만을 의미하는 것이 아니라 지역/국민의 특성을 새롭게 재규정하여 '재지역화/재국민화'를 의미하는 양방향적인 변증법적 과정이다.[23]

이제 도시는 단지 도심지를 의미하는 것이 아니고, 오늘 우리가 살아가는 모든 공간을 지역화하는 지구화 시대의 역설적 표현 양식이라고 말할 수 있다.

그런데 지역의 네트워킹과 연결되는 도시 선교가 공동체를 형성하는 지향점을 가져야 한다는 것은 실천적으로 볼 때 지역에서 발생하는 소외와 부정의, 그리고 폭력과 공포의 문제들에 직면하게 된다. 현대 도시들이 사회적 서비스에 심각한 불균형과 인간 소외의 문제를 안고 있는데, 이러한 도시에서의 네트워킹과 공동체 형성이란 지역의 실제적 필요들에 응답하는 것일 수밖에 없다. 로널드 피터스 Ronald E. Peters는 도시 선교의 과제를 이러한 문제들과 연관시킨다. 그에게 도시 선교란 하나님을 믿는 유일신의 신앙 안에서 "도시가 가진 올바른 관계 형성의 가능성에 초점을 드리우는" 것이고, 도시 선교를 수행하는 이들은 "단지 수사적 방법만이 아니라 적극적인 관계를 창조하고 강화하려고 노력함으로써 그 도시의 이미지를 변화시키는 것이다."[24] 도시가 가진 소외와 부정의, 폭력과 공포의 이미지를 화해와 사랑, 평화의 이미지로 변화시키는 것이다. 도시 교회의 사명과 역할은 문화적 방식으로 그 지역의 이미지를 변화시키고 지역의 네트워킹을 통해 공동체를 형성해나가는 것이다.

2) 지역 공동체 형성과 미학적 실천

최근 한국 신학계는 주로 영미 신학계로부터 제안된 공공신학 연구를 활발히 진행 중이다. 이러한 공공신학의 논의가 한국에서는 일차적으로 문화적 방식으로 실천되어야 하며, 공공 영역에서 미학적 경험과 기억을 풍요롭게 하는 작업으로 이어져야 한다. 한국 현대사의 독특한 맥락과 문화 영역의 성장이 갖는 특수한 정치적 함의를 고려할 때 더욱 그러하다. 기독교가 가진 고유한 해석 틀과 상상력을 문화적으로 표현하고, 유포하며, 보급함으로써 시민 사회의 유익을 증진하는 일에 효과적으로 기여할 수 있음을 설득해야 한다.[25]

이러한 주장은 앞서 논의한 바, 소비적 도시에서 성찰적 산책자의 미학적 경험의 권리를 보장하는 것, 도시에서 공동체를 형성하려는 것과 맞닿아 있다. 공공신학의 문화적 실천은 "강제력과 폭력을 통해 타자를 기독교와의 동일성으로 환원하는 것이 아니다. 오히려 그것은 기독교 고유의 상상력과 타자의 그것을 소통시키는 것"이므로 교회가 위치한 도시의 지역 공동체와 네트워킹을 형성하는 작업이 전

제되어야 한다.[26]

만약 이러한 작업이 교회 내부의 구성원들에 의해서만 진행된다면 그 프로그램이나 프로젝트는 일시적인 효과밖에 거둘 수 없다. 그러한 작업이 지속되려면 교회와 지역이 함께 기획하고 참여하는 방식으로 전개되어야 한다. 지역 공동체를 세우는 일은 지역 구성원들을 교회 공동체로 편입시키려는 것이 목적이 아니다. 교회의 물적 · 인적 자원이 지역의 공동체 형성을 위해 동원되고, 미학적 실천을 통해 지역 공동체 스스로 지역의 이미지를 변화시켜나갈 수 있도록 지원해야 한다.

그렇다면 도시에 위치한 교회는 어떻게 지역 공동체가 미학적 경험, 즉 산책자로서 성찰하는 개별자와 네트워킹을 형성하며 지역의 부정적 이미지들을 극복하도록 도울 수 있을까? 남아프리카 공화국에서 부정의와 인종 갈등의 문제를 문화와 미학적 실천을 통해 극복하려는 드 그루시의 주장은 우리에게 시사하는 바가 크다.[27] 그는 남아프리카를 비롯하여 아시아와 같은 비서구 지역에서 서구적 개념의 성속 개념과 그에 따른 미적 의식이 유럽인들의 경험과 토론에 기반한 신학적 평가와 취향taste에 의해 정의되었고, 그 이미지가 남아공의 부정의와 인종 차별을 용인하는 데 동원되었기에 각 지역의 경험에 따라 새로운 신학적 미학을 형성할 필요가 있음을 역설한다. "우리는 시각 예술들이 할 수 있는 비판적인 사회적 역할을 인정할 필요가 있다. 부정의에 도전하는 것은 예언자들의 말과 시뿐만이 아니라 화가, 조각가, 건축가 등의 작업도 그렇게 할 수 있다."[28] 예술적 창조성은 이렇게 사회 변혁적 동기로 전환될 수 있다. 예술적 창조성은 성례전적 의미가 있으며, 하나님의 뜻에 따라 아름다운 세상을 상상하고 실천하는 것은 곧 현 세계의 변혁을 갈구하는 이미지를 문화와 예술을 통해 생산해내는 것이다.[29] 지역 공동체의 미학적 경험을 풍요롭게 자극함으로써 지역의 이미지를 변화시키는 일은 지역의 다양한 예술적 자원들을 동원하고 지역의 네트워크를 활용함으로써 실천될 수 있다. 성령의 은사로서의 예술은 사회에서 치유와 정의의 투쟁에 직접 연관되도록 하는 상상력의 혁명과 관계가 있다.

3. 교회 공간의 문화적 활용과 지역 공동체 형성

초대형 도시에서 삶을 풍요롭게 하고 질을 높일 수 있는 가치는 공동체에 있다. 로날드 피터스는 도시 선교에 있어서 공동체의 중요성을 자각하도록 하는 사역에 중점을 두어야 한다고 주장한다. 이것은 내적 공동체와 외적 공동체로 나뉠 수 있는데, 전자는 "신앙의 언약 공동체"이고, 후자는 그 언약 공동체가 속한 더 넓은 사회의 복지를 책임지는 것이다.[30] 이것은 적극적인 의미에서 교회가 위치한 지역 공동체의 물리적·경제적·사회적·교육적·환경적 삶의 질을 향상시키는 일과 관련이 있다.

　지역 공동체를 형성하기 위한 도시 선교의 사역 범위를 이렇게 확장한다면, 그것을 어떻게 문화적 실천으로 구체화할 수 있을까? 어떻게 하면 지역 공동체의 문화적 경험과 기억을 풍요롭게 하면서 복음의 이야기가 지역의 이야기와 만날 수 있도록 할 것인가? 과연 교회는 지역의 안건과 필요를 채우면서 지역 공동체를 활성화하는 주도적인 역할을 감당할 수 있을까?

예컨대 한국의 도시 지역 교회들이 문화 선교의 일환으로 운영하고 있는 문화 센터 혹은 문화 교실의 경우를 생각해보자. 또 교회 건물 안에 커피숍이나 극장과 같은 친교 공간을 개방하는 경우도 생각해보자. 이러한 시도는 그 자체로 매우 유의미하다. 신앙의 원리와 삶의 원리가 이분법적으로 나뉘지 않고 교회 안에서 다양한 문화 강좌를 통해 일상적인 교양을 습득하고 문화 활동을 할 수 있도록 돕는 사역은 지역의 문화적 필요를 채워줄 수 있다. 또 교회 안에 커피숍이나 극장을 만들어 개방함으로써 지역 주민들과 문화 공간을 공유하는 것은 선교적으로도 매우 의미 있는 일이다.

그러나 문화 센터의 프로그램이나 커피숍과 같은 문화 공간들이 지역 공동체의 형성을 돕는 차원으로 성숙하지 못하면 상업적 시설들과 규모와 질에서 경쟁하기 어렵고, 또 그 운영과 관리로 인해 과다한 에너지를 소모하게 된다. 교회 성장 패러다임을 가지고 이 사역들을 진행할 때, 그다지 만족스러운 효과를 얻기 어렵기 때문에 시간이 지남에 따라 그 영향력도 반감될 것이다. 그래서 지역의 필요를 우선적으로 파악해야 한다.

밀프레드 미내트레아Milfred Minatrea는 지역 공동체를 형성하는 문화선교적 교회를 일컬어 사명 지향적 교회missional church라고 칭하는데, 교회는 "지역 사회에 존재하는 그룹들을 이해하기 위해 인구 조사 통계를 사용하고, 지역 사회 공공 기관의 인사를 인터뷰하며, 지역 인구 동향을 분석할 수 있는 지역 사회 조사를 실시"해야 한다고 말한다.[31] 교회는 그러한 조사를 통해 드러나는 현실적인 지역 의제에 적극적으로 대처해야 한다.

피터스는 자신의 경험을 설명하면서 미국 펜실베이니아주 피츠버그의 힐 구역에 있는 그레이스 메모리얼 장로교회Grace Memorial Presbyterian Church는 이웃의 낙후된 흑인 아동들을 돌보기 위해서 교회 공간 안에 방과후 학교를 열었고 다양한 프로그램을 제공함으로써 아이들의 미래에 큰 영향을 끼쳤다고 증언한다.[32] 한국에서도 대학로에 위치한 동숭교회는 교회 뒤 주택을 매입하여 〈마로니에 지역아동센터〉를 운영하면서 방과후 학교를 열어 지역의 소외 아동들을 돌보고 다양한 문화 체험을 제공한다. 이러한 사역들은 지역 사회가 교회를 지역 공동체의 일원으로 인식하게 한다.

그런가 하면 커피숍을 건물 안에 두지 않고 외부에 설치해서 커피숍을 독립적으로 운영하는 경우도 있다. 예컨대 송파 방이동에 있는 〈커피밀〉coffee meal은 지역 공동체 형성을 위한 사역의 일환으로 공정무역과 착한 소비자 운동을 병행하는 새로운 형태의 문화 목회다.[33] 워싱턴 D.C.에 있는 세이비어 교회Church of the Saviour Church는 적은 수의 성도들이 약 200여 개의 지역 공동체 사역을 통해 문화적 영향력을 끼치고 있으며, 특히 소외된 이들이나 사회적 약자들의 미학적 경험을 자극하기 위해 다양한 프로그램을 제공하는데, 이 교회가 운영하는 카페 〈토기장이의 집〉Potter's house은 지역의 모임 장소로도 활용되면서 작품 전시관과 독서실 등의 다양한 기능을 감당한다.[34] 이 교회의 다양한 사역은 지역에 산개된 일종의 캠퍼스 교회campus church에서 개별적으로 이뤄지면서도 교회의 지역 공동체 형성을 위한 선교적 지침을 따르고 있기에 도시 공동체를 형성하는 일에 더 효과적으로 대처하고 있다.[35]

그런데 이러한 지역 공동체와의 긴밀한 연계를 위해서는 바로 앞서 언급한 지역의 네트워크를 활용하는 것이 절실하다. 지역의 의제를 담는 도시 교회의 문화 선교는 교회의 일방적인 주도로 실현되기 어렵다. 더구나 현재 한국에서 개신교회의 신뢰도는 매우 낮은 상태이기에 교회의 주도적인 역할이 지역 사회에서 모두 환영받는 것은 아니다. 그러므로 지역의 시민 단체나 사회적 신뢰도가 높은 NGO와 연대하여 지역의 문제를 풀어갈 수 있다면 매우 큰 효과를 거둘 수 있을 것이다.

예컨대 콜로라도의 라이프브리지 교회LifeBridge Christian Church는 지역의 필요를 조사한 후 지역의 비영리 단체들과 연합하기 위해 Volunteer Connection과 협력했다.[36] 이 단체를 통해 비그리스도인이 일하는 곳에 그리스도인 자원봉사자들을 배치하여 섬기게 했다. 교회는 주보를 통해 매 주일 지역에 필요한 자원봉사의 요청을 담고 있다.[37]

교회의 문화 센터나 문화 공간들은 기독교 문화의 콘텐츠를 다양하게 생산하고 소비하는 일에 사용될 뿐만 아니라 지역 공동체 형성을 위한 수단으로도 활용될 수 있어야 한다. 예컨대 교회의 문화 공간이 최근 사회적 주목을 받고 있는 공공 미술이나 공동체 예술과 접촉점을 찾는다면, 도시의 성찰적인 산책자를 지원하는 다양한 프로그램을 개발할 수도 있다.[38] 국가적으로도 정책적 지원[39]이 활발히 이뤄지고 있는 만큼 교회의 문화 공간과 프로그램이 국가 프로젝트와 연결될 수 있게 하는 일도 추진할 필요가 있다.[40]

한편 1990년대 이후 시민 단체가 활발하게 조직되었지만, 지금은 외부로부터 제기되는 이념 투쟁과 내부에서 제기되는 노선 투쟁으로 인해 정상적으로 활동하는 단체들이 많지 않다. 교회로서는 기독교적 가치를 중시하는 시민 단체들과 연계할 필요가 있다. YMCA,

월드비전, 장기기증운동본부, 국제기아대책기구, 다일공동체, 컴패션 등 다양한 시민 단체의 지역 지부들과 연계할 수 있으며, 지역의 토착 단체들도 상당수 있다. 현재 시민 단체들도 시민 사회의 일상적 공간과 관계를 문화화하려는 노력을 많이 기울이고 있다. 특히 문화 콘텐츠와 관련된 사적 단체나 공적 단체는 매우 많아졌다. 또 지역 축제의 실행을 위한 예술가들의 모임도 많이 조직되어 있는데, 교회는 이러한 자원들과 협력할 수 있다.

예컨대 부활절, 추수감사절, 성탄절 등의 절기를 활용하여 지역 공동체가 함께 공유할 수 있는 문화 축제를 기획한다면 자연스럽게 지역의 문제들을 함께 고민하는 장으로 활용할 수 있다.[41] 부활절을 기념하여 지역의 예술가들이 모여 의미 있고 미학적인 그림과 작품을 만들 수 있도록 지원하거나, 추수감사절부터 성탄절에 이르는 기간까지 성도들이 지역의 다양한 공간에 미학적 설치물을 게시함으로써 의미 있는 축제를 기획할 수도 있다. 그러자면 지역의 시민 단체나 자원봉사 조직과의 협조와 네트워킹이 필수적이다.

4. 미학적 실천을 통한 교회와 도시의 만남

오늘날 도시는 점점 거대화되면서도 초기의 균형 있는 기능을 상실해가고 있다. 도시 교회는 지역 공동체의 한 일원이기에 지역민들이 대중이 아닌 성찰적 산책자의 권리를 누릴 수 있도록 지원해야 한다. 교회의 문화 센터나 문화 공간은 지역민에게 미학적 경험을 제공하고, 복음적 가치에 근거한 새로운 이미지를 보급하는 전초 기지로 활용되어야 한다. 그것들을 단지 기술적이고 도구적으로만 활용하는 것이 아니라 지역의 필요와 의제를 반영함으로써 화해와 창조적 참여가 발생하는 공간으로 재구성해야 한다. 지금 우리의 도시는 이러한 지역 공동체의 형성이 절실히 필요한 시점이다. 미학적 형식으로 정의, 화해, 희망, 공동체, 창조성 등의 가치들이 도시 교회의 문화 센터에서, 공부방에서, 커피숍에서, 절기 행사에서, 교회의 식당에서 구체적인 프로그램으로 경험될 수 있다면 우리가 살아가는 이 도시는 하나님 나라를 드러내는 하나의 과정이 될 것이다.

교회는 지역으로서의 도시가 단지 선교의 대상지가 아니라 교회와 교인의 삶을 형성하는 터전이라는 점을 인식해야 한다. 지역으로서의 도시를 인식하지 못하면 결코 도시에서 성찰자로 살아갈 수 없다. 지역으로서의 도시라는 인식은 선교학적으로도 중요하다. 교회가 공동체를 형성해야 할 공간적 터전이기 때문이다. 그러므로 교회는 지역 공동체를 형성하는 일에 집중해야 한다. 지역 공동체 형성은 교회가 지역의 한 구성원이며 지역의 의제가 곧 교회의 선교적 의제임을 인정하는 일에서 시작한다. 교회는 지역 공동체의 구체적인 의제들을 조정하고 지원하면서 지역 사회의 성찰적 수준이 높아지도록 도와야 한다.

21세기의 도시에서는 그러한 노력들이 미학적 경험을 유도하도록 실천될 때 가장 효과적이다. 이를 위해 지역의 시민 사회와 긴밀히 협력하는 네트워크를 유지해야 한다. 도시 교회의 문화 전략은 지역 공동체를 세우고 지역 도시의 미학적 경험을 자극하는 창조적인 실천이어야 한다. 소비를 자극하는 광고판이 아니라 자신의 삶과 미래를 성찰할 수 있도록 교회의 공간과 자원들을 개방하여 삶 속에서 가능한 미학적 경험들을 제공할 수 있어야 한다. 시민 사회에서 교회의 공적인 책임을 다하려는 공공신학의 논의도 거대 담론을 벗어나 이러한 미시적 차원의 지역 공동체 형성 운동을 통해 실천되어야 한다. 도시로서의 지역에서 도시 교회들이 공동체를 복원하고 형성해나가는 일은 이 시대에 가장 절실한 선교적 과제다.

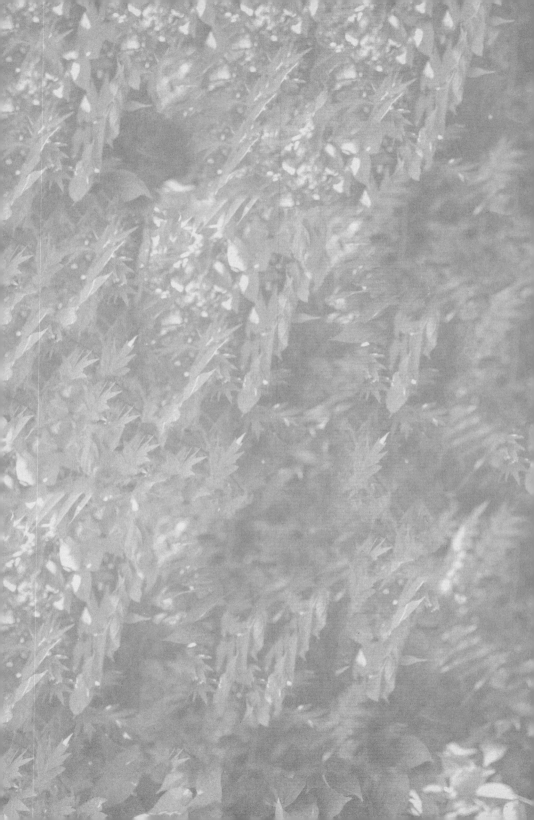

• 2부 •

공공신학과 문화 변혁

6장
공공신학과 문화 변혁

일방적인 선교나 강제적인 문화 변혁이 더는 허용되지 않는 오늘의
다원주의 사회에서도 세속 사회의 변혁은 선택 사안이 아니라 일종
의 주어진 명령이다. 다만 오늘의 다원적 상황에 근거해서 변혁적 문
화관에 대한 오해나 왜곡이 있다면 밝혀내야 하며, 신학적 재구성의
필요성이 있다면 시대적 변화의 요청에 따라 적극적으로 반영해야
할 것이다.

　최근 리처드 니버^{H. Richard Niebuhr}의 신학을 공공신학적 관점에서
재조명하는 연구가 진행되고 있다. 그동안 니버의 문화 유형론에 대
한 다양한 평가와 비판이 있었지만, 대부분의 연구는 니버의 전체적
인 신학을 고려하지 못했고, 그저 1951년에 출간된 『그리스도와 문
화』에 나타난 내용만을 문제 삼는 경우가 많았다. 그나마도 니버의
본래 의도와 다른 내용이 많다. 따라서 니버의 전체적인 신학적 논의
로부터 다시 『그리스도와 문화』에 나타난 문화 변혁의 해석학적 의

미를 해명하고, 다원주의 사회에서 그 정당성의 유무를 판단하는 근거를 마련할 필요가 있다. 이러한 작업은 공공신학이 지닌 변혁적 성격을 분명하게 드러내고 이후에 진행되는 논의의 이론적 배경으로 작용할 것이다.

1. 리처드 니버의 문화 변혁론 재조명[1]

1) 리처드 니버의 유형론과 문화 변혁 모델

니버는 그리스도와 문화의 문제가 그리스도인과 교회에게 언제나 제기되는 문제임을 전제하고, 두 축의 관계를 유형론typology의 입장에서 기술한다. 유형론적 윤리는 우리의 관심 분야에 오직 하나의 윤리학이나 원리만 존재한다는 가정에 도전하며, 기독교 윤리에 있어서도 단일한 원리가 있다는 전제를 부정한다. 반대로 각각의 그리스도인의 창조적이고 구체적인 삶은 매우 다양하다는 사실에 근거해 이상적인 유형론과 비교하여 그들의 독특한 삶, 즉 서로 다른 관심과 신념들이 조화되는 구체적인 삶의 상대적 형태를 이해하려 한다.[2]

따라서 유형론은 결정론determinism이 아니라 상관론correlationism에 근거한다. 가치 평가를 하려는 것이 아니고 관계를 통해 이해를 증진시키려는 것이다. 니버가 이러한 유형론적 연구를 수행한 배경에는 당시 사회 문화적 상황이 반영되어 있다. 미국의 교단 분열 양상을 비판적으로 바라보며 교회의 일치와 사회적 책임에 대해 고민하던 니버는 "교회 내의 분열이 단순한 교단적 구조들 사이의 차이 때문만이 아니라 그들이 자리하고 있는 문화들의 구조에서 기인한다는 관찰을 낳게 되었다."[3] 그 결과 그는 『교파주의의 사회적 배경』*Social Sources of Denominationalism,* 1929과 『그리스도와 문화』라는 두 권의 책을 저술했다. 니버는 그리스도인들에게 "자신의 입장이 여러 유형 중 하나라는 점을 이해시키고"[4] 그래서 "사심 없는 태도를 갖도록" 하려는 의도가 있었다.[5]

이미 니버의 유형론에 대한 많은 연구와 작업이 널리 알려져 있기 때문에 여기서는 첫 번째와 다섯 번째 유형을 중심으로 그 내용을 파악해보고자 한다.

먼저 문화에 적대적인 그리스도 ^Christ against Culture 유형은 문화를 타락한 것으로 본다. 이 유형은 "오직 그리스도의 권위만 인정하고 문화적 주장들에 대해서는 단호한 거부를 표명하는 비타협적" 태도다.[6] 세상의 정욕에 대해 경고하는 요한일서, 테르툴리아누스나 톨스토이의 신학이 이 유형에 속한다. 니버가 보기에 이 입장은 필요는 하지만 그리스도인의 삶의 방식으로서 적합하지 않다. 그는 수도원주의나 개신교 소종파 운동과 같은 흐름이 역사적으로 중요한 위치에 있으며, 또 실제로 그리스도인이 세상에서 문화와 만날 때 이러한 입장이 필요하다는 사실을 부정하지 않는다. 하지만 "진정한 문화 변혁은 좀 더 온건한 방법들을 통해서 성취된다"는 사실을 우리가 인정하지 않을 수 없다.[7] 무엇보다도 이 유형에 있는 결정적인 신학적 문제는 "예수 그리스도와 자연의 창조주 그리고 역사의 주관자와의 관계, 또한 교회 공동체와 창조세계에 내재하시는 성령과의 관계를 제대로 해명하기" 어렵다는 것이다.[8]

이에 비해 다섯 번째 유형인 문화를 변혁하는 그리스도 ^Christ

transforming Culture 모델에는 아우구스티누스, 제4복음서의 저자, 모리스 F. D. Maurice가 속했다고 보는데, 니버는 간접적으로 이 유형이 그리스도인과 교회가 취해야 할 가장 적합한 유형이라는 점을 암시한다. 다섯 번째 유형의 특징은 그리스도와 문화의 긴장을 유지하면서 정통 신학, 특히 개혁교회의 신학에 근거하여 문화 변혁의 비전을 분명히 한다는 점이다. 이 유형은 도덕 명령법 imperatives을 타락한 질서를 위한 명령법이 아니라, 참 질서로부터 나온 타락한 명령법으로 본다는 점에서 이원론자와 다르다.[9] 이러한 차이점은 근본적으로 "하나님의 영광을 위해 인간의 문화가 변혁될 수 있다는 낙관론"을 통해 제시된다.[10] 새로운 법은 문화에 적대적인 그리스도 유형과 출발점은 같지만, 복음의 기능이 현존하는 사회를 대체하는 새로운 사회를 설립하는 것이 아니라는 점에서 다르다. 문화를 변혁하는 그리스도 유형은 죄의 속죄 atonement와 함께 지금 여기에서 가능한 창조세계의 구원을 진지하게 고려한다.[11]

니버는 문화를 변혁하는 그리스도 유형의 신학적 신념을 세 가지로 정리한다. 첫째는 하나님이 천지를 창조하셨다는 신념이다. 이원론자들은 하나님이 구속주가 되신다는 사실을 강조하는 반면, 변혁론자들은 하나님이 세상을 창조하신 분이라는 사실을 더욱 강조한다. 이 유형의 기독론은 하나님과 함께 창조 사역에 동참하신 분으로서의 그리스도에 집중한다.[12] 따라서 문화는 그리스도의 구속의 사역으로부터 소외되지 않는다. 문화를 변혁하는 그리스도 유형의 두 번째 신학적 신념은 인간이 타락했음에도 불구하고 여전히 처음 창조된 선함과 연관이 있으며, 인간의 타락은 몸으로 사는 인생의 조건으로서의 타락이라는 것이다. 이는 도덕적이고 인격적인 타락이며,

신체에 영향을 주는 것이지 신체 자체의 타락이거나 형이상학적 타락은 아니다.[13] 문화는 가능성이 전혀 없는 질서라기보다는 구원이 일어날 타락한 질서다. 세 번째는 역사관과 관련이 있다. 역사는 근본적으로 인간만의 사건이 아니라 하나님과 인간 사이의 극적인 상호 작용으로서의 역사이고, 그 안에서 하나님은 문화 변혁을 가능케 하시는 분이라는 신념이다.[14] 전능하신 하나님의 행하심에 대한 인간의 응답이 역사다. 그래서 변혁론자들에게는 역사의 종말을 기다리는 것도 중요하겠지만, 현재 하나님과 대면하면서 오늘 여기서 일어나는 모든 것을 변혁하는 것이 더욱 중요하다.

2) 니버의 유형론에 대한 비판

그러나 니버의 유형론은 도식적 접근에 동의하지 않는 이들에 의해 많은 비판을 받았다. 1999년 오스틴 신학교Austin Presbyterian Theological Seminary에서 니버 강연 50주년을 기념하는 행사가 있었는데, 여기서 노트르담 대학교the University of Nortre Dame의 조지 마스덴George Marsden 교수는 "기독교와 문화들: 니버의 유형론 재고"Christianity and Cultures: Transforming Niebuhr's Categories라는 제목으로 강연을 했다. 그는 니버의 유형론이 오늘 우리가 살고 있는 시대에는 적합지 않을 뿐 아니라 니버의 "『그리스도와 문화』만큼 우리의 상황을 정확하게 판단하는 일에 방해가 된 책은 거의 없다"고 평가한 스탠리 하우어워스와 윌 윌리먼Will Willimon의 의견에 전적인 동의를 표한다.[15]

마스덴은 니버가 상정한 당시의 상황과 오늘의 상황은 많이 다르다고 지적하면서, 오늘의 상황을 다문화주의multiculturalism라고 명명한다. 니버 당시의 상황에서 니버에게 가장 중요했던 의제는 통합 문화a unified culture, e pluribus unum, 즉 "어떻게 다원화되어가는 미국의 새로운 상황에서 기독교적 통합 문화를 수립할 것인가?" 하는 것이었다고 지적한다. 결국 마스덴은 니버가 이러한 목적을 달성하기 위해 문화를 변혁하는 그리스도 유형을 대안으로 생각했다고 주장한다. 그래서 니버는 "땅 위에 하나님 나라를 건설하려는 환상은 없었던 반면, 그리스도인들의 영향력이 긍정적으로 기여할 수 있는 형태의 통합문화를 세우려 했다"는 것이다.[16]

마스덴이 니버의 유형론에 문제를 제기하는 것은 그것의 역사적 근거가 희박하다는 점이다. 니버의 유형은 모두 이상적ideal 형태이지 역사적 형태는 아니라는 것이다. 니버의 유형은 역사로부터 나온 것이 아니라 신학적 논리에 의해 추출된 것인데, 그럼에도 하나의 범주가 한 사례에만 고정적으로 대표할 수 있는 것처럼 보이도록 한 것이 니버의 결정적인 오류라는 것이다. 그리스도와 문화의 추상성이 양 축의 보편성을 전제하기 때문에, 이 두 권위를 병렬로 다루는 것은 "기독교에 대한 자신들의 이해가 문화적 산물이라는 사실을 잊어버리는 그리스도인들의 경향을 더욱 강화할 것"이라고 지적한다.[17] 그래서 마스덴은 그리스도와 문화Christ and Culture를 기독교와 문화들Christianity and Cultures로 달리 표현해야 하고, 그것은 곧 기독교 문화와 다른 문화들의 짧은 표현으로 간주해야 한다고 주장한다.[18] 그는 좀 더 다양한 형태의 조합이 필요하며, 니버의 각 유형들이 가지고 있는 동기들motives을 우리 시대에 맞게 재조정해야 한다고 본다.

그런데 이에 대해 제임스 거스탑슨James M. Gustafson은 50주년 기념판(2001)에 게재한 서문 "하나의 고마운 해석"An Appreciative Interpretation

에서 마스덴이 니버의 정확한 의도를 제대로 이해하지 못했다고 재반박한다. 거스탑슨은 니버의 『그리스도와 문화』가 기독교 신학적 윤리학 혹은 기독교 신학의 역사가 아닐 뿐만 아니라, 니버의 신학적 윤리학의 체계적 문건도 아니라고 본다. 또 책에서 사용된 신학자들의 저작이 해당 유형에만 대표로 고정되도록 하는 분류학 taxonomy이 아니라고 주장한다. 즉 마스덴이 니버의 유형론을 분류학으로 오해했다는 것이다. 전자는 문헌의 사안들 중 특정한 면들이 조명되어 분명히 진술된 축을 따라 사상들을 관념적으로 구성하는 것이고, 후자의 목적은 유사성을 공유하는 다양한 문헌으로부터 일반화된 표제들headings을 발전시키려는 것이다.[19] 유형론에 제시된 각 유형들은 가치 평가의 척도가 아니다. 니버도 "이 연구의 결론이 최종적일 수 없고, 또 최종적이어서도 안 된다"고 하면서 그러한 시도 자체가 "그리스도의 주권에 대한 거부 행위와 같다"고 말한다.[20] 니버는 이 연구를 통해 우리 모두가 어느 한 유형과 결부되어 있지만, 그것은 최종적이거나 절대적일 수 없다고 말한다. 그러면서 단 하나의 기독교적 응답이 존재한다는 태도를 경계한다.

3) 다원주의적 경향과 문화의 자율성에 대한 문제 제기

존 요더는 마스덴의 주장을 지지하면서 니버의 문화 개념에 대해 문제를 제기한다. 그는 "리처드 니버는 어떻게 추론했는가?:『그리스도와 문화』에 대한 비판적 고찰"이라는 글에서 니버에 대한 비판을 전개한다. 그는 니버가 문화에 적대적인 그리스도 유형을 극복의 대상으로 제시하는 것에 반대하면서, 오히려 이 유형이야말로 그리스도인과 교회가 문화에 대해 견지해야 할 본보기라고 말한다.

요더는 니버가 첫 번째 유형, 즉 문화에 적대적인 그리스도 유형을 기독교의 삼위일체 교리와는 거리가 먼 아들의 단일신론Unitarianism of the Son을 지지하는 것이라고 비판하지만, 정작 그들의 잘못은 예수 그리스도의 독특한 가르침에 집중하고 그 가르침에 따라 살려고 한 것이라고 변호한다. 더 나아가 "성부와 성령을 제대로 이해하려면 문화적 측면에서는 아들 성자의 독특한 반문화적 명령들과 함께 기억해야" 한다고 주장한다.[21] 또 니버가 선호하는 다섯 번째 유형은 첫 번째 유형을 비판하는 논리와 일관성 있게 제기되지만, 자연과 역사에 대한 삼위일체적인 신학적 접근에서 정작 구체적인 변혁의 기준이나 역사적 사례를 보여주지 못함으로써 극히 추상화된다고 요더는 비판한다. 그는 니버의 그러한 문제점의 원인을 그의 다원주의적 경향에서 찾는다. 요더가 보기에 니버는 자신이 선호하는 유형이 분명히 있음에도 불구하고, 다섯 가지 유형 모두 교회 안에 살아 있는 기독교의 모습이라고 설명함으로써 당시 다원적 사회의 요구에 부응하려고 했다. 즉 니버는 교회의 일치를 이러한 다양한 모습의 교회들이 상호 작용한 결과물로 보았다는 것이다.[22]

또 요더는 니버가 가지고 있는 문화에 대한 두 가지 전제를 문제삼는다. 하나는 니버의 문화는 획일적monolithic이라는 것이고, 다른하나는 니버의 문화 개념이 자율적autonomous이라는 것이다. 요더가보기에 니버는 문화를 다원적으로 다루면서 실제로 문화 자체의 다양성에 대해서 제대로 인식하지 못했다. 한 덩어리로서의 문화는 실제로 문화 내부의 다양한 양상을 표현하지 못하고 그저 그리스도의상대 축으로만 추상화된다. 한편 고린지T. F. Gorringe는 "니버가 고급 문화high culture 개념이나 문화에 대한 문화 인류학적 개념을 제거하려는 경향이 있다"고 보면서 요더의 의견에 동조한다.[23]

니버가 문화를 단일한 것으로 상정하면서 발생한 더욱 심각한 문제는 그리스도에 대응하는 자율적 영역으로 문화에 독립적 권위를 부여했다는 점이다. 이것이야말로 이원론이다. 문화에 대한 가치 판단이 그리스도와의 관계에서 결정되는 것이 아니고, 다른 근거들에 의해서 이루어진다는 것이다. 그리스도는 문화를 변혁할 수 있지만, 문화의 정당성은 그리스도와의 관계 이전에 이미 수립되었다.[24] 그렇다면 그리스도의 명령에 부합하지 않는 문화의 정당성은 어떻게 설명해야 하는가? 요더는 이러한 논리의 귀결을 문화에 적대적인 그리스도 유형을 변호하기 위해 할애한다.

요더는 니버의 문화 개념에도 주목한다. 니버는『그리스도와 문화』에서 그리스도와 문화를 정의하고 각 유형에 대한 설명을 전개한다. 그에게 그리스도는 "유한한 가치들로부터 떠나 모든 것을 창조하신 분에게로 향하게 하는 분이시다. 또 그분은 우리가 하나님을 향하여 나아가도록 하는 초점이 되시듯 하나님께서 우리를 향하여 오시도록 하는 초점이시다."[25] 또한 문화는 인간 행위의 총체적인 결과이자 총체적인 과정이다. 문화는 인간이 자연에 덧붙여놓은 인공적이고 부차적인 환경이다. 그것은 개인이 전수받고 사용하며 따라 살아가는 사회적 유산이다.[26] 그렇다면 니버의 말대로 누구도 문화로부터 벗어나서 존재할 수 없다. 문화에 적대적인 그리스도 유형이 문화로부터 벗어나 존재하거나 문화 자체가 그리스도와 별개로 독립적으로 존재할 수 있다는 생각은 애초부터 불가능하다. 이러한 논리에 따라 요더는 니버에게 문화에 적대적인 그리스도 유형에 대한 평가를 수정하라고 요구한다. 신약성경에서 말하는 세상은 니버가 주장하듯 모든 문화를 말하는 것이 아니다. 그것은 자기의 영광을 추구하거나 그리스도와 상관없이 존재하는 자율적 문화이고, 반역적이며 억압적이고 진정한 인간의 번영을 방해하는 것이다.[27] 그러므로 진정한 변혁적 삶이란 그러한 문화에 반대하는 삶이며, 그러한 문화에 적극적인 태도를 갖는 것은 자율적 문화로부터 독립된 고유한 관점을 포기하는 것과 마찬가지다. 결론적으로 요더는 "니버가 선호하는 변혁의 비전은 악의 힘에 대한 과소평가와 연관되어 있다"고 선언한다.[28]

요더에 동조하면서도 니버의 강조점을 새롭게 해석하려는 찰스 스크라이븐Charles Scriven은 니버가 문화에 적대적인 그리스도 유형으로 분류한 많은 이들이 "사실 당시 널리 보급되어 있는 우세 문화prevailing culture를 거부하였다"는 것을 알고 있었다고 본다. 그러므로 "니버는 문화를 삶의 지배적 방식the dominant way of life을 의미하는 것"으로 보고 있었다는 것이다.[29]

그러나 니버에게 모든 문화는 그리스도의 권위 앞에서 상대화된다. 니버는 그리스도의 권위와 동등한 권위를 가진 문화를 말하지 않는다. 전체적인 관점에서 보면 니버는 세상에 다양한 문화가 있다는 것을 분명히 말한다.

모든 문화의 다원주의적 특징에 주의를 기울여야 한다. 어떤 특정한 시간과 공간에서 실현하려는 한 문화의 가치들은 매우 많다.…가치들이 많은 이유는 일면 사람이 많기 때문이다. 문화는 무엇이 옳은지에 대한 문제이며, 이는 남녀노소, 혹은 지배자와 지배받는 이들의 입장에 따라 다르다. 어떤 이들에게는 별 것이 아닌 것들이 어떤 특별한 소명을 가진 이들에게는 중요한 것이 되기도 한다. 우리가 살아가는 사회에서는 서로의 가치들이 충돌하고, 분리되며, 상충되기도 한다. 이러한 갈등들로 인해 문화들은 서로 조정하고 화해해서 번영을 누릴 방법을 추구하게 되는 것이다.[30]

이상과 같이 니버가 사용하는 문화의 개념은 본래 요더가 비판하는 것처럼 획일적이거나 자율적이지 않다. 다만 문화 변혁의 범위, 그러니까 인간의 모든 영역과 역사를 그리스도의 권위로 변혁해야 한다는 것을 강조하기 위해 동원되는 전략적 용례일 뿐이다. 문화에 참여할 것인가, 말 것인가를 묻는 것은 니버의 진정한 질문이 아니다.[31] 다만 니버가 변혁의 구체적 프로그램이나 교회 공동체에 적용할 수 있는 문화 변혁적 삶을 제시하고 있지 않다는 점에서 아쉽다.

2. 크리스텐덤 이후의 기독교[32]

1) 크리스텐덤의 이상과 니버의 변혁

니버는 분명히 문화를 변혁하는 그리스도의 유형을 가장 선호할 뿐 아니라 그의 기독교 윤리학 전반을 통해 변혁적 태도가 그리스도인들의 삶의 태도가 되어야 한다고 주장한다. 니버를 비판하는 이들도 개혁신학에 토대를 두고 있는 니버의 전체적인 주장에 대해서는 대체로 동의를 하고 있다. 예컨대 앞서 살펴본 스크라이븐의 경우는 요더나 재세례파의 주장과 니버의 주장이 본질적으로는 다르지 않다는 점과 니버의 변혁적 태도를 가장 잘 실천하기 위해서는 재세례파의 방식이 가장 적합하다고 지적함으로써 니버의 본의와 그의 주장의 정당성을 모두 인정하고 있다.[33]

그런데 니버가 선호하는 문화를 변혁하는 그리스도에 대해 개념 정의의 차원이 아니라 기독교 윤리학적 차원의 문제 제기가 있다. 크레이그 카터 Craig Carter는 문화를 변혁하는 그리스도 유형이 크리스텐덤의 이상을 전제하고 있기 때문에 필연적으로 강제와 폭력을 정당화한다고 보고, 오늘날과 같은 다원주의 사회에서는 부적합하다고 주장한다. 그러면서 문화에 적대적인 그리스도 유형과 문화를 변혁하는 그리스도 유형을 강제력을 동원하는 유형과 그렇지 않은 유형으로 구분하여 니버의 유형론을 다양화한다.

카터는 니버의 문화 개념의 협소함이나 변혁적 문화관의 신학적 근거의 빈곤함이 모두 "크리스텐덤의 이론과 실천에 의해 발생되는 복음에 대한 왜곡된 효과들과 연관되어" 있다고 전제한다.[34] 이러한 전제는 니버가 문화와 그리스도를 구분하는 이원론과 하나님의 영광을 위해 인간의 문화가 변혁될 수 있다는 낙관론에 근거하고 있다고 본다.

카터는 니버의 신학적 출발이 크리스텐덤의 이상을 정당화하는 당시 미국적 분위기에서 형성되었다고 지적한다. 그는 "니버의 신학적 위치를 신자유주의와 신정통주의 사이에서" 형성된 독특한 미국적 신학이라고 규정한다. 한마디로 니버의 『그리스도와 문화』는 당시 미국의 대중 사회에서 지배적이었던 개신교 자유주의liberal Protestantism의 영향 아래" 집필되었다는 것이다.[35] 이후에 미국의 진보

신학과 복음주의 신학으로 계승되면서 다양한 갈래가 발생하지만, 카터의 문제 인식은 이러한 당시의 개신교 자유주의가 크리스텐덤의 이상을 전제하고 있다는 점에 집중된다.

사실 크리스텐덤의 이상은 1950년대에 미국에서 분명히 나타났고, 니버와 같은 신학자들은 공적 영역public sphere에 대한 관심을 가져야 할 책임감을 느끼고 있었다.[36] 따라서 니버는 공적 영역으로부터 고립되어 개별적 관심에만 집중하는 근본주의자들이나 소종파주의자들은 시대에 적합한 그리스도인의 삶의 태도가 아니라고 생각했다는 것이다. 카터는 더 나아가 "크리스텐덤의 이상은 19세기 문화기독교의 이상으로 계승되었던바, 니버의 입장도 19세기 문화 기독교의 크리스텐덤 프로젝트의 연장"으로 봐야 한다고 주장한다.[37]

카터는 니버의 문화를 변혁하는 그리스도 유형이 당시 미국 문화에서 주류였던 기독교 문화를 사회적으로 강제하는 방식이라는 이유로 질문을 수정한다. 그리스도와 문화의 새로운 유형은 교회의 정체성을 훼손하지 않으면서도 문화와 연관을 맺을 수 있을지, 즉 문화에 참여하고 연관을 맺는 것은 잘못된 것이 아니지만 어떻게 폭력적이거나 강제적인 방식을 피하면서 교회가 문화에 영향력을 끼칠 수 있을 것인가를 고민해야 한다는 것이다.[38] 그래서 카터는 문화와 적대적인 그리스도의 유형을 문화와 분리하는 그리스도Christ separating from Culture의 유형으로 부르면서 폭력을 행사하는 방식with coercion과 폭력을 동반하지 않는 방식without coercion으로 구분한다. 마찬가지로 문화를 변혁하는 그리스도 유형도 강제력을 행사하는 방식과 그렇지 않은 방식으로 구분한다. 니버가 반대한 적대적인 그리스도 유형은 폭력을 행사하는 방식이었고, 니버가 지지한 문화를 변혁하는 그리스도 유형은 폭력을 행사하지 않는 방식이어야 한다는 것이다.[39] 그러나 카터는 사회봉사나 사회적 섬김의 형태인 문화로부터 분리하는 그리스도 유형은 지지하지 않는다. 사회적 행동과 정치적 변화에 영향을 끼칠 수 있는 변혁적 태도에는 여전히 지지를 보내지만, 니버가 전제했던 크리스텐덤의 이상이 아니라 성경적인 하나님 나라의 실현 가능성은 포기하지 말아야 한다고 주장한다. 카터의 이러한 주장은 크리스텐덤 이후의 기독교가 공적 문제에 어떤 방식으로 대처해야 하는지를 명확히 보여준다.

2) 크리스텐덤을 넘어서

그렇다면 어떻게 타자에 대한 강제력을 전혀 동원하지 않으면서 변혁적 태도를 유지할 수 있을까? 니버는 현실적으로 그것이 가능한 방식을 고민했다고 볼 수 있는데, 만약 강제력을 포기한다면 그저 가만히 앉아 있을 수밖에 없는 것 아니겠는가? 이 양자 사이의 딜레마를 벗어날 수 있는가? 이러한 질문은 크리스텐덤 이후에 기독교가 공적 영역에서 어떤 방식으로 존재해야 하며, 어떻게 기독교의 가치를 제기할 수 있을지에 대한 질문을 간접적으로 전제하고 있다.

콜린 건튼Colin Gunton도 카터와 같이 크리스텐덤의 이상이 문화 기독교의 이상과 겹치며 서구 교회가 이러한 이상에 의해 이원론에 빠졌다고 비판하지만, 칼 바르트Karl Barth의 논의를 빌려 크리스텐덤의 이상이 제도적으로 실현되지 않더라도 그것이 문화에 대한 신학의 책임을 포기하도록 정당화하지 않으며 오히려 문화가 선언되어야 할 자리를 신학이 마련하도록 한다고 주장한다.[40]

결국 이 딜레마는 공적인 책임의 문제로 접근해야 한다. 거스탑슨은 니버의 신학에서 『그리스도와 문화』가 가장 핵심적인 역할을 한 것은 아니며, 비판자들은 니버의 유형론이 놓인 신학적 위치를 제대로 파악하지 못했다고 지적했다. 하지만 거스탑슨은 "여전히 이 유형론이 유효한 이유는, 이것이 단지 기독교 윤리학으로서만이 아니라 그리스도인의 삶의 방식을 선택함에 있어서 결정적이기 때문"이라고도 말했다.[41] 결국 니버에게 그리스도와 문화의 문제는 기독교 윤리의 공적 특성과 연관된다.[42]

그래서 니버는 문화의 변혁을 문화에 대한 책임의 문제로 인식한다. 니버가 크리스텐덤의 이상을 가지고 폭력을 용인하는 변혁을 구상했다는 카터의 주장은 논리적인 근거가 빈약하다. 니버의 신학을 전체적으로 조망한다면 카터의 제안을 실제적으로 반영하여 공공신학의 근거로 활용할 수 있는 가능성이 발생한다. 카터는 니버가 크리스텐덤의 이상에 대한 동의를 전제하고 논의를 진행했다고 말하지만, 니버는 오히려 국가 권력과 교회의 결탁에 대해 단호한 입장을 가지고 있었다. 실제로 그는 민주주의와 국가에 대한 입장을 다음과 같이 밝혔다.

유한한 정치권력이 절대화되거나 인간의 소리가 하나님의 소리처럼 선언될 경우 정치에 대한 신앙의 중립적 태도는 적대적인 것 antagonism 으로 변한다. 정부가 일종의 종교화되거나 모든 것을 측정하는 기준이 되면 신앙은 반드시 민주주의와 모든 정치 체계에 대해 도전해야 한다. 그 신앙은 인류 전체를 포함해 그 어떤 피조물의 절대성이라도 부인하는 것이기 때문이며, 모든 선함과 권세를 비우고 성육신하신 한 분만이 절대자라고 고백하기 때문이다.[43]

6장 ◆ 공공신학과 문화 변혁

니버는 크리스텐덤의 이상에 동의했기 때문에 변혁적 문화관을 적합한 그리스도인의 삶의 태도로 밝힌 것이 아니다. 그는 국가에 대한 태도를 전쟁에 대해서도 동일하게 나타낸다. 그는 전쟁의 폭력 자체에 집중하지 않고, 그 너머에서 모든 것을 주관하시는 하나님의 절대 주권을 바라본다. 그는 "전쟁에 대한 그리스도인의 해석"A Christian Interpretation of War이라는 글에서 두 가지 원칙을 밝힌다. 첫째, 하나님은 전쟁 가운데에서도 주도적이고 주체적으로 일하신다. 둘째, 전쟁은 인간 실존의 비극을 반영한다. 전쟁은 하나님의 행위이며 인간이 저지른 죄악의 결과다.[44] 그래서 니버는 전쟁을 폭력과 비폭력의 문제로 접근하지 않고, 하나님의 주권에 대한 철저한 신앙을 확인하는 사건으로 인식한다. 이것은 결코 폭력을 용인한 것이 아니다.

한편 니버는 카터나 평화주의자들과 다른 평화주의를 말한다. 그는 비폭력을 지지하는 이들이 그리스도인이라기보다 공리주의와 같은 목적을 가진 모순된 평화주의자라고 주장한다.[45] 진정한 기독교적 평화주의는 예수의 무저항의 윤리에 의존한다. 그것은 타인의 입장을 자신의 입장으로 바꾸려는 의도를 갖지 않는다. 하나님과 모든 인간의 화해 속에서 그리고 자기 자신의 입장에서 타인의 입장을 억지로 변화시키려고 노력하지 않는 방법으로 모순된 평화주의를 거부해야 한다. 니버에게 중요한 것은 규칙이나 행동의 형식이 아니라 그 행동이 수행되는 맥락context이었다. "그래서 어떤 개인에게 있어서 진정한 문제는 무저항이냐 폭력이냐가 아니라 바로 맥락이다."[46] 맥락이 중요해지면서 니버가 어느 정도의 폭력의 가능성을 허용하는 것처럼 보이기도 한다. 그러나 어느 경우에도 폭력은 니버의 핵심 주제가 아니었다. 이제 니버 신학의 전체적인 틀을 살펴봄으로써 지금까지 그에게 제기된 문제 제기와 이에 대한 응답을 살펴보고자 한다.

3. 리처드 니버의 책임 윤리와 변혁의 공공신학적 특성

1) 책임적 자아와 책임 윤리

니버의 책임 윤리와 책임적 자아 그리고 교회의 변혁적 책임에 대한 공동체 윤리는 문화를 변혁하는 그리스도에 담긴 신학적 근거를 제시한다. 니버는 자아를 도덕적 행위자moral agent로 보고 그 행위자의 도덕적 삶을 책임이라는 주제로 해명한다. 거스탑슨은 『책임적 자아』The Responsible Self 서문에서 그 배경의 하나로 『그리스도와 문화』를 지목한다. 인간과 하나님의 관계로서의 신학적 사유의 중요성, 그 관계의 역사성, 신학적 상대주의와 신중심적theocentric 신앙의 의미 등에 대한 강조점이 『책임적 자아』에 그대로 반영되고 있다고 지적한다.

니버는 그동안 서구의 의무론적 윤리가 빠지기 쉬운 보편적이고 절대적인 법을 강조하는 율법주의와 목적론적 유형에서 암시되고 있는 원색적인 상대주의를 모두 경계하면서 책임이라는 은유를 통해 이른바 맥락적 윤리contextual ethic로서 응답의 윤리를 제안한다.[47]

니버는 주어진 맥락 안에서의 적절한fitting 행위에 초점을 집중한다. 그 적절한 행위는 응답response, 해석interpretation, 책무accountability, 사회적 연대social solidarity를 책임을 구성하는 네 가지 요소로 규정한다.[48] 인간의 모든 행위는 근원적으로 응답적 행위다. 즉 작용적 맥락interactive context 안에서 행해지며 타자의 행위와 관계성 속에서 행해진다. 또 인간의 응답은 영향을 주고받는 세력들의 장field 한가운데서 자아에 발생하는 것에 대한 해석을 요구한다. 니버는 이를 통해 타자들이 자기 자신의 행위에 대해 책임을 유지하게 된다고 말한다.[49] 도덕적 자아의 응답적 행위는 항상 대화적이다. 개인은 언제나 공동체의 맥락에서 말한다. 대화는 개인의 행위가 사회적 진공 상태에서 발생하는 것이 아니라는 점을 전제한다. 그 역도 마찬가지다. 결국 응답은 사회적 연대라는 기초 위에 타자의 행위 속에서 이루어지고, 자기 자신의 한정된 이익에 국한해서 발생하지 않는다.

니버에게 인간은 항상 응답자이며, 그것은 상대방에 대한 해석을 전제한다. 인간은 나와 너, 그리고 한 분the One, 절대자인 제3자와의 상호 작용을 통해 의미를 발견한다. 신앙은 이 삼자 간의 인격적인 관계성 안에서 이해되며, 이러한 역동적인 삼자적 관계를 고려하지 않고 신앙을 이해하려는 시도는 무의미하다.[50] 제3자와의 관계 확장과 행위자의 역사적 맥락 그리고 시간적 확장을 통해 니버의 윤리는 우주적 연대로 그 가능성을 확장한다. 인간은 이 과정을 통해 역사와 시간과 공간 그리고 우리가 살아가는 사회 안에서 도덕적 행위자로서의 책임적 통전성integrity을 얻는다. "나의 실존에 내재하는 실제적 통전성이 결여되어" 있기 때문에 행위의 통전성은 하나님 한 분에 대한 철저한 의존으로만 가능해진다.[51]

책임적 자아의 책임적 삶은 하나님의 선하신 주권을 인정하는 이에게 주어지는 요청이다. 이 요청은 하나님에 대한 온전한 헌신과 충성으로부터 나온다. 이것은 창조주 하나님의 주권을 인정하는 것이다. 그래서 "존재하는 것은 모두 좋은 것이다"는 니버 사상의 공리가 된다.[52] 하나님의 주권으로부터 그 어느 것도 배제되는 것은 없다. 책임이란 "하나님이 당신의 모든 행위 안에서 일하시므로 그의 행동에 응답하는 것처럼 당신에게 발생하는 모든 행위에 응답"하는 것이다.[53] 그것은 곧 인간의 유한성을 인정하는 것과 같다. 우리는 특수한 사회적 배경과 서로 다른 맥락에서 하나님을 만나기에 우리의 이성적 추론이나 결단은 모두 상대적이다.

니버에게 책임은 하나님의 주권적 역사를 만나게 되는 도덕 행위자의 응답 행위다. 그것은 "사색적 결단이 아니라 진리에 근거해 현재의 순간에 행동하는 책임적 주체로서의 자유로운 결단이다."[54] 그리고 인간의 실존을 구성하는 것은 사회적 관계다. 개인은 다른 개인과 연관된 관계를 전제하는 실존이므로 전 인류와의 관계, 공동체와의 관계 속에서 자신의 질문에 응답한다.[55] 이것은 다른 인간 자아들과의 관계를 떠나서는 자신의 자아 정체성을 가질 수 없는 실존적 문제다. 우리는 다만 창조하신 세계와 타인에 대한 응답자일 뿐이다. 니버의 이러한 인간 이해는 사회적 연대를 요청하는 필수적인 단계이고, 이 연대가 바로 그리스도인과 교회의 변혁적 책임을 정당하게 한다.

2) 책임적 자아와 변혁의 공공성

그러면 어떻게 적합한 책임적 도덕 행위자가 되는가? 니버는 우리의 모든 응답 행위가 해석interpretation에 참여하는 것임을 지적한다. 사람들의 응답은 자신들에게 발생하는 행위에 대한 응답이며 또한 그것에 대한 해석 기능을 갖는다.[56] 전체 사건의 과정, 전체적인 대화,

전체적인 반응에 들어맞을 때, 우리의 행위는 적합한 응답이 될 수 있다. 이것은 타자와의 대화를 의미한다. 그것은 우리를 둘러싸고 있는 이들이 말하고 있는 것, 혹은 말하고 있을지도 모르는 것에 대한 고려를 의미한다. 우리는 우리가 응답하면서 의식해야 할 전체적인 상황의 한 부분이며, 자기 자신의 개인 생애의 역사를 가지고 응답한다. 이러한 역사에 의해 형성된 해석의 유형들이 우리의 응답을 결정한다. 그래서 책임적 자아는 해석적 행위자이며, 따라서 니버의 윤리학은 해석학적이다. 니버가 "신앙은 그 대상만이 아니라 어떻게 믿는가를 분석하고 이해하려고 노력해야" 한다고 말한 이유가 여기에 있다.[57]

거스탑슨은 니버의 철저한 유일신론을 계승하여 신중심적 윤리를 치밀하게 구성했는데, 그의 책 『신중심적 전망의 윤리학』*Ethics from a Theocentric Perspective*, 1983에는 문화를 변혁하는 그리스도 유형에 대한 설명이 잘 담겨 있다. 니버가 지향하는 변혁은 곧 세상에 대한 우리의 해석을 변혁하는 것이다. 니버에게 세상의 변혁이란 신중심적인 신앙을 통해 자신의 삶을 인식하고, 해명·해석하는 것이다. 신중심적인 신앙을 가진 이는 자신의 주위에서 벌어지고 있는 일들과 그 일을 통해 드러나는 하나님의 뜻을 이해하고, 그러한 이해를 통해 자신의 해석을 교정한다.[58] 거스탑슨은 세상과 변혁에 대한 이러한 방식의 접근이 개혁교회의 전통과 부합한다고 지적하면서, 아우구스티누스로부터 칼뱅에 이르기까지 개혁교회의 변혁적 사고는 세상에 대한 해석학적 접근을 통해 이루어졌다고 말한다.[59] 니버는 세상과 교회의 대화의 필요성을 부인한 적이 없다. "하나님의 명령은 인간의 현실을 형성하고, 인간의 불완전한 변혁은 다시 하나님의 명령을 재

형성하여 새로운 이해를 추구한다. 따라서 니버의 해석학적 윤리학은 끊임없는 변혁을 지향한다."[60] 니버에게 이 변혁은 하나님께 충성하는 삶이며, 그러한 충성이 행위자의 해석을 변혁하도록 요청하는데, 그것은 곧 사회와 세상에 대한 책임적 삶을 의미한다. 니버의 이러한 입장이 바로 공공신학의 근거로서 평가될 수 있는 부분이다.

니버는 신앙의 변혁이 개인적 차원에 머무는 것이 아니라 공적 문제에 대한 책임으로까지 이어져야 한다고 생각했다. 왜냐하면 우리에게 벌어지고 있는 것에 대한 일관된 해석이 지속될 때 책임적 자아의 통전성이 보장되기 때문이다.[61] 그것은 사회 문화적 영역까지 광범위하게 확대된다. 우리 앞에 발생하는 하나님의 행위에 대한 해석은 국지적 선을 초월하는 보편적 선, 국지적 법을 초월하는 우주적 법, 국지적 행위를 초월하는 우주적 행위를 찾는 것이다.[62] 따라서 "하나님에 대한 책임은 하나님의 세계에 대한 책임이다."[63] 니버가 문화에 적대적인 그리스도 유형이 부적절하다고 언급하는 이유도 신앙의 변혁성이 자칫 내면세계로 환원될까 봐 그런 것이다. 이렇게 재구성된 해석은 개인적 차원뿐 아니라 공적 차원에서도 영향을 미친다.[64] 책임의 영역이 우주적으로 확대되면서 책임적 자아는 우리가 살아가는 세상에 대해 공동체적 책임을 요청받는다.

3) 교회 공동체의 책임과 변혁

니버는 교회가 사회 변혁의 모범이 되어야 한다는 주장을 여러 곳에서 한다. 책임적 자아는 교회 공동체의 연대를 통해 하나님께 충성함으로써 변혁을 주도한다. 이는 니버가 관계적 자아의 규범 형성의 원리로 책임을 제시했듯이 관계적 공동체의 규범으로 변혁을 제시한 것이다.[65] 니버는 1946년 발표한 "사회를 위한 교회의 책임"The Responsibility of the Church for Society에서 "교회는 변혁적 모범으로 존재해야 한다. 그 모범은 교회 안에 있는 사회적 책임의 최고의 형식으로서의 사회적 개척자social pioneer"라고 했다.[66] 교회의 사회적 책임을 망각하고 신앙을 개인화하고 세속적 행위에 대해 적대감을 표시하면서 자기 자신의 거룩함을 높이는 이들은 비판받아야 한다. 스크라이븐은 니버의 이러한 입장을 설명하면서 교회의 "변혁적 과정의 목표는 그리스도의 형식으로서의 세상을 구현하는 것"이라고 밝힌다. 그것은 "그 세상에 사는 사람들과 구조가 그리스도 안에서 드러난 가치들을 구체화하는 그런 세상"이다.[67] 그리스도인과 교회는 세상에서 문화적 삶에 참여하고 거기서 그리스도를 재현해야 하지만, 그 참여는 비판적 참여다. 교회는 언제나 오직 하나님께만 책임적responsible to God이지만 동시에 그 책임은 세상에서 벌어지는 다양한 도전들에 응답하는 책임이다responsible for a variety of worldly tasks. 교회는 세상을 위한 책임을 다하지 않고서 하나님께 향한 책임을 다할 수 없다.[68] 그래서 교회는 공적으로 존재하며, 그리스도인은 공적인 삶을 산다.

예거D. M. Yeager는 니버가 『그리스도와 문화』에서 밝힌 교회의 변혁을 설명하면서 우리의 임무가 다음과 같은 것들이라고 니버의 주장을 요약한다. 이는 공공신학에서 주장하는 내용과 거의 일치한다.

니버는 기독교 공동체의 사회적 임무를 이렇게 요약한다. (1) 복음적 사역으로 인간의 자기 의지와 "인본주의"라는 사회적 죄의 근원을 성찰하여 인간의 자기 모순에 유일한 대안이 무엇인지 보여주는 것이다. (2) 현존하는 제도들이나 사회적 구조를 더 포괄적인 공동체의 관점에서 바라보도록 가르치는 것이며 더 큰 모범에 비추어 고려하도록 하는 상대화 작업이 교회의 사회적 임무다. (3) 과거의 지나간 형식들의 한가운데 하나님이 만드신 새로운 현실과 기쁘게 연합하는 창조적 사역이 교회의 임무다.[69]

예거는 이러한 이유로 그리스도인이나 교회가 분열하고 충돌을 일으키는 방식으로 일하지 말아야 한다고 주장한다. 교회는 그 자체로 하나님 나라가 아니므로 자신을 절대화할 수 없다. 새롭게 하는 것은 이미 존재하는 것들과 이미 발생한 사건들에 대한 재해석으로 출발한다. 교회의 변혁적 책임은 교회가 지향해야 할 객관적 실재로서의 대상이신 하나님과 그의 사랑의 대상인 이웃을 사랑하는 것이다. 진정한 그리스도인은 열정적으로 시민 사회의 공적 정의를 위해 봉사하게 될 것이고, 진정한 교회는 공적 영역에서 정의의 본보기를 보여줄 것이다.

교회는 겸허한 마음으로, 신중심적 신실함과 회개를 통해 세상의 타락상을 인식하면서도 세상의 선함을 인정하고 그 속에 잠재된 소망의 가능성을 일깨워야 한다.[70] 이것은 그리스도의 화해 사역을 통해 확증됐다. 그것은 우리에게는 불가능한 것이었으나, 바로 "하나님 한 분에게 충성하고 전적인 신뢰를 보이신 한 분 예수 그리스도의 죽음과 부활을 통해 하나님과의 화해가 이루어졌다."[71] 이렇듯 진정한 교회는 그리스도를 통한 모든 것들의 화해와 변혁을 꿈꾼다. 교회 공동체의 변혁은 곧 화해의 공적 사역이다. 니버에게 교회의 변혁적 책임의 영역은 책임적 자아의 경우와 마찬가지로 우주적이며 공적이다. 책임적 자아는 끝없는 시간과 공간의 우주적 공동체 속에서 응답하는 자아다.

4. 변혁적 문화관의 신학적 정립과 한국교회

「기독교사상」은 400호 기념 논문집으로 『한국의 문화와 신학』을 발
간했는데, 여기에는 한국의 문화신학적 논의와 토론이 집대성되어
담겨 있다. 민중 신학자이면서 대표적인 토착화 신학자였던 변선환
은 김용복이 제기한 민중 신학적 문화신학에 답하면서, "다원적으로
공존하는 종교들과 직면하여 종교적·문화적 상황을 문제 삼는 토착
화indigenization의 과제와, 역사적으로 오래된 아시아의 빈곤과 인권 억
압 등과 같은 문제에 직면해서 정치, 사회적 상황을 심각하게 문제시
하려는 상황화의 과제"를 지금까지 서구 중심의 배타적인 기독교 국
가주의에 대한 도전으로 인식했다.[72] 그는 특히 칼 바르트의 신학을
비판하면서 종교와 계시의 이원론적 구분은 토착화 신학의 상황화
를 통해 극복되어야 한다고 주장했다.

　변혁적 문화관의 재구성은 이러한 상황과 맥락에 대한 책임 윤리
적 관점을 수용하지만, 그것을 삼위일체론을 통해 사회적으로 이해
한다. 동시에 삼위일체 사건의 경륜적 실체는 오직 예수 그리스도를
통해 구현되었다는 것과 주체와 타자의 관계는 한 분 하나님에 대한
철저한 신앙을 소유함으로써 올바르게 정립된다는 것을 고백한다.
그동안 한국에서 진행된 교회의 문화 선교는 한국적 상황과 맥락을
읽어내는 일에 소홀했고, 자유주의적 문화신학은 서구 중심성을 해
체하기 위해 동원됐으며, 문화의 자율성을 강조하다가 복음의 문화

변혁적 특성을 간과하거나 문화적인 것과 동일시되기도 했다. 이러한 비판은 이 논쟁에 참여했던 김지철의 주장에서 발견할 수 있다.

> 우리의 신학 전통이 계시와 역사의 이분법적 사고로 자연신학적 가능성을 너무 빨리 배제하고 이를 새롭게 개발할 가능성을 제거해버렸다는 점이나, 역사에 대한 철저한 하나님 주권을 역사의식의 방기적 표현으로서 또는 구속사와 세속사의 이분법적 구분으로서의 역사 변혁의 자리를 너무 빨리 폐기 처분했다는 것은 문제가 있다고 생각한다.…진정한 문화신학의 가능성이란 단순한 탈서구신학이 아닌, 오히려 성경에 나타난 자연신학의 가능성을 새롭게 모색해봄으로써 동양의 자연신학적 가능성과의 비판적 접목의 시도에서 가능할 것으로 보인다.… 토착화 신학은 문화 개혁이라는 측면보다는 문화 수용적이고 적응적인 면으로 소극성을 띠고 있고, 민중 신학은 민중변혁론의 보조 수단으로 민중문화성을 도입하려는 주변적 성격을 띠고 있다는 것이 문제다. 그런 점에서 진정한 한국 문화신학이 되기 위해서는 한국 문화 전통의 거짓된 우상성을 제거하는 새로운 가치 창조로서 문화신학의 발견이 요청된다고 할 것이다.[73]

자유주의 진영의 변혁은 문화 자체의 자율성과 가능성을 신학적으로 정당화함으로써 문화 변혁에 대한 관심을 약화시켰다. 최인식은 "문화 자유주의가 문화의 의미를 적극적으로 평가하여 문화에 내재해 있는 종교성을 드러내고자 한 이 시도는 이원화된 세계의 현실을 일체적으로 성속일여의 차원에서 정당화했다는 성과는 있었지만 종교적 실체 자체를 문화 속에서 찾고자 함으로써 오류에 빠지게 되었다. 문화는 계시의 장소이지, 계시의 내용이 될 수는 없다"고 그는 평가한다.[74] 반면 근본주의적 경향이 짙은 보수 진영은 대중문화를 교회의 일방적인 필요와 판단에 근거해 수용하면서도 복음의 문화 변혁이 해석학적으로 재구성되어야 한다는 오늘날의 실천적 요청을 외면했다.

신국원은 이러한 태도가 대중문화에 대한 무지에서 비롯됐으며, 대중문화를 적극 수용하여 무비판적으로 즐기거나 아니면 무조건 회피해 현실에 대한 사회적 영향력을 포기해버린다고 비판한다.[75] 그는 복음의 문화 변혁을 설명하면서, "세상 문화와의 분리와 배격도 문제이지만 기독교적인 반성이 없는 참여나 소비로는 그리스도인 본연의 자세를 지닐 수 없다고 강조"하는 윌리엄 로마노프스키William D. Romanowski를 소개하면서 세상의 모든 것이 주님께 속한다는 신학적 고백을 전제로 "세상 모든 것을 주님께로 회복시키고 그리스도의 이름으로 변혁"하는 것이 개혁주의적 입장이라고 말한다.[76] 문화 변혁을 실천하기 위한 바른 출발점은 대중문화를 배격이나 수용의 대상이 아니라 변혁의 대상으로 여기는 것이다. 이를 위해 대중문화의 주체성과 역동성을 깊이 연구해야 한다. 대중문화가 갖고 있는 부정적 측면과 긍정적 측면을 모두 분별하기 위해서는 현대의 문화 담론으로부터 배울 필요가 있다. 그리스도인들은 대중문화 시대에 대립과 충돌의 문화 전쟁이 아닌 시민적 교양을 갖춘 참여적 변혁의 태도를 견지해야 한다. 신국원은 이러한 태도를 구현하기 위해서는 그리스도인들이 제도를 개선하기 위한 시민 문화 운동에 적극 참여해야 하고 무엇보다 하나님 나라의 비전을 공유하여 정의롭고 평화로운 문화 환경을 조성해야 한다고 역설한다. 그는 하나님 나라의 핵심 개념으로 변혁과 샬롬을 부각시키면서 "그리스도인의 문화 변혁 운동은 바로 이 큰 그림인 샬롬의 문화를 바라보는 비전을 바탕으로 해야 한다"고 주장한다.[77] 이러한 주장은 그동안 한국의 보수적 교회들이 문화에 대해서 오해했던 부분들을 수정하고 보다 긍정적인 태도로 하나님 나라의 비전에 동참할 수 있도록 했다는 점에서 매우 큰 공헌을 했다.

그런데 여기서도 문화는 변혁의 대상이고, 변혁의 주체는 교회와 그리스도인이 된다. 변혁의 최종 목표는 하나님 나라이며 내용은 샬롬의 문화를 만드는 것인데, 샬롬의 조건인 공존과 해석학적 대화는 찾아보기 어렵다. 복음이 대중문화나 전통문화 자체와의 해석학적 만남을 통해 창조적으로 생성하는 새로운 내러티브는 상대적으로 제한되고, 교회와 세상, 복음과 문화의 이분법은 그대로 유지된다. 문화는 여전히 변혁의 대상으로 소외되고, 교회는 "세상과 더불어 싸워 이길 수 있도록 훈련하는 장"이다.[78] 철저한 유일신론의 신앙은 교회의 이러한 도덕적 우월감에 동의하지 않는다. 하나님 앞에서 모든 것은 상대적이다.

하지만 본회퍼는 결코 교회가 세상과 다르다고 보지 않았다. 교회의 도덕적 우월성은 오히려 세상에 대한 책임이며 변혁은 세상에 대한 섬김이었다. 그의 윤리학에서 중요한 것은 교회와 하나님의 관계가 아니라 세계와 하나님의 관계였다. 본회퍼의 윤리학은 세상적 / 기독교적, 자연적 / 초자연적, 세속적 / 거룩한, 이성적 / 계시적이라는 대립 구도를 넘어선다. 왜냐하면 인간은 인격과 행동 속에서 개인이면서 동시에 공동체의 한 지체로서 분리될 수 없는 존재이기 때문이다. 계시와 신앙에 입각해서 볼 때 그리스도인에게는 두 개의 현실이 아니라 오직 하나의 현실, 즉 그리스도 안에서 화해된 현실만 존재한다.[79] 지금까지 수행한 변혁적 문화관의 재구성은 이러한 해석학적 논의를 수용하여 이루어졌다. 더구나 타자의 문제를 해결하지 않고서는 여전히 근대적 사유 체계 속에 갇혀버리고, 이원론적 변혁 논리는 극복하기 어렵다.

임성빈은 문화 선교론을 정립하면서 문화 선교의 신학적 관점을 변혁적 문화관이라 하고, 그 신학적 전제를 일곱 가지로 설명한다. 첫째, 하나님의 선교, 둘째, 그리스도 중심의 선교, 셋째, 성경의 권위, 넷째, 성령에 의존하는 선교, 다섯째, 삼위일체적 하나님 나라가 궁극적인 목표로 전개되는 선교, 여섯째, 교회를 중심으로 한 운동, 일곱째, 만인제사장직에 근거한 전개가 그것이다. 최종적으로 그는 이러한 전제를 가진 문화관을 변혁적이라고 규정하고 이 문화관은 복음과 문화의 관계를 다음과 같이 정의한다고 말한다.

① 복음은 반드시 인간의 모든 형태의 문화와 구별되어야 한다. 이것은 어떤 특정한 문화가 복음으로 동일시되어서는 안 된다는 것을 의미한다. 그러므로 나와 다른 문화들을 일방적으로 정죄해서는 안 된다.

② 복음과 문화를 동일시하는 것은 자칫 서구 제국주의적 선교 태도를 연상시킬 수 있다.

③ 복음과 문화를 동일시하면 죄마저 상대화시키는 경향을 낳게 된다. 모든 형태의 문화의 심판자로서의 복음을 분명히 할 필요가 있다.

④ 이와 동시에 그럼에도 그 모든 것들에 대한 하나님의 주권을 인정한다. 이것은 문화 안의 복음the Gospel in Culture으로 상징될 수 있다. 비록 복음과 문화가 구별된다고 하더라도 복음은 문화 안에서 전파된다는 것을 잊어서는 안 된다.[80]

이러한 관계를 전제하는 변혁적 작업은 "말씀이 육신이 되셨듯이 복음이 선포되는 곳에서 그것이 문화로 성육화됨을 의미한다." 그러므로 "복음의 초월성을 항상 우선시해야 한다." 그리고 변혁이란 "억압적 측면이 있는 문화적 요소들로부터 자유케 하는 것이다." 이것은 "자신의 문화에 대한 통찰과 성찰을 요청하며 개인의 정체성을 확인하고 성령 공동체로의 편입을 확증한다."[81] 따라서 삼위일체 신학에 근거한 변혁적 문화관을 분명히 천명하는 것이다. 정리하면 복음의 초월성을 우선시하되, 변혁이란 복음과 문화의 만남을 통해 창조적인 내러티브가 창출되는 성육신 사건임을 암시한다.

브루스 브래드쇼Bruce Bradshaw는 그리스도인의 사회적 삶이란 곧 변혁적 삶을 의미하는 것인데, 그것이 지속되지sustainable 못하는 이유를 "그들에게 영향을 끼치는 신학이 본질적으로 일시적propositional 이거나 삶의 이야기narratives로 생성되지 못하기 때문"이라고 지적한다.[82] 그것은 사회적 삶을 변혁적으로 살아간다는 것을 의미한다. 그리스도인은 문화의 현실을 있는 그대로 받아들여서는 안 되고, 교회 공동체가 어떻게 사회적 구조의 변혁에 참여할 수 있는지 분별해야 한다. 니버도 이러한 삶의 이야기를 통한 신앙의 구현에 관심을 가졌다. 그는 개인의 정체성을 사회적 성격과 내러티브와의 관계를 통해 정립하려 했기에 "교회 공동체의 내러티브와 사회의 내러티브들을 건설적으로 통합함으로써 교회와 신앙인들도 더욱 책임적인 윤리를 모색하도록 하는 결정적 통찰을 제공해준다."[83]

이러한 변혁적 문화관은 미학적 실천으로 공적 영역에서 구체적으로 나타난다. 문화적 공론장에서 기독교적 비평을 수행함으로 해석의 변혁을 유도하는 것이다. 변혁적 문화관은 일차적으로 해석의 변혁을 통해 해석학적 대화와 소통을 시도하고, 변혁의 실천적 의미로 공적 영역의 구조적 변혁에 참여하는 내러티브를 창조적으로 생성시켜나간다. 이것은 하나님께서 타자의 문화를 통해 역사하는 이야기와의 만남을 의미하기도 한다. 이 타자와의 연대는 다원주의 시대에 변혁적 문화관의 실천을 위한 기본적인 태도가 되어야 한다.

그러나 이것은 결코 기독교적 정체성의 약화를 의미할 수 없다. 왜냐하면 그러한 타자와의 연대를 신학적으로 보증하는 것은 바로 삼위일체 신학이며, 철저한 유일신론에 입각한 모든 것들에 대한 사랑이기 때문이다. 철저한 유일신론의 신앙은 모든 것을 상대화하면서도 모든 것의 가능성을 인정하므로 타자와의 연대를 책임의 차원에서 인식한다. 그러므로 삼위일체 신학에 근거한 변혁적 문화관은 교회 공동체의 내적 이야기가 사회 문화적 다원화로 인해 다양하게 전개되는 외적 이야기들과 만나서 하나님 나라를 확장하는 새로운 미학적 상징들을 지속적으로 보급할 수 있도록 한다. 그런 의미에서 한국교회의 변혁적 문화관의 정립은 앞으로 많은 과제를 남겨놓았다. 그것은 결국 한국교회가 변혁적 문화관을 공적 영역에서 어떻게 실천하느냐의 문제와 연관되어 있다.

5. 문화 변혁의 실천으로서의 기독교 문화 운동

그동안 전개해온 한국교회 문화 변혁의 실천은 두 가지로 정리할 수 있다. 첫째는 전통문화나 대중문화를 통해서 복음을 표현하는 것, 둘째는 문화적 표현물에 대한 신학적 비평을 가하는 것이다. 전자는 주로 문화의 형식을 수용하고 복음 전파의 도구로 변혁함으로써 전통문화나 대중문화를 대상화하는 근대적 주객 도식을 극복하기 어렵다. 두 번째 실천으로 신학적 해석 작업은 그동안 다양한 시도를 통해 쌍방향의 대화를 시도하거나 미학적 접근을 먼저 수행하고 이후에 신학적 혹은 윤리적 비평을 수행함으로써 해석학적 가능성을 높일 수 있었다. 하버마스는 오늘날 대표적인 공론장으로 대중문화와 매체를 지명했는데, 교회 공동체가 일차적으로 문화 변혁의 책임을 수행해야 할 공적 영역이 대중문화라고 가정할 때, 그것은 기독교 문화비평의 형식으로 실천된다.

신학적 관점에서 대중문화를 비평하는 것은 대중문화의 생산과 소비의 유통 과정 그리고 대중문화의 형식과 내용을 하나님 나라의 가치로 비판하는 것을 의미한다. 그러나 이것이 교회 공동체를 다시 도덕적 판단을 집행하는 배타적 집단으로 고립시켜서는 안 된다. 예컨대 영화에 대한 기독교적 비평과 영화에 나타난 기독교에 대한 성찰을 통해 기독교는 다양한 해석 중 하나로 그 독특성과 고유성을 드러낼 수 있다. 예배에 영화를 활용하거나 영화를 통해 기독교의 진리를 전하려는 노력은 영화적 상상력에 참여함으로써 기독교의 가치를 보급하고 사회적 상상력을 기독교적으로 변혁하는 미학적 실천일 수 있다.

대중문화의 비평 장치와 기독교의 비평 장치가 갈등을 일으키거나 충돌해서 서로를 소외시키는 경우도 있다. 로버트 우스나우는 다원주의 시대에 종교가 공적 비판을 수행하는 역할에 대해 말하면서 "오늘의 다문화주의는 시민 사회에 참여하기 위해 차이와 교양을 갖출 것을 요구하고 있다"고 지적한다.[84] 그는 공적 영역에서 기독교가 예언자적 비평 기능을 수행해야 하는데, 그것은 자신들의 입장을 일방적으로 관철시키는 것이 아니라 어느 하나의 입장만이 절대화되는 것을 제한하는 역할이라고 말한다. 한마디로 종교적 비평의 역할은 공적 영역인 시민 사회에서 공공신학을 수립하는 것이다.[85] 우리의 다원적 현실은 하버마스가 비판한 도구적 합리성을 극복할 수 있는 창조적인 사회적 상상을 필요로 한다. 교회 공동체의 내러티브와 상상력은 이러한 필요를 채울 수 있을 것이다. 교회 공동체는 "그러한 상상력을 통해 문화를 형성함에 있어서 공적 삶의 영역에 가장 중요한 역할을 할 수 있을 것이다."[86] 그러므로 공적 영역의 변혁을 미학적 해석을 통해 실천하는 교회 공동체의 구체적인 지침들이 필요하다.

드 그루시는 이에 대해서 "우리는 지금 공적 영역에서 타자를 억압하고 아이들을 학대하며 갈등을 부추기는 이미지들에 익숙해져 있다. 교회의 미학적 삶은 인간이 된다는 것의 다른 의미이며, 나와 다른 타자와 정의롭게 어울려 산다는 것의 의미를 알려줄 수 있다"고 말한다.[87] 사회 문화적 다원화 시대에 교회의 미학은 분명히 윤리적 책임과 변혁의 이미지를 유포하고 보급하는 실천이 절실하다. 공적 영역에서 교회의 공신력은 교회의 이미지를 선전하거나 확장하는 것 혹은 세속 문화를 기독교의 특정한 문화로 변혁시키는 것으로 획득되지 않고, 오히려 문화의 본래적 자율성을 인정해주고 종교적 형식의 기능을 문화가 스스로 만들어내도록 해야 높아질 수 있다.[88] 종교 시장에서는 오히려 도덕적 질서에 대한 기대감이 상승할 때 비로소 공적 신뢰를 획득할 수 있다.

공적 영역에서 교회 공동체의 변혁적 역할은 "개인의 정치적 삶을 형성하는 사적인 공동체들과 신념에 대한 것으로부터 다원주의 사회에서 공적 정책을 결정할 수 있을 만큼 다양한 공공의 전통들과 시민 사회의 공적 공동체들의 적합한 역할에 대한 것"으로 바뀌어야 한다.[89] 공적 영역에서 문화 변혁의 실천은 1990년대 이후 성장한 시민 사회 운동의 문화 운동과 연대해서 전개되어야 한다. 그동안 한국교회는 문화적 보수주의로 인해 시민 사회 운동 진영과 긴밀하게 협력하지 못했다. 문화 운동 세력이 공적 영역의 변혁을 지향한다면, 교회 공동체는 오히려 변혁적 문화관의 비전을 제시하여 적극 참여해야 한다. 교회는 역사 속에서 교회가 아닌, 또 앞으로도 교회가 되지 않을 많은 동반자들을 가지고 있다. 삼위일체 하나님의 경륜적 역사 속에서 그리고 하나님의 통치를 실현하려고 노력하는 도상에서 많은 동반자적 운동들과 연대함으로 교회는 종말론적 소명을 성취하게 된다.[90] 교회 공동체는 다른 타자들과의 연대를 통해 공적 영역의 사회적 상상을 변혁시켜나가야 한다. 한국교회는 공적 영역에서 하나님 나라 운동에 동참할 수 있는 이들과 적극적으로 연대하여 타자를 소외시키지 않고 대상을 자기 동일성으로 환원시키지 않는 방식의 문화 변혁을 실천할 수 있어야 한다. 기독교적 문화비평도 이러한 변혁에 동참함으로써 기독교 내부의 논리를 전파하려는 일차적 필요에서 벗어나 다양한 시민 사회의 구성원들이 삼위일체 하나님의 자유의 나라에로 동참할 수 있도록 이끌어야 한다.

삼위일체 하나님의 교제는 곧 우리의 사회적 교제를 정당화하며, 교회 공동체로 하여금 공적 영역에서 문화 변혁의 책임을 감당하도록 요청한다. 교회 공동체의 문화 변혁은 하나님 나라의 비전을 공적으로 실천한다. 변혁적 문화관을 실천하는 이들은 "역사 속에서 예수

6
장
◆
공공신학과 문화 변혁

147

그리스도 안에 계시된 하나님을 현재적으로 만남으로써 피조세계와 문화의 종말을 기대하는 삶이 아니라 모든 것을 변혁하여 당신께 이르도록 하시는 주님의 권능을 의식하는 삶"을 산다.[91] 이것은 "새로운 세계에 대한 꿈을 꾸며envisioning" 사는 것이다.[92] 그것은 하나님 나라의 운동에 동참하는 기독교 문화 운동의 시작이다. 이것이 다원주의 시대에 변혁적 문화관을 실천하는 한국교회와 그리스도인의 소명이다.

6. 니버의 신학과 한국교회의 공적 책임

한국교회는 1970-80년대 토착화 신학과 민중 신학에 대한 논의를 통해 문화에 대한 신학적 성찰을 수행했고, 90년대 이후부터는 제도적 민주화의 성숙과 대중문화 산업의 성장에 따라 선교적이고 실천 신학적인 관점에서 시민 사회와 문화계에 적극적인 소통과 대화를 모색했다. 그러나 주류 한국교회는 선교 초기부터 반문화 정서를 띠고 있었기 때문에 상대를 인정하지 않고 일방적인 방식으로 자신들의 문화를 고수하는 경우가 많았다. 진보적 입장이나 보수적 입장이나 공히 복음이 세속 문화를 변혁한다는 논리는 공유했지만, 그 실천 방법은 현저히 달랐다. 문화 변혁이 의미하는 바에 대한 신학적 이해가 달랐기 때문이다.

니버에 대한 비판자들은 니버의 신학이 지나치게 낙관적이고 또 정복주의적 시각을 지니고 있다고 지적한다. 그들은 『그리스도와 문화』에 나타난 유형론적 논의만으로 논의를 진행하기에 니버의 변혁 개념이 그의 전체적인 신학에서 어떤 의미를 지니는지 알지 못한다. 그래서 니버에 대한 비판을 통해 세속 문화에 대한 경계심을 자극하거나 세속 문화와의 동화를 추구하는 극단에 서게 된다. 니버의 변혁은 궁극적으로 세상과 타자에 대한 책임이며, 그것은 세속 문화로부터의 분리나 폭력적인 제압의 방식이 아니라 하나님의 주권을 인정하고 우리의 한계를 인정하는 것이다.

니버에게 변혁이 책임이라는 것은 그의 도덕 이론의 해석학적 구조로부터 도출되는데, 오늘날 한국교회의 공적 영역에서의 기독교적 역할도 주권자이신 하나님 앞에서 우리의 상대성을 인정하는 것으로부터 시작해야 한다. 공동체로서의 교회는 세상의 정복자로 사는 게 아니라 오히려 세상에 만연한 모순과 부정을 폭로하고 복음적 가치와 그리스도의 가르침에 따라 변화가 일어나도록 화해와 사랑의 공적 사역을 감당해야 한다. 니버에 따르면 세속으로부터의 고립이나 퇴거도 크리스텐덤이 추구하는 것과 같은 일종의 폭력일 뿐이다. 교회는 세상과 관계를 맺으시는 주권자 하나님 앞에서 모든 것의 가능성을 인정하고 하나님이 원하시는 세상으로 나아가 그리스도를 따라 모범을 보이는 개척자다.

니버의 책임 윤리는 교회를 세상과 이원적으로 분리하지 않고 사회적 책임에 적합한 그리스도인의 형식으로서 그리스도와 지속적인 연대를 지지하는 것이다. 이것은 새로운 해석의 힘을 가능케 한다. "책임적 자아"의 변혁은 곧 해석의 변혁이며, 그 해석은 해석학적으로 구성된다고 앞서 지적했다. 교회의 사회적 책임 역시 마찬가지다. 교회의 변혁적 책임은 화해의 책임이며, 그것은 교회를 오직 한 분 하나님 앞에서 상대화하여 겸손하게 하고 세상을 소외시키지 않는다. 니버에게는 이 화해가 곧 변혁이며, 교회가 감당해야 할 공적 역할이다. 새로운 공동체는 많은 방해와 시련 및 이전의 온갖 기대를 극복하면서 새로운 세상을 낳을 것이다.[93]

7장

다원적 공론장과 기독교의 미학적 공공성

다원주의는 보통 가치와 담론의 차원에서 논의되지만, 다문화 현상은 주로 공적인 정책과 실천의 장에서 다뤄진다. 각국이 공적인 정책 프로그램으로 다문화 정책을 실행하고 있으며, 현재 이러한 정책은 선진국의 보편적인 정책 기조로 자리를 잡고 있다. 우리나라 역시 최근 다인종·다문화·다종교 현상이 더욱 강화되고 있는 추세인데, 이에 따라 정부와 정책 주관 부서에서는 공적인 정책을 통해 다문화 사회가 정착될 수 있도록 배려하고 있다. 공직 진출의 기회라든가, 정상적인 가정을 꾸릴 수 있는 기회를 사회적이고 공적인 프로그램이 지원한다. 따라서 다문화 상황은 1960-70년대 다원주의 가치가 사회의 보편적 원리로 자리를 잡을 때보다 더 강력한 공적 인정의 절차를 요구하기 때문에 특정 종교가 전통적인 교훈과 가르침으로 대응하기 어렵다.[1] 그렇다면 교회는 21세기 다원주의 상황에서 특별히 공적 영역에서 기독교의 가치를 어떻게 실천할 수 있을까? 다원주의 시대에 교회는 공적 영역에서 설득력을 확보하는 것이 무엇보다 중요하다. 지구 지역화가 확장되는 가운데 다원적 사회에서는 공적인 인정public recognition을 통해 자신의 가치를 만들고 정책적인 지원을 받고 있다. 오늘날 사회의 도덕 질서를 재구성하는 원리로 공공성의 가치가 확장하고 있는 현실에서 교회가 어떻게 공적인 방식으로 이 시대의 문화 변혁을 실천할 수 있을지 고민해야 한다.

1. 하버마스의 공론장과 후기 세속 사회

공적 영역은 사적 공간과 구별되는 공간으로, 개별적인 사적 집단과 개인, 기구와 제도가 공공성을 전제로 구성하는 사회적 공간이다. 근대 사회에서는 종교가 사사화되어 사적인 선택의 문제로 축소되었는데, 만약 교회가 이러한 사태를 인정하고 사회 문화적 변혁이 아니라 개인적인 수준에 머물러 있으려 한다면, 그것은 교회의 관계적·공공적·윤리적 특성을 고려하지 못한 것이다. 세계와의 관계성 속에서 "문화를 변혁하는 그리스도" 모델을 제시했던 니버의 주장은 기독교가 오히려 공적 영역에서 공적 설득력을 획득하는 방식으로 이루어져야 한다.

하버마스는 현대 사회에서 공적 영역의 구조 변동에 대해서 초기부터 관심을 가졌고 일관되게 그의 저서와 학문적 토론의 주제로 다루었다. 하버마스는 『공론장의 구조변동』 개정판에서 우리의 합의와 소통을 가로막고, 인간의 이성적 성찰을 불가능하게 하는 도구적·형식적 합리성을 극복하고, 상호 합의와 논의를 통해 "일상적 의사소통의 실천 자체에 담겨 있는 이성의 잠재력을 발굴해내야 한다"고 역설한다.[2] 이러한 실천 목표는 경제나 국가 기구 같은 체계 system의 영역이 생활 세계의 영역으로 침범해 들어와 식민화하려는 시도를 저지할 민주적 연대를 확장하는 것이다.[3] 즉 인간을 교환 가치로 환원하지 않고 사용 가치로 대할 수 있는 사회적 조건을 성숙시키자는 것이다. 하버마스는 권력의 산물이 아닌 진리의 상태를 지향하면서 그 터를 닦을 수 있는 가장 유망한 도구가 의사소통적 합리성이라는 개념이라고 믿는다.[4] 그리고 그는 공적 영역의 구조 변동을 통해 그 가능성을 도모한다.

> 이러한 매체 공론장들은 가능한 의사소통들의 지평을 위계 질서화하기도 하고 동시에 그것의 제한성을 허물기도 한다. 한 측면이 다른 측면으로부터 분리될 수 없고, 바로 이 때문에 대중 매체는 양가적 잠재력을 갖는다. 대중 매체는 중앙집중화된 네트워크 속에서 의사소통의 흐름을 중심에서 주변으로 혹은 위에서 아래로 일방적으로 유도할 경우, 사회적 통제의 효율을 상당히 강화해준다. 그렇지만 이런 권위적 잠재력을 활용하는 것은 항상 불안정한데, 의사소통의 구조 자체 안에 해방적 잠재력이라는 평형추가 내장되어 있기 때문이다.[5]

이처럼 하버마스는 대중문화와 매체의 자리를 의사소통 구조 안에 둠으로써 근본적으로 근대주의 내면의 성찰성에 대한 긍정적 잠재력을 신뢰한다. 초기 프랑크푸르트학파의 학자들은 주로 마르크스적 관점에서 문화 산업론 theory of cultural industry을 통해 대중문화와 매체의 상업주의적 측면을 비판적으로 평가한 반면, 여전히 하버마스는 의사소통적 합리성이 작동할 수 있는 조건을 성숙시키면 구조적 변화가 가능하다고 기대한다. 여기서 구조적 변화가 발생한다는 것은 다음과 같은 것이다.

> 사회 통합의 연대력이 다른 두 개의 조정 자원의 '권력'들, 즉 화폐와 행정 권력에 대항해 자신을 관철시켜 사용 가치를 지향하는 생활 세계의 요구를 관철시킬 수 있도록…사회 통합의 권력들 간의 새로운 균형이 이루어지는 것이다.[6]

하지만 이러한 논의가 그저 낭만적인 과거의 향수를 읊는 것에 불과하다는 비판이 제기되기도 한다. 즉 평등한 생활 형식을 전체적으로 파악하는 것은 불가능하고, 부르주아와 민중이 공동으로 자신들의 계급적 이익을 조정할 만한 사회적 공론장의 존재가 확인되지 않기 때문이다.

하버마스의 논의를 기독교의 변혁적 역할에 적용하기 위해서도 몇 가지 문제점을 선결해야 한다. 다원주의 시대에는 결사체의 정체성 자체가 유동적이며, 특히 종교의 공적 역할은 강력한 도전에 직면해 있다. 하버마스도 다른 글에서 세속화 이후의 사회, 즉 후기 세속 사회에서는 종교가 다른 가치나 세계관들과의 경쟁 상황을 인식하지 못하고 자기 성찰과 타자를 통한 배움의 필요성을 자각하지 못하면 배타적이고 파괴적으로 바뀔 수밖에 없다고 지적한다.[7] 만약 종교가 자신의 실책 가능성fallibility을 깨닫고 비폭력적 방식으로 다원주의의 현실에 대처하는 방법을 배운다면, 즉 정치 공동체와의 사회적 연대를 거부하지 않는다면, 후기 세속 사회에서 종교가 새로운 모습으로 자신의 공적 가치를 찾을 수도 있을 것이다.

하버마스가 주장하는 의사소통적 해결은 사회의 각 결사체가 철저하게 민주주의의 방식에 동의할 수 있어야 가능하다. 시민들은 적극적으로 자신의 의사를 제시하고 의사 결정 과정에 있어서도 충실해야 한다. 또한 결정된 사안에 대한 강제력 등에 있어서도 유연한 태도를 갖추고 있어야 하며, 그 결과는 민주적으로 제도화된 단체들에 의해 구체적인 실체로 표현되어야 한다. 이처럼 21세기 상황에서 공적 영역을 구성하는 "시민 사회의 제도적 핵심은 자발적 토대 위에서 이루어진 비국가적이고 비경제적인 결사다."[8] 공적 영역의 구조적 변혁을 위해서는 이러한 결사들의 역할이 매우 중요하다. 그러므로 교회가 공적 영역에서 변혁적인 실천을 정당하게 수행하여 하나님 나라의 가치를 실천하려면 사회적 합의와 논의에 대해 얼마나 유연한 태도를 갖추고 타 공동체나 결사체와 원탁회의에 앉을 수 있는 열린 자세를 견지할 수 있는지가 중요한 과제라 할 수 있다.

2. 세상과 타자를 위한 교회

본회퍼에게 교회는 세상과의 존재론적 연대 속에 존재한다. 본회퍼는 예수의 가르침이 철저하게 개인적 윤리에 대한 가르침이었다고 주장한 아돌프 폰 하르낙Adolf von Harnack의 개인주의적 윤리 구성에 동의하지 않았다. 그는 예수의 가르침이 근본적으로 공동체, 즉 교회를 대상으로 삼았다고 보았다. 본회퍼에게 공동체는 개인이 모여 공동체 자체의 인격과 의사와 느낌 그리고 행위를 가질 때 발생하는 것이다.[9] 서구 사상에서는 개인 윤리와 공동체 윤리를 분리시켜 다뤘지만 그것은 잘못된 구분이다. 행위act와 존재being는 그리스도의 실재

속에서 통합되듯 개인과 공동체는 통합된다. 본회퍼는 근대적 이원론의 방식을 부인하면서 "하나님에게는 공동체와 개인이 동일한 순간에 존재하며, 서로가 서로 안에 존재한다"고 주장한다.[10]

그러므로 본회퍼의 주장을 수용하면, 하버마스가 요구하는 대로 교회야말로 세계를 향해 의사소통적 논의 구조를 갖고 있는 결사체로 존재해야 한다. 본회퍼는 교회가 다른 인간 공동체와 그 특성을 공유한다고 한다. 물론 교회만이 홀로 그리스도가 실존하는 공동체이지만, 이미 그리스도 안에 실재한 하나님의 계시가 인간의 모습, 세속의 모습이었기에 인간의 다른 공동체와 존재론적으로 구별되거나 초월적인 배타성을 갖지 않는다.[11] 리처드 니버의 철저한 유일신 신앙이 하나님의 주권 아래에서 모든 것을 상대화시키는 것처럼 그리스도의 실재는 교회와 타자 공동체의 합리적 의사소통이 가능하도록 하는 근거가 된다.

공공신학은 다원주의 시대에 사사화된 종교를 다시 공적으로 복원하고 그 공적 기능과 역할을 고민하는 새로운 신학 운동이다. 현대의 다원적 상황에서 "공적 영역으로부터 종교적 가치와 신념들의 의도된 퇴거에 대한 불만은 공적 정책에 대한 종교의 역할과 시민 종교 현상에 대한 새로운 관심을 갖도록 많은 토론을 부추겼다."[12] 애리조나 주립대학교의 리넬 캐디는 공공신학의 형식과 주제를 연구하면서 리처드 니버의 작업이 가장 좋은 자료가 되었다고 한다. 그녀는 "공공신학의 목적은 우리의 공적 삶의 비판적 변혁과 개량에 기여하는 것"이라고 말한다.[13] 그녀는 기독교 신학과 신앙이 특수한 고백과 경험을 반영하기 때문에 공적 삶과는 무관하다는 의견은 잘못된 것이고, 그레이엄 워드나 글렌 스테이슨Glen H. Stassen과 같이 역사적 실

존주의 historical existentialism의 관점에서 니버를 해명한다.[14]

　이제는 공적 영역에 대한 변혁을, 구체적으로는 공적 영역에 대한 문화 변혁에서 교회가 감당해야 할 과제를 파악해야 한다. 여기서 공공신학의 개념은 개인적이고 사적인 신학과 반대되는 것이 아니고 그것을 포함하며 넘어서는 것이다. 분명히 공적 영역과 사적 영역을 구분하는 것은 근대의 주객 도식을 따르는 인식론에서 출발한다. 근대정신의 배타적 자기 동일성은 개인화, 인간 중심주의 등의 논리로 공통성 communality을 담보하는 공적 영역의 개념을 상실해버렸다. 이는 앞서 하버마스가 비판적으로 보았던 도구적 합리주의의 폐해와 동일하다.

　그러므로 개인의 차이를 보장하면서도 공통성을 유지하는 새로운 공적 영역의 창출이 요청되며, 기독교의 공적 역할도 이러한 과제를 공유한다. 캐디는 니버가 주장한 철저한 유일신론이 바로 그러한 목적의 수행을 정당화시켜준다고 본다. 니버의 철저한 유일신론은 모든 존재의 상호 연관성을 인정할 뿐 아니라 그 가치에 대한 존경을 유도한다. 그것은 모든 인간적 우상과 가치들을 상대화하지만 동시에 모든 존재를 창조자 한 분에 근거한 생명으로 성화한다.[15] 모든 존재에 대한 상대화는 모든 구성원이 같은 공동의 기반에 서 있음을 의미하고, 모두 동일한 가치를 지닌다는 것을 지시한다.

　결국 이것이 신학의 역사성 및 실존성 그리고 공공성을 규정한다. 니버가 요청하는 책임 윤리도 그래서 가능하다. 책임은 세계와 타자에 대한 해석을 변혁하여 하나님 앞에 서서 행위를 하도록 요청하기에 새로운 공동체와 새로운 공적 영역을 구축한다. 니버는 교회가 우주적 공동체의 근원을 항상 지향해야지 그 자체가 목적이 되어서는 안 된다는 점을 강조했다.[16] 세계와 관계를 맺고 스스로 사회적 교제 가운데 계신 삼위일체 하나님에 대한 충성으로서의 신앙은 세계를 하나님과의 연관 속에서 파악한다. 임성빈은 이것을 다음과 같이 표현한다.

> 우리는 우리의 신앙으로 다시 한번 새롭게 이 세계에 도전할 책임을 가진다. 우리의 이러한 도전은 누가 뭐라 하더라도 바람직한 가치관을 좌우하는 신앙으로서의 기본적 잣대라 할 수 있는 그 초월성^{Transcendence}(이것은 이 세계 내의 어떠한 유한한 것도 우리의 진정한 신뢰와 충성의 대상이 되지 못함을 의미한다. 이것은 곧 삼위일체 하나님만이 우리의 신앙의 대상이 되실 수 있다는 배타성^{exclusiveness}과 하나님 이외 이 신앙의 대상으로 인하여 우리가 차별받을 수 없고 또한 분열될 수 없다는 포용성^{inclusiveness}을 동시에 포괄한다)과 보편성 ^{universality}(우리의 하나님은 우주적인 하나님이시기에 우리의 신앙적 삶의 영역은 "하나님의 영광이 펼쳐지는 극장"인 자연을 포함한 우주다)에 있어서 탁월한 기독교 신앙에 대한 우리의 확신에서 비롯되는 것이다.[17]

그러한 태도는 공적 영역에서 결코 배타적이거나 정복적일 수 없다. 삼위일체 하나님만이 우리의 신앙의 대상이 되실 수 있다는 배타성과 하나님 이외의 신앙의 대상으로 인해 우리가 차별받을 수 없고 분열될 수 없다는 포용성은 하나님 앞에서 모든 존재의 상호 연관성을 전제한다. 교회는 일차적으로 공적 영역과 유리되거나 고립된 문화적 주변화를 성찰하고 극복해야 한다. 교회 문화가 공적 영역에서 공동의 공동체를 형성할 수 있어야 한다. 캐디는 과거 자유주의나 근본주의가 종교를 사사화하거나 영적인 영역에 묶어놓는 역할을

했다고 비판하면서, 하버마스와 같이 우리 자신의 내부적 성찰과 반성을 촉구한다.[18]

3. 미학적 실천과 교회의 공적 책임

교회가 공적 영역에서 변혁을 실천하는 전략은 무엇인가? 그것은 바로 공적 영역에서 교회의 독특한 관점과 상상이 반영된 상징과 이미지를 통해 합리적 의사소통을 개진하며 타자와의 연대를 강화해 궁극적으로 하나님 나라의 문화로 초청하는 것이다. 예를 든다면, 대중문화와 매체의 공론장에 대한 신학적 비평과 해석이 이러한 역할을 할 수 있다. 물론 기독교 내부의 단일한 비평적 기준이나 합의가 존재하지는 않는다. 그러나 그렇다고 해서 신학적 비평과 해석이 무의미한 것은 아니다. 오히려 다원주의 상황에서는 상황과 맥락에 따라 응답하는 비평과 해석이 요청된다. 이 문제에 대해 캐서린 태너 Kathryn Tanner는 다원주의 상황에서의 문화적 태도를 이렇게 진술한다.

이제는 기독교적 문화의 정황으로부터 새로운 상황을 대하는 것이 아니라, 서로 다른 사회적 강제 규범과 기준들에 따라 움직이는 세속적인 문화 해석의 틀 속으로 그리스도인의 삶을 이끌어가려는 노력의 과정 중에 만나게 되는 질문에 응답해야 한다.[19]

다원주의 시대에 진리와 선에 대한 기독교적 응답은 다른 기준과 이미지를 통해 표현됨으로써 기독교의 관점과 메시지가 전달될 것이다. 따라서 교회를 해석 공동체 혹은 아름다움의 공동체라고 부르는 것이 변혁 공동체로서의 교회 혹은 책임 윤리를 감당하는 해석학적 공동체, 본회퍼의 용어로 치자면 그리스도의 실존으로서의 교회 등의 신학적 논의에 적합할 것이다. 더구나 공적 영역에서 문화 변혁을 실천하는 교회는 사회 문화적으로 동의하고 합의한 이미지와 상징들, 즉 사회 문화적 제도와 기구들의 형식과 내용에 대해 기독교적 상상력과 해석을 발휘하여 변혁적 대안을 제시하는 것이 일차적 과제다.

따라서 공적 영역에서 교회는 아름다움의 공동체The Community of the Beautiful로서 신학적 비판과 해석을 통해 기독교의 문화 변혁을 실천할 수 있어야 한다.[20] 이 개념은 드 그루시에게도 나타나는데, 그는 진, 선, 미 모두 하나님의 영광과 거룩으로부터 유래하며, 그리스도인에게 요구되는 도덕적 삶도 분명히 미와 관계된다는 발타자르의 의견을 수용한다. 진, 선, 미는 하나님의 존재와 계시의 본성이고 따라서 우리의 변혁에 있어서도 마찬가지다.

여기서 미의 역할은 더욱 특별하다.[21] "하나님의 존재와 계시와 조우한 이들을 진리와 선으로 이끌어가는 것이 미다. 이렇게 이해되는 미에는 구원적 능력이 있다. 따라서 하나님의 미의 계시는 우리의 변혁의 매개체다."[22] 고대 그리스 시대 이후 근대에 이르기까지 논의의 중심에 있던 진리와 도덕은 계시로부터 주어지는 아름다움을 통해 구체적으로 실천할 수 있는 힘을 얻는다. 이는 본래 히브리 사상이었으나 가톨릭 신학이 히브리 사상과 고대 그리스 사상의 분리를 인정하면서 도그마(진리)와 신비가 분리되고, 예언으로부터 미학이 분리되며, 진리와 정의를 위한 투쟁과 사색적 명상이 분리된 결과다.[23]

선과 미가 없는 진리는 교조주의에 빠지고, 진리가 없는 선은 피상적이며, 미가 없다면 그것은 은총의 형식이 없는 것이고 결국 도덕주의로 귀결될 것이다. 그러나 미가 없는 진리와 도덕은 설득하고 구원으로 인도할 능력이 부족하다. 서구 기독교가 정복주의나 승리주의와 관련을 맺는 이유도 바로 아름다움의 미학이 상대적으로 약화되거나 무시되었기 때문이다. 창조세계와 인간성을 회복하고 구원하는 삼위일체 하나님의 아름다움이 아니라 하나님의 대리자로서 수행하는 신적 권능만을 찬양하게 된 것이다.[24]

그러나 도그마로서의 진리, 도덕으로서의 선함은 듣고 보는 직관과 상상을 통해 경험된다. 따라서 기독교적 가치나 진리를 공적 영역에서 관철하는 문제는 결국 신학적 상상과 미학을 통해 하나님의 아름다움을 보여주고 들려주는 것이다. 이것을 가르시아-리베라 Alejandro Garcia-Rivera는 이렇게 설명한다.

신학적 미학은 미와 아름다운 것의 관계, 즉 미의 신적 기원과 인간 정서에 의한 그 전용appropriation의 관계를 다시 한번 명확하게 하려는 시도다. 그럼으로써 신학적 미학은 우리 시대에 위태로워지고 있는 미와 아름다운 것들의 관계 회복의 중요성을 보여준다. 인간의 삶은 오직 미가 아름다운 것들을 통해 드러날 때 가치와 품위를 가진다. 미와 아름다운 것에 대한 언어와 경험이 없다면, 교회는 신앙을 표현할 수 없고, 인간의 품위에 대한 확신을 할 수도 없으며, 세상을 향한 거룩한 성례전이 될 수도 없다.[25]

미학적 실천을 통한 변혁은 삼위일체 하나님의 아름다움을 우리 현실의 아름다운 것들로 나타내는 것이다. 그래서 교회는 하나님의 영광과 거룩하심을 따라 살아갈 뿐 아니라 아름다운 것들을 통해 하나님의 아름다움을 세상에 증거해야 한다. 그래서 미학은 자연스럽게 윤리학과 만난다. 결국 이 만남은 기독교적 가치를 미학적 형식을 통해 공적으로 구체화하고 유포하는 실천으로 가능해진다.

　미학적 실천이 의사소통적 합리성을 수립하기 위해 매우 중요하다는 것은 하버마스에게도 적용된다. 신학적 미학을 미학적 합리성으로 대치하면, 그가 지향하는 바, 의사소통적 합리성의 전 지구적 확산은 예술적 활동 즉 미학적 합리성을 통해서만 가능하다. 만약 미학적 합리성이 칸트의 주장과 같이 단지 진정성authenticity에 대한 표현적 주장들의 담론에 불과하여 필요, 욕망, 감정의 합리성으로만 제한된다면, 하버마스가 의미하는 "미학적 경험의 주체성이 가치를 공유하는 공동체 안에서 합리적 토대를 결정할 수 있도록 급진화하는 데까지는 나아가지 못한다."[26] 하버마스는 의사소통적 합리성을 통해 구축되는 급진적 민주주의를 미학적 경험에서 찾으려 한다.

　교회는 아름다움의 공동체다. 또 그것은 세상의 현실을 대안적으로 해석하는 공동체, 예수 그리스도의 실존으로서의 해석 공동체, 철저히 세속적이고 공적인 공동체다. 다원주의 상황은 이러한 교회의 정체성을 환영한다. 교회는 교회가 속한 사회 문화적 현실과 충분히 소통해야 한다. 그것이 세상에 대한 책임이고, 자유의 나라로 이끄는 헌신이다. 그리고 그것은 세상과의 소통으로만 만족하지 않는다.

　다원주의 현실에서 그것은 타자를 교회 안으로 끌어들이는 동일화의 방식이 아니라 주객 도식을 극복하는 의미에서 해석학적 실천이다. 삼위일체 하나님은 세상과의 관계를 주도적으로 맺으시며, 교회로 하여금 세상과 관계를 맺으라 명하신다. 어떻게 세상을 소외시키거나 동일화하지 않으면서 하나님 나라의 문화로 변혁할 수 있을까? 그것은 해석 관점의 변혁을 유도하는 것이다. 기독교적 관점으로 사회 문화적 현실을 대안적으로 해석할 수 있는 미학적 상상을 유포하고 설득하는 것이다. 기독교적 가치를 유포하기 위해 기독교 문화비평, 신학적 문화해석 등의 활동이 구체적인 사회 문화적 현장에서 하나님 나라의 변혁적 실천을 담보할 수 있어야 한다. 특히 공적 영역에서 그 설득력을 확보할 수 있어야 한다. 이런 점에서 공공신학의 미학적 실천은 공적 영역에서 더욱 효과적인 전략이 될 것이다.

8장

대중문화의 상상력과
기독교 문화의 공공성

1. 왜 대중문화인가?

많은 사람들이 생각하는 대중문화의 대표적인 이미지는 어떤 것일까? 밴드 음악의 선구자 비틀즈를 생각할 수도 있고, 마를린 먼로를 떠올릴 수도 있다. 이런 이미지가 구식이라면 요즘의 대중문화를 대표하는 이미지는 어떤 것들이 있을까? 걸그룹이나 아이돌 그룹의 이미지가 가장 강력한 대중문화의 상징이 될 수도 있겠다. 음악에 딱히 취미가 없는 이들은 아마 리얼 버라이어티 예능이나 최근 인기를 끄는 음식 관련 프로그램, 오디션 예능 프로그램들을 생각할 수도 있다.

이런 이미지들은 동시대 문화의 기억을 공유하게 함으로써 사회적 의미를 생산한다. 비슷한 음악을 경험하고 많은 사람이 즐기는 영화를 보는 행위는 단지 오락과 취미를 넘어 동시대 공동의 기억과 문화를 정당한 것으로 인지하도록 유도한다. 문화를 단지 생산과 소비의 역학으로만 파악하지 않고 의미를 만들어내고 공유하는 사회적 행위로 인식하게 된 것은 대중문화에 대한 새로운 인식을 통해서다.

지구화가 진전되면서 특정 문화가 글로벌 문화로 확산되는 일이 더욱 쉬워진 탓에 대중문화는 전 지구적 동질성을 강화하는 역할을 수행하기도 한다. 인터넷과 SNS의 놀라운 발전은 새로운 미디어 환경을 구축하여 대중문화의 질적·양적 성장을 가속화시켰다. 앞으로 다가올 4차 혁명 시대에도 대중문화가 모든 문화를 상품화시킨다는 비판이 있는데, 그럼에도 대중문화는 오늘날 사람들의 일상을 지배하는 막강한 힘을 갖게 될 것이다.

2. 대중문화의 등장과 근대주의의 극복

서구에서 오페라나 클래식 음악 같은 고급 예술만을 문화로 이해했던 시기에는 음악이나 미술에 대한 기본적인 교육과 수련을 거쳐야만 교양 있는 문화인이 될 수 있었다. 민속적이고 민중적인 것은 일반적인 것the common들로 예술의 범주에 들지 못했다. 이러한 태도는 서구에 비해서 비서구를, 남성에 비해서 여성을, 백인에 비해서 유색인종을, 기독교에 비해서 타 종교를 열등하게 인식하는 근대주의적 발상에서 나왔고, 이런 인식을 정당하게 받아들이게 하는 중대한 문화적 동기로 작동했다. 그러나 주체와 객체라는 근대주의의 이분법적 인식으로 세계를 파악했던 서구 문화는 제2차 세계 대전을 겪으며 패러다임의 급격한 전환을 맞이했다.

애초 기독교 문화가 지배하던 서구 사회에서 탈기독교를 가속화한 계몽주의와 미학적 형식의 정립을 세속적으로 확인했던 작업은 대중문화가 본격적으로 등장하게 된 계기라고 해도 무리는 아니다. 그러나 타 문명을 지배하고 식민화했던 서구는 역설적이게도 다른 세계에 대한 이해를 확장했다. 19세기 말부터 문화인류학 연구가 활발해지고 각 지역과 역사를 객관적으로 평가할 수 있게 되면서, 서구 중심의 교양적 문화 이해는 일상성과 다양성을 통한 문화 이해로 전환될 수 있었다. 아시아와 아프리카의 문화는 열등하거나 저급한 것이 아니라 각자의 역사를 배경으로 형성된 고유한 문화로 인식해야 한다는 것이다. 결정적으로 전쟁의 비극을 겪으면서 서구 문화의 우월성에 대한 의심과 기존 질서에 대한 회의가 강력하게 제기되었고, 이러한 반감이 대중문화의 성장을 자극하는 사회 문화적 모티브가 되었다.

대중문화를 통해 주목받지 못하거나 유의미한 실체로 인정받지 못했던 계급적 하위문화가 사회적 의미 생산의 주체로 부상했다. 19세기 말부터 20세기 초에 민속 문화를 복원하여 도시에서 급부상하고 있는 군중 문화의 저급성을 극복하려는 시도들이 주로 엘리트 식자층을 중심으로 전개되었다. 그러나 민속 문화에 대한 낭만적 기억은 그저 환상에 불과하다는 것이 얼마 지나지 않아 드러났고, 기득권의 독점적 권력 유지를 위한 문화적 표현에 불과했다는 비판이 일어났다. 국내에서도 1980년대를 전후해서 독재 정권이 민족 문화를 강조하고 우리의 것을 권장하면서 자신들의 정통성을 확보하려는 시도가 있었으나, 그러한 정치적 의도는 곧 민주화 이후 문화적 민주화 이행 과정에서 극복의 대상이 되었다. 한편 대중문화는 고급 예술에 비해 품위가 현격히 떨어진다고 평가되고 무시되었다. 대중문화는 대중의 문화popular culture가 아니라 군중의 문화mass culture였고, 서구에서 노동 문화나 여성 문화는 비록 하위문화였지만 엄연히 사회적 의미를 생산하는 역할을 해왔다. 영국의 문화주의는 일상생활 속에 담겨 있는 각 계급의 의미 생산 방식에 주목했는데, 특히 노동자들은 고급 예술과 다른 방식으로 자신들의 삶을 표현해온 문화를 연구했다. 이들의 노래와 춤은 고급 예술의 그것과 다를 뿐 아니라 생산해내는 의미도 달랐다. 문화 연구는 구체적인 삶의 현상들을 조사 대상으로 삼아 대중들의 정서와 삶을 재구성했는데, 이런 점에서 지금까지 주목받지 못했던 이들의 사회적 삶이 유의미해지는 결과를 낳았다. 대중문화는 그동안 억눌려 있거나 소외된 이들의 욕구와 자신들의 삶을 그대로 표현하려는 욕망을 담아 그들을 새로운 문화적 주체 세력으로 무대에 올려놓았다.

물론 대중문화에 대해 비판적인 태도를 지닌 학자들도 많다. 팝문화의 발상지인 영국과 달리 독일의 관념론적 전통에서 볼 때, 대중문화는 예술의 상품화에 지나지 않았다. 마르크스주의에 기반한 프랑크푸르트학파의 비판사회 이론가들은 대중문화가 의미 없는 이미지만 양산하여 결국 전체 문화의 질을 하락시키는 부정적 역할을 한다고 보았다.[1] 아마도 자본주의에 대한 입장 또한 영미 계통의 나라와 독일 전통의 입장이 다른 것을 볼 때, 결국 대중문화에 대한 입장 차이도 자본과 결부되어 나타나는 대중 소비문화에 대한 평가라 할 수 있다. 물론 경험적 태도가 강조되는 영국의 문화 연구 전통에서도 대중문화를 이데올로기와 권력이 실천되는 장으로 인식한다는 점에서 마르크스주의의 흔적이 아예 없는 것은 아니지만, 문화 연구에 있어서 대중문화는 일정 부분 문화의 민주화라는 측면을 보다 적극적으로 수용한다.

대중문화를 논함에 있어서 대중 소비문화와 함께 포스트모더니즘을 말하지 않을 수 없다. 포스트모더니즘은 모더니즘의 객관적이고 보편적인 세계 인식 체계를 의심했다. 객관적인 사실과 주관적 진리를 구분하고, 보편적 이해보다는 이해의 맥락에 더 집중했기에 기존 질서에 저항하는 것처럼 나타난다. 합리적 이성과 과학적 판단에 근거한 세계 인식을 신봉하는 근대주의자들의 입장에서 볼 때, 포스트모더니즘이 객관적으로 합의된 사실을 인정하지 않는다고 말할 수 있으나 포스트모더니즘은 사실이 무엇인지에 대한 관심보다 진리의 형성 과정을 문제 삼는다고 할 수 있다. 즉 그 진리가 과연 누구를 대변하고 있는지를 묻는다. 대중문화가 상류층이나 귀족들의 전유물이었던 고급 예술의 격을 떨어뜨린다고 비판하는 엘리트들이 여전히 근대적 문화 인식을 고수하려 한다는 점에서 대중문화와 포스트모더니즘은 그 반대 진영과 연대를 형성할 수밖에 없었다. 푸코나 데리다 그리고 지젝에 이르기까지 모두 한결같이 근대주의가 가진 폭력적 일방성을 폭로하고, 세계의 다양성과 상대성을 인정함으로 오히려 새로운 진리의 합의 기반을 구축하려 했다고 볼 수 있다.

문화 연구자들에 따르면 대중문화는 대중의 욕망을 반영한다. 대중의 일상적 삶을 여과 없이 표출함으로써 가끔 다른 이들을 불편하게 만들 수도 있지만, 대중문화는 대중들이 이데올로기와 자신들의 입장을 대변할 권력을 확장하기 위해 투쟁하는 것이다. 그래서 초기 대중문화는 당대의 기득권에 저항하는 방식으로 표현되었다. 물론 이후 정치권력이 자신들의 이데올로기나 집단 이익을 반영해서 대중문화를 선전의 도구로 삼기도 했고, 소비주의와 상업주의의 상품으로 전락하여 오히려 기존 기득권의 지배력을 강화하는 일에 동원되기도 했지만, 20세기가 대중문화의 등장을 허용한 이유는 바로 근대적 세계 인식에 대한 문제 제기였다는 점을 우선적으로 인정해야 한다.

대중문화에 대한 평가는 평가의 기준이 누구의 이익을 대변하고 있는지 묻고 그에 대한 정당한 합의가 가능한지에 대한 질문에 우선 답해야 한다. 대중문화를 단지 천박하거나 열등한 것으로만 치부한다면, 대중문화에 반영된 우리 삶의 일상성과 다양성에 대한 의미를 간과하는 결과를 낳을 수 있다. 대중문화는 시대와 사회의 산물이다. 대중문화에 대한 도덕적 평가에 앞서 선행되어야 할 일은 대중문화가 무엇을 말하려고 하며, 오늘날 대중은 무엇을 욕망하는지에 대한 이해다. 이런 점에서 기독교와 신학은 대중문화와 적극적으로 대화를 모색할 필요가 있다.

3. 한국 사회의 다원화와 대중문화

그러면 한국 사회에서 대중문화에 대한 태도는 어떠했는가? 우리는 대중문화를 식민지와 전쟁, 국가 주도적 경제 개발이라는 근대화의 독특한 방식으로 경험했다. 통기타 문화 혹은 7080 문화라고 별칭 되는 당시의 대중문화가 내면적으로는 시대에 저항하는 의미가 없지 않지만, 서구와 다른 한국의 특수한 상황을 성찰하고 대중의 정치적 욕구를 표출하려는 의도로 자생한 문화는 아니었다. 정치권력보다는 기성세대에 대한 저항과 반항으로 표현되기도 했고, 민주화 투쟁 과정에서 독재 정권의 강력한 통제에 저항하고 사회적 변화를 갈망하는 정치적 요구로 전환되기도 했다.

그래서 한국의 사회 문화적 다원화는 1970년대 경제 우선주의와 산업화, 획일적인 정치적 독재 시대를 마감하고 민주주의가 제도적으로 확립되는 1980년대와 90년대를 거치면서 가시화된 만큼 정치적 상황이 큰 변수로 작용했다. 특히 1987년 민주화 이후에 다층적으로 전개된 한국 사회의 변화는 최근 다시 격동의 시간을 맞이했다. 2016년 겨울부터 이어진 일련의 정치 혼란과 탄핵 국면, 그리고 이후 대통령 선거를 통해 드러난 시민 사회의 성숙한 정치적 역량은 1987년 이후 30년 동안 미숙했던 민주화를 한 단계 발전시키는 계기가 되었다. 이런 변화는 한국교회에도 큰 질문을 제기했다. "교회는 이런 변화에 어떻게 응답할 수 있을 것인가?", "교회는 공적 영역의 요청을 책임적으로 대처할 전략은 있는가?" 등이 현재 한국교회가 당면한 질문들이다.

이에 답하기 위해 먼저 사회학자들의 연구를 참고할 필요가 있다. 우리 문화 내부에 현재의 사회 문화적 변동에 대처할 수 있는 역량이 있느냐는 질문에 대해 사회학자와 문화학자들은 다양한 연구를 전개해왔다. 이 문제와 관련하여 정수복은 『한국인의 문화적 문법』에서 사회학과 인문학의 대화와 통합을 모색하며, 우리 문화 내부의 변혁 역량을 제고할 수 있는 방안들을 제시했다. 그는 사회 구성원들의 행위의 밑바닥을 가로지르는 공통의 사고방식을 두고 문화적 문법 cultural grammar이라 하고, 한국인에게 가장 강력하게 영향을 끼치는 문화적 문법을 개인을 인정하지 않는 집단주의라고 지적한다.[2] 그런데 그 집단주의 혹은 권위주의가 1987년 이후 민주화 과정을 거치면서 약화되고 개인의 주체성을 확장할 수 있는 계기가 마련되었다고 본다. 우리나라는 근대화 이후에도 정치적 독재와 경제 제일주의에 의해 개인의 주체성 확립이 제대로 이뤄지지 못했다. 민주화가 진행되면서 사람들은 자신들의 권리와 책임에 대해 공적으로 인식하기 시작했다. 정수복은 이러한 주체성 확립을 통해 한국인의 문화적 문법을 변혁하여 사회적 변혁으로 이어가야 한다고 역설한다.

정수복의 주장대로 개인 주체성의 확립은 사적인 삶을 넘어 사회 문화적 공공성에 관심을 기울인다는 것을 의미한다. 따라서 한국의 사회 문화적 다원화와 관련하여 고려해야 할 사안은 다원화로 인한 공적 영역의 변화를 추적하는 것이다. 이것은 공적 영역 자체의 변화와 함께 이에 대한 문화 운동의 새로운 접근을 동반한다. 사회 문화적 다원화의 가속화는 이러한 공적 영역에서 개인의 주체적 삶을 어떻게 실현할 수 있을 것인가를 문제 삼는다. 리처드 니버는 변혁적 문화관이 공적 영역에서 실천되어야 한다는 점을 분명히 했는데, 니버에게 "교회를 무대로 상상한 변혁은 공적 영역으로 확장되는 것을 의미했다. 신학에 있어서 영원한 변혁은 곧 영원한 정치적 변혁을 함의하는 것이다."[3] 특히 한국처럼 전통적인 유교적 가치관이 약화되고 다양한 종교와 공동체의 가치관들이 서로 경쟁하는 다원화 상황에서 기독교의 역할을 고민하는 것은 결국 이러한 공적 영역에서 어떻게 구체적인 사회 문화적 유연성을 확보하고 영향력을 발휘하느냐의 문제와 연결되어 있다.

그러면 한국의 사회 문화적 다원화가 공적 영역에 어떻게 반영되었는가? 그것은 문화 사회 담론과 문화 산업의 성장을 통해 확인할 수 있다. 21세기에 들어오면서 소위 문화 콘텐츠를 국가의 새로운 기간산업으로 설정하기는 했지만, 이미 "1990년대 들어 사회 운동이 전반적으로 퇴조하는 가운데 대중 매체 문화의 팽창과 일상적 소비와 여가생활이 증대되면서 문화는 운동보다는 담론과 체험의 차원에서 새롭게 주목"받았고 문화적 의제를 통해 민주화의 성과를 확장시키려는 수많은 토론과 문화 전쟁이 전개되었다.[4] 1980년대 민주화 세력이 문화를 선전의 도구로 인식한 반면, 90년대는 문화 자체가 가지고 있는 새로운 역동성을 발견함으로써 사회 변혁의 동력이 전환되는 시기였다. 이러한 상황을 이론적으로 분석하고 비판했던 문화연구와 대중문화 이론들은 한국의 사회 문화적 다원화를 더욱 정교하게 설명하는 이론적 뒷받침이 되었다.

그러나 다른 시각도 존재하는데, 1990년대 이후 제도적 민주화가 어느 정도 정착되면서 한국의 대중문화는 자본 축적의 새로운 도구로 인식되고, 국가는 문화 산업을 통한 콘텐츠 사업에 투자를 집중하면서 대중문화의 양적 성장을 경험했다. 이후 대중문화는 계급적 특성보다는 상업적 콘텐츠 산업으로 육성되기 시작했고, 한국 사회의 다양성과 파편화를 강화하는 순기능과 함께 상업주의에 수동적으로 수용되는 역기능 모두를 낳았다.[5]

아무튼 문화 사회라는 비전을 제시했던 논의는 분명 다원주의적 가치를 지지했으며 동시에 사회적 소수자들의 인권과 문화적 권리를 각성시킴으로써 시민운동의 새로운 가능성을 열었다. 이런 문화 담론은 시민운동의 새로운 주제로 부각되면서 〈문화연대〉를 비롯하여 문화 운동을 주도하는 다양한 문화 관련 NGO가 탄생하는 계기로 작동했다.[6] 문화 담론을 전개하던 시민 사회 운동 진영은 이러한 사회 문제를 포함해서 문화 운동의 과제를 공적 영역의 문화적 변혁으로 삼았다. 예컨대 세대 갈등을 해결하기 위해서는 단순히 세대 간의 문화적 차이를 해소하는 것이 아니라 "개별 세대의 과제를 넘어서 갈등적 세대들이 모두 합의할 수 있고 수용할 수 있는 높은 수준의 문화적 목표를 설정"해야 한다는 것이다.[7] 이에 대해 심광현은 "새로운 문화 운동은 문화적 공공 영역화라는 화두를 제기하면서, 기존의 문화적 공공 영역의 전문가주의를 비판하는 일 외에도, 지역 사회의 구체적인 삶의 맥락에 뿌리를 두는 새로운 문화 활동을 창출하면서 이를 통해 참여 민주주의적인 새로운 형태의 문화적 공공 영역을 창출해가야 할 과제를 떠맡아야 한다"고 주장했다.[8]

유홍림은 이에 대해 하버마스의 논의를 빌려 사회적 공론장과 내적 공론장, 즉 개인의 성찰성을 전제하는 내적 공론장의 필요성을 동시에 주장했다. 공론장은 한 사회의 역사적 경험 속에서 축적된 다양한 문화적 자원을 동원하여 집단적인 자기 정체성을 만들어낸다. 아울러 공론장은 국가 권력을 포함한 행위 주체의 정당성을 표출하는 장이다. 내적 공론장과 마찬가지로 사회적 공론장의 형성도 하나의 발전적 과정이다. 자기 정체성의 형성에서 다문화주의적 시각의 수용은 단일 문화적 관점에 비해 성숙된 자기 이해 및 사회 통합의 방식이다.[9]

결과적으로 한국 사회는 서구처럼 사상적 성찰을 치열하게 경험하지는 못했지만 독특한 정치적 환경 속에서 나름대로 대중문화에 대한 새로운 해석을 전개할 수 있었는데, 다른 나라와는 매우 다른 특별한 생태계를 구축했다. 한국의 대중문화는 민주화 이후 억압되어 있던 다양한 사회적 주체들의 욕망을 분출하는 기제로 작동했다가, 자본화가 이뤄진 후에는 욕망을 대리적으로 경험하고 실현하는 배출구 역할을 했다. 예컨대 우리나라의 드라마와 영화에서 반복적으로 나타나는 신분 상승의 욕망과 출생의 비밀을 둘러싼 권력투쟁은 오늘 한국의 대중적 욕망을 대리한다. 배경과 학력으로 둘러싸인 한국의 신분망은 일반 서민들에게 더 나은 삶을 영위할 수 있는 희망을 차단하는데, 대중은 대중문화의 판타지를 통해 대리 만족을 느낀다. 최근 오디션 프로그램이 모든 방송사를 장악하고 있는 것도 이러한 측면에서 충분히 이해할 수 있는 현상이다. 대중문화의 주체로서 대중의 적극적 비판 능력을 권장하는 일과 대중문화의 상품 소비자만이 아니라 사회적 의미의 생산자로서 참여적 태도를 자극하는 일이 절실하다.

4. 대중문화의 상상력

대중문화의 상상력은 서구에서나 한국에서 공히 기존 질서를 변화시키고 새로운 세상에 대한 갈망을 담아냈다. 근대주의는 이성적 지각과 판단에 비해 상상력을 실체가 없는 것으로 평가 절하했다. 그러나 근대주의에 대한 의심을 품고 등장한 포스트모더니즘은 오히려 상상력과 감성을 더 가치 있는 사회적 의미 생산으로 본다. 그동안 상상력의 역할이 폄하된 것은 그 상상력이 언제나 기존의 것을 대체하는 새로운 열망으로 나타난 반면, 기득권을 유지하려는 이들은 그 열망이 불편했기 때문이다.

　일원론적이고 초월적인 지성의 보편적 지식을 추구했던 플라톤이나 아리스토텔레스 철학에서부터 17-18세기 과학과 이성에 근거한 경험론, 합리론의 근대 철학에 이르기까지 상상은 실재로 존재하지 않는 것에 대한 불명확한 모방에 불과했다. 하지만 상상이 단지 기계적인 관념들의 조합이 아니라 새로운 형식을 창조하는 능력으로 인식된다면 그것은 매우 긍정적으로 마음을 표현한 것이다. 그래서 18세기 형식 미학의 정립 이후 상상은 독립된 힘으로, 또 모방의 경쟁자로 등장한다. 보통 지각perception이 기대되는 기존의 방식으로 일어난다고 볼 때, 상상은 기존 규칙에 안주하지 않는 새로운 가능성으로 간주되었다. 그래서 상상력은 예술 행위에 필수적이며, 예술의 진정성을 가늠하는 기준으로 등장했다.

더욱 강경한 상상 이론가들은 상상을 형식과 상징에 의존한 미적 표현이라고 보는 이른바 표현 이론과의 관계를 절연하고, 아예 자유로운 유희라 정의한다. 미학의 탈종교화 현상이 두드러진 18세기에 상상 자체는 하나의 미학적 태도로 인정되었지만, 실제로 상상력이 문화의 창조적 힘과 연관되는 것으로 파악한 시기는 대중문화의 등장을 통해 기존 질서, 다시 말해서 근대적 세계관에 대한 의심과 새로운 세계에 대한 희구로 나타나면서부터다. 이런 점에서 근대의 정형성을 넘어서려는 포스트모던 예술가들에게도 상상력은 매우 큰 동력이었다. 장 프랑수아 리오타르Jean-François Lyotard는 아방가르드 미술이 눈에 보이는 표현 방식을 통해 표현 불가능한 것의 인유allusive를 만들었다고 말한다. 그에게 포스트모던한 것은 표현할 수 없는 것을 표현 그 자체로 드러내는 것이다.[10] 이런 과정에 상상의 힘이 창조적으로 동원될 것이다. 근대정신은 미에 법칙이 있다고 여겼다. 하지만 실재를 제시하는 것이 아니라 생각할 수는 있지만 표현할 수 없는 것에 대한 인유를 창조하는 것이 우리의 임무라면, 상상력은 필수적인 창조적 능력이다. 누구나 상상의 힘으로 범주와 규칙을 창조할 수 있다.

　대중문화의 상상력은 새로운 세상에 대한 대중적 갈망을 반영한다. 기존 질서에서는 얻을 수 없기에 욕망하는 것들이다. 그래서 대중문화의 상상력은 창조적인 힘으로 작동하기도 하지만 무책임한 파괴나 일탈로 표출되기도 한다. 예컨대 우리가 〈반지의 제왕〉이나 〈나니아 연대기〉와 같은 영화를 좋은 영화로 평가하는 이유는 그 상상력이 비현실적임에도 불구하고 오늘날 세계에 대한 성찰을 제공할 뿐 아니라 상상력을 그저 욕망의 도구로 소비하지 않고 새로운 세계에 대한 가능성으로 재현하기 때문이다. 대중문화의 상상력은 근대의 이성 중심의 인식론과 다른 방식으로 세계를 이해하려는 일련의 시도들과 함께 포스트모더니즘의 담론을 확대하는 역할도 했다. 미학적 차원에서 상상력을 긍정적으로 이해한다고 해도, 근대주의의 한계 때문에 상상력이 제기하는 본질적인 대안적 가능성을 충분히 실현하지 못한 것과는 달리 대중문화의 상상력은 기존의 틀 밖에서 작동했으므로 충분히 질문을 제기할 수 있었다.

　사실 교회는 전통적으로 상상력에 그다지 우호적이지 않았다. 예컨대 영화는 초기에 교회로부터 사탄적 매체라는 낙인을 받았고, 락음악은 사탄의 음악이라 매도당했다. 대중문화의 상상력은 대부분 불온한 상상력으로 비난받았고, 대중문화와 교회의 갈등은 매우 거칠게 진행되었다. 그럴수록 대중문화와 교회의 간격은 크게 벌어졌으며, 동시에 포스트모더니즘과 교회의 간격 역시 크게 벌어지기만 했다. 흥미로운 것은 오늘날 한국교회들이 포스트모더니즘의 문화적 특성과 대중문화의 상상력을 도구적으로 수용하면서도, 대중문화의 상상력이 제기하는 질문이나 현실의 모순에 대한 비판은 꺼린다는 것이다. 한국교회는 할리우드의 상업주의 마케팅을 충실히 따라 제작된 멜 깁슨의 〈패션 오브 크라이스트〉에는 열광했지만, 마틴 스콜세지 감독의 〈그리스도 최후의 유혹〉에 대해서는 영화적 상상력을 종교적 심판의 대상으로 삼고 신성 모독이라 비난했다. 이런 점에서 기독교 혹은 교회가 대중문화의 상상력을 어떻게 이해하고 신학적으로 해석할 수 있을지가 오늘날 우리들이 풀어야 할 중요한 과제라 할 수 있다.[11]

5. 대중문화와 기독교의 비판적 해석

그레이엄 워드는 기독교 공동체의 독특한 특징을 상상력이라는 차원에서 재해석하고, 그것이 어떻게 사회적 의미를 획득하는지 면밀하게 검토했다. 상상력은 언제나 사회적 특성을 띠는데, 우리가 문화적 상상력을 새롭게 한다는 것은 그 관점이 제기하는 실천적 의미에 따라 사회를 변혁하는 것과 같다고 주장한다. 그는 이를 "상상의 변혁"transformation of the imagination 혹은 "욕망의 재정향"reorientation of desire 이라고 표현했다.[12] 이러한 변혁과 재정향은 사회적 합의 혹은 공적 신념을 재구성하는 방식으로 실천될 것이고, 이를 통해 기독교적 관점은 비로소 공공성을 획득할 수 있다.

그렇다면 기독교 신학이나 교회는 오늘날 어떤 방식으로 우리 사회의 상상력을 재구조화하고 있는가? 대중문화의 상상력과 부단히 대화를 시도하고 있는 영화를 제외하면 별다른 노력이 보이지 않는다. 영화의 경우 기독교 영화제나 영화비평이라는 방식으로 대화를 실천하는 경우가 제법 있다. 영화에 대한 신학적 비평을 수행함으로써 영화가 제기하는 상상력에 기독교적 관점으로 응답하는 것이다.[13] 그런데 영화를 활용해 설교를 하는 경우에는 영화적 상상력에 대해 해석학적 대화를 수행하기보다 도구적 활용에 그친다는 반성도 제기되고 있다. 즉 영화 설교와 같은 시도가 기독교적 영화 해석을 주도하면 대중문화에 대한 윤리적 평가에 치중해 영화적 상상력이 제기하는 현실 비판에 책임 있게 응답하기 어렵고, 가장 결정적으로는 영화를 통해 또 다른 차원에서 경험되는 신적 만남divine encounter에 노출될 기회를 잃을 수 있다.[14]

노래의 경우도 마찬가지다. 이른바 CCM이나 경배와 찬양 그리고 최근에 유행하는 워십송Worship Song은 대중문화와 다른 시장을 형성하여 전혀 다른 상상력으로 세상을 보게 한다. 찬양에 담긴 기독교적 메시지와 대중문화가 반영하는 시대의 코드가 전혀 다른 영역을 점유하고 있는데, 이렇게 되면 기독교적 가치를 사회 속에 실현하기 위한 접촉점을 마련하기가 어렵다. 대중음악이 사회적 현실을 반영하는 방식은 매우 직접적이고 급격하며 때로 자극적이다. 최근에는 말초적이고 자극적인 음악들이 대세를 이루고 있지만, 동시에 7080 세대를 대상으로 하는 음악 프로그램이 여전히 인기를 얻고 있는 것을 보면, 대중들이 무엇을 갈망하고 있는지 살필 수 있다. 그래서 대중음악에 반영된 대중의 상상을 어떻게 기독교적 가치와 만나게 할 것이며, 어떻게 그 상상력을 대안적 방식으로 재구성할 것인지에 대한 진지한 고민이 필요하다.

크지스토프 지아렉Krzysztof Ziarek은 예술적 상상력의 사회적 역할이 권력의 변화나 혁명적 대체를 가져오는 것이 아니라 권력들 사이의 관계의 균형을 변화시킨다고 본다. 권력들이 그 속성상 지시적이며 기술적이라면 그 본성을 시적poetic으로 변화시켜 권력 형성의 역학을 변화시키는 것이다.[15] 그런가 하면 니콜라스 월터스토프Nicholas Wolterstorff는 『행동하는 예술』에서 기독교 예술가가 자기 자신의 미적 쾌락과 만족을 위해서만 예술 행위를 해서는 안 되고 하나님과 교회를 향한 헌신의 행위로서 그 윤리적 책임을 인식해야 한다고 주장한다.[16]

기독교의 상상력은 성경의 이미지와 메시지를 담고 있다. 대중문화는 대중의 탈현실적이거나 비현실적인 욕망 혹은 대안적 세계를 대변한다. 대중문화의 상상력이 현실 세계에 제기하는 문제에 대해 기독교적 상상력은 하나님의 세계를 그 대안으로 제안한다. 하나님의 세계와 결합된 대중문화의 상상력은 경직된 문화 예술에 저항할 수 있는 동력을 제공할 수 있다.

그러나 이러한 저항이 곧 민주적이거나 유연하고 공평하며 정의로운 문화로 직결되는 것은 아니다. 기독교적 상상력의 역할이 여기에 있다. 사회적 의미를 생산하는 문화의 적극적 역할에 관심을 갖고 그 공적 의미를 실천한다면 기독교적 상상력의 변혁적 힘은 우리가 살아가는 세계를 하나님 보시기에 좋은 세상으로 가꾸는 일에 크게 사용될 것이다. 우리가 살아가는 세상은 여전히 모순과 고통으로 가득차 있다. 대중문화는 부조리를 고발하면서 동시에 동조하고 소비하지만, 기독교적 상상력은 대중문화를 통해 드러난 대중의 욕망을 이해하고 하나님의 온전하신 뜻에 따라 재구조화해야 할 사명이 있다.

6. 신학적 상상력의 공적 실천

동시대를 지배하는 현실 세계의 이미지를 하나님 나라의 이미지로 변화시키는 것이 교회의 문화적 사명이다. 교회는 성경에서 유래하고 성령께서 주시는 무한하고 자유로운 상상력을 통해 성경의 세계, 하나님 나라가 여전히 가능하고 실현될 수 있다는 상상력의 혁명을 실천해야 한다. 대중문화를 다만 경계와 감시의 대상으로만 여긴다면 그 안에 담겨 있는 시대의 질문을 진지하게 고려하지 못하고 책임 있는 대응을 할 수 없다. 잘못됐다고 비난하고 부정하는 일은 쉽다. 그러나 아무런 대안을 제시하지 못하는 비판은 기독교가 사회에서 감당해야 할 진정한 선교적 실천이 아니다.

대중문화의 비평 장치와 기독교의 비평 장치가 갈등을 일으키거나 충돌해서 서로를 소외시키는 경우도 있다. 로버트 우스나우는 다원주의 시대에 종교의 공적 비판의 역할에 대해서 말하면서 "오늘의 다문화주의는 시민 사회에 참여하기 위해서 차이와 교양을 갖출 것을 요구하고 있다"고 지적한다.[17] 그는 공적 영역에서 기독교가 예언자적 비평 기능을 수행해야 하는데, 그것은 자신들의 입장을 관철하는 것이 아니라 어느 하나의 입장만이 절대화되는 것을 제한하는 역할이라고 말한다. 한마디로 그는 종교적 비평의 역할은 공적 영역인 시민 사회에서 공공신학을 수립하는 것이라고 가늠한다.[18] 우리의 다원적 현실은 하버마스가 비판한 도구적 합리성을 극복할 수 있는 창조적인 사회적 상상을 필요로 하고 있다. 교회의 내러티브와 상상력은 이러한 필요를 채울 수 있다. 교회는 "그러한 상상력을 통해 문화를 형성함에 있어서 공적 삶의 영역에 가장 중요한 역할을 할 수 있을 것이다."[19] 그러므로 공적 영역의 변혁을 미학적 해석을 통해서 실천하는 교회의 구체적인 지침이 필요하다.

공적 영역에서 교회의 변혁적 역할은 "개인의 정치적 삶을 형성하는 사적인 공동체들과 신념에 대한 것으로부터 다원주의 사회에서 공적 정책을 결정할 수 있을 만큼 다양한 공공의 전통들과 시민 사회의 공적 공동체들의 적합한 역할에 대한 것"으로 바뀌어야 한다.[20] 이러한 공적 영역에서의 문화 변혁은 1990년대 이후 성장한 시민 사회 운동의 문화 운동과 연대해서 전개되어야 한다. 그동안 한국교회는 문화적 보수주의로 인해 시민 사회 운동 진영과 긴밀하게 협력하질 못했다. 문화 운동 세력이 공적 영역의 변혁을 지향한다면, 교회는 오히려 변혁적 문화관의 비전을 제시하여 적극 참여할 수 있는 가능성을 넓혀야 한다.

특히 앞으로 실현될 4차 혁명과 인공 지능의 확산 국면에서 대중문화는 그 변화를 착실하게 선전하는 통로가 될 것이다. 전문가들은 다가올 4차 혁명 시대를 대비해 가장 긴급하게 준비할 일들로, 그로 인해 발생하는 이익을 공공화하여 모든 이들에게 혜택이 공정하게 분배되도록 할 정책, 예컨대 기본 소득Basic Income과 같은 정책을 수립하는 것이라고 본다. 그렇지 않으면 세상은 더욱 발전하겠지만, 로봇과 인공 지능으로 인해 일자리를 빼앗긴 인간의 삶은 여전히 불공평할 것이기 때문이다. 여기서 기독교와 같은 종교의 역할이 요구된다. 인공 지능 시대에 인간이란 무엇을 의미할까? 가치와 윤리적 토대 없이 4차 혁명의 미래는 과연 유토피아일 수 있을까? 문명의 발전이 모든 인류의 공존으로 이어질 수 있을까? 기독교는 이런 질문에 응답해야 할 선교적 사명이 있다. 바로 문화적 의미를 생산하고 공적인 합의를 가능케 하는 거의 유일한 토대가 종교이기 때문이다. 기독교는 대중문화의 긍정적 역할과 그 사회적 의미 생산의 잠재력을 신학적 상상력을 통해 재현하는 선교적 사명에 응답해야 한다.

하나님은 대중문화를 통해서도 말씀하시며 교회와 그리스도인들이 그 음성에 귀 기울이길 원하신다. 더욱 정의롭고 평화로우며 생명이 소중히 여김을 받는 세상을 만들기 위해 교회는 대중문화를 통해 드러나는 대중의 갈망과 현실에 민감하게 주목해야 한다. 그들에게 여전히 아름다운 세상이 가능하다는 것을 믿도록 용기와 희망을 줄 수 있어야 한다. 이것이 기독교와 교회가 대중문화와 적극적으로 대화해야 할 이유다. 그것은 이 시대를 사는 교회와 그리스도인들의 선교적 사명과도 같다.

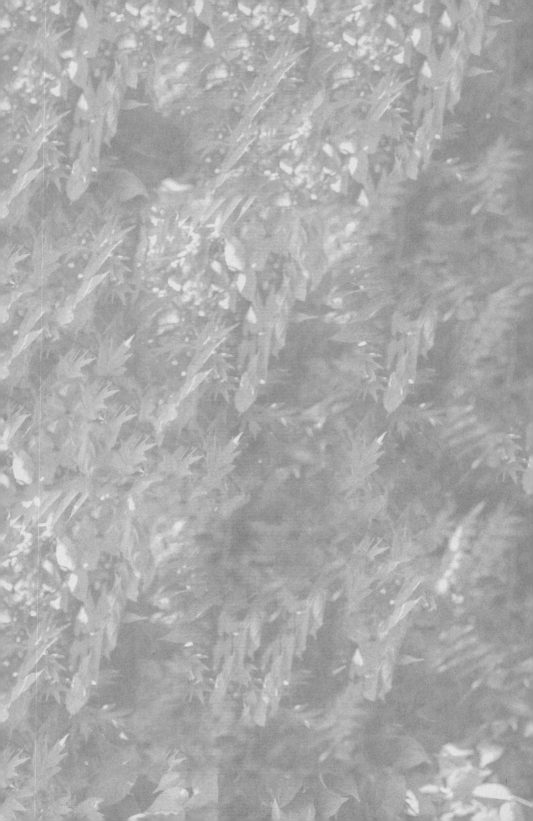

· 3부 ·

공공신학으로
읽는 한국 사회

9장
공공신학과 영화비평 그리고 기독교 공론장

한국교회가 직면한 위기의 원인은 다양하게 진단된다. 목회자들의 도덕적 타락, 성장주의 목회의 한계, 기복신앙 등의 내적 요인과 더불어 한국 사회의 변화에 따른 다원주의 확산, 포스트모더니즘, 생활수준 향상에 따른 탈종교화 등의 외부 요인도 주요 원인으로 고려된다. 전자에 방점을 두는 이들은 한국교회의 갱신과 회복이 복음의 정체성을 회복하고 교회의 본질로 돌아가는 영성을 통해 가능할 것이라고 주장한다. 후자에 방점을 두는 이들은 변화된 상황에 맞게 새로운 선교 방법을 모색하여 시대의 요구에 맞는 응답을 해야 한다고 주장한다. 어느 쪽이든 한국교회가 현재의 상황에서 직면한 위기를 벗어나기란 그리 쉽지 않다. 한국교회가 신앙의 본질을 회복한다는 것에도 정당성이 있고, 시대적 흐름에 응답해야 한다는 주장도 의미가 있지만, 한국 그리스도인들은 삶의 문제를 교회의 종교적 생활만으로 국한시키는 경향이 강하기 때문에 변화의 근원적 동기를 찾아내기가 어렵다.

한국교회의 그리스도인은 신자로서의 삶과 시민으로서의 삶을 이분법적으로 구별하면서도 신자로서의 삶이 시민으로서의 삶을 압도하거나 지배하는 것이 옳은 신앙인의 삶이라고 여기는 경우가 많다. 이런 신앙관을 가지고 있는 경우, 21세기의 변화된 환경에서 피할 수 없는 문화적 충돌을 경험한다. 한국 사회는 이미 다원 사회로 접어들었고 무종교자의 수가 급격히 늘어나고 있는 상황에서 특정 종교의 견해를 시민 사회에 강하게 주장하면 많은 저항을 받는다. 정치·경제 분야의 그리스도인 공직자들의 행태가 비판을 받는 일이 심심찮게 나타나고 있어서 이미 한국교회의 사회적 이미지는 배타적이거나 이기적인 것으로 고정되고 있다. 물론 정치·경제 분야의 고착된 이미지는 대부분 두드러지는 개인이 만든 이미지가 강하지만, 문화의 영역, 특히 대중문화의 영역에서 나타나는 기독교에 대한 부정적 이미지는 매우 집단적이고 인식론적인 뿌리를 내리고 있다는 점에서 더욱 심각하다.

대중문화는 당대의 문화적 인식을 가장 자극적이면서도 두드러지게 표명한다. 당대의 대중문화 콘텐츠를 분석함으로써 그 시대의 욕망을 읽어내는 연구 방법론은 대중문화에 반영된 사회의 각 주체들의 정체성을 파악할 수 있게 해준다. 특히 20세기에 가장 강력한 영향력을 가진 대중매체로 부상한 영화와 영화 산업은 사회의 정체성을 파악하고 그 사회를 변혁할 힘까지 인정받았다. 영화는 저장 기술의 발전으로 시작되었지만, 엄청난 이윤을 창출하는 산업으로 성장했고, 이야기 구조와 미학적 연구가 점차 강화되면서 조각, 회화, 문학과 동등하게 제7의 예술로 자리 잡았다.[1] 대중문화 연구가들은 이제 영화를 분석함으로써 시대의 욕망과 정체성을 파악한다. 영화에 반영된 사회 각 주체들의 이미지와 표현에 따라 해당 주체들은 저항과 호응을 얻는다.

이번 장에서는 영화에 대한 한국교회의 태도가 대중문화에 대한 문화적 인식을 대표한다고 보고, 대중문화이자 현대 예술의 한 영역인 영화를 기독교적으로 어떻게 비평하고 해석해야 하는지를 살펴보고자 한다. 이는 영화에 대한 신앙적 감상의 차원을 넘어 비평가적 시각을 고양시키고, 이로써 한국교회의 문화적 인식이 더 유연해지고 그 해석적 지평이 더 확장되도록 돕기 위한 것이다. 궁극적으로는 교회와 그리스도인의 문화적 삶이 변혁적이고 공적인 태도를 갖도록 권하고자 한다.

그동안 많은 토론을 통해 영화에 대한 근본주의적 시각을 내세우는 이들의 수는 감소했지만, 기독교적 영화비평은 영화를 감시하거나 비기독교적인 내용을 비판하는 수준을 여전히 넘어서지 못하고 있다. 이는 신앙을 매우 사적이며 개인주의적인 영성으로 환원하기 때문이다. 이를 극복하기 위해선 신앙의 공적 책임과 교회의 공공성을 통한 새로운 인식의 전환이 절실하다. 기독교 영화비평에 대한 신학적 기초를 다지지 못한 상태에서 공공신학의 관점을 응용한다는 것이 시기상조일 수도 있겠으나 여기서는 그 가능성을 고찰하고 실천의 현장을 제안해보고자 한다. 또한 기독교와 영화, 신학과 영화의 관계에 대해 이미 서구 신학자들의 논의가 활발하게 전개되어온 상황이므로 이를 토대로 몇 가지 방법론을 정리하고 이를 한국적 상황에 적용하되 신학적 공공성을 어떻게 실천할 것인지를 제안해보겠다.

1. 신학적 영화비평

그래엄 터너는 영화를 하나의 사회적 행위 또는 실천으로 간주한다. 이는 영화가 독립적인 방식으로 의미를 생산하는 것이 아니라 인접 학문과의 대화를 통해 재현되는 다양한 기호와 의미들을 분석 및 해석하기 때문이다. 이러한 접근에 가장 강력한 영향을 끼친 것은 문화 연구Cultural Studies라는 학문 분과다. 문화 연구가 가장 활성화되었던 영국에서 영화는 "문화적 산물이자 사회적 행위로 검토되었고, 영화 그 자체로서도 소중하지만 그것이 문화의 체계와 과정들을 보여준다는 의미에서도 가치 있는 것으로 받아들여졌다."[2] 영화를 연구하기 위해서는 사회적 의미를 생산하는 일과 연관된 모든 요소들도 함께 연구되고 동원되었다.

영화가 사회적으로 큰 영향을 끼치고 있다는 사실은 학계나 평단에서 모두 강조하고 있다. 이야기 구조를 가진 영화가 사회적 공론을 일으키고 여론을 형성하는 경우는 매우 빈번하다. 한국 사회에서도 이러한 사례를 찾아볼 수 있다. 한국 학자로서 신학적 영화비평을 진지하게 전개하고 있는 최성수는 영화라는 미디어가 갖는 사회적 영향력에 대해 평가하면서, 영화가 "폭력적·퇴폐적·자극적 내용으로 음란성과 반사회성을 드러내기도" 하지만, "긍정적인 효과가 더욱 크다"고 본다.[3] 그 사례로 강우석 감독의 〈실미도〉(2003)와 황동혁 감독의 〈도가니〉(2011) 등을 든다. 이 영화들은 실제로 일어났던 사건을 소재로 만들어졌는데, 재조사와 진상 조사를 통해 보상과 국회의 입법도 이끌어낸 바 있다.

영국의 문화 연구 전통을 존중하면서 영화와 신학적 대화에 나서는 클라이브 마쉬 Clive Marsh는 신학이 영화를 대화 상대로 여길 때, 영화의 본래적 특성에 대한 신학적 이해가 필요하다고 말한다. 먼저 영화는 스크린에 영상을 투사하여 현실을 재현 representation 한다는 점에서 근본적으로 환상 illusion 이라는 비판을 받을 수 있지만, 이는 망상 delusion 과는 다르기 때문에 현실을 반영하는 상상력이라 할 수 있다. 그래서 영화가 환상으로서 어떻게 작동하는가에 대한 탐구는 종교 또는 신학과 영화의 대화로 얻을 수 있는 가장 중요하고 기초적인 작업이다.[4] 이에 더하여 감정과 구체화 embodiment 는 영화와 신학이 대화함에 있어서 영화의 매우 중요한 본성 중 하나로 간주되어야 한다. 이 두 요소는 영화를 관람하는 관객의 반응, 즉 영화와 관객 사이에 무슨 일이 일어나고 있는지에 대한 관심을 강조한다.

다음으로 신학 혹은 종교가 영화와 대화할 때 수용해야 할 영화의 특성은 시각성 visuality 이다. 마쉬는 이를 "보는 능력" a capacity for seeing 이라고 말하는데, 다시 말해 독해력을 의미한다. 그는 문화비평이 신학 본연의 의무이면서 영화 연구의 과제라고 인정하는데, 이런 점에서 "신학은 예언자적 비판에만 능할 것이 아니라 영화가 사람들에게 작동하는 방식에 의해서도 도전받아야 할 필요가 있다"고 말한다.[5] 영화에 대한 신학적 비평은 신학 자신의 논리로만 구성되어서는 안된다. 이를 위해 영화적 문법과 비평 방식에 대한 이해가 필수적인데, 영화의 이런 기법을 이해하는 일은 우선 영화를 즐기고 제대로 보기 위해서 동원되는 것이지 특정 종교의 해석 방식을 발전시키기 위해 사용해선 안 된다. 마쉬는 영화의 시각성을 긍정적으로 평가하는데 그 이유는 오늘날 그리스도인에게 시각 예술 visual art 이 단지 상징의 매개만이 아니라 신의 현존을 매개하는 성례전적 의미가 있다고 보기 때문이다. 필자가 보기에 이는 마쉬가 다소 과도하게 일방적인 의미를 부여하고 있어서 그가 주장하는 것처럼 영화와의 정당한 대화가 가능할지 의문을 제기하게 만든다. 마지막으로 마쉬는 영화의 특징으로 집중성 attentiveness을 이야기하는데, 영화든 신학이든 문화적 정황을 고려하면서 메시지에 집중할 수 있도록 감정 이입이 가능해야 한다. 신학과 영화가 대화할 수 있는 지점은 좋은 영화가 관객에게 높은 집중도와 몰입을 제공하는 것처럼, 신학 역시 문화적 맥락에 대한 이해의 지평을 넓혀야 한다.

반면 존 라이든 John C. Lyden은 영화를 종교와 동격으로 본다. 동격으로 보는 이유는 영화 자체, 영화를 보러 가는 행위라는 의식, 또 영화와 관객 간의 교류 등을 고려컨대 영화는 이미 종교가 한 사람의 성장 과정에 끼치는 삶의 해석을 대부분 대체하고 있다고 보기 때문이다. 그래서 대중문화는 "공식적인" 종교로서 제도적으로 또는 형식적으로 조직될 수는 없다 할지라도 종교처럼 기능하기에 종교로 보일 수 있다.[6] 그래서 종교와 영화의 대화는 마치 종교 간 대화처럼 이뤄져야 한다.

기독교가 단 하나의 공동체가 아니듯 영화를 보는 관객도 단 하나의 공동체로 묶일 수 없다. 대중문화 속에 이미 연루되어 있는 그리스도인들이 영화를 보며 단지 자신들의 종교적 공동체만이 아니라 개인적 차원에서도 개진해야 할 질문은 "우리 그리스도인들은 이 영화에 대해 무엇을 느끼고 생각해야 하는가?" 하는 것만이 아니라 "우리는 이 영화에 대해 무엇을 느끼고 생각하는가?" 하는 것이다.[7] 이 질문은 그리스도인으로서 우리가 단지 하나의 기독교적 전통이나 신념에만 영향을 받는 것이 아니라 무수히 많은 사상, 종교, 문화로부터 영향을 받고 있다는 점을 인정하는 것이다. 그래서 라이든은 "영화가 우리에게 또는 우리를 위해 무엇을 하려고 하는가를 묻는 것"은 "그것이 기독교적 전통에 적합한지를 따지거나 우리의 종교적 전통을 지키기에 적합한 대화 상대인가를 묻는 것이 아니다"라고 말한다.[8] 오히려 "전통적인 종교들과 영화 사이의 대화는 종교 간 대화처럼 이해될 수 있다"고 말한다.[9] 이는 영화를 유사 종교가 아니라 아예 하나의 종교로 간주하고, 영화에 대한 신학적 비평은 종교 간 대화의 수준에서 실천되어야 한다는 주장이다. 그러나 이런 주장은 마쉬에게는 받아들이기 어려운 제안이다. 왜냐하면 그에게 신학적 대화와 비평의 목적은 영화의 영적 의미를 부각시키는 것이기 때문이다. 여기서 마쉬가 목적하는 바, 영적 의미는 단지 종교적 의미가 아니다. 그는 신학적 비평이 영화를 제대로 해석하기 위한 필수적 요소라고 주장한다. 그는 근본적으로 종교적·신학적 의미가 모든 문화의 토대를 이루고 있다고 믿기 때문이다.

물론 마쉬의 이런 주장은 기독교적 시각을 절대화하려는 제국주의적 발상에서 나온 것이라고 비판받을 수도 있다. 그러나 그는 신학의 비판적 기능을 변호하면서, 신학이 그렇게 하기 위해서는 "자기비판과 외부로부터의 비판에 열려 있어야 한다"고 명확히 선언한다. 그러면서 동시에 "신학은 문화가 스스로를 살피게 하고 사회에서 발생하는 일들에 대해 공적인 관심과 조사를 할 수 있도록 적절한 자원과 평가 기준을 제공하는" 기능을 담당하는 훈련 중 하나로 이해되어야 한다고 주장한다.[10] 영화에 대한 토론은 종교적 전통이 더 넓은 문화 속에서 자신들의 자화상이 어떠한지를 보게 한다. 구체적으로 말한다면 영화에 대한 신학적 토론은 서구 사회의 개인주의의 소멸, 소비주의, 파편화, 세속화, 사회적 폭력과 종교의 문제 등에서 비판적 성찰을 요청한다.

마쉬는 "신학이 삶의 다양한 측면에 따라 사는 방식, 즉 다차원적 삶의 습관으로 이해되어야" 하는데, 여기서 다차원적이라 함은 미학적·정서적·인지적·윤리적 차원을 말한다.[11] 일단 이 네 가지 차원에 따라 사는 신학적 삶의 방식은 영화를 보는 이들에게서 일어나는 작용들이다. 여기서 윤리적 차원을 주의 깊게 살펴볼 필요가 있다. 마쉬는 영화를 어떤 이슈를 다루기 위한 도구로 활용하려는 태도에 문제를 제기한다. 그렇게 할 경우 영화를 영화 자체로 보기보다는 목적성을 가지고 도구로 인식하는 문제가 있다. 더구나 이런 방식은 관객이 영화를 보면서 영화와 자신 간에 어떤 일이 발생하는지 무관심하도록 만든다. 마쉬가 말하는 윤리적 차원이란 강요되거나 제시되는 가르침이 아니라 영화를 보는 관객이 자연스럽게 윤리적 차원의 관점을 발전시키도록 요청받는 것이다. 그렇게 되면 영화를 보는 것은 곧 신학적 과제의 영역 안에 놓인다.[12]

마쉬에게 신학적 영화비평은 영화와 관객 사이에 발생하는 효과를 분석하고 해석하는 작업이다. 여기에 마쉬는 한 가지 관점을 더 추가하는데, 그것은 신학의 네 가지 차원이 사회적 정황 안에서 해석되어야 한다는 점이다. 곧 신학적 영화비평의 자리를 사회적 맥락 안에 위치시키는 것이다. 관객의 사회 문화적 정황과 신학이 놓인 사회 문화적 정황을 함께 고려해야 한다는 것이다. 이는 신학과 영화의 토론을 다른 학문과의 토론과 연계시킨다는 점에서 문화 연구의 주장과 비슷하다. 영화가 우리 사회의 문화를 생산하고 반영하며 소비한다는 점에서 그 방식에 대한 이해는 영화비평을 위해 반드시 필요하다. 마쉬는 "이런 방식으로 종교 연구와 신학이 사회와 문화 발전에 기여할 수 있을 것"이라고 주장한다.[13]

그렇다면 영화에 대한 신학적 비평도 영화가 놓인 상황에 대한 충분한 연구와 조사가 전제되어야 한다. 여기에 마쉬가 주장하는 바, 연구자와 관람자, 교회와 영화 사이에 발생하는 효과를 사회적 실천으로 인식하는 것도 중요하다. 이런 인식은 영화의 미학적 특성을 이해하는 것과 동시대 사회 문화의 맥락 속에서 영화와 관객이 주고받는 사회적 실천을 주목하는 것이다. 마쉬는 관객의 감정적 차원에 관심을 집중하지만 영화를 어떻게 이해하고 비평할 것인지가 신학적 영화비평의 과제라고 말한다. 이런 과제를 수행하는 것이 신학이 영화비평이라는 공론장에 참여하는 사회적 실천이라 할 수 있다.

2. 공공신학적 영화비평의 실천 가능성

신학적 영화비평은 미학적 영화 이해를 존중하고, 영화의 사회적 맥락을 문화 연구 방법론을 통해 접근하는 것이다. 영화 미학이 영화의 형식적 아름다움에 대한 찬양이라면, 신학적 영화비평은 영화와 관객 사이에서 발생하는 경험을 개인적 차원뿐 아니라 사회 문화적 차원에서 그 의미를 분석하고 해석하는 것이다. 신학과 영화의 대화는 영화의 종교적 해석이 아니라 신학적 해석을 통해 관객이 통합적 자기 이해에 도달하도록 한다. 이는 자신에게 다가오는 영화의 의미를 사회 문화적 맥락에서 해석하는 것이다.

신학적 영화비평 방법론을 제안한 풀러 신학교의 로버트 존스톤

Robert K. Johnston은 『영화와 영성』에서 다섯 단계로 나누어 신학과 영화가 대화하는 유형을 분류했다. 각 단계는 발전적 의미가 있어서 마지막 단계로 갈수록 신학적 영화비평의 미학적 전문성이 고조되고, 초기 단계일수록 윤리적 평가가 강해진다.[14] 그는 신학적 비평이 형식 미학적 접근을 토대로 신적 만남divine encounter에 이르러야 한다고 주장한다. 일반은총적 관점에서 문화를 바라보는 그는 영화를 통해서 하나님과 만날 기회가 있다고 여긴다. 그에게 영화는 "그것을 보기 전에는 인간의 경험에 열려 있지 않는 것들을 극화하고 찬양하며 제시하는 능력이 있다. 영화는 인간의 시각을 확장시켜, 그렇지 않으면 모른 채 지나칠 것들까지 볼 수 있게 한다."[15] 다시 말해서 영화가 일상과 개인의 경험을 초월하는 경향이 있으며, 신학은 영화의 이런 특성을 이해하고 영화로부터 일종의 성례전적 의미를 포착할 수 있어야 한다는 것이다. 이는 앞서 언급했던 마쉬의 입장과 상통한다. 영화에 대한 신학적 접근은 영화가 심미적 아름다움이나 오락적 즐거움만을 맛보게 하는 것이 아니라 영성적 경험을 가능하게 하는 것이다.

그런데 존스톤 스스로 고백하는바, 그의 방법론은 리처드 니버가 『그리스도와 문화』에서 제기한 다섯 가지 유형과 유사하다. 니버에게는 문화로 개념화되었던 대상이 존스톤에게는 영화로 구체화된 것이다. 그는 다섯 가지 유형이 "비평적 입장들을 구분하는 것을 돕기 위한 인공 구조물"이며 비평가들은 동시에 다양한 방법론을 혼용해서 사용할 수 있을 것으로 이해했다.[16] 니버가 변혁적 입장을 신학적 정당성을 가진 것으로 보는 것처럼, 존스톤도 부정적이거나 윤리적인 입장에서 출발하기보다는 영화 자체의 문법을 이해하고 그것을 신학적으로 해석해야 한다고 주장한다. 그는 "신학이 대중의 이야기에서 너무 벗어나 있다면, 영화가 다시 [그것을] 연결하는 수단이 될 수 있을 것"이라고 생각한다.[17] 존스톤의 입장이 앞서 살핀 마쉬의 입장과 겹치면서도 갈라지는 지점이 이 부분이다.

존스톤의 경우 영화비평의 도구는 일차적으로 장르, 작가, 주체, 문화에 대한 비평 등이지만, 비평가가 관객들의 반응을 간과하거나 사회적 맥락을 무시한다면 비평가 개인의 이데올로기가 그 비평에 주입될 위험이 있다. 터너도 극영화들의 내러티브에 이데올로기가 반영되어 있다고 보고, "이런 내러티브의 밀물 속에서 도덕적·정치적·사회적 복합성은 쉽사리 은폐된다"고 주장했다.[18] 영화비평은 이러한 이데올로기를 폭로하는 역할을 한다. 사실 『영화와 영성』에서 존스톤은 신학적 영화비평을 여전히 개인적인 수준에서 작업하고 있다. 그가 말하는 신적 만남의 단계가 자칫 경계나 회피의 단계와 동일한 수준으로 되돌아갈 우려가 있다. 존스톤이 신학적 영화비평의 축을 인간학적 축과 거룩의 축으로 구분하여 신학적 해석의 객관성과 보편성을 확보하려 하고, 또 마쉬가 영화를 통해 계시의 경험을 포착하려고 노력함에도 불구하고, 그들은 영화가 가진 사회적 의미를 구체적인 방식으로 진술하지 못하는 한계를 공히 드러낸다.[19]

존스톤 자신도 이러한 문제를 인식했는지 7년 후에 새로운 접근을 시도한다. 그는 "변혁적 방식으로 영화보기: 이야기의 심층을 파고들기"Transformative Viewing: Penetrating the Story's Surface라는 글에서 오리게네스와 아우구스티누스와 같은 고대 교부들이 성경을 해석했던 방식을 모범으로 제시하는데, 이는 그들이 성경을 축자적으로 해석한 것이 아니라 다중적으로 해석했기 때문이다. 이것은 그리스도인들이 영화를 보는 행위 역시 영화의 표면에 드러난 영상만이 아니라 심층적 의미에 대해 관심을 가져야 한다는 것을 의미한다. 영화는 관객에게 다른 곳에서 볼 수 없는 것들을 보여주기만 하는 것이 아니라 의미도 제공한다. 영화는 관객들의 태도, 행위, 지평뿐만 아니라 그들의 상호적·공동체적 심지어 영적인 가능성에 대해서도 생산적인 변혁을 일으키는 일에 개입한다.[20] 따라서 존스톤이 말하는 심층 의미 또는 이전의 책에서 말하고 있는 신적 만남에의 참여는 다만 개인적 차원에서 영화의 계시적 의미를 수용하는 것이 아니라 자신의 사회 문화적 관계 속에서 그 의미를 해석하는 것이다.

공공신학적 영화비평이 시민 사회의 공론장에 참여하여 공공성 확장에 기여하는 영화 읽기를 의미한다면, 이제 존스톤이나 마쉬의 신학적 영화비평은 공공신학적 영화비평의 장에서 함께 만날 수 있다. 영화는 우리 자신에게 제기하는 계시적 사건이면서 동시에 우리의 삶을 공유하는 이들과 어떻게 관계 맺을지를 고민하는 비평 작업이기도 하다. 그래서 공공신학적 영화비평의 가능성은 영화에 대한 미학적 이해를 토대로 그 심층적 의미를 사회적으로 이해할 수 있도록 하는 것이다. 이는 결과적으로 시민 사회의 공공성을 확장하는 일에 기여할 수 있다.

신학적 비평이 공공신학적으로 실천된다면, 그것은 단지 그리스도인 개인이나 교회라는 특정 종교 단체의 입장을 대변하는 것이 아니라 다양한 영화비평들과 경쟁하면서 공론장에 참여하는 것이다. 이것은 영화를 통해 전달된 하나님의 계시를 개인적 감동이나 결단에 머물게 하지 않고, 개인이 관계 맺는 이들, 또 교회가 놓인 사회적 맥락 속에서 하나님의 선교적 명령에 응답하도록 하는 것이다. 교회는 이러한 공공신학적 영화비평이 적극적으로 생산되고 수행될 수 있는 공론장에 참여하고 또 그 확장에 기여해야 한다.

3. 한국교회의 영화비평과 공론장 형성

대부분의 전문가들은 한국의 영화 시장이 이미 할리우드 영화에 의해 잠식됐다고 생각한다. 이따금 국내 영화 중 천만 관객을 동원하는 영화가 없지 않지만 대부분의 영화들은 할리우드 영화들의 공세를 감당하지 못하고 있다. 그런데 영화 시장과 관련해 영화 제작 환경의 열악함이나 기업 자본의 일방적 극장 운영 등도 문제지만, 전 세계적으로 공히 심각한 문제라고 지적되는 것은 바로 비평의 소멸 현상이다. 돈벌이를 목적으로 만들어지는 상업 영화 혹은 대중 영화에 비해 예술 영화 혹은 작가주의 영화가 설 땅은 현저히 좁아짐에 따라 영화비평가들도 더 이상 전문가의 권위를 인정받지 못하고 있다.

인터넷의 발전과 SNS의 확장으로 인해 대중이 비평 영역에 개입하는 게 용이해진 반면, 전문가들이 자신의 의견을 개진할 수 있는 지면은 축소되거나 그나마도 별점이나 20자 평과 같은 단평으로 대체되었다. 이제는 "과거 비평의 대상이던 쪽이 주체가 되고, 비평의 주체였던 자가 비판의 대상이 되는 역전 현상"마저 일어난다.[21] 심영섭은 대중의 비평이 확산되고 그것이 사회적 공론을 발생시키면, 민주적 공간이 동시에 확대될 수 있다고 말한다. 그러면서 전문가적 비평 집단이 대중문화의 사회적 힘을 인정하고 그것을 활용해 사회적 비판의 도구로 삼을 방법을 고민해야 한다고 제안하기도 한다.[22] 이

제안은 한마디로 대중비평가들과 공모하여 사회적 공론장을 형성하자는 주장이다.

한국 영화비평계의 실정과 이러한 대안적 모색을 고려컨대, 한국교회가 공공신학적 영화비평을 제대로 실천한다면 비기독교 영화비평 전문가들과 연대할 공간이 가능할지도 모른다. 그러나 현재 한국 기독교 영화계의 현실을 보면 이러한 기대를 주춤하게 만든다. 윤성은은 1970-80년대 한국 영화계에 등장했던 기독교 영화들이 종교적 주제를 내포하는 예술 형식으로 생산되었지만 "통속적인 내러티브를 이끌어가는 데 급급했던 나머지, 이미지의 미학을 구현하는 데는 미흡했던 것이 사실"이라고 평가한다.[23] 그런가 하면 21세기에 들어와서 봇물처럼 터져 나온 기독교 다큐멘터리는 유사한 소재, 유사한 제작 방식으로 인해 초기의 신앙적 감동이 점차 옅어졌고 지금은 별다른 주목을 받지 못하고 있는 실정이다.

그런데 윤성은은 기독교 영화들의 문제를 우선 미학적 관점의 부재라고 보는 듯하다. 하지만 기독교 영상물의 제작 여건과 자본 규모는 상업 영화와 비교도 되지 않는다는 점에서 이런 평가는 공정하지 못하다. 기독교 영상물의 문제는 미학의 부재라기보다 오히려 비평의 여지를 남기지 않는 보수적 문화 인식에 기반한 일방적 표현 방식에 있다. 한국교회에서 통용되고 있는 기독교 영화 혹은 영상물들은 그 어떤 공론도 허용하지 않을 만큼 기독교 내부 구성원들에게 직접 호소한다. 인간에 대한 깊은 이해나 존스톤이나 마쉬가 주장하는 것처럼 변혁으로 이끄는 신적 계시의 사건을 포착하는 공론화 과정을 기대하기 어렵다. 그러니 공공신학적 비평을 수행하기도 전에 가능한 모든 비평이 노출되어 심층적 영화비평의 자리는 현저히 축소된다.

한국교회에서 큰 호응을 얻었던 〈패션 오브 크라이스트〉의 경우도 마찬가지다. 이 영화에 비해 마틴 스콜세지 감독의 〈그리스도 최후의 유혹〉은 교회와 그리스도인들에게 더 많은 비평의 여지를 허락한다. 이 영화는 십자가의 의미가 무엇인지를 성찰하도록 요구하고 시대의 폭력과 인간의 나약함에 대해서도 고민하게 만든다. 그러나 전자는 내러티브나 상상력의 여백 없이 오로지 장면과 특수 효과로 관객을 지배했다. 두 영화에 대한 한국교회의 반응을 보면, 한국교회의 영화 이해가 여전히 일차원적 수준에 머물러 있음을 알게 된다. 영화를 통해 신의 음성을 듣고 그 의미를 사회적 맥락에서 읽어낼 수 있는 기본적인 공론장이 아직 형성되지 못했다.

필자는 이창동 감독의 〈밀양〉을 두고 영화 평론가 오동진과 함께 토론에 참여한 경험이 있다. 그는 신학자가 이 영화를 긍정적으로 평가한다는 점에 놀랐던 것 같다. 왜냐하면 〈밀양〉에는 교회나 교회 관련 인물들에 대한 표현들이 거칠고, 그리스도인들이 보기에 따라서는 불편하게 느낄 수 있는 장면이 많아 반기독교적 영화라는 논란이 있었기 때문이다. 그렇지만 그 토론장은 영화에 대해 이야기하는 공론장이었고, 〈밀양〉이 우리 사회에 던지는 의미와 맥락을 토론하는 자리였기 때문에 의미 있었던 시간으로 기억한다.[24] 미학적 읽기와 심층적 의미 읽기를 통해 사회적 맥락과 변혁적 요청을 나눌 수 있다.

할리우드에서 개봉한 종교영화 〈노아〉와 〈선 오브 갓〉을 생각해보자. 후자는 촬영 기법이나 기술에 있어서 진일보한 방식이 동원되어 이전 예수 영화들보다 훨씬 더 현실감 있는 재현 방식을 보여주었다. 〈선 오브 갓〉을 공공신학적 관점에서 비평한다면 어떻게 될까?

이 영화는 〈패션 오브 크라이스트〉와 같이 성경을 토대로 한 사건 나열식 영화지만, 다른 예수 영화와는 달리 예수와 긴장 관계에 놓인 사람들 혹은 집단과의 갈등을 깊이 있게 묘사했다. 이 영화를 통해 오늘의 그리스도인들이 권력을 가진 이들과의 관계, 시대적 편견과 우상과의 사회적 긴장을 성찰한다면, 이 영화를 두고 비아냥거리며 낮은 평가를 내리는 일반 평단의 전문 비평가들에게 토론을 제기할 수 있을 것이다. 또 〈노아〉를 두고 벌어진 미국교회와 한국교회의 논란, 즉 이 영화가 의도적으로 성경을 왜곡했다든가, 인간 중심주의를 표방한다든가, 반기독교적 정서를 담고 있다든가 하는 주장들은 이 영화를 비평하는 일반 비평가들과 대화의 여지를 남겨 놓지 않았다.[25] 반면 영화 전문 잡지 「씨네 21」에 실린 몇몇 비평들은 오히려 이 영화가 인간 세계의 부조리와 악의 문제들, 인간의 권력과 자의적 심판을 경고하고, 현실 세계의 제도적 종교들이 간과하고 있는 자기 성찰을 요청하고 있다고 말한다.[26] 영화를 바라보는 서로 다른 시선의 간격을 어떻게 좁힐 수 있을까? 어떻게 하면 신학적 영화비평이 공공성에 기여하는 사회적 실천이 될 수 있을까?

4. 공공신학적 영화비평을 위한 한국교회의 과제

한국의 민주화 이전의 기독교 영화와 그 이후에 만들어진 기독교 영화 사이에는 사회 문화적 변화에 따른 한국교회의 사회적 위상 그리고 역할의 차이가 나타난다. 경제 발전에 따라 동원된 노동자와 도시 빈민들은 자신들의 아픔과 고통을 신앙의 힘으로 극복하기 위해 교회로 몰려들었다. 이들이 중산층으로 성장하고 부가 축적되면서 한국교회는 대형화를 추구하고 이는 공히 성공의 상징처럼 사람들에게 각인되었다. 1970-80년대 한국교회의 발전과 성장은 경제 발전의 상징처럼 인식되었다. 이 시기에 교회는 세속적 가치를 배격해야 한다며 강력한 신앙 논리를 내세웠지만 실제로는 발전 논리와 성장주의를 신봉하며 자본주의에 순응했다.

한국의 기독교 영화의 역사는 자의적이든 타의적이든 이러한 한국의 사회 문화적 변화와 연동하여 전개되어왔다. 영화와 관객 사이에서 발생하는 사회 문화적 의미, 곧 한 개인이 속한 공동체의 관점과 사회의 관점이 만나면서 대화를 제기한다는 점에서 영화와 한국교회의 관계에 대한 해명은 미학적이고도 신학적인 면을 가진다. 그동안 한국교회에서 성장한 그리스도인들은 영화를 미학적으로 체험하기보다는 종교 편향적 시각으로 체험하고 영화에 대해 신앙적 잣대를 과도하게 들이대는 경우가 많아서 영화가 던지는 당대의 질문에 응답하지 못하는 경우가 많았다.

기독교 내부의 시선보다는 오히려 기독교 외부의 시선으로 한국교회의 문제점을 고발하거나 비현실적이며 탈역사적 종교성을 비판하는 경우가 많았다. 기독교 영화의 범주에 대한 연구는 앞으로 더 필요하겠지만, 일단 기독교적 소재를 다루거나 기독교적 해석이 가능한 영화를 모두 포함한다면, 한국교회는 이런 영화들과 대화하고 토론하면서 기독교적 문화 인식과 해석 능력의 지평을 확장시켜야할 것이다. 왜냐하면 기독교의 진리를 알리고 신앙의 고상함을 전파하기 위해서라도 동시대 영화가 제기하는 사회 문화적 문제의식을 공감할 수 있어야 하고, 그래야만 더 효과적인 방법과 전략을 구사하여 수준 있는 기독교 영화를 생산할 수 있기 때문이다.

21세기에 들어오면서 기독교 영화는 소규모 자본으로 제작한 다큐멘터리 형식이 주를 이루었다. 자연스럽게 기독교 영화의 형식적 다양성과 미학적 발전도 기대할 수 있는 환경들이 조성되었다. 하지만 블록버스터 영화를 제작하는 할리우드 제작사들이 기독교 영화를 공격적으로 제작하는 붐이 일어났고, 한국교회는 영화적 역량을 더 성숙하게 발전시키기보다는 외국에서 제작된 영화들을 소비하고, 일반 교인들은 그런 영화들을 소비하는 욕구가 더 커졌고 기독교 언론은 그런 욕구를 더욱 부추기고 있다. 특히 성경의 인물이나 이야기를 직접적으로 다루며 거대 자본을 투자하여 영화적 효과를 극대화시킨 작품들이 많다 보니 문화적으로 보수적인 한국 그리스도인들이 수용하기에 훨씬 용이했다. 최근에 개봉한 〈엑소더스〉, 〈노아〉, 〈선 오브 갓〉, 〈부활〉 등은 실제로 한국의 기독교 영화 시장을 겨냥해서 마케팅을 했다. 물론 이 경우에도 한국교회의 영화 관객이 가진 문화적 보수성과 사회 문화적 연관성에 대한 신학적 성찰 능력의 부재로 영화가 성경 텍스트에 부합하는지 아니면 왜곡하는지에 더 많은 관심을 기울이는 경우도 많았다.[27]

이런 관점에서 한국 기독교는 영화의 대상화를 넘어 영화와 적극적으로 대화할 수 있는 공론장을 형성하는 일을 가장 중요한 과제로 삼아야 한다. 일반 영화계 역시 영화에 대한 소비만 있고 해석과 비평이 사라지고 있다는 우려가 강하게 제기되고 있다. 인터넷이 발달하고 개인 미디어가 전문가의 해석을 대체하면서 영화를 통한 성찰의 계기가 축소되고 있는 것이다. 영화를 예술로 인식하고 미학적으로 접근하는 수준은 민주화 이후에 전개된 문화 민주주의 운동으로 인해 어느 정도 성숙한 단계에 이르렀지만, 기독교계와 같은 윤리적 공동체에서 감당해야 할 윤리적·공적 해석의 지평 확장은 신자유주의 자본 논리에 잠식당하면서 이렇다 할 성과를 내지 못하고 있다.

가장 시급한 것은 기독교 스스로 영화비평을 위한 공적 영역, 즉 공론장을 확보하는 것이다. 오동진은 일반 영화비평계가 위기를 극복하기 위해서는 "자기희생적 실천을 선언하고 약속"해야 하지만, "기초적 자금과 조직, 시스템 등 물적 토대를 비교적 견고하게 갖추지 못하면 사상누각이 되기 쉽다"고 말한다.[28] 마찬가지로 기독교계도 기독교 영화비평을 실천하는 신학자와 전문가들이 적극적으로 활동할 수 있도록 최소한의 공적 지원 체계가 마련되어야 한다. 영화에 대한 활발한 신학적 비평 작업을 통해 시민 사회에서 함께 토론할 의제를 제공하고 궁극적으로 사회적 맥락에서 더 나은 사회로의 변혁에 기여하도록 지원해야 한다.

우선 가능한 것은 10여 년이 넘도록 이어져온 〈서울사랑국제영화제〉를 범기독교계의 다양한 신학적 영화비평을 허용하는 공론장으로 발전시키는 것이다. 이 영화제가 표방하는 "경계를 넘어서는 새로운 시선"은 기독교의 선전과 성장 논리를 극복하고 교회와 사회, 신앙과 문화, 약자와 강자의 경계를 넘어 우리 사회의 공공성을 확장하는 일에 기여하는 변혁적 해석이 될 수 있다. 그래서 이 영화제가 영화를 통해 하나님의 말씀을 발견하고, 그 의미를 한국의 사회 문화적 맥락에서 읽어냄으로써 자기 성찰과 공동체적 변혁으로 나아갈 수 있도록 영화비평을 생산할 수 있어야 한다.

두 번째로 제안하고자 하는 것은 영화 등급 평가를 수행하는 공론장에 공공신학적 관점으로 참여하는 것이다. 잡지, 비평 공모, 인터넷

블로그 등을 통해 민간 차원에서 영화에 대한 비공식적 비평에 참여할 수도 있지만 공공 영역에 참여할 수 있는 길을 적극적으로 모색해야 한다. 〈영상물등급위원회〉에 종교계 추천으로 참여하는 인사들의 종교 편향적 시각이 종종 논란을 불러일으키곤 했는데, 그때마다 아쉬운 것은 해당 문화 영역에 신학적인 전문 지식을 갖지 못한 이들이 개인적이고 주관적인 입장을 마치 전체 기독교의 관점인 것처럼 개진한다는 것이다. 이런 공적 영역에 참여할 인사를 추천하는 일에 신중을 기해야 한다. 그리고 기독교계가 독자적으로 추천 영화를 선별하여 신학적 비평을 제공하고 좋은 영화를 간접 지원하여 유통 배급의 공공성 확장에도 기여해야 한다. 이처럼 공공신학적 영화비평은 비평 자체도 중요하지만, 앞서 지속적으로 주장했듯이 실천의 장이 더욱 중요하다.

공공신학적 영화비평의 가능성을 현실화시키기 위해 각 교회, 각 신학교에서 신학적 영화비평의 사회적 실천에 대해 경험할 수 있도록 교육하는 일이 무엇보다 필요하다. 영화를 통해 기독교적 가치나 신념이 공적 영역에서 어떻게 실천될 수 있는지를 배울 수 있다. 나아가 우리가 살아가는 사회에 말씀하시는 하나님의 음성을 영화를 통해 들을 수 있다면, 오늘날 한국교회가 겪는 사회적 신뢰 상실의 위기를 극복할 작은 대안을 발견할 수도 있을 것이다.

만약 기독교 영화와 비평의 수준이 미학적 과제로서 영화를 이해하고 또 한국의 사회 문화적 문제들에 대해 신학적으로나 윤리적으로 응답할 수 있는 해석적 능력을 갖출 수 있다면, 기독교가 만들어내는 영화의 공론장은 한국 영화계에서 매우 중요한 공적 역할을 감당할 수 있을 것이다. 그러자면 앞서 언급했던 존스톤의 의견을 다시 숙고해볼 필요가 있다. 존스톤은 일반은총의 관점으로 문화를 바라보면서 영화를 통해서도 하나님과 만날 수 있다고 여긴다. 그에게 영화는 "그것을 보기 전에는 인간의 경험에 열려 있지 않는 것들을 극화하고 찬양하며 제시하는 능력이" 있으며, 그래서 "영화는 인간의 시각을 확장시켜, 그렇지 않으면 모른 채 지나칠 것들까지 볼 수 있게 한다."[29] 이것을 극대화하면 이른바 신적 만남을 경험하는 것이다. 대화의 단계에서 신적 만남의 단계로 나아가면 한국의 사회 문화적 문제들을 신학적으로 혹은 영화적으로 다루는 공론의 장이 형성될 것이다. 마쉬는 현대 사회에서 종교의 의미 생산 역할을 영화가 대체하고 있다고 하며, 기독교는 영화가 제기하는 인간 삶의 조건들과 윤리적 문제들에 관심을 가져야 한다고 주장한다.[30] 그는 또 가이 오르티즈[G. W. Ortiz]와 함께 쓴 글에서 이런 관점의 실천이 모두 선교학과 연관되어 있다고 한다. 그는 이런 관점의 실천은 본래적 신학이 아니라 선교적 신학의 입장에서 논의되는 것이 더 타당하지만, "그것은 너무도 많은 부정적인 함의를 담고" 있으니, "아마도 신학의 공적인 포럼이라고 이야기하는 것이 더 좋을 것"이라고 말한다.[31]

한국교회는 선교적 관점에서라도 후기 세속 사회에서 요구하는 종교의 공적 역할에 책임을 다해야 한다. 영화는 그러한 역할을 가장 효과적으로 수행하기 적절한 매체이자 공간이다. 한국교회가 기독교 영화의 지평을 확장하여 공론의 장을 정당하게 형성할 수 있다면 아마도 그것은 가장 적절한 선교의 장이 될 수 있을 것이다. 동시에 산적한 한국 사회의 문제들에 대해 신학적 상상력으로 대안을 제시하는 기여를 통해 기독교 진리의 가치를 분명히 제시할 수 있을 것이다.

10장

공공신학과 지역 공동체를 살리는 문화 복지

1. 지역 공동체를 살리는 실천적 공공신학

복지 이슈는 지난 18대 대통령 선거뿐만 아니라 19대 선거에서도 중요한 의제로 다루어졌고, 이후 현 정부가 공약한 복지 관련 정책의 실행을 두고 사회적 찬반 토론이 활발하게 진행 중이다. 지금도 사회 각계에서 한국적 복지 사회의 이상을 실현할 적합한 모델에 대한 토론이 전개되고 있다. 기독교계도 이런 상황에 가장 적극적으로 응답하고 있는 주체 중 하나다. 그런데 한국의 복지 수준은 서구 선진국에 비하면 여전히 낮은 상태라서 어쩔 수 없이 양적인 자원 배분의 양상으로 나타나고 있는데, 복지가 국민의 행복과 관련이 있다는 점에서 앞으로는 주관적이며 질적인 삶의 만족도를 높여야 한다는 반론도 제기되고 있다. 그러자면 양적 복지 정책과 함께 지역 사회의 공동체성에 기반을 둔 사회적 관계망의 확대 정책들이 필요하다. 이를 위해 최근 서구 사회에서는 종교의 자리를 사적 영역에서 공적 영역으로 전환시키기 위한 노력이 지속되고 있다.[1] 이에 응답하여 신학계는 공공신학이라는 이름으로 소위 후기 세속 사회에서 종교의 역할을 어떻게 자리매김할지 고민하고 있다.[2] 근대 혹은 포스트모던 시대에는 "종교가 살아남을 수 있을 것인가?"라는 질문보다는 "미래에 종교는 어떤 모습으로 어디에 위치해야 하는가?"라는 질문이 더 적합하다.[3]

이와 같은 상황은 한국교회가 새롭게 고려해야 할 선교적 상황이다. 특히 고립과 배제, 소외와 경쟁에 지친 도시 거주자들에게 공동체적 관계망과 문화 복지를 확대하는 일에 교회가 관심을 기울여야 한다. 그러나 현재 한국교회의 사회적 신뢰도는 현저히 낮아 기독교의 사회적 역할을 논하는 것 자체가 매우 어려운 상황이다. 그나마 다행인 것은 갈등 관계인 에큐메니컬 진영과 복음주의 진영이 "로잔 대회(1974) 이후 두 신학의 선교의 내용이 공히 복음전도와 사회 참여를 포함하는 것이어서 의견 조정이 가능한 공유 부분을 지니고" 있다는 것이다.[4]

공공신학은 "시민 사회의 지구화 국면에 있어 시민 사회에 여전히 종교의 지구적 역동성에 대한 고려가 놓일 자리가 있는지" 묻고 "사회적 다원주의를 토대로 성립된 시민 사회에서 여전히 종교가 어떤 역할을 할 수 있는지" 묻는다.[5] 또 지구화된 다문화 시민 사회에서 기독교의 사회적 참여와 공적 책임의 실천 방식에 대해 간학문적으로 접근한다. 공공신학이 한국교회에게 유의미한 도전이 되려면 그것은 영미신학계의 논의를 소개하는 일에 그치지 않고 한국적 상황에서 어떻게 실천할 것인지를 탐구해야 한다. 앞으로 한국교회의 지역 선교는 교회 중심의 성장에서 지역 사회의 공동체적 복지가 문화적으로 뿌리를 내리는 사역으로 변해야 한다. 이를 위해 보편적이면서도 구체적인 도시적 삶의 공동체적 재구성을 고민하고 문화가 담고 있는 전인적이고 입체적인 함의를 고려하여 지역 공동체가 미학적 경험을 공유할 수 있도록 지원해야 한다. 또한 지역의 문화적 자원들을 네트워크하고 지역 현안에 자발적으로 참여하는 공동체적 문화 복지 모델을 만들어야 한다.

2. 후기 세속 사회에서 기독교의 역할

기독교의 공적 역할이 다시 요청되고 있다. 그것은 종교의 자리가 사적이며 개인적인 영역이어야 한다는 기존의 생각이 수정되고 있음을 의미한다. 기존의 서구 복지 국가들은 신자유주의의 도전에 복지 국가의 이상을 수정하며 일정 부분 타협해왔는데, 그 결과 서구 사회가 지향했던 인간의 존엄과 개인의 자유가 오히려 심각하게 제한당하고 손상되었다는 각성이 일어나고 있다. 서구 사회가 왜 기독교 및 종교의 공적 역할을 다시 요청하는지 천천히 살펴볼 필요가 있다. 이에 대한 신학적 응답으로 공공신학이 부상했기 때문이다.

서구 사회의 복지 국가 이상은 세계대전 이후 유럽 사회의 재건에 중요한 정책을 이끌었다. 그러나 신자유주의의 도전에 비효율적인 복지 정책들은 경쟁과 자유주의 원칙에 의해 수정되었고 초기 복지 국가의 이상은 크게 훼손되었다. 복지 국가에 대한 서구의 반성은 단지 정책적 변화로는 해결되지 않으며 문화적 변혁이 필요하다는 주장으로 이어지고 있다. 선교학자 요하네스 라이머^{Johannes Reimer}는 유럽 교회의 주변화를 다음과 같이 말한다.

> 유럽 교회의 주변화는 일반적으로 유럽 문화의 지속적인 부패와도 맥을 같이 한다. 유럽의 나라들은 경제적으로 부도 직전이고 사회적으로 고립되어 있으며 도덕적으로는 진흙탕에 빠져 있는 형국이다. 사회적으로 정의로운 국가라는 이상은 사라졌다.[8]

라이머는 유럽 문화의 부패에 대한 교회의 책임을 강력히 제기한다. 즉 유럽의 신학과 교회가 퇴조를 보이는 이면에는 신학을 개인적인 차원으로만 인식하도록 한 근대주의 문화관이 가장 큰 이유로 자리를 잡고 있는 것으로 판단하고, 이것은 서구 유럽의 기독교가 사회의 공공성을 개인적인 가치나 인식 전환의 문제로 환원시켰고 신학적 실천도 개인의 문제로 한정시켜버렸다는 것을 의미한다. 라이머는 기독교가 근대주의의 개인주의적 문화관을 수용함으로써 기독교의 공적 자리를 스스로 포기했다고 주장한다. 그는 기독교와 근대적 문화관의 관계를 다음과 같이 해명한다.

> 서구 유럽에서 생각과 가치란 합리적 이성 판단을 의미했다. 그래서 사회적 변화의 주요 행위자는 합리적 이성을 가진 자율적 인간이다. 유럽 기독교는 이러한 합리주의와 문화 인식에 큰 영향을 받았다. 유럽 기독교에서 이성의 승리는 모든 영역에서 합리적 결단을 추구하는 영적인 사람이라는 유추를 가능케 했다. 사회의 변화나 세상의 변화는 한 사람의 변화된 이성적 그리스도인의 삶이 변화되는 것으로 환원되었다. 그러나 이러한 개인주의적 경건의 이상적인 그리스도

인 상이 강조되면서 오히려 사회로부터 고립되었고, 그러한 개인의 변화가 사회적 변화를 자동적으로 발생시키지 못했다. 개인의 가치 선택에 영향을 끼치는 식의 문화 변혁 논리나 가치 체계로서의 문화라는 유럽의 보편화된 개념 자체가 문제가 있는 것이었다.[9]

공공신학은 이렇게 사적인 종교로 전락한 기독교의 공적 본성을 여러 종교가 공존하고 시민 사회의 성찰성이 성숙해가는 지금 다시 회복시켜야 한다고 주장한다. 문제는 기독교가 여전히 세속화 논리에 기대고 있다는 점이다. 앵거스 패디슨Angus Paddison은 "공공신학은 신학의 공적 역할을 드러내기 원하면서도 신학이 본래 사적인 것이라는 전제를 가지고 있는 것 같다"고 주장한다.[10] 그는 후기 세속 사회의 도시가 새로운 국면에 처해 있기에 기독교가 시민 사회의 보편적 이해에 호응하는 해석적 틀을 가져야 하고, 특히 국가나 시장, 시민 사회에서 도덕적이고 윤리적인 역할을 감당해야 하는데, 우리가 생각하는 공적인 것the public을 다르게 생각하고 그것에 동의하지 않는 사람들에게도 좋은 것the good임을 보여줄 수 있어야 한다고 주장한다.[11]

이런 점에서 서구 사회의 문화 변혁을 기독교의 공적 실천을 통해 규명하는 그레이엄 워드의 견해를 주목할 만하다. 그에 따르면, 신학적 변증은 신학이 세상과 분리되거나 세상이 신학적 주제로부터 벗어날 수 있다는 주장에 반대해야만 가능한 작업이다. 그러나 세상은 하나님의 주권으로부터 벗어나 있지 않다. 변증학은 공적 진리와 관련된 특정한 문화적·역사적 타협점을 만들어내는 신학 담론이다.[12] 문화해석학적으로 신학의 실천을 분석하여 문화 변혁의 가능성을 타진하는 그에게 신학은 "기독교 복음의 도덕적·사회적·정치적 질서의 형태를 명확하게 드러내는 것"이다.[13]

앤드류 모튼Andrew R. Morton은 유럽 공공신학의 기초를 닦은 학자로 던컨 포레스터를 들고 있는데, 그는 복음이 공적이며, 신학은 복음의 공적 본질을 실천하는 학문이라는 점을 분명히 한 학자로 평가받는다. 포레스터는 "공적인 것들이 사적인 것에 영향을 끼친다는 사실을 무시하는 경향이 있는 20세기 신학의 이분법적 사고, 즉 공적인 것과 사적인 것을 엄격히 구분하려는 경향을 비판"했고, "종교나 신학이 진짜 세계real world와는 상관없이 주관적인 행위나 조건에 관련된 형식이라는 주장도 반대했다."[14] 그렇다고 포레스터가 신학적 공공성을 단지 신학의 본성에 대해서만 언급한 것은 아니다. 그는 신학이 공적인 작업이려면, 그 공공성을 평가받는 기준도 공적으로 개방되어 있어야 한다는 사실을 분명히 인식했다. 복음을 전하는 행위는 세상의 모든 상황에도 적용되는 진리에 대해 설명하고 진술하는 것이며, "동시에 타자의 소리에 귀를 기울이는 것이다. 공적이라는 것은 피차 서로의 소리를 듣고 설득하며 설득되는 관계를 전제한다."[15] 서로 다른 생각과 의견들을 기꺼이 만나려 하는 것이다. 공동체가 구성원 공동의 것이 무엇인지를 좀 더 강조한다면, 공공은 오히려 공유되지 않은 것들에 대해 강조한다는 점에서 마치 포럼이나 아고라와 같은 영역이다.[16]

이제 사적 번영을 추구했던 전통적인 제도권 기독교를 대체해서 사회 복지와 공적 봉사의 실천을 위해 시민 사회의 동반자로 참여할 수 있는 기독교가 전 세계적으로 출현하고 있다.[17] 이미 "기독교 신앙이 서구보다는 비서구에서 더욱 활기를 띠면서 전 지구권에 걸친 신앙으로 자리 잡고" 있는 객관적 상황 역시 중요한 고려 대상이다.[18] 후기 세속 사회에서 기독교가 가치와 윤리를 고양시키는 공적 역할을 감당하고 사회 복지에 기여하려면, 교회는 상호 소통과 공존의 양식 위에서 공동선을 추구해야만 한다.

3. 공공신학의 공공성과 공동선의 문화 복지

후기 세속 사회로 대변되는 오늘의 시민 사회, 지역 사회에서 공동체적 복지의 공동선common good을 추구하기 위해선 공공신학의 공공성 publicness이 무엇인지 그리고 그것이 문화적 복지로 어떻게 구체화될 수 있는지를 해명해야 한다. 먼저 공공신학의 공공성은 후기 세속 도시, 시민 사회에서 어떻게 실천되어야 하는가? 한국인으로서 유럽의 공공신학을 주도하고 있는 김창환Sebastian Kim은 여러 학자들의 논의를 종합하여 공공신학의 공공성을 다음과 같이 정리한다.

첫째, 신학은 본질적으로 공적이다. 신학의 질문과 발견은 기독교 공동체를 넘어 더 넓은 청자들에게 적용된다. 이는 신학이 본래 가치 평가적이고 비판적인 특성을 지니고 있기 때문이며, 교회만이 아니라 하나님 나라를 맥락으로 삼기 때문이다. 둘째, 신학은 중립적이지 않다. 이는 신학이 공적 토론에 참여할 수 없도록 편파적이라는 것을 의미하지 않는다. 반대로 신학의 독특한 전망은 공적 문제를 다룸에 있어서 효과적인 기여를 할 수 있다는 것이다. 셋째, 공적인 것과 사적인 것의 이분법은 공공신학을 정의하기에 적합한 구도가 아니다. 여기서 공적인 것은 신학의 공간적 위치를 의미하는 게 아니라 토론에 참여하는 누구에게도 열려 있음을 의미한다. 사회의 모든 구성원들과 열린 토론을 전개하고 보편적인 접근이 가능하도록 개방적이라는 의미다. 넷째, 공공신학의 건강한 발전을 위해서는 신학자들이 그리스도인에게 신학의 공적 연관성을 충분히 설명해야 하며, 동시에 교회 밖의 사람들에게도 신학이 공적인 문제를 다룸에 있어서 도움이 된다는 사실을 설득해야 한다. 다섯째, 교회가 공적 영역에서 진정성 있고 지속 가능한 참여를 하기 위해서는 외적 결과물이나 규모로 평가하는 식의 실용적 접근을 지양하고, 문제가 무엇인지 그리고 상황이 어떠한지 깊이 다루어야 한다.[19]

이렇게 보면 공공신학은 기독교 공동체의 우선적 배려나 신학적 전통의 보장 등을 위한 실천이 아니라 공동선을 추구하는 실천이 되어야 그 본래적 의미를 살릴 수 있다. 공동선을 위한 개방적 토론과 담론 형성 과정에 참여함으로써 우리가 믿는 복음의 공적 의미를 증언할 수 있다. 하지만 공공신학이 단지 선언이나 담론 형성 자체로 그쳐서는 아무런 의미가 없다. 공공신학은 실천되어야 하며, 그것은 시민 사회의 공적 영역에 참여함으로써 공동선에 기여하는 방식이어야 한다. 신학의 공공성은 이런 절차와 방식을 통해 증언된다. 현대 사회에서 공공성이란 국가와 시민 사회의 역할을 공히 전제하는데, 특히 공적인 것에 대한 행위나 활동에 집중한다. 김세훈은 사회학적 관점에서 공공성을 다음과 같이 설명한다.

공공성에 대한 논의는 주로 '공공 영역'이라는 주제와 관련되는데, 사회학에서 공공성은 공공 영역에서 배태되는 특징이면서 동시에 공공 영역을 특징짓는 개념이다.…공공 영역은 사적인 개인이 점차 공적인 관심을 가지는 공중으로 성장하는 공간이며, 국가의 지배나 자본의 영향력으로부터 상대적으로 자유로운 토론과 비판을 형성하면서 점차 사회의 '여론'을 형성하는 공간(이다).[20]

이러한 사회학적 이해는 대부분 하버마스의 논의를 기초로 한다. 하버마스는 『공론장의 구조변동』에서 서구 사회의 발전에 따라 사적 영역이 공적 영역으로 변화되는 과정을 연구했는데, 여기서 특히 문화 예술 영역의 역할이 크다고 보았다. 근대가 형성되는 시기에 문화를 논하고 사회적 주장을 형성하던 문예적 공론장의 주역들은 자본주의가 심화되면서 "문화를 논의하는 공중으로부터 단순히 그것을 소비하는 공중으로 변화하는 과정"을 겪고, 결국 "정치적 공론장과 구별될 수 있었던 문예적 공론장의 특유한 성격을 상실"했다.[21] 문화적 문제만이 아니라 정치적 문제까지 다루던 공론장은 국가와 시장의 간섭에서 자유로운 여론을 형성했지만, 자본주의와 관료제의 심화로 인해 국가와 시장의 통제에 갇히는 재봉건화의 길을 걷는다.

그러나 이러한 "공론장의 무력화라는 실제적 경향에 대항해 기본권의 복지 국가적 기능 전환, 즉 자유주의 법치 국가의 사회 복지 법치 국가로의 전환이" 일어난다.[22] 이로 인해 사적 개인들로 조직된 공중이 등장하는데, 국가의 일방적인 통제를 극복하고 자율적이고 소통적인 공적 영역을 창출하는 것이 새로운 공공성의 과제가 되었다. 김세훈은 토니 베넷Tony Bennett의 의견을 참고하면서 "사적 영역에 대한 국가의 개입이 증가, 강화된 것은 사실이지만 이것이 국가와 시민 사회의 경계를 허물어뜨린 것은 아니다"라고 주장한다.[23] 이제 공적 영역은 시민 사회가 자율적으로 관리하고 스스로 관리하는 역량을 발휘해야 하는 영역으로 자리매김을 하게 된 것이다. 시민 사회가 가지고 있던 자발적 voluntaristic이고 다원주의적인 성격에 대해 스콧 패스는 헤겔과 토크빌을 참조하여 다음과 같이 설명한다.

첫째, 시민 사회는 개인이나 가족 단위가 국가 사이에 중재적 위치에 놓여 있는 영역이다. 다시 말해 시민 사회는 사적 영역과 공적 영역의 사회적 삶을 이어주는 다리 역할을 한다. 둘째, 시민 사회는 연합association과 참여의 영역으로 이해될 수 있다. 공동의 유익과 공동의 관심을 중심으로 자발적인 공적 협력을 시도한다. 셋째, 시민 사회는 도덕, 세계관, 상징체계 등을 공급함으로써 개인을 더 큰 사회적 구조에 연결시키는 역할을 수행한다. 제도를 통합하는 틀로서의 도덕적 내용들은 시민 사회의 개념 자체에서 도출되는 것이 아니라 특정한 제도들로부터 발생한다. 그래서 사회적 변화를 긍정적으로 이끌 제도가 요청된다. 넷째, 시민 사회는 태생적으로 다원주의적이다. 개인의 선택의 자유와 다양성이 인정된다. 다섯째, 시민 사회는 자결적이다. 시민 사회에 참여하는 것은 강요될 수 없고 참여자들의 자유로운 결정에 달려 있다. 이는 개인의 능력을 초월하는 사회적 유대감이고, 국가가 결코 개입할 수 없는 부분이다.[24]

그렇다면 공적 영역에서 시민 사회의 역할이 강화되는 오늘의 시대에 교회는 어떻게 공적 영역에 참여하여 공동선을 고양시킬 수 있을까? 공공신학자들은 이 문제를 깊이 성찰한다. 예컨대 도시 선교적 관점에서 공공신학을 다루는 일레인 그레이엄과 스티븐 로우 Stephen Lowe는 "도시의 교회에 부여된 공적 과제는 시민 사회의 새로운 변화를 지향하는 거대한 프로그램 안에 포함된 도전에 참여하는 것"이라고 본다. 그러므로 "교회는 비판적이고도 건설적인 방식으로 예술과 문화로 구성된 도시에 참여하여 공동선을 증진시키는 일에 헌신해야 한다."[25]

　다원주의 상황에서 지구적 시민 사회를 고려하려는 패스는 교회가 도덕 형성과 상호 협력에 기여할 수 있어야 한다고 주장한다. 그는 급격하게 변화하고 있는 국제 사회와 지구 질서의 혼란스러운 상황에서 종교 기관과 제도들의 역할에 주목한다. 하버마스가 공공 영역의 공공성에 주목했다면, 공공신학의 논의는 그 공공성이 실천되어야 할 시민 사회에 더 주목한다. 그렇다면 이제 신학은 시민 사회가 발전할 수 있도록 어떻게 기여할 수 있을 것인가? 다원적이며 자율적인 시민 사회에 교회는 어떻게 참여하고 어떤 발전을 이루도록 기여할 것인가?

　패스는 종교 제도들이 인권의 지구적 원칙들을 제시하여 수용하도록 하거나 국가나 인종의 경계를 넘어 지구적 공동체가 실현 가능하도록 하는 일에 충분히 기여할 수 있을 것이라 기대한다.[26] 다원주의적이고 자결적인 후기 세속 도시의 시민 사회에서 종교의 역할은 바로 공동선을 증진시키는 일이며, 그것은 구체적으로 문화적 방식으로 시민 사회의 공공성을 확장시키는 일이라 할 수 있다. 즉 문화복지cultural welfare를 실천하는 것이 공동선을 도모하는 것이다.

　공공신학의 공공성이 사회의 공동선을 증진시키는 방향으로 실천되어야 한다는 주장은 가톨릭 신학자 데이비드 홀렌바흐가 제시하는 기독교 윤리의 핵심이다. 그는 아리스토텔레스와 아퀴나스에게서 공동선의 기원을 추출해서 앞서 다룬 마샬과 동일하게 근대 국가의 개인주의와 성장주의 경제 정책이 공동선의 자리를 축소시켰다고 비판한다. 공리주의자들이 득세한 상황에서는 보편 복지가 사회의 모든 구성원들에게 공동으로 제공될 필요가 없다. 홀렌바흐는 최근에 대두된 공익 public interest 개념이 모든 사람의 권리와 기본적 품위를 보장하려는 의도가 있지만 공익에 기여하는 이들을 위한 권리와 행복을 보장하려는 한계가 있다고 본다. 따라서 고전적 공동선의 본의를 계승하려면 이제 공동선이라는 개념이 더 적합한데, 이는 매우 윤리적인 개념으로 공동체와 관련된 모든 이에게 유익해야 한다는 것이다. 어떠한 소외나 배제도 전제되어서는 안 된다. 하지만 이 또한 인간과 인간의 관계 내부보다는 외부적 환경과 정책 자체에 요청하는 것이지, 사람들 간의 관계적 공동체성이나 공동선을 지향하지 못한다. 핵심 문제는 한 사회 구성원들의 공동체에 관한 것이다. 이렇게 공유된 선은 공동체나 사회가 존재하도록 하는 관계성에 내재된 것이다.[27]

데이비드 홀렌바흐는 서구 사회가 공동선보다는 관용을 더 강조하면서 서로에 대한 차이나 충돌을 회피하게 되었고, 이것이 지금 서구 문화의 개인주의로 굳어졌다고 분석한다. 기독교 윤리의 관점에서 볼 때 기독교가 지금과 같은 후기 세속 사회에서 공적으로 기여할 바는 바로 사회적 관계망을 확장하는 것이다. 홀렌바흐는 "관용이 오히려 서로에 대한 소외, 고립으로 나타나서 시민 참여가 저조한 상황이야말로 공적 삶에 있어서 종교의 역할이 중요하다는 것을 보여주고 있다"고 말한다.[28] 이렇게 후기 세속 사회에서 기독교의 역할이 다시 중요해지고 있다는 입장처럼 종교가 시민 사회의 참여적 구조를 확대하고 공동선을 고양하는 일에 기여한다는 주장이 강력히 제기되고 있다.

이는 최근에 로버트 퍼트남 Robert Putnam과 데이비드 캠벨 David Campbell이 종교를 도덕적 운반체 moral freighting로 칭하며, 중요한 사회적 자본으로 간주하고 있다는 사실에서도 확인된다.[29] 그런데 홀렌바흐는 이 사회적 자본을 "공동선 추구를 위한 전제 조건"이라고 본다.[30] 시민 사회의 참여적 구조와 유대 관계의 강화는 인간 공동체 형성의 핵심 조건이다. 홀렌바흐의 주장에 주목하는 이유가 바로 이 지점인데 그는 미국의 민주주의가 제대로 작동하려면 종교의 긍정적 역할을 인정해야 한다고 말한다. 앞으로 신앙생활과 활동에 참여하면서 고립된 개인이 아니라 상호 관련을 맺는 개인으로서 정치 참여도가 높아질 것이기 때문이다.[31] 가장 중요한 것은 공적 삶에 참여하는 것인데, 이는 시민들에게 자치 self government 의 능력을 고양하고 자유롭게 동등한 사람들의 공동선을 추구하도록 하는 것이다.[32] 자치적 참여야말로 공동선을 추구할 수 있는 가장 강력한 토대인데, 이 부분이 기독교가 공공신학을 통해 시민 사회에 기여할 수 있는 가장 중요한 윤리적 실천 영역이 될 것이다.

이제는 종교 제도가 사회의 도덕적·통합적 기능을 수행한다는 근대 사회학의 인식을 넘어, 인류 공동의 복지를 문화적 삶의 질적 차원으로 접근하여 사람들이 스스로 자신들의 문화적 발전을 도모할 수 있도록 역량을 강화하고 프로그램을 제공하는 일에 참여해야 한다. "오늘날 시민 사회에서 국가가 문화 예술 영역에 개입하는 일이 강화되는 것은 시민들의 행복과 복리가 문화적 삶의 질의 향상으로 측량되고 있기 때문"인데 마찬가지로 교회도 시민 사회나 지역 사회에서 공공신학의 실천으로 문화 복지를 위해 헌신할 필요가 있다.[33] 교회는 시민 사회의 공동선과 지역 사회의 삶의 질을 증진시켜 자치의 참여와 사회적 자본, 즉 공동체적 관계망을 확대시키는 일에 어떻게 기여할 수 있을지를 고민해야 한다. 시민 사회의 참여와 연대를 고양함으로써 공공신학은 신학의 공공성을 실천하는 것이다.

선교 초기부터 기독교는 복지와 의료, 교육에 기여한 바가 매우 크다. 아직 복지 국가에 대한 이상이 형성되지 않았을 때, 교회는 이러한 일에 적극적으로 참여했다. 그러나 이제는 시민 사회가 국가와 개인을 매개하며 이러한 역할을 감당하는 폭이 커지고 있다. 이런 상황에서 교회는 일방적인 지도력을 발휘하기보다 지역 사회의 건강한 발전과 복지에 기여하기 위해 다원적 관계를 원활하게 맺고 문화적 유대와 소통을 확장해야만 한다. 그렇지 않으면 오히려 저항에 부닥치거나 갈등을 빚는 요인이 될 수도 있음을 명심해야 한다.

공공신학은 후기 세속 사회에서 가치와 윤리의 사회적 의미를 재생하는 종교의 공적 역할을 실천해야 한다. 공공신학의 공공성은 오늘날 시민 사회에서 공동선을 추구하는 것으로 실천될 수 있다. 그 가운데 가장 절실하게 요청되는 공동선은 정책적으로 복지 사회를 향한 이상으로 나타난다. 한국의 복지 정책은 아직 초보적인 수준에서 양적 지원에 집중되어 있지만 선진국의 경우 삶의 질과 개인의 행복지수, 그리고 사회적 관계망의 수준을 높이기 위한 정책을 중요하게 여긴다. 그래서 근대 세속 사회에서 퇴거당했던 종교가 다시 공적인 역할을 하도록 요청받고 있다. 한국 사회의 발전에 따라 이러한 필요가 더 늘어날 가능성이 크다. 문화 복지는 삶의 질과 관련된다. 교회는 지역 사회에서 사람들의 관계망을 확대하는 사회적 자본을 제공하기 위해 미학적·문화적 서비스에 참여할 수 있다. 카페, 도서관, 문화 교실, 독서 토론 등 다양한 프로그램을 함께 나누며, 지역 주민 스스로 지역적 정체성을 확인할 수 있도록 사회적 자본의 관계망을 형성하는 일에 교회가 열린 자세로 참여할 수 있어야 한다. "사회, 문화적 측면에서 복지 국가는 독재적·독선적·흑백 논리적 문화는 배격하고 한 사람의 권리도 다수가 보호해주는 다수결의 원리가 통하는 국가"인데, 여기서 전도나 성장을 목적으로 하는 종교적 복지 사업은 적합한 모델이 아니다.[34] 이는 본회퍼의 용어를 빌린다면 "일반적인 사회의 사람들에게 성경의 내용을 비종교적으로 재해석해야 하는 과제"를 공공신학도 동일하게 떠안고 있다. 이제는 지역 사회의 문화 복지를 위해 헌신하고 다양한 공적 역할을 감당하려는 선교적 패러다임의 전환이 절실하게 요청되고 있다.[35]

11 장

윤리적 소비 운동과
교회의 지역 선교

1. 윤리적 소비란 무엇인가?

최근 윤리적 소비 ethical consumption 일명 착한 소비에 대한 관심이 전
세계적으로 고조되면서, 한국에서도 지역과 현장을 중심으로 시민
단체들이 이 운동에 주도적으로 참여하고 있다. 정치적 구호와 이념
적 선명성으로 등장했던 사회 변혁 운동은 제도적 민주화가 성숙하
면서 1990년대 후반부터 문화 사회 혹은 문화 민주주의 등의 실천
영역으로 옮겨갔지만, 그 역시 시민의 일상적인 삶의 현장으로부터
발생한 것이 아니라 엘리트와 지식인이 주도하는 상층부의 변혁 운
동이라는 한계가 분명했다. 이에 비해 윤리적 소비 운동은 구호나 담
론에 매몰되기보다 소비자의 구체적인 구매 행위나 소비 행태를 변
혁한다는 점에서 일상생활에 더 밀접한 사회적 프로그램이다. 또 이
프로그램은 개개인의 건전한 소비 생활을 권장하는 것을 넘어 전 지

구적인 네트워크를 통해 소비자 개인과 생산자 개인의 비대면적 연대를 전제하기에 새로운 형태의 사회 변혁 운동이라 할 수 있다. 윤리적 소비는 소비 행위에 윤리적 가치를 개입시킴으로써 작게는 소비자 개개인의 경제생활과 소비 활동에, 크게는 전 세계적인 연대를 통해 자본주의의 모순과 폐해를 극복하려는 사회적 프로그램이다. 소비자 스스로가 윤리적 소비의 필요성을 자각하여 세계의 시장 질서를 더 공정하고 윤리적으로 변혁해야 한다고 캠페인을 전개하여 개인에서 한 사회, 한 지역 그리고 전 지구적인 연대를 모색하려는 것이다.

소비가 윤리적이어야 한다고 말하는 것은 결국 윤리적으로 생산된 것을 구매하라는 것과 같다. 그러므로 어떤 품목이 윤리적으로 생산된 것인지 정보를 알고 윤리적인 소비를 실천하기 위한 안내를 하는 것도 이 프로그램에서 중요하다. 윤리적 소비 행위가 일반적인 건전한 소비 행위와 구별되는 점은 소비자가 자신의 건강과 행복 등을 고려하여 친환경적으로 생산된 상품을 구매하는 것을 넘어 더 공정하고 정의로운 질서를 만드는 일에 동참하려는 특별한 의지와 목적에 있다. 그러므로 윤리적 소비는 자신의 건강을 위해 웰빙 상품이나 유기농 물품을 구입하는 것과 달리 자신의 구매 행위와 관련되는 타자로서의 생산자와 일종의 무형의 공동체를 형성하려는 것이다.

윤리적 소비를 실천하는 프로그램들은 다양하다. 최근 공정 무역은 단지 커피 생산자에게 정당한 대가를 지불하는 것을 넘어 원산지의 커뮤니티가 지속 가능하도록 지원하는 프로그램으로 발전해가고 있다. 우리나라에서도 2003년 〈아름다운 가게〉에서 공정 무역을 시작한 이후 일부 시민 단체와 생활 협동조합, 개인 사업자들이 공정 무역 상품을 수입해서 판매하고 있다.[1] 커피를 중심으로 활발한 착한 소비자 운동이 전개되고 있는데, 아직까지는 비영리적 단체들이 주도하고 있으며 기업 차원의 참여는 미미하다. 다만 최근 사회적 기업이나 기업의 사회적 투자에 대한 관심과 동참이 날로 높아지고 있어서 앞으로 긍정적인 발전이 기대되고 있다.

도농 간 연대를 통해 친환경적이고 윤리적인 먹거리를 공급하는 생협 운동은 아마 우리나라 공동체 운동의 역사와 그 맥을 같이하므로 가장 오랜 뿌리를 내리고 있을 것이다. 이외에도 비윤리적 상품에 대해 불매 운동을 벌인다거나 비윤리적인 기업에 대해 불공정한 사업을 하지 않도록 압력을 행사하는 식으로 사회적 여론을 형성하는 방식도 넓은 범주에서 윤리적 소비의 하나로 간주될 수 있다.

윤리적 소비는 환경 문제와도 무관하지 않기 때문에 녹색 소비라고도 불린다. 윤리적 소비는 지구의 환경 위기를 심각하게 받아들이며 친환경 상품에 대한 구매를 우선적으로 권장한다. 윤리적 소비에 동참하는 이들은 비용을 다소 더 지불하더라도 친환경 제품을 구매하고자 한다. 또 탄소 배출을 억제하거나 가장 적게 발생시키는 생산 방식과 상품을 지지한다. 그래서 윤리적 소비는 더 근본적인 개념이라 할 수 있는 지속 가능성과도 밀접하게 연결되어 있다. 지속 가능한 세상, 지속 가능한 사회를 위해서 윤리적 소비는 가장 효과적인 일상생활의 원칙으로 제시된다.

이외에도 윤리적 소비는 어린 아동을 고용하여 열악한 환경에서 노동을 강요하는 것에 반대하는 캠페인을 벌이거나 유명한 관광지나 쇼핑이 중심이 되는 여행을 현지인의 삶과 생활 현장을 돌아보는 공정 여행으로 제안하기도 한다. 또 지역의 화폐를 개발하여 지역 통화로 지역민의 필요를 서로 교환하는 실험도 전개한다. 이는 지역 자치, 주민 자치라는 명분과 결합하여 지역 공동체 형성에 결정적인 역할을 할 뿐 아니라 모든 것을 상품화하는 자본주의 체제의 대안을 모색하는 이들에게 매우 매력적인 실험이 되고 있다.

마지막으로 한 가지 지적할 것은, 윤리적 소비의 별명인 착한 소비라는 개념은 이미 널리 퍼져서 통용되고 있지만 착한이라는 단어가 자칫 자본주의 체제에 순응적이라는 오해를 받을 수도 있다는 점이다. 윤리적 소비는 공정하고 정의로운 소비로서 결코 착한 소비자에게만 초점을 두지 않는다. 윤리적 소비는 착한 소비자와 함께 정의로운 유통 경로, 공정한 거래, 지속 가능한 생산 조건 등을 종합적으로 고려하기 때문에 착한 소비라는 감상적인 수준을 넘어 하나의 대안적 삶을 강력하게 요구하는 것임을 분명히 해야 한다.

하지만 윤리적 소비가 이렇게 소비자 개인의 윤리적 변화에만 집중한다면 그 한계는 명확하다. 비경제적 가치를 추구하는 것만으로는 인간이 가지고 있는 소비의 욕망을 통제하기가 어렵기 때문이다. 그래서 이 문제는 소비에 대한 근대적 자아의 욕망을 살펴보는 것이 필요하다.

2. 소비와 현대 사회

근대는 풍요의 시대를 약속하며 출발했다. 20세기 후반에 최고조에 달한 소비의 미덕은 "나는 소비한다, 고로 존재한다"라는 존재 양식을 탄생시켰다. 돈 슬레이터 Don Slater는 『소비문화와 현대성』에서

1980년대를 생산이 마케팅 형태의 소비에 종속된 시대라고 지적한다. 나아가 그는 현대인들이 소비 욕구를 채움으로써 자신의 정체성을 정립한다고 비판한다. 학자들은 윤리적 소비라는 주제보다 소비문화라는 담론에 더 익숙하다. 돈 슬레이터는 소비문화를 몇 가지 중요한 특성으로 정리했다. 소비문화는 소비의 관행이나 소비가 사회의 지배적 가치가 된 문화를 말한다.[2] 그래서 소비문화는 윤리적 소비와는 달리 소비자의 구매 행위보다는 소비 자체의 원리와 그로 인해 발생하는 문화에 집중한다. 소비문화에 대한 관심은 근대 사회에 대한 비판적 입장으로 포스트모더니즘으로부터 제기되기도 한다. 풍요를 낙관했던 세계가 제1, 2차 세계 대전으로 인해 결정적인 절망을 경험했지만 근대의 태생적 동기인 자유주의 경제와 풍요에 대한 갈망은 전후 대량 생산과 풍요의 시대를 거쳐 1990년대부터 신자유주의의 금융 자본주의를 통해 화려하게 부활했다.

장 보드리야르Jean Baudrillard는 이런 소비사회를 일종의 이미지 환시·환각으로 채워진 문화적 현상으로 받아들인다. 이제 "현실 세계, 정치, 역사, 문화와 소비자의 관계는 이해, 투자 및 책임의 관계가 아니며…호기심의 관계"에 불과하다.[3] 그에 의하면 이른바 시뮬라크르 simulacres는 더 이상 "실재와 교환되지 않으며, 어느 곳에 지시도 테두리도 없는 끝없는 순환 속에서 그 자체로 교환되는 것"이다.[4] 근대가 추구했던 인간의 정체성 확인을 통한 자아실현의 욕망이 기호의 소비로 전환되는 포스트모던 사회는 내파implosion로 인해 인간의 정체성을 확정할 수 있는 근거를 해체해버린다.[5] 풍요에 대한 근대의 욕망이 결국 인간 자신을 해체해버린 것이다.

이런 점에서 윤리적 소비가 너무 낭만적일 뿐만 아니라 근대적 자아의 소비 욕망을 무시한다고 비판하는 사람들도 있다. 즉 윤리적 소비가 자본주의의 모순을 극복하기보다는 오히려 연장시키고 있다는 것이다. 이들은 신자유주의의 또 다른 얼굴로서 면죄부를 주는 꼴이라고 윤리적 소비를 비판한다. 천규석은 공정 무역과 윤리적 소비를 신랄하게 비판하면서, 윤리적 소비는 철저히 자본주의 체제와 국가의 통제를 인정하고 있기 때문에 종속적 관계를 더 심화시킨다고 주장한다. 현지 생산자들에게 정당한 대가를 주고 구입한다는 공정무역 커피의 경우, 오히려 자본가와 선진국 중심의 질서에 편입시켜종속 관계를 지속시킬 수 있고, 자급자족을 통해 자신들의 삶을 스스로 일구어갈 수 있게 하는 것이 더 윤리적이며 공정하다는 것이다.[6]

이런 비판은 윤리적 소비라는 이름으로 진행되는 공정 무역의 경우, 공정 무역으로 생산된 물품임을 확인하기 위해 또 다른 비용을 지불해야 한다는 점과 여전히 개선되지 않는 현지 생산자들의 열악한 생활 수준을 고려하면 설득력이 있다. 또 윤리적 소비라는 명목만으로 개인이 소비문화의 근본적인 문제점을 인식하기에는 한계가 분명하다. 소비가 미덕인 시대에서 착한 소비는 어쩌면 소비자 개인의 소비 욕구를 정당화하는 역할을 할 수 있다. 원거리에서 정당한 대가를 주고 구입한다고 해도 그것만으로 공정한 무역이 이뤄지지는 않는다. 예컨대 이동 간에 발생하는 탄소 문제라던가 유통과 마케팅을 위해 발생하는 비용 문제는 피할 수 없다. 그러나 현실적으로 신자유주의의 유연 축적 구조가 심화되고 있는 상황에서 다소 한계가 있더라도 윤리적 소비가 갖는 상징적 의미는 무시할 수 없다.

최근에 윤리적 소비를 국가주의에 대한 순응으로 보는 시각이 있다. 이들은 통제와 감시가 사라진 신자유주의 금융 자본의 문제점을 고려하면 국가의 시장 개입과 통제가 반드시 필요하다는 점을 지적하지만 이는 지나치게 극단적인 관점이다. 윤리적 소비의 다양한 사회적 프로그램이 의미 있게 실천되려면, 오늘날 인간의 소비 욕망을 더 세련된 모습으로 자극하는 신자유주의의 근본적인 문제점을 냉철하게 파악해야 한다. 단순히 개인 윤리 차원의 실천만 강조하는 것이 아니라 구조적이고 제도적 차원의 근본적 처방을 내려야 한다.

인간에게 소비는 생존을 위한 본능적 행위라면, 생산도 마찬가지다. 그런데 오늘날 소비문화는 낭비와 사치를 미덕으로 삼고 비생산적인 소비를 미화함으로써 인간 삶의 모든 것을 상품으로 만들고 있다. 각종 광고와 미디어가 소비를 통해 자신의 정체성을 확인하라고 강요하지만 이는 자신을 그 행위로부터 소외시키고 사물에 대한 인식을 왜곡시킬 뿐이다. 이런 상황에서 윤리적 소비가 시대적 정당성을 확보하려면 그것이 인간의 생존을 위해 필수적이라는 점을 설득할 수 있어야 하며, 구호나 담론에 머물지 않고 구체적인 대안을 생산해내는 운동이어야 한다. 특히 자신의 욕망을 실현하기보다 이웃과 공동체의 생존을 더불어 배려하려는 노력이 필요하다.

3. 윤리적 소비와 기독교: 공동체와 책임

개혁교회는 소비 자체를 악으로 보지 않는다. 루터와 칼뱅과 같은 종교개혁가들은 세속적 삶을 정당한 것으로 선언했고, 직업소명설은 근대의 경제적 발전을 가능하게 한 원동력으로 작용했다.[7] 물론 그러면서도 교회는 처음부터 절제와 경건한 삶을 모범으로 격려해왔으며, 특히 구약성경은 자기 자신만을 위한 재산 축적이나 소비보다는 이웃과 나누는 삶을 더 바람직한 신앙생활의 미덕으로 평가했다. 기독교가 소비 자체를 반대하는 것은 아니지만 자기만을 위하고 타자를 배제하는 소비에 대해서는 분명히 비판하고 있다.

전 세계적으로 윤리적 소비의 사회적 프로그램을 실천하고 구체화시키는 단체나 조직 중 많은 수가 기독교 정신을 기반으로 하고 있다. 한국에서도 공동체 운동을 주도하는 기독교 단체나 교회가 이러한 프로그램에 많이 참여하고 있다. 이런 단체나 교회는 윤리적 소비가 신학적 정당성을 확보하고 있을 뿐 아니라 우리 사회를 더 좋은 사회로 변화시키기 위해 필요한 공공성을 확대시킬 수 있다고 말한다. 기독교적 입장에서 윤리적 소비는 성경이 가르치는 삶의 원칙에 부합하고 오늘날 세계의 모순을 변혁하기 위해서도 필요한 프로그램이라 할 수 있다.

신학이 현대의 소비문화를 비판적으로 보는 이유는 그것이 공동체적이기보다는 개인주의적이고, 공적이라기보다는 사적이기 때문이다. 우선 이기적인 개인주의는 개인을 수동적이고 소극적인 소비자로 전락시킨다. 이것은 생산으로부터의 소외이자 사물로부터의 소외이기도 하다. 시장이 주도하는 바를 추종하는 개인은 철저히 이기적이다. 세계와 사물을 자신이 원하는 바대로 변화시키거나 자신과의 관계를 적극적으로 주도할 수 있을 때, 개인은 소비를 통해 자아실현을 경험하지만, 소비문화에 매몰되어 있는 자아는 극히 제한적인 자기 결정권만을 갖는다. 이러한 소비자는 극단적인 이기주의자가 된다. 생산과 소비로부터 철저히 소외된 자아는 오로지 시장이 부추기는 대로 자신의 욕구만을 따를 뿐이다.

성경은 소비 자체가 아니라 낭비와 이기적 소비를 비판한다. 예수는 당시 유대교가 종교를 상품화하거나 신앙을 물화하는 세속주의를 신랄하게 비판하셨다. 교회 공동체는 이타적 공동체주의로서 나눔과 섬김으로 이기적인 소비를 지양한다. 개혁주의 전통에서도 금욕과 절제가 소비와 낭비를 앞서는 삶의 양식이었다. 더구나 수고한 대로 대가를 받고 일한 만큼 먹는다는 기본적인 노동 원칙을 성경이 지지하기 때문에 노동과 사물로부터 소외되는 지금의 현실에 비판적일 수밖에 없다.

그리스도인의 신앙은 언제나 공동체 전체의 유익을 고려한다. 그리스도인의 신앙고백은 삶 속에서 구체화되어야 한다는 것이 개혁교회의 영성인데, 그렇다면 그리스도인의 삶의 양식이 가장 명확하게 드러나야 할 영역은 바로 소비에 대한 태도일 수 있다. 그리스도인에게 경제생활은 선이나 악이 아니라 기본적인 삶이지만, 적극적이고 주도적으로 경제생활의 원칙과 제도를 하나님이 원하시는 정의로운 모습으로 변혁해야 할 책임이 있다. 여기서 윤리적 소비를 실천하는 개인은 언제나 공동체 안에서의 개인이다. 그것은 두 가지 의미를 지닌다. 첫째로 교회 공동체 안에서 성경이 가르치는 공동의 가치와 원칙을 따라 사는 것이고, 둘째로 교회 공동체를 넘어 자신의 삶을 언제나 타자를 고려하며 사는 것이다. 윤리적 소비는 지구화 시대에 자신의 소비 행위가 다른 세계에 사는 타자의 생산 행위와 긴밀히 연결되어 있다는 사실을 전제한다. 즉 윤리적 소비는 타자와 더불어 살아가려는 삶의 태도에서 나오는 철학적 실천이다. 단지 합리적 소비가 아니라 적극적인 이타적 행동 양식인 것이다.

교회 공동체 안의 개인은 이러한 이타적 행위가 성경이 요구하는 정의롭고 아름다운 세계를 만들어가는 일이라고 고백한다. 한 사회의 삶의 기준과 가치를 제시하는 많은 제도가 있지만, 윤리적 소비라는 사회적 프로그램은 교회 공동체가 타자와 세계와의 연대를 통해 세계의 변혁을 지향하는 일이다. 교회 공동체가 시민 사회와 함께할 신학적 정당성이 이런 점에서 확보된다. 윤리적 소비는 더욱 정의로운 경제와 삶을 위한 환경을 만들려는 선교적 시도이기도 하다.

교회 공동체가 윤리적 소비를 지지해야 하는 이유가 하나 더 있다. 교회는 언제나 지역 교회로 존재한다. 지역 교회는 지역의 일원으로 지역 공동체와 더불어 성장하고 변화해야 한다. 지역의 의제가 교회의 선교적 의제이며, 지역의 모순을 하나님의 가르침에 따라 책임적으로 감당하는 것이 선교적 교회의 모습이다. 윤리적 소비는 지역과 지역 공동체를 지속 가능하도록 만드는 일에 관심이 있다. 교회 공동체가 지역과 함께 윤리적 소비를 삶의 양식으로 받아들이고 지역 공동체 형성을 위해 구체적인 프로그램들을 발전시킨다면 그것은 매우 훌륭한 지역 선교의 모델이 될 것이다. 교회 공동체는 지역 사회와 분리되지 않아야 한다. 지금 한국교회는 사회로부터 고립되거나 분리되면서 지역 사회와의 소통에 실패했다. 윤리적 소비의 다양한 프로그램을 교회가 지역과 함께 실천한다면 소통과 변혁을 동시에 지향하는 공공신학적 실천이 될 것이다.

4. 지역 사회와 함께하는 윤리적 소비

지역 사회와 더불어 지역 교회가 공동체적 실천을 도모해나가는 것은 신학적으로도 정당할 뿐 아니라 매우 효과적인 선교적 모델이다. 한국교회는 1990년대 후반부터 문화 선교 혹은 문화 사역이라는 이름으로 지역 사회와 소통하고자 노력했으나, 교회의 외부를 선교의 대상으로만 인식하는 도구적인 문화관으로 인해 문화 자체의 역동성을 차단함으로 전략적 한계에 봉착했다. 문화적 변화를 단순히 현상적인 측면에서만 분석하다 보니 즉흥적이고 기능적인 전략에만 몰두했고, 투자의 규모와 전략의 전문성에서 크게 뒤처지는 문화 선교 전략은 효과를 내기 어려웠다.

한국교회가 성경에서 증거하는 본연의 모습을 회복하고 한국 사회의 각종 모순에 대안을 제시하는 공동체로 자리매김하기 위해서는 성장과 확장을 위한 선교 전략이나 봉사 전략에서 벗어나 지역 공동체의 일원으로 지역의 의제들을 선교적 차원에서 교회의 의제로 인식할 뿐 아니라 지역의 모순들을 해결하기 위해 교회의 인적·물적 자원을 적극적으로 활용해야 한다. 지역과 함께하는 지역 교회의 모델은 새로운 것이 아니다. 초기 교회 때부터 교회는 언제나 지역의 특성과 문화를 기반으로 사람들의 필요를 채우고 불의와 다툼을 평화와 화해로 인도하는 역할을 해왔다.

그러나 오늘날 특히 도시 지역의 교회들은 소비문화에 철저히 편입되어 종교적 상징과 기호를 마치 상품을 소비하듯 소비하고 있다. 한국의 일부 교회와 그리스도인들은 예배당이라는 건물 안에 갇혀 자신들만의 삶을 영유하는 듯 보이지만, 역설적으로 자신들의 존재를 확인시켜줄 기호들을 마구잡이로 소비함으로써 기독교적 정체성을 해체시키고 있다. 경건과 절제의 삶은 축복과 풍요라는 맘몬의 욕망으로 대체되고, 교회는 자신의 제도와 규모를 유지하는 일에 모든 에너지를 소모하고 있다. 지역 교회가 성장을 위해 지역과 무관한 행사와 프로그램에 열중한다면 지역의 구체적인 필요에 민감하게 반응할 수 없다. 교회 공동체는 지역과 더불어 존재하고 지역과 더불어 선교해야 한다. 이런 의미에서 윤리적 소비는 지역 교회가 지역 사회와 함께 하나님 나라의 문화에 참여할 수 있는 좋은 실천이다.

교회의 존재 목적이 선교라는 면에서 윤리적 소비를 교회가 지향하는 선교적 목적에 부합되도록 조정하거나 수정할 수도 있다. 다만 윤리적 소비의 의제는 이미 사회단체나 시민 사회에서 활발하게 진행하고 있기 때문에 그들과 함께 지역에 필요한 프로그램이 되도록 고민해야 할 것이다. 예컨대 교회가 운영하는 카페에서 공정 무역 커피를 사용한다면 우리나라의 공정 무역 소비 지수는 상당히 높아질 것이다. 서구의 경우 공정 무역의 수요가 높게 유지되는 탓에 품질도 비교적 좋으나, 우리나라의 경우 수요가 적다 보니 품질이 떨어지는 경향이 있다. 교회가 공정 무역 커피를 사용한다면 수요가 늘 것이고 품질 향상에도 긍정적인 영향을 끼칠 것이다.[8] 카페에서 주민들에게 공정 여행을 소개하고 함께 지역을 탐방하거나 여행을 하면서 지역의 의제들에 대해 공감을 나눌 수도 있다. 또 교회 활동에서 일회용 물품 사용을 자제하고, 식당에서 그 지역이나 농촌에서 생산한 식품을 직거래로 유통·공급하면 이 또한 효과적인 소비 운동이 될 것이다. 지역에 불공정하고 불의한 기업이나 그 상품이 지역 사회에 진입하지 못하도록 지역 자치 단체와 연대하여 압력을 행사할 수도 있다.

지역 교회들이 지역과 함께할 수 있는 윤리적 소비는 단지 지역과의 소통과 공감만을 위한 것이 아니고, 성경에서 요청하는 공의롭고 아름다운 세상을 넓혀 오늘 우리가 살아가는 세상에 만연한 맘몬과 물신 사상 그리고 이기적인 소비주의를 극복하려는 선교적 노력이다. 지역 교회는 이제 지역 사회의 여러 주체들과 함께 살기 좋은 세상을 만들기 위해 그리고 하나님 나라에 참여하기 위해 윤리적 소비라는 사회적 프로그램을 적극적이고 주도적으로 활용하기 위한 방안을 모색해야 한다.

12장

청소년 문제와
교회 교육의 공적 책임

1. 청소년 인권의 시작

근대 이전까지는 사람의 수명이 길지 않아 청소년의 존재에 대해 크게 논하지 않았다. 청소년은 산업화, 도시화가 전개되면서 초기 노동력으로 흡수되었고, 그때 비로소 청소년에 대한 교육의 필요성과 발달학적 분류가 시작됐다. 청소년 시기는 성인이 되기 전에 필요한 교육을 받고 준비하는 시기라는 인식이 학교 교육 체제와 함께 보편화되었다. 그래서 아직 성인이 아니라는 의미에서 미성년자라고 하거나 모호한 정체성 때문에 질풍노도의 시기라고도 불렀다.

그러다가 서구에서 청소년들이 새로운 사회 문화적 함의를 지닌 계층으로 부상한 것은 아마도 68혁명 때부터였을 것이다. 68혁명은 1968년 5월 프랑스에서 일어난 사회 변혁 운동으로, 유럽의 청소년들과 대학 신입생들이 기성세대에 저항하여 자신들의 새로운 문화를 주장하며 기존 질서와 가치에 대항했던 문화 혁명으로서 오늘날 유럽의 사상과 가치를 지배하는 가장 기저의 사건으로 인식되고 있다. 이른바 포스트모던 시대의 서막이었던 것이다.

당시 서구의 청소년들은 어른의 잣대로 자신들을 규정하는 것에 문제를 제기했다. 당시 선전 구호였던 "상상력에게 권력을!"이라는 것만 봐도 그들이 무엇을 생각했는지 잘 알 수가 있다. 이런 흐름은 60년대 미국에도 계속됐고, 청소년들은 청년층과 함께 기성세대와 다른 시대정신을 공유했다. 기성세대는 이런 청소년들의 언행을 불안하게 생각했지만 서구 사회는 이러한 다원적 구조와 창조적 다양성으로 인해 지금까지 발전을 거듭해왔다.

이에 비해 아시아 국가들의 사회 문화적 의식 구조는 밀접하게 관계를 맺고 있는 정치적 구조로부터 영향을 받으며, 상대적으로 더 획일적이고 통제적인 문화에 익숙한 상태로 지금까지 이어져왔다. 장유유서의 유교 전통으로 인해 아시아권에서 청소년들은 규율과 통제의 대상으로 인식되어왔다. 한국은 여기에 충효 사상이 강화되면서 청소년들이 사회에서 주체적 세력으로 인정받지 못하다가 1987년 민주화 이후 대중문화의 부상과 함께 소비와 문화의 주체로 나서게 된다.

청소년에 대한 한국 사회의 인식을 보여주는 사례를 살펴보면, 왕따나 자살 같은 부정적 사건 발생을 계기로 청소년의 정체성을 사회적으로 재구성하려는 노력이 몇 번 있었다. 1990년 안을 개정한 〈청소년 헌장〉이 1998년에 새롭게 선포되고, 여기에 "청소년에게 인권을"이라는 선전 구호를 붙였다. 이는 당시 출범한 김대중 정부의 민주주의 실천 과제로 수행되었다. 〈청소년 헌장〉은 청소년의 인권을 공적인 의제로 다뤘다는 점에서 의의가 있다.

2012년 서울시 교육청은 서울시 의회에서 통과된 〈서울특별시 학생 인권 조례〉를 공포했다. 당시 시기상조라는 주장과 너무 늦었다는 입장이 학교 현장에서 팽팽히 맞서며 논쟁을 벌였다. 이 조례는 우리나라 최초로 법적인 효력이 있는 문건이 되었다. 교육 현장에서 청소년의 인권을 인정함으로 규율과 통제의 대상이던 청소년이 자신들의 인권을 주장할 수 있는 근거를 마련한 셈이다.

이로써 한국 사회에서도 청소년의 사회적 지위는 크게 향상되었다. 청소년은 미완의 성인이 아니라 그 자체로 통전적 존재이며 법적 권한과 인권을 보호받을 권리가 있다. 다만 대다수가 학생 신분이므로 일정한 규칙과 질서를 따르면서 시민 사회에 합류할 준비를 하고 인성과 능력을 배양해야 한다. 청소년은 어떤 이유로도 차별받거나 인권을 침해받아서는 안 되는 완벽한 인간이면서도 동시에 학생의 신분에서 유보되는 권한이 있을 수밖에 없다. 한국의 청소년들이 안고 있는 현실적 문제는 무엇이며, 기독교 교육과 교회 교육은 어떻게 이 문제를 해결해야 할까? 더 나아가 교회 교육은 어떻게 공적 책임을 수행할 수 있을까? 하나씩 살펴보도록 하자.

2. 청소년의 정체성

청소년 시기에 대한 신학적 연구는 청소년의 발달론적 특성, 문화적 특성과 함께 기독교 입장에서 다룬 신앙적 특성을 중심으로 이뤄졌다. 오윤선은 우리나라에서 청소년에 대한 사회적 존재감이 부각된 것은 청소년이 문화소비의 주역으로 떠오르면서였다고 하고 청소년기의 발달 심리학적 특성에 대해 설명한다.[1] 신체의 발달, 성에 대한 인식의 발달, 정서적 발달, 사회성 발달, 자아 정체성 발달이 그것인데, 특히 마지막 자아 정체성이 제대로 통합되지 못한 채 과거와 현재의 자아상이 부조화된다면 분열적 자아상이 정립된다고 한다. 예컨대 청소년 시기에 외모에 대한 관심이 폭증하고 이에 따라 그들의 롤 모델을 연예인에게서 찾는 것은 자아 정체성 형성에 큰 영향을 준다는 것이다.

자아 정체성 형성 과정에서 청소년들이 겪는 스트레스도 언급할 필요가 있다.[2] 신체적 발달과 정서적 발달의 속도가 달라서 발생하는 지체 현상에 대해 청소년을 성인의 기준으로 버릇없고 통제가 불가능하며 무질서한 존재들로 평가하면 그들은 정서적 불안감을 보완하기 위해 저항하고 반항한다. 현재의 학교 구조와 입시 제도의 압박이 학생들에게 근원적인 스트레스를 제공하는데, 그들의 생리적 현상에 대한 몰이해가 가중된 스트레스를 주는 요인이 되면 청소년들은 일탈 행위를 통해 자신들의 환경으로부터 벗어나려는 시도를 할 수 있다.

청소년기가 자아 정체성을 형성해가는 시기라는 점에서 청소년들에게 좋은 환경과 여건을 제공하는 것은 매우 중요하다. 성인의 입장에서 청소년들을 바라본다면 성인들이 이미 구조화한 사회적 틀에 맞춰 청소년들의 정체성을 판단하게 된다. 청소년 시기에 출세, 성공, 경쟁 등 성인들이 사회에서 겪는 여러 가지 치열한 상황을 청소년들에게 그대로 투영하여 성공적인 삶을 강요하거나 올바른 인성을 가진 한 인격의 완성에 필요한 준비를 소홀히 한다면 성인들과 유사한

스트레스로 인해 제대로 자아 정체성을 형성하기가 어려울 것이다.

또 한 가지 고려해야 할 부분은 이상의 자아 정체성 논의가 근대적 시각을 벗어나지 못했다는 점이다. 많은 학자들이 청소년기의 발달 심리학적 특성을 연구하면서 여전히 근대적 시각에 묶여 있다. 디지털 시대, 네트워크 시대에 정체성은 매우 다원적이며 다층적으로 구성된다. 하나의 일관되고 통합된 정체성이 바람직하다는 전제를 가지고 접근하면 청소년기에 보이는 불안 심리나 무질서한 측면이 오히려 창조적 발상이나 새로운 시각을 발생시키는 잠재적 에너지가 될 수도 있다는 사실을 무시하게 된다. 예컨대 『N세대의 무서운 아이들』에서 돈 탭스코트 Don Tapscott는 당시 N세대라 칭할 수 있는 10대 청소년들이 기성세대의 눈으로 볼 때는 무질서해 보이고 규칙을 따르지 않는 것처럼 보이지만, 그들은 가치에 따라 필요한 네트워크를 구축하고 전혀 새로운 발상으로 대안을 모색하는 능력을 구비한 최초의 세대라고 평가한다. 기성세대에게는 놀 때 놀고 일할 때 일하는 것이 옳은 것이었지만, N세대 청소년들은 놀면서 일하고 일하면서 놀 줄 아는 세대라는 것이다. 그래서 그들의 정체성은 기성세대와는 다른 방식으로 형성된다. 자아 정체성 형성 자체가 다른 과정을 통해서 발전한다는 말이다. 이런 점에서 청소년의 정체성을 단지 발달 심리학적으로만 접근하는 근대적 태도를 극복하고, 문화적인 방식으로 청소년의 삶을 이해해야 한다는 주장이 설득력을 얻고 있다. 한마디로 청소년 시기는 청소년 자신들만의 문화적 특성 속에서 정체성을 형성해가는 시기다. 만약 기독교 교육적 관점에서 청소년을 바라봐야 한다면 바로 이러한 문화적 관점에서 접근하는 것이 필요하다.

3. 한국의 청소년과 문화적 이해

기독교 교육과 학교 교육의 긴밀한 연계를 주장하는 박상진은 청소년에 대한 문화적 이해의 중요성을 역설한다. 현대 문화의 도전에 가장 민감하게 반응하는 계층이 청소년인데 이들에 대한 접촉점을 발견하지 못하면 교육의 효과를 거두기 어렵기 때문에 그들의 문화를 충분히 이해하는 것이 절실하다는 것이다.[3] 기성세대는 자신들이 익숙한 문화를 옳은 문화로 전제하는 경향이 있는데, 이럴 경우 교육의 효과는 기대하기 어렵다. 오늘의 청소년에게 가장 큰 영향력을 끼치는 것은 영상 문화인데, 이는 기성세대가 문자 문화에 익숙한 것과 대비된다. 문자가 지시적이며 논리적인 반면, 영상은 즉흥적이며 반응적이다. 디지털 문화에 강한 청소년은 이미지가 중요하지만, 아날로그 문화에 익숙한 기성세대는 개념이 중요하다.[4] 이런 차이는 세계관의 차이로 이어질 것이고, 세상을 이해하는 방식에도 큰 차이를 만든다.

문화에 대한 한국교회의 이해가 매우 보수적으로 형성된 이유는 선교 초기 한국적 상황이 반영된 탓이 크다. 나라를 잃은 백성에게 복음을 전해준 선교사들이 복음의 정체성을 지키기 위해 보수적 문화관을 이식했고, 이는 전통문화나 대중문화에 대한 보수적 태도를 신앙적 태도와 동일시하면서 한국교회의 전반적인 특성을 형성했다. 경제 개발이 한창이던 한국 사회가 도시화·산업화로 치달을 때, 한국교회도 비슷한 경로로 성장 발전을 경험했다. 그 당시 농촌에서 일자리를 찾아 도시로 상경한 이들의 마음을 위로하고 평안을 주던 곳이 교회였다. 그러나 경제 성장이 거듭되면서 한국교회는 점차 중산층 위주의 교회로 변했고, 1980년대까지 한국교회의 성장과 대형화가 한국 사회의 문화적 변동을 일으키는 가장 강력한 사회적 요인으로 자리매김했다. 한국 경제의 성공 신화와 한국교회의 성장 신화가 거의 같은 시기에 동일한 맥락으로 전개되면서 한국교회는 사회의 중심부에서 영향력을 행사하는 강력한 사회적 망을 형성하게 되었다.

1987년 민주화 이후에 전개된 문화적 도전은 그동안 나름의 문화적 지도력을 주도하고 있었던 개신교회에게 큰 위기로 다가왔다. 문화가 돈이 된다는 사실을 알게 된 기업들이 문화 산업에 막대한 자본을 투입하면서 교회 밖 문화 콘텐츠의 영향력은 날로 강력해졌고, 가요계에 서태지와 아이들이 등장한 이후 당시 신세대는 대중문화 영역을 자신들의 정체성을 확인하는 하나의 터전으로 인식했다. 기성세대의 대중문화와는 완전히 차별화된 새로운 형식이 부상했고, 이는 자본의 축적 구조를 더욱 현실화시켰을 뿐 아니라 한국 사회의 문화적 주도권이 완전히 변모하는 계기를 마련했다. 앞서 언급한 청소년 인권과 관련된 사회적 공인이나 법적 조치들은 이때 조성된 청소년들의 사회적 존재감이 부각되면서 만들어진 것이라 할 수 있다.

청소년들이 소비문화의 주역으로 떠오르자 이를 두고 기성세대는 세대론으로 이들을 규정하고 이들의 소비 행태를 비판했다. 이들이 즐기는 문화가 위험하고 자극적이라는 식의 평가를 내놓았다. 특히 이들의 음악 문화는 기성세대가 가사 중심으로 가요를 즐겼던 것과는 달리 이미지와 몸짓을 통해 자신들의 메시지를 전달했다. 당시 유행했던 "나는 나야!"라는 메시지와 "사랑은 움직이는 거야!"라는 광고 문안은 그 시대 청소년들의 시대적 정체성에 영향을 끼쳤다.

이런 형국이 지속되다가 90년대 말부터 본격적으로 디지털 문화가 대중문화를 주도하기 시작했고, 21세기에 들어오면서 청소년들의 문화는 이제 한국의 대표적인 문화를 형성하게 되었다. 이전까지 청소년들의 팬덤^{fandom} 문화는 기성세대가 볼 때 부정적인 단어로 사용되었지만 "디지털 미디어 시대의 팬덤은 이전까지 소극적인 수용자이자 그 위험성이나 부정적인 설정에서 벗어나 하나의 하위 문화의 형태이며 적극적이며 생산적인 대중문화의 참여자로서 변화하고 있다."[5] 예전에는 방송의 황금 시간대는 가족이 함께 보는 가족 드라마로 채워졌는데 이것도 청소년들이 선호하는 트랜드 드라마로 채워졌고, 아이돌 가수나 걸그룹 가수들이 속출하면서 지금까지 한국의 K-Pop을 이끌고 있는 상황이다. 2019년 청소년들의 문화는 이렇게 한국 사회의 변화 속에서 읽어내야 한다. 한국 사회가 안고 있는 모순과 갈등의 구조를 분석하면 한국교회가 오늘의 청소년과 젊은이들의 문화에 대처할 적절한 방안을 찾아낼 수 있을 것이다.

2019년 한국 사회에서 입시 교육이라는 근본적인 한계로 인해 청소년 문화는 자율적이거나 창의적이기 어렵다는 현실적 인식은 피할 수가 없다. 그러나 이미 전술한 대로 청소년들의 시기를 미성숙의 시기가 아니라 전인적 인격체로서 그 인권과 존재를 정당하게 인정해야 한다는 사회적 합의가 어느 정도 형성되어 있다. 문제는 현실적 차원에서 청소년들이 스스로 자신들의 정치적 권리를 주장할 공론의 장이 있느냐 하는 것이고, 그러한 자율적 참여를 실현시킬 수 있는 사회 문화적 공간이 있는가 하는 것이다. 여전히 우리나라 청소년들의 정치적 권리는 유보된 상태이고, 그들의 문화적 참여도 소비 행위에 동원되는 수동적 역할에 그치고 있다. 한마디로 2019년 오늘날

3
부
◆
공
공
신
학
으
로
읽
는
한
국
사
회

246

한국의 청소년 문화는 유보된 정치적 권리와 수동적 소비자의 위치를 극복하지 못하고, 입시 교육으로 인해 자율적이며 주체적인 창의성을 발휘하지 못하고 있다.

대부분의 가정에서 자녀들의 스마트폰 사용 문제를 두고 실랑이를 벌이고 있지만, 청소년들은 스마트폰 안의 사이버 공간을 포기할 수 없다. 사이버 공간이나 인터넷 영역과 같은 제한된 영역에서 청소년들은 다른 세대에 비해 훨씬 활발하며, 자기들만의 문법을 가진 소통 방식에 참여하고 있다. 기성세대는 그러한 디지털 만남과 사이버 공간에 집착하는 것에 중독의 위험을 경고하며 비판하지만, 청소년들은 그곳에서 역설적으로 자유를 경험하고 있다. 기성세대와 전혀 다른 방식의 소통과 문화적 아비투스^{Habitus}를 형성할 수 있는 곳,[6] 그것도 기성세대의 비판으로부터 벗어나 독자적인 문화를 소통할 수 있는 곳이 바로 스마트폰 안의 사이버 공간인 것이다.

오늘날 한국 사회의 청소년 문화는 두 가지 역설적 특성, 즉 수동적 소비성과 은폐된 창의성으로 설명할 수 있다. 여성 가족부와 통계청이 함께 조사한 〈2017 청소년 통계〉에서 그 실체를 유추할 수 있다. 통계에 따르면 결혼에 대해서 "해도 좋고 안 해도 좋다"는 학생들의 수치가 꾸준히 늘고 있다. 또한 46.2%가 전반적인 생활에서 스트레스를 겪고 있으며, 이들의 사망 원인 중 가장 높은 것은 자살이다. 51.1%가 "좋은 직업을 갖기 위해" 학교 교육을 받고 있으며, 2016년 초중고 학생의 사교육 참여율은 초등학교(80.0%) > 중학교(63.8%) > 고등학교(52.4%) 순이다. 청소년들이 가장 많이 사용하는 인터넷은 카카오톡 등 인스턴트 메시지 서비스였다. 또 사회의식에 있어서 "남자와 여자는 평등한 권리를 가져야 한다"는 양성평등 의식이 93.9%, "모든 사람들은 의견을 자유롭게 표현할 수 있는 권리를 가져야 한다"는 인권 의식이 94.7%였다. 2016년 국회의원 선거에 19세 청소년은 53.6%라는 높은 투표율을 기록했다.[7]

이상의 결과로 볼 때 한국 청소년의 정치 사회적 의식 수준이 현실에 반영될 수 없는 이유가 보인다. 이상과 현실의 간격은 일상적 스트레스 요인으로 작용하고 있으며, 이런 상황 속에서 청소년들이 선택한 가장 극단적인 방식은 자살이다. 그 원인이 친구 관계이든 성적 때문이든 현실 세계에서 자신들의 문제를 해결하기 어렵다는 한계 상황에 놓일 때, 그들은 탈출구를 찾는다. 이런 점에서 청소년의 자살 문제는 문화적 요인이 크게 작용한다. 따라서 청소년들이 인터넷이나 사이버 영상 문화에 깊이 연관되어 있다는 현실을 부정적으로 보는 것은 문제가 있다. 청소년 문화를 성인문화의 하위문화 정도로 인식하기보다는 오히려 오늘의 포스트모던 문화의 현실로 인정하는 것이 청소년의 부적응, 자살 등의 현안을 대처하는 중요한 전환점이 될 것이다.[8]

많은 신학자와 목회자들이 학교 교육의 어려움을 기독교 교육적 차원에서 해결하고자 노력했다. 그런데 이런 연구들이 앞서 언급한 박상진의 지적과 마찬가지로 한국교회의 보수성과 탈맥락화에 대한 진지한 성찰 없이 진행되다 보니, 한국 사회에서 한국교회의 문화적 위치를 설정하지 못하고 단순히 기독교 혹은 교회의 입장에서만 문제를 논하고 있다. 예컨대 학교, 가정, 교회가 함께 협력하여 신앙교육을 전개해야 바른 인성과 신앙의 전수가 가능하다는 식의 결론이 대부분이다. 21세기의 복잡하고 다원적인 구조에서는 오늘의 청소년 문화에 대한 기독교적 대안을 모색하기 위해 더욱 종합적이고 입체적인 시각으로 연구할 필요가 있다.

4. 기독교적 대안 모색을 위한 제언

〈한국청소년정책연구원〉의 "2010년 한국 아동·청소년 인권실태조사"에 따르면, 청소년의 40.2%가 동성 친구에게 고민을 상담한다고 답했다. 고민을 상담할 대상이 없다고 응답한 비율도 13.9%나 나왔다. 고민을 상담할 대상이 아버지인 청소년은 3%에 불과했다.[9] 필자는 2008년 모 대학에서 1학년 수업을 맡았었다. 기독교대학이고 신학과 소속이었던 까닭에 신입생은 모두 그리스도인이었다. 필자는 "여러분은 고등학교 시절 어려운 일이 생겼을 때 상담을 가장 편하게 할 수 있었던 사람이 누구인가요?"라는 질문을 했고, 학생들에게 답변을 적어내도록 했다. 결과는 충격적이었다. 부모님이라고 대답한 이는 거의 없었고, 학교 선생님이었다는 대답도 마찬가지였다. 혹시나 기대했던 교회 학교 교사나 전도사라는 대답은 없지 않았으나 그리 많지 않았다. 가장 많은 응답자가 놀랍게도 학원 선생님, 과외 선생님이라고 대답했다. 한 가지 가정할 수 있는 상황은, 아픈 현실이지만 당시 그 학과는 수능 점수가 그리 높지 않았는데 아마도 학교에서 주목받지 못하는 위치에 있었을 개연성이 높았다. 대체로 학교에서 주목받지 못하는 학생이 교회에서 주목받는 역할을 하며 목회자나 교회 학교 교사들과 높은 친분을 유지할 가능성은 소수의 학생에게만 있었을 것이다.

최근 〈학원복음화협의회〉의 조사에 따르면 대학생 10명 중 2명이 교회를 출석한다고 응답하는데, 익명을 바라는 응답자까지 감안하면 4명 정도일 것으로 추측된다.[10] 익명을 바라는 이들은 자신이 교회에 출석한다는 사실을 굳이 공개하려고 하지 않는다. 한국교회의 위기 국면 중에 교회가 다음 세대들, 젊은이들로부터 외면받고 있다는 사실이 가장 심각하다. 교회 학교마다 학생회 수가 줄거나 아예 없어지고 있으며, 기독교 정신으로 세워진 학교의 종교 교육도 점차 저항에 부닥치고 있다. 사회적 여론이나 신뢰도에 있어서도 결코 교회나 기독교 정신으로 세워진 학교에 유리하지 않아서 기존의 기독교 교육 체제를 그대로 유지한다면 심각한 갈등을 겪을 가능성이 높다.

대체 어디서 무엇이 잘못된 것인가? 한국의 초기 선교 시기에 교육에 큰 공헌을 하며 지금 한국에서 명문이라 일컫는 학교들이 대부분 기독교 계통임에도 불구하고 왜 기독교 교육은 제대로 인정받지 못하고 있을까? 설상가상으로 학교 비리나 부정부패에 기독교 계열 학교들이 늘 빠지지 않는 상황을 어떻게 설명할 수 있을까? 기독교 신앙을 모토로 내세우는 학교 기관은 작금 우리 청소년들이 직면하고 있는 어려움에 대해 탁월한 대안을 내놓고 있는가? 그 해답을 혹시나 다른 학교들처럼 좋은 상급 학교에 더 많이 진출시키는 것에서 찾으려는 것은 아닌가? 엄격한 규율과 세상과 분리되는 이원론적 신앙관을 기독교 정신에 입각한 교육이라고 생각하는 것은 아닌가? 이런 많은 질문에 본질적으로 대응하지 않고 기능적으로 대응한다면 앞으로 다원적이며 다층적인 한국 사회에서 기독교 교육의 입지는 더욱 좁아질 것이다.

청소년과 젊은이들이 교회를 떠나는 이유에 대해서 여러 가지 분석이 나와 있다. 미국에서도 유사한 논의가 있었는데, 그들은 기성세대와 전혀 다른 사회 문화적 인식을 하고 있어서 전통적인 교회에 머물러 있기가 어렵다는 것이다. 한국도 다르지 않다. 현재 청소년 문화가 자아 정체성을 혼란하게 만들고 지나치게 소비적이라는 판단은 한국교회의 지도자와 교사들이 공유하고 있는 정서다. 필자가 교회 학교에서 특강을 할 때마다 선생님들은 내게 학생들이 복음적 가치와는 먼 문화에 익숙해서 걱정이라는 식으로 말한다. 하지만 기독교의 문화적 가치가 학생들의 주류 문화를 비판하고 부정하는 식으로 강요된다면 그 교육의 효과는 크지 않을 것이다.

앞서 청소년의 자아 정체성 형성을 발달 심리학적으로만 접근하지 않고 문화적으로 이해해야 함을 논했다. 현재 대한민국 청소년들의 사회 문화적 인식은 이전과 전혀 다르다. 앞으로 이들이 살아갈 세상도 이전과는 전혀 다른 방식일 것이다. 예컨대 4차 혁명이 바꾸어놓을 세상, 통일 한국이 변화시킬 한국, 그리고 아시아, 지구 사회의 입체적 조건을 고려할 때 과연 지금의 기독교 교육이 이러한 총체적인 도전에 답할 준비가 되어 있는지 점검해야 한다. 한국 사회는 점차 탈종교화되면서 동시에 개인의 영성에 대한 관심이 고조되는 세계적인 추세에 동참하고 있다. 그것이 어떤 형태든 사람들은 영적인 갈망을 채울 방법을 찾게 된다. 카페와 영화관이 학교와 교회를 대체하며 사람들에게 필요한 휴식과 위로와 삶의 가치를 제시하는 공간이 되고 있다. 청소년들이 살아갈 세상에서 학교와 교회는 마치 구시대의 유물과 같은 것이 될 수 있다. 청소년층에게 매력을 잃은 기성 종교는 습관적으로 익숙한 것일 뿐 그들의 삶에 궁극적인 의미를 던지지는 못할 것이다.

지금 유럽의 부모 세대는 대부분 자녀들에게 남겨줄 신앙적 유산이 없다. 남은경은 유럽의 개신교가 겪고 있는 이런 상황에서 기독교의 신앙 유산이 어떻게 전승되고 있는지에 대해 연구했다. 여전히 가능성은 남아 있으나, 그의 연구에서 주목하는 바는 68혁명 이후 유럽인은 공동체나 지역이 아니라 "개인이 자신의 종교적 정체성을 구축해가는 경향"으로 바뀌었다는 것이다.[11] 기독교 학교에서의 종교 교육도 대부분 지식 전달 정도의 수준이지 더 이상 고백적 신앙이 전수되지는 않는다고 지적하면서 한국교회를 향해서도 동일한 경고를 보낸다.[12] 박상진은 좋은 시설, 좋은 교재, 좋은 교사가 있음에도 불구하고 청소년이 기독교를 떠나는 이유는 "진정한 실존적 접촉"이 결여되었기 때문이라고 분석했다.[13] 물론 이런 상황은 한국만의 특수한 것이 아니다. 유럽은 이미 오래전에 이런 상황을 겪었다. 68혁명 이후 교회는 문화적 도전에 제대로 응답하지 못했고, 그 결과 많은 젊은이들이 기독교를 이탈했다. 그것은 기독교가 현실 세계의 문제에 대해 적극적인 변혁을 감당하지 못하고 오히려 수구적이고 기득권을 유지하려는 태도를 보였기 때문이다.

한국교회가 직면한 위기의 원인은 그대로 기독교 교육의 위기를 가져온다. 기독교가 청소년들의 실존적 질문에 의미 있는 응답을 하지 못하고 있다. 흔히 한국 청소년들이 직면한 고통의 원인을 입시제도에 두고 있고 사교육의 압박에서 찾는다. 표면적으로는 틀린 말이 아니지만, 그런 분석에 기대어 현실론을 제기하며 현재의 상황에 순응한다면 이미 기독교적 대응을 포기한 것이다. 현재의 상황에서 남보다 앞서가기 위해 동원되는 신앙 논리나 신앙 훈련은 그들이 목표를 이루지 못했을 때 오히려 경멸의 대상이 되고 만다. 부모와의 관계나 친구들과의 관계에서 충돌을 경험하거나 따돌림과 폭력을 경험하는 경우에도 대부분의 교육 현장은 개인의 문제로 환원하거나 학생들이 버텨야 하는 현실로 인식하는 경향이 강하다.

비신앙적 현실에 순응하면서 기독교 교육을 하겠다는 것은 불가능하다. 기독교 대안 학교를 보며 당황스러울 때가 종종 있다. 기독교 대안 학교의 목적이 소수의 엘리트 교육을 통해 해외에 유학을 보내거나 좋은 대학을 가도록 만드는 것처럼 느껴질 때가 많기 때문이다. 교육을 기독교적으로 한다는 것의 의미가 너무도 사적인 의미로, 개인 영성적 차원으로 규정되어 있다. 교육 자체는 공적인 행위인데, 여기에 기독교적 관점을 추가한다는 것은 그 공적인 행위가 기독교적 신앙관을 통해 더욱 탁월하게 조명된다는 것을 의미한다. 기독교 교육의 본질을 단지 교육적 수월성과 성과에만 두고 이해한다면, 오늘의 청소년들이 직면한 문화적 창조성과 비현실적 과제들 사이에서 발생하는 혼란들을 해명하고 적절하게 응답하기가 어려울 것이다.

기독교 신앙은 본질적으로 공적인 성격을 지닌다. 개인주의 영성에 함몰되어 개인의 복만 추구하는 사적 기독교는 20세기에 와서 물질주의와 현세주의에 물든 왜곡된 기독교다. 기독교 교육이 추구해야 할 교육적 공공성은 일반 교육이 지향하는 바른 시민의식과 인성을 고양하는 것을 포함하여 기독교적 공공성을 추가해야 한다. 우리가 기독교 교육을 하는 이유는 기독교적 공공성이 공교육의 한계를 극복하고 더 탁월하게 교육 본연의 목적을 실천할 수 있다고 믿기 때문이다. 세계의 행복지수 1, 2위를 다투고, 교육 선진국으로 불리는 덴마크의 니콜라이 프레데릭 세베린 그룬트비 Nikolaj Frederik Severin Grundtvig는 목사였음에도 불구하고 덴마크 교육 현장에서 종교의 자유를 허용하면서 기독교적 문화의 본질을 학생들에게 가르쳐야 한다고 주장했다. 사랑, 배려, 용서 등이 오늘날 스웨덴을 가장 아름답고 정의로운 나라 중 하나로 만들었다. 물론 교회에 출석하는 사람의 수를 놓고 평가하자면 다른 평가를 할 수도 있지만, 이는 기독교 교육의 공공성이 무엇을 의미하는지 보여주는 좋은 사례다.

기독교 교육의 공공성이 지향해야 할 가치는 다름 아닌 하나님 나라의 가치다. 즉 우리가 살아가는 현실 세계의 각 영역에서 하나님께서 인간에게 요구하는 삶의 방식들이 실현되도록, 그래서 하나님의 다스리심이 드러나게 하는 것이다. 이렇게 본다면, 단지 기독교인을 만들거나 교회에 출석하도록 하는 것이 기독교 교육의 본령이 아니다. 학생들에게 오늘날 한국 사회를 향한 기독교적 비전과 대안들을 제시하고 하나님의 다스리심이 세상 곳곳에서 실현되도록 고민하게 하는 것이다. 이것은 수동적인 태도가 아니라 창의적이고 대안적인 태도를 말하며, 현실 순응적이라기보다는 변혁적인 비전을 갖도록 만드는 것이다. 그래서 기독교 교육은 오늘의 청소년 문화를 부정적으로만 바라보지 않는다. 오히려 청소년들의 창의적 가능성을 적극적으로 수용하되 하나님 나라의 공공성을 지향하도록 이끄는 것이다. 사적 이익을 위해 신앙에 헌신하는 것이 아니라 세계와 한국의 고통받는 많은 이들을 위해 헌신할 이들을 길러내는 것이 기독교 교육의 과제다.

이런 문제의식을 교육 현장에서 도입하기 위해 정부와 교육 당국에서 이미 2009년부터 창의적 체험 활동을 운영했고, 중학교의 경우, 한 학기나 한 학년 전체에 자유 학기제 혹은 자유 학년제를 도입하여 체험적 교육의 질을 높이고 있다. 물론 새 정부가 들어서면서 또 한 번의 제도 변화가 예상되지만, 청소년들의 체험과 현장을 강조하는 분위기는 지속될 것으로 보인다. 문제는 한 학기 또는 한 학년을 채울 만한 창의적 체험 활동이나 교육 내용이 일선 교육 현장에는 충분히 준비되지 못했다는 것이다. 이런 점에서 하나의 대안으로 지역 사회와 함께하는 교육을 지금보다 더 적극적으로 모색해야 한다.

지역 사회는 생산, 분배, 소비를 통해 지역 구성원들에게 사회적 삶의 기본적인 재화를 제공하고 사회화, 사회 통제, 사회 통합, 상부상조 등의 사회관계적 공동의 망을 제공한다.[14] "한 아이를 키우기 위해서는 한 마을이 필요하다"는 말이 있다. 이는 공동체 안에서 아이를 길러야 한다는 의미다. 많은 이들이 드라마 "응답하라" 시리즈를 보면서 "맞아, 그때는 그랬지" 하며 지나간 과거를 회상하는데, 그중에서도 동네 주민들과 윗집 아랫집 사람들이 함께 자녀를 키우고 보살피는 모습을 보며 추억에 젖는다. 20-30년 만에 골목길은 사라지고, 아파트로 뒤덮인 한국의 도시는 마을이 사라져버렸다. 마을과 지역 사회가 교육에 있어서 너무도 소중한 학교인데, 그 자리는 이제 학원과 PC방으로 대체됐다. 어른들과 교감하며 이야기를 나눌 기회가 사라졌다. 지역 사회의 구성원들을 통해 과거와 미래를 배우고 재구성할 기회가 사라졌다는 말이다. 우리는 그동안 개발과 성장을 향해 달려가느라 물질적 풍요는 얻었는지 모르지만, 공동체적 유산은 잃어버렸다.

인간의 행복지수는 물질적인 것만이 아니라 공동체적 관계에서 배우는 나눔과 사랑의 체험에 크게 좌우된다. 연세대 사회발전연구소 염유식 교수팀이 발표한 "2015 어린이·청소년 행복지수 국제 비교 연구"에 따르면, 우리나라 어린이·청소년의 주관적 행복지수는

90.4점으로 경제 협력 개발 기구^{OECD} 23개국 중 19위다. 어린이·청소년 행복지수의 측정 지표는 물질적 행복, 보건과 안전, 교육, 가족과 친구 관계, 행동과 생활 양식, 주관적 행복으로 구성되어 있다. 주관적 행복지수는 꼴찌 수준인 데 비해 생활과 생활 양식(135.7점, 1위), 물질적 행복(114.4점, 2위) 등은 순위가 아주 높게 나왔다.[15] 물질적 행복과 주관적 행복의 괴리가 지금 우리 청소년들이 놓인 현주소를 보여주는 상징적인 수치다. 이러한 괴리를 메우기 위한 하나의 적절한 대안 중 하나는 학교에 도입되고 있는 체험적 교육을 지역이나 마을까지 확대하는 것이다.

앞서 언급한 대로 대부분의 기독교 교육 전문가들은 학교-가정-교회가 신앙 교육에 협력해야 한다고 주장하는데, 그 내용은 대부분 추상적인 제안들이다. 지역의 기독교 학교는 지역 교회들과 협력하여 시설 및 공간과 인적 자원들을 활용할 수 있는 네트워크를 적극적으로 구축해야 한다. 최근에 몇몇 교회들이 지역 공동체를 형성하는 방향으로 지역 선교 전략을 재구성하고 있다. 교회를 구원의 방주로 인식하거나 정복적 태도를 보이고 있는 성시화 선교 전략은 많은 문제를 야기하고 있다. 이원론적 세계관을 극복해야 오늘날 한국교회가 직면한 위기를 극복할 수 있고, 복음의 공공성을 회복할 수 있다.

> 지역 공동체 형성은 교회가 지역의 한 구성원이며 지역의 의제가 곧 교회의 선교적 과제임을 인정하는 일로부터 시작된다. 지역 공동체의 구체적인 의제들을 조정하고 지원하는 일에 참여함으로써 지역 사회의 성찰적인 수준을 높이는 것이다.[16]

그렇다면 적어도 지역 교회와 기독교 학교의 선교적 목적은 공유될 수 있을 것이다. 지역 사회의 자원으로서 교회 공간을 적극 활용하고, 교회 내부의 인적 자원들을 교육 자원으로 활용할 수 있도록 각 전문 분야의 자원봉사자들을 훈련시킬 수 있다. 이런 일에 모범적으로 참여하고 있는 교회 중 하나는 화성시 봉담읍에 있는 더불어숲동산교회다. 이 교회는 화성시와 함께 협력하여 공정 무역과 지역 공동체 교육 분야에서 전문적인 교육 과정을 개발하고, 인근 중고등학생의 체험 학습과 자유 학기제 교육 콘텐츠를 제공하고 있다. 학생들은 교회 공간에 직접 찾아와서 화성의 지역 사회를 탐방하고 공동체적 체험이 가능한 활동에도 참여한다.[17] 교회는 지역 사회를 위한 공간을 제공하고, 지역 학교를 위해 교회 네트워크를 구성한다. 특히 교사들을 위한 세미나를 제공하기도 하고, 학생들의 체험 활동을 위한 각종 프로그램도 지원하고 있다.[18] 이 교회 외에도 방과 후 교육에 직간접적으로 참여하고 있는 교회들이 최근 많아지고 있다. 이런 상황에서 학교들도 수동적인 태도로 도움을 요청하는 차원을 넘어, 적극적으로 지역 사회의 기독교 단체나 교회와 협력해 개발 가능한 프로그램이 무엇인지 고민할 필요가 있다. 필자가 알고 있기로는 이러한 제안에 참여할 교회들은 많이 있다. 교회는 교회대로 학교는 학교대로 기독교 신앙의 공공성을 실천하면, 지역 사회의 공동선과 청소년들의 미래에 하나님 나라가 뿌리를 내리도록 협력할 수 있을 것이다. 그렇게 되면 한국 사회가 더 좋은 사회가 되는 일에 교회와 기독교 학교가 헌신할 수 있고, 복음 선교에 있어서도 큰 효과를 거둘 수 있을 것이다.

이제 신앙 교육은 단순한 지식 교육이 아니라 현실 세계의 모순과 아픔을 치유하고 새로운 세상을 만들어가는 일에 헌신하는 일이 될 것이다. 하나님이 우리를 부르시고 보내셨다는 선교적인 삶을 결단 하도록 하는 것이 진정한 신앙 교육이다. 기독교 교육은 우리에게 보내주신 청소년들을 비판하고 통제하며 현실에 순응하도록 만드는 교육이 아니라 세상의 주인 노릇을 하는 수많은 우상들, 맘몬과 권세들의 힘에 순응하지 않고 자신에게 주어진 선교적 사명을 깨닫게 하는 교육이 되어야 한다. 하나님께서 여전히 일하고 계시고, 복음이 유일한 희망이라는 사실을 지역 사회와 지역 교회가 함께 협력하여 증언해야 할 책임이 기독교 교육에 있다.

13장
청년 문제와 한국교회의 공적 역할

1. 힐링만으론 안 된다

한국의 청년들은 지금 출구 없는 골목에서 아무런 보장이 없는 무한 경쟁에 내몰리고 있다. 대학 졸업자들의 취업난이 심각하고, 그나마 취업을 한다고 해도 대부분 비정규직을 전전하거나 아르바이트를 직업으로 선택하는 이들이 부지기수다. 치열한 입시 경쟁을 뚫고 대학에 진학해도, 청년들은 또다시 취업 경쟁에 뛰어들면서 연애나 결혼을 포기하는 청년들이 많다.

모름지기 청년의 시기는 도전과 실패를 통해 배우는 때라고 말하는 것조차 사치가 되어버린 상황에서, 종교계를 비롯해 학계와 정치권에서 제시하는 해법은 크게 두 가지로 나뉜다. 청년 개개인들을 위로하고 희망의 메시지를 전하는 것과 청년 일자리 창출을 위해 기업과 노동계를 압박하는 정책을 내놓는 것이다. 전자는 대부분 소위 힐링이라는 테마로 청년들의 마음을 다독이며 그들의 아픔을 치유하려 했고, 후자는 결국 최근 유연 고용제와 임금 피크제라는 제도를 시행하는 것으로 해결하려 한다. 그러나 이런 식의 접근이 지금 청년들이 처한 우리 사회의 상황을 근본적으로 해결할 수는 없다.

그런데 기독청년들은 이런 상황을 어떻게 받아들이고 있을까? 기독교 신앙은 이런 상황에 어떻게 대처해야 한다고 가르칠까? 정확한 통계가 뒷받침하는 것은 아니지만, 대부분의 기독청년들은 이런 상황을 신앙의 문제와 결부시켜 생각하지 않는다. 그들은 구차하기 그지없는 문제를 굳이 교회에 와서까지 드러내지 않으려고 한다. 그래서 사회적 실패가 용인되고 포용되기보다는 오히려 은폐된다. 이 시대의 청년 문제가 심각하다는 것에 대해서는 공감하고 있지만, 사회적 차원의 접근보다는 개인이 각자 해결해야 할 문제로 치부하여 구체적인 방안을 고민하는 경우는 드물다. 가난한 이웃을 돕자는 일에는 동의하지만, 그들의 가난이 왜 발생했는지에 대해서는 무관심하다. 청년들은 교회에서도 사회적 역할로부터 배제된다.

최근 선교적 교회 운동은 교회가 성장과 번영을 지양하고 하나님의 선교의 지역적 실천에 헌신해야 한다고 주장한다. 그러나 기독교의 공적 역할을 강조하는 새로운 시도들도 현재 한국의 청년들이 직면한 위기에 대해서는 별다른 언급이 없다. 기독청년들도 현 상황의 문제들을 공적인 신앙이라는 차원에서 인식하지 못하고 있다. 왜 기독청년들은 현재 자신들이 겪고 있는 사회적 문제들을 공적 신앙의 차원에서 인식하지 못하는가? 동시대 청년들이 겪는 좌절과 고통을 고스란히 수용하면서도 교회에 와서는 잠깐의 힐링에 만족하고 마는 것은 아닌가? 오늘날 서구에서는 자신들이 직면한 사회적 난제들을 해결하기 위해 종교의 공적인 역할을 요청하고 있는데, 한국교회와 기독청년들은 청년 문제에 주도적으로 응답할 수는 없을까? 왜 그들은 저항하지 않는 것일까? 대책 없이 위안만 주는 것도 문제지만, 여건이 허락하지 않는데 무조건 구호나 선전을 강요하는 것도 무책임하다. 이번 장에서는 한국교회의 미래인 기독청년들이 종교의 공적 역할에 대한 요청에 주체적인 응답을 할 수 있도록 돕고 간략하게 방향을 제시해보도록 하겠다.

2. 기독청년의 무거운 짐

우석훈과 박권일이 펴낸 『88만원 세대』는 2007년 출간 당시 꽤 큰 반향을 일으켰다. 우석훈은 앞으로 청년 세대가 비정규직으로 88만원 정도의 임금을 받으며 살게 될 것이며, 기성세대가 그 해결책을 마련해주지 않을 것이기 때문에 청년들 스스로 저항해야 할 것이라고 주장했다. 이후 우리 사회는 정확히 그가 예측한 상태로 전개되었고, 상황은 더 악화되었다. 지금은 청년들의 암울한 상황을 일컫는 말로 3포 세대니 5포 세대니 하는 자조 섞인 단어까지 동원되고 있다.[1] 한 일간지에 보도된 〈한국보건사회연구원〉의 조사 통계에 따르면, 2013년 기준 18-24세의 빈곤율은 19.7%, 25-29세는 12.3%로, 60-64세(20.3%) 다음으로 높은 수준이다. 청년 실업률은 2012년 9%, 2013년 9.3%, 2014년 10%로 매년 증가하고 있다.[2] 2017년 통계청 자료에 따르면 5월에 11.1%이며, 이는 1999년 이래 최고치다.[3] 이는 OECD 중 여섯 번째로 높은 수치다. 그나마도 대부분 비정규직

일자리이고, 구직 포기자나 취업 기피용 진학생까지 포함하면 취업률은 더 떨어질 것이다. 요즘 대학생들의 삶은 그야말로 취업 준비생의 삶이다. 대학에서는 일부러 F학점을 취득하려는 학생들까지 있다고 한다. 졸업을 미루고 계속 취업 준비를 해야 하기 때문이다. 대학생들은 이른바 스펙을 쌓기 위해 시간이 더 필요하다고 생각한다. 어학연수를 다녀오는 것은 필수적인 과정이므로 이를 위해서 온갖 아르바이트와 일용직을 감수해야 한다.

그러나 대학생들을 가장 괴롭히는 것은 바로 빚이다. 학자금 대출로 등록금을 충당하기 때문에 이미 재학 시절부터 신용 불량자가 되는 일이 허다하다. 대학생 10명 중 3명은 학자금 대출을 보유하고 있고, 이들의 대출액은 평균 853만 원이라고 한다. 한 설문 조사에 따르면 대학생 중 73.6%가 등록금을 마련하기 위해 아르바이트를 해본 적이 있다고 대답했다.[4] 사정이 이쯤 되면 우리나라 대학생들은 대부분 빚쟁이라고 봐야 한다. 대부분 취업을 하지 못하고, 또 취업을 한다고 해도 비정규직임을 감안하면 청년 세대가 짊어질 빚이 쉽게 청산되지 않을 것이 분명하다.

현재 기성세대 또한 주택 대출과 생계형 대출로 인해 과도한 빚을 안고 살아가고 있는 상황이라 정규직에 취업을 하는 청년들이라 할지라도 그 사정이 크게 다르지 않을 것으로 예상된다. 한국의 중산층이 몰락하고 있다는 기사는 이제 별로 큰 충격을 주지 않을 만큼 기정사실이 되었다. 그래서 취업을 해도 미래가 불안한 것은 마찬가지다. 미래가 이렇게 불투명하기 때문에 청년들은 스펙 쌓기에 더 몰두하고 취업 전쟁에서 살아남는 것이 최대의 과제가 되었다. 그런데 이런 상황은 다만 우리나라의 청년만 겪는 고통이 아니다. 지금 세계

의 거의 모든 청년, 대학생들이 공히 겪는 상황이다.[5]

헨리 지루Henry A. Giroux는 이런 청년들을 가리켜 일회용 청년 disposable youth이라고 칭한다. 그는 지금 사회가 청년들을 희생양으로 삼고 있으며, "특히 가난하고 소외된 청춘이 일회용으로 전락하거나 적어도 잉여처럼 취급"당하고 있다고 고발한다.[6] 기성세대와 정책입안자들이 청년들을 사회적 쓰레기처럼 취급하고 있다는 것이다. 그들은 사회적으로 골치 아픈 존재이지 미래적 존재가 아니라는 것이다. 그는 이렇게 말한다.

사회가 민주주의와 그 미래를 상상하는 방식은 미래 세대에 대한 사회적 책임을 어떻게 생각하는지에 달려 있다. 말하자면 민주주의에서 사회 계약은 미래에 대한 고유한 관념을 갖고 있으며, 그러한 관념 때문에 성인의 의무와 세대 간 연대가 필수적인 공적 행위로 간주될 수 있다. 반대로 청년의 상태는 민주적인 사회 계약이 얼마나 실현되고 있는지 증명해준다.[7]

그가 고발하는 서구 사회의 모습을 찬찬히 읽어보면, 우리의 모습과 크게 다르지 않다. 그가 주목하는 원인은 오늘날의 자본주의 시스템이다. 지금 선진국에서도 청년들의 실업률은 높아지고 있으며, 대학생들의 학자금 대출 비율도 높아지고 있다. 이런 현상은 현재의 기성세대가 조기 은퇴를 하거나 명예퇴직을 하면서 더욱 심각한 사회 문제가 되고 있다. 그래서 질이 낮은 일자리조차 청년 세대와 노년 세대가 서로 차지하기 위해 경쟁을 벌이게 된다는 것이다.

물론 청년들이 이런 상황에 그저 순응만 하고 있는 것은 아니다. 2010년 3월 10일 당시 고려대학교 3학년이었던 김예슬 학생의 자퇴 선언은 88만원 세대의 저항으로 인식되었다. "오늘 나는 대학을 그만 둔다. 아니 거부한다"고 선언한 그녀의 대자보와 이후 그녀의 책 출간은 당시 큰 반향을 일으켰다. 자퇴의 변에서 그녀는 "상품이 되기 전에 인간의 길을 선택하겠다"고 선언했다.[8] 직업 훈련을 위해 기업화된 대학을 비판하고, 청년의 현실이 벗어날 수 없는 절망뿐이라고 한탄하면서 자퇴를 했다. 이후 2013년 고려대 재학생 주현우 군의 "안녕하십니까?"라는 대자보는 청년들이 처한 상황에 대한 성찰을 촉구한 사건으로 회자되었다. 또한 그는 청년들 스스로 자신들의 처지를 "팔자려니" 받아들여서는 안 된다는 주장을 최근 인터뷰에서 밝혔다.[9] 대학생들의 자퇴가 김예슬 이후에 몇 건 더 보도되었고, 또 대학생의 자성을 촉구하는 릴레이 대자보도 지속적으로 이어졌다. 그러나 이들의 저항의 몸짓은 거기까지였다. 그럴 수밖에 없는 상황이 있었던 건지 아니면 그들의 투쟁이 덜 절박했던 것인지 아무튼 그 이후의 사건은 문제를 제기하는 것으로 마무리되고 말았다. 현실 세계의 모순을 바꿔보자는 절박한 호소에 비해 이들의 저조한 투표 참여율은 다소 의아한 부분이다.

이런 현실에 저항하려는 움직임이 없는 것은 아니나 대부분의 청년들은 현실을 외면하거나 도피하려 한다. 청년들에게 대한민국은 그야말로 헬조선이다. 이 단어는 현재 청년 세대의 불만을 적나라하게 대변한다. 이렇게 말하는 청년들은 이민이 유일한 탈출구라고 말한다. 그렇지 않고 한국에 남아 있게 되면, 조선 시대처럼 노예로 살아가야 한다는 자조 섞인 한탄이다. 실제로 20-30대에 다른 나라로 이민 가려는 사람들이 크게 늘어나고 있다는 보도가 계속되고 있다.[10] 한 사회의 미래라 할 수 있는 청년들이 조국을 이렇게 인식하는 것은 단순히 청년들만의 문제가 아니다.

한편에서는 현실 자체를 잊어버리고 자신 안에 골몰하는 사회적 자폐자로 남는 행태도 나타나고 있다. 부모의 그늘 아래에서 결혼하지 않고 취업도 하지 않으며 살아가는 청년들이 점차 늘어나고 있다. 이들은 취업을 하려는 욕구가 아예 없고, 자신만의 세계에 빠져 인터넷과 게임에 몰두하며, 이따금 사람들을 만나서 별 의미 없는 이야기를 나누는 것이 일상적인 삶이다. 문제는 그들 스스로는 아무런 불만이 없다는 것이다.

이런 상황에 대해 교회와 기독청년들은 어떻게 대처하고 있는가? 교회에 출석하는 청년들이라고 해서 이 시대의 청년들과 다른 이들이 아니다. 이들 역시 취업의 어려움과 미래에 대한 불안으로 한숨을 쉬며, 스펙 쌓기와 아르바이트로 지친 몸을 이끌고 교회에 나온다. 하지만 이들은 신앙심으로 자신들의 현실을 해석하고 받아들여야 하는 의무가 더해진다. 대체로 사회적 의제에 민감하게 반응하는 일부 소수의 교회들이나 기독교 단체 또는 몇몇 활동가들을 제외하면 대부분의 기독청년들은 보수적인 한국교회의 분위기 속에서 이렇게 현 체제에 별다른 비판적 의식을 갖지 못한 채 살아간다.

현재 청년이 처한 현실 세계의 고통을 기독청년들 스스로 해석하고 극복해야 한다는 담론은 교회 안에서 제공되지 못하고 있다. 매우 암시적이거나 비공식적인 모임에서 간간히 이야기될 뿐이다. 사회뿐만 아니라 교회에서도 모든 모순과 고통의 책임은 청년들 개개인에게 돌아간다. 그들은 그 정체가 무엇인지 정확히 말할 수는 없지만 자신들의 부족한 그 무엇으로 인해 지금과 같은 고통을 감당해야 한다고 여긴다.

3. 이것은 우리 책임이다

대학생·청년들이 저항하지 못하는 혹은 저항하지 않는 이유에 대해서 다시 헨리 지루의 주장을 살펴보자. 그는 "학생들이 왜 저항하지 않는가?"라는 질문이 사실을 왜곡하는 경향이 있다고 주장한다. 그보다 더 정당한 질문은 "그들의 저항이 어째서 확산되고 연결되어 지속되지 않는가?"라는 것이다.[11] 예컨대 작지만 의미 있는 학내의 저항도 일어나고 있고, 또 몇 해 전 세계가 주목했던 월가점령운동Occupy Wall Street과 같은 행동도 있었지만, 이 움직임들은 시간이 흐른 뒤 별 성과 없이 끝나고 말았다. 헨리 지루가 주목한 원인은 구조적인 사회적 조건과 관련이 있다. 우리 사회가 비판적으로 행동할 청년의 능력을 잠식시키고, 점증하는 불의를 일상에서 마주쳐도 과감히 개선하지 않는다면, 이것은 분명 사회적 조건에 문제가 있는 것이다.[12] 한편 그는 줄어드는 장학금과 늘어나는 대출금으로 인한 개인적인 부채가 큰 부담이었다고 본다. 대학의 공공성이 사라지고 기업화가 가속화되자 비판적인 시민 교육과 인문 교육이 줄어들었고, 학생들은 자신들에게 부과되는 과도한 사회적 부담에 눌려 비판하거나 저항할 생각조차 못하게 되었다. 이 또한 현재 한국 대학들의 사정을 비교해보면 그리 다르지 않다. 청년들이 저항하지 못하는 것은 그들이 저항할 수 있는 기본적인 조건조차 확보하지 못했기 때문이다. 이런 점에서 가장 근본적인 원인은 모든 것을 소비할 상품으로 전락시키는 전세계적인 카지노 자본주의에 있다.[13]

　이 주장을 더욱 면밀히 살피기 위해 지그문트 바우만Zygmunt Bauman의 의견을 대비해볼 필요가 있다. 바우만은 『새로운 빈곤』에서 지금의 자본주의가 어떻게 도덕과 윤리로부터 분리되어왔는지를 추적한다. 노동이 윤리의 문제였던 시대가 있었지만 지금은 노동을 윤리에서 분리시킨다. 또한 빈곤을 배제하고 외면할 수 있도록 정당성을 부여한다. 결국 빈곤과 실업은 개인이 책임져야 할 몫이 된다. 오늘의 소비사회는 잉여로서의 빈곤자들을 비소비자로 규정하고 배제한다. 이는 역사상 유례가 없는 빈곤에 대한 새로운 이해다. 그는 이렇게 말한다.

(과거에는) 현재의 빈곤층을 내일의 노동자로 훈련시키는 건 경제적으로나 정치적으로나 의미가 있었다. 그것은 산업에 기반을 둔 경제의 바퀴에 기름칠을 했고, '사회 통합'의 과제, 다시 말해서 질서 유지와 규범 통제를 제대로 수행했다. 그러나 두 가지 의미 가운데 어떤 것도 우리 '후기 근대' 또는 '포스트모던', 더 나아가 무엇보다도 소비자 사회에서 더 이상 의미를 지니지 못한다. 오늘날의 경제는 대규모 노동력을 필요로 하지 않으며…오늘날 빈곤층이 위반하고 있는 규범, 규범을 지키지 않는 이들을 '비정상'으로 만드는 규범은 고용의 규범이 아니라 소비자 능력 또는 소비자 적성의 규범이다.…따라서 역사상 처음으로 오늘날 빈곤층은 근심과 골칫거리일 따름이다. 그들의 불행을 보상하기는 고사하고 불행을 없앨 만한 의미가 없다. 그들은 납세자들이 지출하는 대가로 제공할 만한 것을 갖고 있지 않다.[14]

바우만은 이런 상황에서 빈곤층은 스스로를 무가치한 존재로 인식하게 되고, 이것이 체제에 저항하지 않게 되는 원인이라고 주장한다. 자신들 스스로가 존재하지 않는 것처럼 행동한다는 것이다. 다른 사람이 보기에 그들은 존재하지 않기 때문에, 그들은 점점 그들 자신의 눈에도 존재하지 않게 된다.[15] 그들이 저항하지 않는 것은 저항할 자의식을 형성할 수 있는 구조적 지원을 전혀 받을 수 없기 때문이라는 것이다.

오찬호는 이 문제를 한국적 상황에서 더 치밀하게 파고든다. 그는 "왜 청년은 저항하지 않는가?"라는 질문 대신 "그들은 왜 차별을 당연하게 받아들이는가?"라고 묻는다. 즉 저항은 고사하고 청년들이 지금의 불의한 사회와 자신들의 처지를 받아들이게 되는 사회학적 메커니즘을 추적하고자 한다. 그래서 대학생들이 자신들을 겨냥한 그 사회적 차별을 정당한 것으로 인식하는 과정을 추적한다. 그는 자신이 강의실에서 겪은 당황스러운 한 경험으로부터 이 질문이 시작되었다고 한다. 저자는 한 강의에서 한동안 주목받았던 사회적 사건, 즉 2006년 KTX 여승무원들의 파업 사태를 토론 주제로 삼았다. 저자의 의도는 사측이 약속을 지키지 않은 것이 문제임을 부각시키려는 것이었지만, 엉뚱하게도 한 학생이 여승무원들이 노력하지 않고 정규직이 되려는 의도가 불순하고 부당하다는 의견을 제시했다. 놀랍게도 대부분의 학생들이 이를 암묵적으로 동의하고 있는 것처럼 보였다.[16] 이후 저자는 여러 대학의 강의실에서 그리고 교실 밖에서 이들의 정체성에 대한 질문들, 이들이 왜 자신들과 같은 처지의 사람들이 겪는 차별에 동의를 표하는 괴물이 되어버렸는지 연구했다. 학생들에게 기대했던 동병상련의 윤리적 공감은 사라지고 무한 경쟁과 질투 어린 눈빛만 남아 있게 된 이유는 무엇일까? 그는 그 원인을 20대에게 강요된 자기 계발의 논리라고 본다.

그들이 자기 계발을 하는 이유는 "자신들이 인정하지 않던 그 사람들(루저들)이 되기 싫어서다. 이것이 자신을 자기 통제적인 자기 계발로 몰아붙이게 하고", 그래서 자기 계발을 위한 시간 관리에 에너지와 자본을 막대하게 투자하게 되었고, 결국 "이 신념은 타인을 평가하는 고정 관념이 되어버린다."[17] 실패와 좌절은 자기 계발을 게을리한 탓이라는 기득권층의 논리에 설득당해버린 청년들에게 같은 세대들과의 연대는 의미가 없어졌다. 학원과 고시원 등을 전전하는 자기 계발적 행위들로 인해 "타인에 대한 공감이 부족하고, 자기 편견을 강화해온 이십 대들은 주어진 길만을 가는 데 익숙해진다."[18] 그러다 보니 청년들은 스스로 성찰하고 현실을 비판할 필요 자체를 느끼지 못하고 있다. 그는 이른바 힐링 담론들이 "세상을 바꾸기보다는 세상에 맞춰 나를 바꾸는 게 훨씬 효율적이고 이득일지도 모른다"고 생각하도록 하고, "사회적 압박으로 인한 고통을 치유해주는 것이 아니라 그걸 고통으로 받아들이지 않게끔 한다"고 비판한다.[19] 이는 바우만이 노동과 윤리의 분리에서 나타나는 모순을 지적한 것과 같고, 헨리 지루가 대학 교육의 기업화로 인한 비판적 교육의 부재가 원인이라고 지적한 것과도 같은 맥락이다.

이 논의에 주체적으로 참여하고 있는 한윤형은 김난도의 『아프니까 청춘이다』로 대표되는 힐링류 도서들이 이십 대가 주체적으로 성장하지 못하도록 가로막는 기제로 작동했음을 주장한다. 그런데 한윤형의 비판은 이른바 진보적인 지식인들의 해결책, 예컨대 우석훈의 『88만원 세대』, 김어준의 『건투를 빈다』, 김형태의 『너 외롭구나』 등의 논리도 힐링 담론의 논리와 크게 다르지 않다고 비판한다. 한마디로 "진보 지식인들이 링 위에 올라온 이들을 상대할 수 있다고 천명할 때 사실상 링이 필요하다는 사실 자체가 관심의 대상이 되지 못하는 그런 일이 발생"[20]하는 것이다. 그는 청년들에게 지금 필요한 것은 힐링이나 저항이 아니라 그들만의 링이라고 주장한다. 자신들의 언어로 이 사회의 모순을 성찰하고 비판할 장이 없다는 것이다. 당장은 힐링과 저항의 멘토들이 던지는 조언이 청년들에게 작동하는 것처럼 보이는 것은 "그런 조언을 소비하는 것"일 수 있다.[21] 청년 세대 스스로가 주체적이고 총체적인 의식이 부재하기 때문이다.

그렇다면 다시 교회 청년들로 눈을 돌려보자. 청년부의 예배, 설교, 교육, 훈련을 통해 전파되는 힐링 메시지와 상담과 기도는 기독청년들에게 어떤 영향을 끼치는가? 교회 밖의 청년 세대보다 더 강력한 신앙심에 기대어 개인의 책임에 대한 확신과 순응은 현상태를 받아들이도록 하는 것일 수 있다. 기독교는 고통을 단지 고통으로만 이해하지 않는다. 하나님은 신앙의 단련을 위해 고통을 주시기도 하고, 새로운 것을 깨닫게 하기 위해 시련을 허락하기도 하신다. 그럼에도 하나님은 공의로운 분이시기 때문에 모순을 외면하거나 불의에 적응하지 말라고 말씀하신다. 예수께서는 불의에 단호하게 대처하는 삶을 보여주셨다. 성경에서 치유와 구원은 개인적이기도 하지만, 관계적이며 사회적인 사건이다. 그런 점에서 교회가 청년들에게 현재 처한 상황을 예수의 가르침에 비추어 해석하도록 도와야 한다. 청년 세대가 저항하지 않는 이유, 더 나아가 서로를 향한 차별을 정당화하는 이 괴물 같은 모습에 교회는 대답할 책임을 느껴야 한다. 교회는 세상에 대해 책임이 있다. 이 세대가 악하여 청년 세대의 고통에 무관심하다면, 교회는 이 세대를 향해 "이것은 우리 책임이다"라고 말할 수 있어야 한다. 기독청년들이 자신들의 링을 만들수 있도록 도와야 한다.

4. 청년 문제에 대처하는 한국교회의 과제

오찬호는 기회의 균등, 과정의 공정함, 결과의 정의로움이 보장되어야 지금 괴물이 되어버린 청년 세대를 치유할 수 있다고 말한다. 그렇지 않으면, "차별에 자신이 당하는 것을 인정할 뿐 아니라 자신이 남을 차별하는 것 역시 정당화"할 것이기 때문에, 먼저 기성세대가 공평하고 공정하며 정의로운 규칙을 마련해주는 것이 해결의 시작이라는 것이다.[22] 청년 한윤형 역시 지금의 청년 세대에게 막연하게 도전과 저항을 요구해서는 아무 변화도 기대할 수 없다고 말한다. 먼저 그들에게 남과 연대하는 방식에 대한 신뢰를 심어줘야 한다. 보수적 입장이냐, 진보적 입장이냐 하는 것이 지금의 청년 세대에게 별 의미가 없는 이유는 양 진영의 구호가 다르게 보이는지 모르지만, 그것이 실천된 현실에는 별 차이가 없기 때문이다.[23]

앞서 다룬 헨리 지루도 청년 문제를 해결하기 위해서 청년에게 참여와 연대를 주문한다. 특별히 시애틀에서 청년들이 "다보스 포럼"에 대항하는 "세계 사회 포럼"에 참가하여 "다양한 집단과 상이한 성격을 인식하고, 다양한 활동의 복잡성을 이해하며, 서로의 활동 지형을 설명"하게 된 경험은 매우 소중한 것이라고 진단한다.[24] 지금의 청년들에게는 공정하고 정의로운 공론장에 참여하는 경험이 필요하고, 다양한 목소리를 듣고 배우며 비판적인 사고를 할 수 있는 계기가 제공되어야 한다. 기독교 사회 운동 단체인 미국의 소저너스^{Sojourners} 대표 짐 월리스^{Jim Wallice}도 같은 제안을 한다. 그는 『그리스도인이 세상을 바꾸는 7가지 방법』에서 지금은 신앙이 정치를 변화시킬 수 있는 시대라고 말한다. 후기 세속 사회에 대한 명시적 언급은 없지만,

그는 지금 시대를 후기 종교의 시대라 말하면서, "우리가 복음을 정치화하는 종교적 우파의 잘못된 시도를 거부한다면, 우리는 교회가 정치에서 완전히 손을 떼고 싶어 하는 유혹에 어떻게 저항할 수 있을까?"라고 묻는다.[25] 답은 바로 참여다. 공적 영역에 참여하는 것이다.[26]

이제는 기독청년들이 참여와 연대의 경험을 주도적으로 창조해나갈 방안이 무엇인지를 물어야 한다. 반복적으로 언급했지만, 현재 그러한 기대를 갖기가 어려운 이유는 한국교회의 기독청년들이 더 강력한 동기, 즉 신앙에 의해 현상태를 그대로 받아들이는 것이 정당화되고 있기 때문이다. 지금의 한국교회는 부당한 현실에 저항하고 대안을 모색하는 청년을 배출하는 것이 아니라 철저히 시류에 순응하는 무기력한 기독청년을 길러내고 있다. 물론 이 문제를 분석함에 있어서 사회 과학이나 정치 사회학에서 제기하는 후기 세속 사회의 종교 담론의 맥락을 활용하면서도, 앞서 언급했듯이 복음의 진리에 기초를 둔 기독교적 독특성을 실천적으로 제시해야 한다. 현재의 갈등 구조와 청년 문제를 근원적으로 해결하기는 어렵다 할지라도, 교회는 청년들에게 하나님 나라의 복음에 기초한 예수 그리스도의 길을 따르도록 가르쳐야 한다. 이 시대의 청년들에게 증언할 수 있는 공적인 실천 방안들을 구체적으로 제시해야 한다.

공공신학의 입장에서 볼 때, 본회퍼의 신학은 거대한 폭력과 사회적 모순 앞에서 그리스도인이 어떻게 대처해야 하는지에 대해 강력한 교훈을 준다. 본회퍼의 『나를 따르라』에 따르면 그리스도인의 삶은 값싼 은혜의 삶이 아니라 제자로서의 삶이다. 값싼 은혜는 세상적으로 매우 냉정한 자세를 요구함으로써 우리의 길을 가로막으려 하고, 모든 것은 참으로 우리가 선택한 길이요, 정력의 낭비요, 불필요하고 매우 위험한 노력과 훈련일 따름이다.[27] 값싼 은혜는 제자가 마땅히 감당해야 할 책임을 회피하도록 한다.

제자직이란 그리스도에게 매이는 것이다. 그리스도가 존재하시기 때문에 제자도 반드시 존재한다. 그리스도에 관한 이념, 교리 체계, 은혜나 사죄에 관한 보편적·종교적 인식 따위는 제자직을 필요한 것으로 만들기는커녕 참으로 제자직을 배제하고 적대시한다. 사람들은 그 어떤 이념을 인식하고, 바로 그 때문에 열광한다.…살아계신 예수 그리스도가 없는 그리스도교는 반드시 제자직이 없는 그리스도교로 남게 되며, 제자직이 없는 그리스도교는 언제나 예수 그리스도가 없는 그리스도교로 남게 된다. 이것은 이념이요, 신화다.[28]

그 제자직은 세상에서 십자가를 감당하는 것이다. 그러나 한국교회의 문제는 이 제자직의 십자가와 자기 부인을 교회 안에 가두어버린다는 것이다. 결국 값싼 은혜를 전하는 것이 아닐 수 없다. 본회퍼는 믿음에 선행하는 순종을 강조하는데, "이러한 강조는 교회의 갱신과 목회자들의 삶의 갱신을 그 목적으로 하는 교회 투쟁의 배경" 하에서 나타난 것이다.[29]

본회퍼는 특히 산상수훈을 들어 제자직을 강력하게 호소한다. 한국교회는 제자를 산상수훈의 복을 받은 이들로 이해하는 경향이 있다. 그래서 세상으로부터 고립되기를 자처하거나 세상으로부터 퇴거하는 것이 제자직을 수행하는 것이라고 오해한다. 본회퍼에 따르면 산 위에서 말씀을 듣기 위해 무리로부터 나온 제자들(마 5:1)은 무리들로부터 분리된 것이 아니다. 그들은 이 무리 안에서 살아갈 것이고, 이 무리 속으로 들어갈 것이며, 이 무리에게 예수의 부름과 제자직의 영광을 전파할 것이다.[30] 제자는 세상과 분리되지 않고 오히려 세상을 향해 나아간다. 제자나 무리 모두에게 "하늘나라는 너희의 것이다"라는 복이 선언되었고, "제자들이든 무리든, 그들이 모두 부름을 받은 하나님의 공동체라는 사실은 똑같다."[31]

기독청년은 한국 사회에서 예수 그리스도의 제자로 부르심을 받았다는 의미가 무엇인지 분명히 깨달아야 한다. 그것은 세상과 분리되는 것도 아니고, 값싼 은혜의 눈물을 흘리는 것도 아니다. 기독청년은 청년의 때에 하나님의 부르심의 의미를 되새기고(전 12:1), 제자의 삶이 어떤 것인지 분명히 알아 무리 속에서 그리스도가 전하신 하나님 나라의 복음을 증언할 수 있어야 한다(마 28:19-20). 제자들의 배후에서 기다리고 있는 무리를 향해 나아갈 책임이 있는 것이다. 고재길에 따르면, "제자의 윤리의 범주는 단순히 개인적인 차원만이 아니라 공동체적인 차원까지 포함한다."[32]

이를 위해서 먼저 청년들이 자신들의 목소리를 낼 수 있는 참여의 공간, 연대의 경험이 필요하다. 이것은 기독청년들이 우선적으로 동시대 청년들을 위해 주도해야 할 과제다. 우선 교회가 지역 사회에 대한 관심을 기울여야 한다. 교회는 지역 사회의 지역적 정체성과 무관할 수 없다. 지역 교회가 아닌 교회도 많지만, 그렇다 하더라도 교회가 공유하는 지역적 특성과 필요를 주도적으로 파악하고 이에 책임적으로 대처하는 태도가 필요하다. 물론 그동안 교회가 지역 사회를 단지 전도의 대상으로만 간주하고, 복지 사역의 경우 교회의 가부장적이고 교회 중심적인 관점으로 접근한 경우가 많아 지역 공동체로부터 외면을 많이 받았다. 이런 상황은 서구에서도 복음주의 계열의 교회들이 경험하는 한계였다.[33]

기성세대는 그나마 다양한 방식으로 지역의 구성원들과 접촉할 기회를 마련할 수 있지만 청년들은 전도에도 무관심한 경우가 많고 청년부 내부에서 경험하는 종교 행위가 지역 사회를 통해 드러날 기회가 많지 않다. 지역 사회의 다양한 이들과 만날 기회를 의도적으로 만들고, 그 지역과 공동체에서 우선적으로 요청되는 참여와 연대의 실천이 무엇인지 구체적으로 파악해야 한다. 그래서 바로 참여의 경험을 통해 제자직의 공적 특성을 확인할 수 있다. 교회와 신앙의 개인주의와 개교회주의로 함몰되는 현상은 어쩌면 신앙의 사사화 극복을 통한 신앙의 공공성을 회복할 수 있는 기회이기도 하다.[34] 최근에 활발히 논의되고 있는 선교적 교회 Missional Church는 지역 사회에서 하나님의 선교를 실천하는 제자 공동체가 교회라고 말한다. 그리고 그러한 교회는 지역 사회를 전도의 대상으로만 구분 짓지 않는다. 교회 구원성들에게 중요한 것은 지역 사회에서 말씀하시는 하나님의 음성을 듣고, 또 성령의 말씀에 귀를 기울이며, 사랑 안에서 이웃들의 목소리를 경청하는 것이다.[35] 기독청년이 이 논의에 조금 더 접근할 수 있도록 다양한 자료와 정보의 제공이 필요하다.

앞으로는 교회 밖에서 실천되고 있는 다양한 공동체 관련 사업들에 교회의 청년들이 참여할 수 있도록 지원하는 전략이 필요하다. 청년들이 협동조합이나 마을 기업, 사회적 기업 등의 공동체적 작업에 주도적으로 참여함으로써 지역 사회에서 변혁을 일으키는 경험을 하도록 해야 한다. 청년들이 지역 사회에 참여하려면, 먼저 세상에서 제자로서 공적 삶을 살아가야 한다는 인식을 공유해야 한다. 그리고 그들에게 공론장이 허용되어야 한다. 사회적 의제나 정치적 사안들에 대해 신학적 관점을 가지고 공적인 역할을 위해 참여하도록 격려

할 수 있어야 한다. 기독청년들이 공적 신앙을 통해 스스로 자신들의
문제를 해결해나가도록 지원해야 할 것이다.

14장

'청년 신학'을 위한 공공신학적 방법론

20세기에 등장한 이른바 '상황 신학'contextual theology은 서구 중심의 근대적 시각에 토대를 둔 신학 방법론을 비판했다. 스티븐 B. 베반스 Stephen B. Bevans는 이런 관점에서 서구의 근대 신학이 객관적인 과학적 방법론을 추구했지만, 신학은 본질적으로 상황적인 작업이라는 점을 강조했다. 그에게 "신학의 상황화는 진정한 신학적 명령이다. 오늘날 신학을 논할 때 상황화란 바로 그 신학함의 한 과정에 속한 것"[1]이었다. 신학함이 교리의 가르침이거나 복음의 증거를 넘어 상황의 질문에 응답하는 선교적 과정에 참여하는 것이라는 점을 부각시킨 것은 신학의 중요한 통찰이었다. 이는 "기독교 신앙의 진리가 인간의 삶을 어떤 방향으로 개혁하고 변화시킬 수 있으며, 오늘의 상황에서 삶의 구체적 문제들을 풀어나가는 데 어떤 도움이 될 수 있는가를 해명"[2]해야 한다는 점에서도 본질적 문제다.

20세기 후반부터 전개된 지구화는 인간의 공존과 안녕을 위해 대안 세력이 함께 대처를 필요로 한다는 사실을 인식하게 했다. 이 흐름 속에서 기독교 신학도 종교의 새로운 공적 역할을 적극적으로 모색했다. 시민 사회가 성숙하고 다원주의가 확장된 오늘의 사회에서 지구적 차원의 새로운 도전에 적절한 응답을 모색해온 신학계는 '공공신학'에 주목했다. 필자는 이 시대의 신학이 절실하게 응답해야 할 '공공신학'의 한 주제가 '청년 문제'라고 믿고, 이 문제를 시민 사회와의 연대를 전제하는 '공공신학'의 관점으로 신학화하고자 한다. 청년들이 오늘날 겪는 고통은 한 국가의 내부적 모순에서 기인한 것만이 아니라 더 근원적으로는 전 지구적 신자유주의 체제에서 파생하기 때문이다.

아직 '청년(문제)'이 놓인 사회적 현실과 상황을 신학적으로 분석하고 대안을 제시하려는 시도, 즉 '청년 신학'[3]에 대한 관심은 기독교계에서 그리 많지 않다. 이 문제를 신학적으로 다루려는 최근의 한 연구는 이영운의 "기독청년! 어디로 가고 있는가!: 기독청년의 신앙 생활"(「기독교교육정보」, 제43집, 2014), 성석환의 "한국 사회의 청년 문제와 한국교회의 과제"(「장신논단」, 제48집, 2016. 6.) 정도다. 신학계에서 연구된 대다수의 자료들은 청년을 상담 심리학적 분석의 대상으로 보거나 목회적 대상으로 다루고 있다. 또 〈학원복음화협의회〉나 학원 선교를 위한 기독교 단체에서도 한국 대학생의 의식을 조사해 발표하지만 대부분 '청년 문제'를 목회적이며 선교적 차원에서 다루었다. 조금 다른 결에서 다룬 시도는 「기독교사상」이 2001년 7월 호 지상에 "청년이 살아야 교회가 산다"는 특집란을 마련하여 총 18명의 저자가 대안을 제시한 것이었다. 사실 한국교회는 청년층의 수적 감소세에 대해 민감하게 반응하기는 했지만, 이 문제의 정치 사회학적 의미를 외면하면서 교회 내적 주제로 국한시킨 아쉬움이 있다.

그래서 한국교회가 '청년 문제'를 다루는 신학적 방법론으로 '공공신학'적 관점이 필요한 것이다. 교회라 할지라도 오늘의 '청년 문제'를 다루자면 우선 관련된 사회적 담론을 파악하고, 이와 비교해 교회 내부적 혹은 목회적 대응이 적절한지 분석해봐야 한다. '공공신학'이 '청년 문제'를 다루는 사회적 관점과 목회적 관점을 대비시킴으로써 양 관점의 방법론적 중재자 역할을 감당할 수 있을 것이다. 공공신학적 관점에서 '청년 신학'을 정립하기 위한 몇 가지 가능성을 제시함으로써 '청년 신학'의 본격적인 신학적 논의를 제안하고자 한다.[4]

1. 청년 문제와 사회적 담론

1) 청년[5]의 사회적 상황

2017년 9월 20일 자 일간지에는 "국회 보건 복지 위원회 윤소하 의원(정의당)이 건강 보험 심사 평가원 의료 통계 정보 자료를 분석한 결과, 최근 5년 동안 근골격계 질환과 소화계 질환, 정신 건강 질환 등 일부 질환에서 20대 환자의 증가율이 노인층을 제외하면 가장 높게 나타났다"[6]라는 보도가 실렸다. 우울증 환자는 2012년과 2016년의 통계치를 비교했을 때, 무려 22.2%나 높아졌다. 청년들이 정신적으로 병들어가고 있음을 보여주는 충격적인 결과였다.

한편 통계청이 최근 발표한 2018년 5월 고용 동향을 보면 지난달 취업자는 2,818만4천 명으로 전년 동기대비 7만2천 명이 늘어나는 것에 그쳐 그 증가폭이 역대로 가장 낮았다. 특히 청년(15-29세)의 실업률은 10.5%로 관련 통계 작성 이후 최고치를 기록했다. 청년층 고용 보조 지표도 23.2%로 5월 기준 통계 작성(2015년) 이후 최고치였다. 전체 실업률도 4.1%로 5월 기준 최고치를 기록했다. 실업자 수는 112만1천 명으로 올 들어 5개월 연속 백만 명을 넘어섰다.[7] 청년 일자리 창출에 정부가 많은 노력을 기울이고 있지만 별다른 효과가 나타나지는 않고 있다.

그런데 이런 상황은 한국 청년들에게만 해당하는 것이 아니라 세계 대부분의 청년들에게도 비슷하게 해당된다. 신자유주의 체제 안에 있는 거의 모든 국가에서 청년들은 이런 처지에 놓여 있다. 유럽에서 청년 문제와 일자리 창출 분야의 전문가로 활동하는 피터 보겔 Peter Vogel은 『청년 실업 미래 보고서』*Generation Jobless?*에서 이런 상황을 객관적으로 설명하고 있다. 그에 따르면, "2013년 유럽의 청년 실업자는 7천만 명인데, 이는 2008년 이후 60%가 증가한 것으로 고용 자격을 갖춘 청년의 1/4이 실직 상태"[8]임을 의미한다. 그래서 그는 "이른 나이에 실업을 경험한 청년 세대들은 나이가 들고 가족과 다르게 자신만의 생활 방식이 굳어지면, 일과 사회에 관한 나름대로의 가치관이 있어도 그에 부합하는 경제적·사회적 자본을 제대로 축적하지 못한다"[9]고 주장한다.

한국의 문재인 정부는 일자리 창출과 청년 문제를 가장 중요한 정책 과제로 다루고 있는데, 주로 창업 지원과 취업 준비를 지원하는 방식이다. 그러나 한국 청년들이 겪는 고통은 사회에 진입하기 훨씬 이전부터인 교육 현장에서부터 시작된다. 최근의 국세청 통계에 따르면, 대학생들의 학자금 대출 미상환자의 비율은 2012년 1,104명

(12억 1백만 원), 2014년 5,294명(54억 5천8백만 원), 2015년 7,912명(65억 5천9백만 원)으로 계속 증가세이며, 신용 회복 위원회의 통계에 따르면 개인 회생 워크아웃을 신청하는 20대는 2012년 6,809명, 2014년 6,671명, 2015년 8,023명, 2016년에는 거의 1만 명에 육박했다.[10] 더 심각한 것은 이렇게 빚이 늘어나고 채무 능력이 낮아지면, 청년들은 결국 제2 금융권에서 대출을 받아 삶의 질이 더 악화된다는 것이다. 한편 〈한국청소년정책연구원〉은 『청년 사회, 경제 실태 및 정책 방안 연구』(2016)를 통해 청년들의 생활 전반에 대한 핵심 지표를 개발하고 이에 따른 실태를 조사하여 정책 방향을 제시했다. 결과를 보면, 청년 부채에서 30세 이하 청년층의 경우 2010년 평균 936만 원의 부채가 있는데, 이 중 금융 부채가 약 92%다.[11]

이와 관련하여 천주희는 자신의 경험을 『우리는 왜 공부할수록 가난해지는가?』에 담아 출간했다. 그녀는 오늘의 청년을 대한민국 최초의 '부채 세대'라 칭하며 시대를 고발한다. 천주희는 "사람을 평가하는 잣대라고는 대학밖에 모르는 이 사회가 청년들을 빈곤으로 몰아넣고 채무자로 만들고 있다"[12]고 비판하며, 대학생에게 권장되는 학자금 대출 시스템이 실제로는 합법적 대부업과 다름없음에도 불구하고 마치 학생들에게 혜택을 주는 것처럼 속인다고 고발한다. 학자금 대출이 마치 학생을 위한 복지 제도처럼 인식되지만 실상 학생들을 빚쟁이로 만드는 주범이라는 것이다.[13]

오늘의 시대가 청년들을 일회용 혹은 '잉여'로 취급한다는 비판적 소리도 있다. 헨리 지루는 청년의 상황이 이토록 처참한데도 불구하고 사회가 청년의 문제를 제대로 다루지 못하고 있다고 주장한다. 그는 "수많은 젊은이, 특히 가난하고 소외된 청춘이 일회용으로 전락하

거나 잉여처럼 취급"[14]된다고 말한다. 지그문트 바우만$^{Zigmund \ Bauman}$
은 오늘의 시대를 '신빈곤$^{new \ poor}$의 시대'[15]라 명하고, "인간을 쓸모
에 따라 취급하여 쓸모없으면 '잉여'^{redundancy}로 폐기해버린다"[16]고
고발한다. 청년은 당장 동원되는 일용직이거나 아르바이트 정도의
일자리를 통해 쉽게 순환될 수 있는 상품에 불과한 것처럼 다뤄지고
있다. 과연 우리에게 청년들은 어떤 존재인가?

2) 청년 문제의 사회적 담론

근대에 청년이 사회 문화적 주체 세력으로 정치적 공론장에 등장
한 실질적인 계기는 유럽에서 발생했던 이른바 '68운동'[17]이었다.
1960년대의 새로운 세대에게 중요한 것은 물질적 풍요가 아니라 정
신적·지적 자유라는 사실을 기성세대는 이해하지 못했다.[18] 이 운
동은 "1970년대 말부터 서구에서 활발히 전개된 환경 운동, 인권 운
동, 반전, 평화 운동, 대안적 생활 문화 운동 같은 신사회 운동에서 선
구자 역할을 담당했다."[19]

이에 비해 한국 사회에서 청년이 정치적 공론장에 주체적으로 등
장한 역사를 명확히 확인하기란 쉽지 않다. 송호근은 구한말 유교 체
제가 붕괴된 후 양반 중심의 공론장이 평민들의 공론장과 공명하는
단계에서 조선의 지식인들이 동원한 논리, 예컨대 최남선의 「소년」,
이해조의 「소년한반도」, 「황성신문」 등에 청년들을 향한 여러 권면
조의 문장들이 당시 구한말의 암울한 시대에 새로운 희망의 주체로
청년들을 영웅으로 호명한 논리였다고 보았다.[20] 그러나 일제 강점기
에 제기된 영웅적 청년들에 대한 호명은 별다른 소득을 얻지 못했다.

따라서 그것을 청년들 스스로 구축한 주체적 공론장이라고 보기는 어렵다.[21]

서구의 '68운동'처럼 청년들은 해방 후 부정 선거 반대 운동, 유신 헌법 저항, 1987년 민주화 운동 등과 같은 계기로 인해 한국 사회 전면에 등장했고, 청년들의 사회적 참여는 대부분 정치적 민주화를 위한 정치적 공간에서 이루어졌다. 그러나 그런 몇 번의 계기에도 불구하고, 한국 사회에서 청년의 주체적 담론장이 아직도 제대로 활성화되지 못한 이유에 대해 비판적 성찰이 필요하다.

지구적 상황에서 발생한 오늘의 '청년 문제'가 한국에서 사회적 의제로 본격 등장한 것은 이른바 '88만원 세대론'[22]부터였다. 하지만 우석훈의 논의가 '청년 문제'를 사회적 의제로 부각하여 드러내기는 했지만, 청년들이 이 사안의 '공론장'을 스스로 형성해내지는 못했다. 이 논의 이후에는 '희망 고문'류의 청년 담론이라고 할 만한 흐름이 등장했다. 예컨대 IMF 사태 이후 당시 청년들에게 위로를 주고 도전 정신을 북돋우려 했던 김난도의 『아프니까 청춘이다』는 초기에 베스트셀러의 반열에 올랐지만, 청년들의 고통과 좌절에 대한 정치 사회학적 성찰이 없다는 비판을 받았다.[23] 종교인들이 쓴 다수의 책들 역시 청년들에게 성찰과 반성을 요구했지만, '청년 문제'를 개인적 성찰의 문제로 환원시켜버렸다는 비판을 받았다. 자신의 삶을 관조적으로 바라보며 내면을 들여다보라 권하지만, 청년 문제를 다룰 정치적 공론장의 필요성에 대해서는 제대로 성찰하지 않았다.[24]

이러한 '희망 고문'류 혹은 '힐링' 담론들과는 달리 '청년 문제'를 한국 사회의 구조적 문제로 보고, 새로운 대안을 모색해야 한다는 주장들도 등장했다. 그것은 오찬호가 『우리는 차별에 찬성합니다: 괴물이 된 이십대의 자화상』을 통해 동시대 청년들에 대한 비판적 성찰을 제기한 것이 결정적인 계기가 되었다. 그는 20대가 동시대 청년들과 숨 가쁜 경쟁 구도와 차별 구도를 형성하고 그것을 순순히 받아들이게 된 과정들을 추적했다.[25] 그는 '힐링 담론'들에 대해 "사회적 압박으로 인한 고통을 치유해주는 것이 아니라 그걸 고통으로 받아들이지 않게끔 한다"[26]고 비판하기도 했다. 한편 김대중 정부에서 청년 복지 정책에 관여했던 재미 학자 송제숙은, 'IMF 사태' 이후 한국 사회에서 '생산적 복지'라는 이름으로 청년들 스스로 책임적 주체가 되라고 부추기지만, 사실은 "불안정/비정규직을 떠도는 '유연한 노동력'이 되어 자본 축적에 필수적인, 준비된 산업 예비군과 과잉 잉여 인구로 전유/착취당한다"[27]고 주장했다. 스스로 능력을 계발하여 신자유주의 체제에 동원 가능한 노동력이 되어야 할 책임을 전적으로 개인에게 지우고 있는 것이 바로 "신자유주의적 통치 기술의 핵심"[28]이라는 것이다.

이상의 논의에서 '청년 문제'를 다루는 사회적 담론들이 부족하지만 개인적 차원에서 구조적 공론화로 진전되는 과정에 있음을 볼 수 있다. 청년들은 '잉여'로서 언제나 동원 가능한 잠재적 노동력이기는 하지만, 동원이 가능하도록 준비하는 것은 철저히 그들 개인의 책임이다. 물적인 토대 자체가 빈약한 이들이 스스로 주체적 역할을 주도하거나 잘못된 사회 제도에 대항할 세력을 형성하기는 어려워 보인다.[29]

2. 청년 문제와 한국교회

1) 청년의 탈교회 현상

그러면 '청년 문제'에 대한 한국 사회의 담론화 과정과 비견될 만한 한국교회의 신학적 공간은 확보되어 있는가? 최근 청년들의 탈교회 현상을 분석하면, 청년에 대한 교회의 시각을 간접적으로 파악할 수 있다. 기독청년도 동시대 청년들과 마찬가지로 사회적 고통에 직면해 있는데, 이에 대해 교회는 어떤 메시지를 전하고 있는가?

한국 갤럽은 한국 사회의 종교적 지형을 정기적으로 조사하여 발표했다. 이에 따르면 한국 사회의 탈종교화 현상은 가속화되고 있다. 2004년 당시 종교 인구는 54%였으나, 약 10년 뒤인 2014년에는 50%였고, 20대와 같은 젊은 층에서 가장 큰 변화가 있었다. 20대는 45%에서 31%로 30대는 49%에서 38%로 떨어진 것으로 나타났고,[30] 2015년에 실시한 '인구 주택 총조사'에 따르면 무종교 인구가 51.6%로 나와 처음으로 인구의 절반을 넘는 결과가 나왔다.[31] 이런 현상은 청년층에서 더욱 두드러진다. '한국 기독청년 협의회'EYCK는 2017년에 청년들의 종교 의식을 조사했는데, 개신교인의 현재 교회 출석 여부를 묻는 질문에서 55.3%가 출석, 12%가 불출석으로 나타났다. 교회에 불출석하는 이유는 "얽매이기 싫어서"가 29.9%로 가장 많이 나왔다.[32]

스스로 신앙을 가지고 있다고 말하나 제도권 교회에는 출석하지 않는 이들을 가리켜 '가나안 교인'이라고 하는데 이런 사람들이 계속 늘어나고 있다. 이런 탈교회 현상은 한국만의 문제가 아니라 전통적인 기독교 국가에서도 나타난다. 미국 〈바나 그룹〉The Barna Group의 대표 데이비드 키네만David Kinnaman은 미국의 청년들이 교회를 떠나는 이유에 대해 조사했다. 그는 "젊은 세대는 자신들의 교회가 의심을 표현하기에 편하거나 호의적인 장소가 아니라고" 여긴다고 말하고, 그래서 "그들의 판단이 옳든 그르든 간에 중요한 것은, 기독교 공동체가 교회를 떠나는 젊은이들의 관심사, 몸부림, 마음 상태를 잘 이해하지 못한다는 사실"[33]이라고 주장한다.

한국교회에서는 이른바 '가나안 교인'과 연관된 담론이 양희송의 『가나안 성도 교회 밖 성도』(2014)에서 다뤄지며 주목받았다. 양희송은 교회 밖으로 나간 '가나안 청년'들의 신앙을 새로운 교회론의 형성이라는 차원에서 접근하며, "가장 바람직한 대안은 가나안 성도 스스로가 자신들을 위한 대안을 만들어내는 것"[34]이라고 제안한다. 이러한 진단이 교회 안에 있는 기성세대나 지도자들에게 자극과 도전을 줄 수는 있다. 다만 그 대안에서 청년들이 교회 밖에서 직면하고 있는 실제적 삶에 대한 분석과 연동되지 못한 것이 한계다.

유사한 문제의식을 가진 정재영은 보다 진전된 연구를 진행했다. 그가 진행한 조사에 따르면 "교회를 떠난 기독교인"의 수가 이미 1백만 명을 넘었다. 그들이 떠난 이유는 "자유로운 신앙생활"이 30.3%, "목회자에 대한 불만"이 24.3%, "교인들에 대한 불만"이 19.1% 등이다.[35] 정재영은 가나안 성도의 탈교회 현상이 기성 교회에 도전이 되는 이유를 설명하면서, "기성 교회에 대해 뚜렷한 불만을 가지고 떠난 사람들이고 그들 중 일부는 기성 교회와 차별성을 갖는 대안적인 교회를 세우고 있기 때문"[36]이라고 보았다. 그러나 여기서도 청년들의 사회적 현실을 극복하는 일과 신앙생활의 모순을 극복하는 일과의 신학적 연관성이 제대로 해명되지 못한다.

이에 비해, 김진호의 『시민 K, 교회를 나가다』는 작은 교회를 지향하거나 새로운 교회론을 정립해야 한다는 대안 제시에 있어서는 비슷하나, 신학적 토대를 '사회적 영성'에 두는 것이 신학적 차별점이다. 김진호는 청년들이 교회를 떠나는 이유가 한국교회의 공공성 상실에 있다고 보며, 그 기저에는 번영 신학이나 성공주의가 자리하고 있다고 비판한다. 그는 교회를 떠나는 이들에게 제시할 대안은 "교회적 신앙을 사회적으로 영성화"[37]하여 기독교의 본질이 무엇인지를 증언하는 것임을 피력한다. 앞서 언급한 이영운은 "한국교회의 젊은 세대가 이탈하는 가장 큰 원인이 청년 자체에 있다기보다는 교회 내의 소통의 부재와 방임의 구조화라는 사회 구조적 문제"[38]에 있다고 분석하여 비슷한 견해를 드러낸다.

2) 청년 목회와 '청년 문제'

그렇다면 '청년'에 대한 한국교회의 목회적 접근은 어떠한가? 청년들을 동원 가능한 노동력으로 '일회용' 취급을 하고 있다는 비판으로부터 자유로울 수 있을까? 이 문제에 대해서는 객관적으로 참고할 만한 자료가 부족하다. 청년들에게 선포되는 설교에서 청년의 사회적 현실을 주제로 삼는 경우는 많지 않다. 청년 전문 사역자로 알려진 김상권은 "이제 더 이상 한국교회는 부흥과 성장을 기도하지 말아야 한다"며 도발적으로 선언하지만, "다시 한번 본질로 돌아가 통일 한국, 선교 한국을 꿈꾸며…한국교회가 잃어버린 그 청년들을 다시 찾을 수"[39] 있어야 한다고 주장한다. 그 방법이란 소그룹을 강화하여 전도 지향적 관계성을 회복하여 집중도 있는 공동체를 교회 내에 다시 회복하는 것으로 제시하고 있다.[40] 청년들의 사회적 현실에 대한 진지한 고민은 사실 보이지 않는다.

최근 〈서울연구원〉이 출간한 『서울사회학』에 따르면, 서울의 청년들(20-39)은 점점 탈종교화되고 있는 것이 분명한데도, 기독교의 비율은 타 종교에 비해 압도적(기독교 26.5%, 불교 4.8%, 천주교 11.3%)으로 높다. 그러나 비율은 높지만 기독교가 타 종교보다 청년들의 일상생활에 더 큰 영향력을 주고 있다고 평가하기는 어렵다. "개인의 종교 유형에 따른 사회적 지원망 정도"를 묻는 질문에 "몸이 아플 때" 개신교 78.7%, 불교 85.6%, 천주교 82.7%, 무종교인 78.3%이다.[41] 결론적으로 연구진은 한국 개신교가 중산층의 종교가 되었고, 청년들은 교회로부터 특별한 영향력을 받는 것으로 보이지는 않으며 단지 종교적 소속감에서 오는 안정감 정도에 만족하고 있다는 유추적 해석을 내놓았다.[42] 이는 기독청년들이 청년부에 속해 있는 것 자체로 정서적 만족감을 느끼고 있고, 교회가 청년들의 일상적 삶에 구체적인 영향력을 발휘하고 있다고 보기는 어렵다는 것을 의미한다.

사실 교회에서 실행되는 훈련 프로그램들은 청년들을 '훈련'의 대상으로만 여기는 경향이 강하다. 이런 비판은 앞서 언급한 「기독교사상」의 논의에 비판적으로 담겨 있었다. 이 논의에 참여한 박명철은 소위 '제자 훈련'식 방법론이 "성장주의의 폐해를 본질적으로 답습하고 있다"고 비판하며 "지역의 문화와 독특한 상황을 사역의 독특함으로 연결시키는 데 대부분 무관심하다"[43]고 평가했다. 청년 목회나 청년 설교에 관련된 대부분의 교재나 도서들이 대체로 청년부 조직 관리를 위한 방법론으로 채워진다. 1980-90년대 캠퍼스 선교 단체들의 선교 전략과 조직 관리를 도입해 교회 성장을 경험한 한국교회가 여전히 성장 신화에 갇혀 새로운 상황에 맞는 대안을 찾아내지 못하고 있는 것이다.

한국교회는 '청년 문제'를 청년 개인의 문제로 환원하거나 신앙 문제로 내면화하고 있다고 비판받는다. 교회가 '청년 문제'를 교회 안의 문제로 인식하거나, 청년들을 동원의 대상으로 인식하는 한 동시대 청년들이 겪는 문제를 신학적으로 통찰하기가 어렵다. 필자가 '공공신학' 관점에서 이 문제를 신학화해야 한다고 주장하는 이유가 여기에 있다. 오늘 기독청년들이 직면한 문제를 해결하기 위해서는 신앙적 차원의 고백과 결단만이 아니라 시민 사회의 공론장에 청년들이 주체적으로 참여하는 정치적 차원의 대안과 행동이 필요하기 때문이다.

3. '청년 신학'의 방법론

1) 공공신학적 방법론

필자는 '청년 문제'를 다루는 한국교회의 신학적 결핍을 반성하고, 이 문제를 최근 신학계에서 주목받고 있는 '공공신학'[44]의 관점에서 방법론을 제시하고자 한다. '청년 신학'이란 청년의 사회적 현실에서 제기되는 질문에 응답하고, 이에 신학적인 대안을 모색하려는 신학이다. 청년이 직면한 문제가 교회 공동체 내부의 의제만이 아니라는 점에서 또한 시민 사회의 공론장에 참여하는 신학적 방법론이 필요하다는 점에서 공공신학의 방법론을 사용하는 게 적절하다. 공공신학은 사회적·정치적·문화적·경제적 문제들에 대해 교회의 사회 책임적 관점과 윤리 신학적 관점으로 접근하기 위해 더 넓은 준거틀을 제공하려는 신학적·철학적 노력이다.[45] 따라서 공공신학은 시민 사회의 다원적 상황을 고려하여 더 많은 참고 자료를 필요로 하며, 성서와 기독교 윤리적 가치들의 통찰을 바탕으로 사회적 문제에 참여하고자 한다. 해방신학이나 여성신학은 억압받는 민중이나 소외된 여성의 입장에서 그들의 소리를 대변하며 정치적 해결을 모색한다면, 공공신학은 신학의 공공성을 기반으로 시민 사회의 공론장에 참여한다. '하나님 나라'의 '가치'를 공적으로 실현하고자 기독교적 가치의 초월적 본성과 타인에 대한 기독교 윤리의 본질적인 관심을 포용할 수 있어야 한다.[46]

오늘의 공공신학자들은 공공신학의 목적을 기존의 기독교적 방법으로는 대응하기 어려운 시민 사회의 다원적 질문들에 대해 새로운 방법의 신학적 응답을 모색하는 것이라고 생각한다. 그래서 공공신학은 매우 복잡한 상황에 놓여 있는 인간의 공적인 삶에 대해 기독교적 설명을 제시한다.[47] 최근 '공공신학'의 위치에 대한 논의가 활발한데, "공동의 선을 위해 또 공동의 유익을 얻기 위해 기독교 안팎의 사안에 대해 성찰적으로 참여하는 교회"[48]를 문제 삼는다는 점에서 이전과 다른 신학적 방법론을 모색할 필요가 절실히 요청된다. 예컨대 전통적인 기독교 사회 윤리가 교회와 사회를 분리적으로 이해했다면, 공공신학을 정립해가는 과정은 사회적으로 상호 작용이 가능해야 하며, 신앙 공동체와 다양한 공공들 모두를 향해 안팎으로 담론을 형성할 수 있어야 한다.[49] 그러므로 공공신학의 방법론은 외부로부

터의 평가와 비판에 개방됨으로써 이해 가능한 용어로 구성되어야 한다.[50]

이런 관점에서, 필자는 공공신학자 스콧 패스의 방법론에 주목한다. 그는 공공신학의 세 가지 과제에 대해 설명하는데, 첫째가 분석analysis, 다음이 해석interpretation, 마지막이 구성적constructive 과제다. 분석과 해석을 위해 간학문적이며 공론적인 작업을 수행한 후, 기존의 전통적 방식으로는 해명되지 않는 문제에 새로운 견본template으로 대안을 제시하는 것이다.[51] 한편 북미의 유력한 공공신학자인 해롤드 브라이튼버그도 비슷한 주장을 한다. 그는 "공공신학을 구성하는 과정 자체가 사회적으로 상호 작용적"이어야 하며, 그것은 "신앙 공동체 안팎 모두를 향한 담론화"[52]의 과정이라고 본다.

그렇다면 '청년 문제'를 공공신학적 관점에서 다뤄야 할 '청년 신학'의 방법론적 특성이 부각되었다. 청년들이 교회 밖에서 겪는 고통에 대한 한국교회의 신학적 관심이 부족하다는 점을 앞서 살폈다. 이른바 '가나안 성도' 담론이 있기는 했지만, 대부분 교회 내부의 원인을 규명하며 '교회 개혁' 의제로 국한되어 있어서 '청년 신학'의 본격적인 논의로 확장되지 못했다. 따라서 공공신학적 관점에서 스콧이 제안한 방법론에 따른다면, '청년 신학'은 청년들이 처한 정치, 경제, 사회, 문화적 조건들을 분석하고, 그것을 성경적 통찰을 토대로 해석하며, 교회 안팎과 대화하는 담론적 과정을 통해 신학적 대안을 모색하는 구성적 방식이어야 한다.

2) '청년 신학'의 구성

앞서 '청년 신학'을 "청년의 사회적 현실에서 제기되는 질문에 응답하고, 신학적 대안을 모색하는 신학"이라 했다. 공공신학적 '청년 신학'은 청년의 문제를 신학적 주제로 삼으면서 교회 안팎의 움직임과 대화하며 신학적으로 해석하고, 그런 대안들의 공적 특성에 대응하는 새로운 신학을 구성해야 한다.

구체적으로 '청년 신학'의 범위와 방법론, 그리고 당면한 과제에 대해 기본적인 제안을 해보자. 우선, '청년 신학'은 지구적이면서 동시에 한국적인 상황에서 청년이 처한 정치적·사회적·문화적 고통의 현실과 원인을 제대로 분석하고, 이에 대해 신학적 분석의 새로운 틀을 제공해야 하기에 다른 학문과 담론들의 공론장에 적극적으로 참여하여 대화해야 한다. 즉 신자유주의 금융 질서와 IMF의 경제 위기 및 이후 전개된 한국 사회의 변동 그리고 지금에 이르는 대학의 기업화 과정들을 종합적으로 분석하고 해석해야 한다. 앞서 살펴본바 여러 사회학적 연구들을 통해 청년들이 '잉여'로 취급되고 있는 전 지구적인 신자유주의의 문제점을 면밀히 분석해 왜 특히 청년들이 희생되고 있는지에 대해 살펴야 한다.

'청년 신학'은 이러한 연구들을 참고해 '공공신학'적 관점에서 시민 사회의 공론장에서 제시할 수 있는 신학적 대안을 모색하는 것이 목적이다. '청년 신학'의 대화 상대인 공공 영역의 대안들은 이미 활발하게 전개되고 있다. 예컨대 '청년 신학'은 청년들을 위한 '기본 소득'의 필요성을 주장하는 이들과 대화할 필요가 있다. 조한혜정은 청년들의 수고를 배신하는 한국 사회를 비판하면서 기본 소득의 일환인 '청년 임금 혹은 청년 배당'을 주장한다. 또 청년들이 사회적 존재감과 책임감을 갖기 힘든 위기의 상황에서 청년들의 '자치 공간'을 마련해주고 새로운 사회를 경험하도록 해야 한다고 제안한다.[53] 오준호 역시 청년들이 스스로 자립하고 자신들의 권리를 주장하기 위한 가장 기초적인 지원으로서 '청년 배당'이나 '청년 임금'을 지원해야 한다고 주장한다. 그것이 청년의 새로운 출발을 가능케 하는 조건이다. "기본 소득은 공유 자원에 대한 권리이며, 사회적 협업에 대한 보상"[54]이라고 주장한 그는 청년의 정치적 참여가 가능해야 한다고 본다.

'청년 신학'의 공공신학적 방법론은 현실의 데이터를 중심으로 기독교 윤리학적 관점이 긴밀히 결합되어야 한다. 특히 그것은 청년 스스로 자신들이 처한 모순된 상황을 극복하는 주체로서 책임적 자세를 갖도록 하는 일에 결부된다. 기독청년들이 교회 안팎의 동시대 청년들과 '공론장'을 형성하여 자신들이 겪는 고통을 극복하려는 연대에 참여하도록 돕는 것이 '청년 신학'을 실천하는 교회의 과제다. "사건들 속에서 고난받는 이들이 나와 같이 하나님의 형상대로 지음 받은 형제요, 자매라는 사실과 하나님은 우리가 그들의 고난에 동참하기를 원하신다"[55]는 것을 깨닫게 하는 기독교 윤리적 도전이 '청년 신학'을 시민 사회 영역과 공론장에서 실천 가능한 논의가 되도록 할 것이다. 이렇게 기독교적 관점과 외부 공공 영역의 공론장이 대화하는 가운데 구성되는 공공신학의 방법론은 '청년 신학'을 기존 신학과 다른 지점에 위치하게 한다.

청년 문제를 대할 때 한국교회가 가장 중요하게 생각해야 할 것은 바로 청년의 눈으로 청년의 입장에서 바라보는 것, 곧 청년을 주체적인 당사자로 인정하고 존중하는 것이다. 그들 스스로 자신들의 문제를 이야기할 수 있는 공론장을 허용해야 한다. 기독청년들이 '청년 신학'의 해석과 구성적 적용을 통해 스스로 자신들의 문제를 극복할 수 있는 기회가 보장되어야 한다. 정부나 기업이 정책적으로 지원할 수는 있지만, 청년들을 사회의 주체적인 당사자로 인정하는 일은 교회가 사회적 담론으로 제시해야 하는 선교적 과제인 것이다.

4. '청년 신학'을 위한 교회의 과제

한국 사회는 그 어느 나라보다도 사회적 갈등과 충돌의 양상이 가장 치열하게 전개되는 곳이다. 심지어 "한국의 청년 문제는 선진국의 문제를 뒤따라가는 형태가 아니라 선진국을 앞질러가고 있다."[56] 그것이 다른 나라에서 참고할 만한 유사한 사례를 찾기 어려운 이유일지도 모른다. 그래서 '청년 신학'은 독특한 한국적 상황 자체를 신학적으로 고려해야 할 하나의 의제로 다루어야 할 것이다.

한국교회는 청년 스스로 참여할 수 있는 공론장을 마련하는 일에 공적으로 헌신하는 선교적 사명감을 느껴야 한다. 한국교회는 청년들 스스로 자신들이 "요구해야 하는 것은 '분노'가 아니라 자신들의 삶이 보호될 수 있다는 것을 조직하는 일"[57]임을 스스로 알 수 있도록 도와야 한다. 돌을 들고 바리케이드를 치라는 선동으로는 오늘의 문제를 해결하기 어렵다. 사회 전체의 합의와 대화를 통해 구성되는 담론적 해결을 모색해야 한다는 점에서 공공신학적 방법론의 개입은 필수적이다. 교회는 이러한 신학적 방법론을 구체적으로 수행할 사회적 담론장에 참여하는 다양한 시도를 전개해야 한다. 그래서 교회의 기독청년들이 자신들의 현실을 신학적으로 논할 수 있는 대화의 과정을 위해 '청년 신학'을 구성할 사회적 공간들을 확보해야 한다. 이런 일은 신학교, 노회, 총회, 기독교 시민 단체 등이 함께 협력하여 공동의 공간을 구성해야 이루어질 수 있을 것이다. 이렇게 하여 기독청년들이 "개인의 신앙을 사적인 영역에만 적용시키지 않고 공적인 자리에서 책임 있는 실천으로 이어가도록"[58] 하는 일에 '청년 신학'이 기여할 것이라 판단한다.

'청년 신학'의 일차 목적은 기독청년이 자신의 정치적·사회적·문화적·경제적 삶의 현실을 신학적으로 성찰하고 스스로 이를 논의하는 '공론장'을 형성하도록 하는 것이다. 교회는 청년들에게 기본적인 물질적 토대를 제공하여 사회적으로 취약한 청년들이 '청년 신학'의 실천에 주체적으로 참여할 수 있도록 보장해주어야 한다. 예컨대, 교회가 현재 정부나 각 자치 단체에서 정책적으로 지원하거나 실행 예정에 있는 '청년 임금'(취업 지원금, 배당금)이나 '셰어 하우스' 등과 같은 프로그램에 적극적으로 참여할 수 있도록 청년들을 지원한다면 공공신학적 실천으로서의 좋은 사례가 될 수 있을 것이다. 최근 기독교계에서도 이런 주장에 동의하며 구체적으로 동참하는 사례가 나오고 있다.[59]

기독청년으로서 동시대 청년들이 겪는 고통스러운 상황을 변화시켜나가려는 선교적 사명감을 공적으로 실천할 수 있으려면 먼저 교회가 청년의 상황에 대해 진지하게 공감해야 한다. 이런 점에서 '청년 신학'은 '청년의 신학'이면서 동시에 '청년을 위한 신학'이어야 한다. 이는 한국교회의 미래와 생존과 연관된 문제이기도 하다. 청년이 떠나가는 교회에는 미래가 없다. 한국교회의 생존을 위해서라도 시민 사회와 대화하는 공공신학적 관점에서 '청년 신학'을 보다 진지하게 정립하여 기독청년들이 오히려 동시대 청년들에게 새로운 희망을 전할 수 있도록 해야 한다.

· 4부 ·

공공신학과
종교개혁 유산

15장

칼뱅의 문화 목회와
제네바 도시 선교의 공공성

1. 칼뱅의 도시 목회와 문화 인식

장 칼뱅^{John Calvin}은 1541년 스트라스부르크^{Strasbourg}에서 제네바로 복귀하여 교회와 시의회에서 활약하며 제네바의 개혁을 주도한다. 그는 법령을 제정하고 규칙과 조직을 정비하는 일에 참여함으로써 교회와 세속 사회의 관계를 더욱 긴밀하게 만들었다. 중세 가톨릭 교회의 전통과 허례를 걷어내는 일은 제네바의 사회 개혁과 동일한 시간표로 진행되었다. 복음주의 신학자 알리스터 맥그래스^{Alister McGrath}는 종교개혁의 영성이 개인으로 고독하게 살아가는 것이 아니라 공동체 안에서 신앙 훈련을 감당하는 것이라고 주장하는데, 특히 종교개혁가들이 도시를 무대로 활동한 것을 예로 들었다. 그에 의하면 "종교개혁가들은 그 도시들에서 펼쳐지는 삶을 긍정하고 그 속에 온전히 뛰어들어야 했다. 그러한 과업은 그리스도인으로서 갖고 있던 확신을 퇴보하지 않게 하는 방식이어야" 했다.[1] 맥그래스는 칼뱅을 위시한 종교개혁가들의 영성은 도시 속의 신앙이며, 그것은 곧 세상을 긍정하는 영성이었다고 설명한다. 그리스도인은 이 세상에서 하나님을 섬기도록 부름 받은 자들이므로 세상으로부터 도피할 수 없었고, 도피해서도 안 된다고 생각했다. 세상에 헌신한다는 것은 곧 세상 속에 살면서 세상의 방식을 공유하고 그것이 가진 위험과 기회들을 함께 나누는 것을 의미했다.[2]

그런데 칼뱅의 이 핵심 사상을 비판하는 이들은 오히려 칼뱅이 반문화적이었고 도시 목회에서도 그러한 성향이 강하게 드러났다며 비판한다. 칼뱅을 반문화주의자로 평가하는 것은 아마도 그가 중세의 구태들을 척결하면서 교회 안의 이미지나 성상들을 철거하고 음악적 요소도 단순화시킨 이유에서일 것이다. 윌리엄 에드거William Edgar는 칼뱅이 공부를 게을리하는 이를 그림 감상하는 일에 시간을 허비하는 이들에 비유하는 편지를 어느 젊은 학생에게 썼다는 예를 든다.[3] 그러나 에드거는 같은 글에서 칼뱅의 후예들, 특히 아브라함 카이퍼Abraham Kuyper의 예를 들어 칼뱅주의는 예술의 자율성을 인정하여 종교의 통제 밖에서 예술 고유의 영역이 발전하도록 했다며 칼뱅을 변호한다. 실제로 카이퍼는 프린스턴 신학교에서 1898년 행한 여섯 번의 칼뱅주의 강연에서 이러한 입장을 분명히 밝혔다.[4] 그는 특별한 예술 양식이 없다는 사실이 칼뱅주의에 대한 반론이 되기보다 오히려 칼뱅주의의 좀 더 높은 발전 단계를 가리킨다고 주장한다.

그렇다면 우리에게 남는 질문은 이것이다. "정작 칼뱅은 왜 성상을 파괴하고 예술을 인정하지 않는 것 같은 태도를 보였던 것일까?" 우리는 먼저 중세의 교회가 그러한 성상과 치장을 과도하게 수용하고 있었다는 사실을 상기해야 한다. 그래서 칼뱅 이전에도 이미 수도원 운동의 흐름에서 성상의 과도한 사용이 오히려 예배에 방해가 된다고 지적한 바가 있으며, 인문주의자들에게는 이것이 매우 미신적인 것으로 보였다. 칼뱅이 성상을 파괴한 것은 문화나 공공 예술을 파괴하는 반달리즘vandalism이 아니라 종교개혁의 표현으로서 신학적인 선언이며 동시에 중세의 질서를 거부하는 정치적 행동이었다. 칼뱅의 성상 제거는 그 자체가 중요한 것이 아니고 칼뱅이 그리던 교회와 사회의 재구조화라는 더 큰 청사진의 한 부분으로 이해되어야 한다.[5]

칼뱅은 성상과 예술에 대한 자신의 입장을 『기독교강요』1권 11-12장에서 명확히 설명하고 있다. 11장의 소제목은 "하나님을 가시적 형상으로 나타내는 것은 불경건한 일이며, 일반적으로 우상을 만드는 자는 누구나 참 하나님께 반역하는 자다"이다.[6] 칼뱅은 "하나님에 대한 가시적인 형상을 갈망한 나머지 나무, 돌, 금, 은, 혹은 그 밖의 죽고 썩어질 물질로 신상을 만드는 것과 같은 야만적인 어리석음이 전 세계에 팽배해 있다"고 말하며 모든 성상들에 대해 우상숭배의 위험성이 있음을 강력히 경고한다.[7] 더구나 그는 중세 신학자들이나 교황이 항변했듯이 성상이 신적인 임재의 직접적인 표현이라 할지라도 우상을 정당화시킬 수는 없다고 단언한다.[8]

그러나 칼뱅은 자신이 모든 종류의 예술을 비판하는 것이 아님을 분명히 밝힌다. "조각이나 회화는 하나님의 선물이기 때문에 둘 다 순수하게 그리고 정당하게 사용해야 한다. 즉 그것들은 하나님이 자신의 영광과 우리의 행복을 위하여 우리에게 부여해주신 것이므로 이 선물들을 악용함으로써 더럽혀서는 안 되며 그것들을 우리를 파괴하는 것으로 만들어서도 안 된다"라고 주장하는데,[9] 하나님의 형상 외에 역사와 사건들에 대한 것이나 과거에 대한 모형을 만드는 것은 문제가 없다고 설명한다. 따라서 그가 반문화주의자라든가 반달리즘의 전형이라고 비판하는 것은 그의 본의를 왜곡하는 것이다.

또한 칼뱅은 성상이 하나님께 드리는 진정한 예배로 나아가는 일에 방해가 되기 때문에 예배당에서 성상을 제거해야 한다고 생각했다. 더구나 그는 예수 그리스도께서 구약에 담긴 모든 종류의 예언을 완성하셨기 때문에, 그리스도께서 오시기 전 단계에서 필요했던 모든 이미지는 성만찬과 세례만 제외하고 모두 폐지되어야 한다고 주장했다.[10] 이는 모두 하나님과의 직접적인 대면을 통한 진정성 있는 예배를 위한 조치들이었다.

칼뱅의 문화 인식이 부정적이었다고 주장하는 이들은 이상의 설명으로는 설득되지 않을 것이다. 왜냐하면 그것은 신학적인 증언일 뿐이기 때문이다. 칼뱅은 『기독교강요』 2권 12장 이후에 자유의지에 대해 논하는데, 여기서 인간의 이성과 예술성에 대한 긍정적인 주장을 접할 수 있다. 그는 세속 정부의 운영, 가정의 경영, 모든 기계적 기술들 그리고 자유로운 예술 등의 영역에서 자유의지를 사용할 수 있으며, 인간은 죄로 인해 타락했지만 일반은총이 완전히 사라지지는 않았다고 말한다.[11] 특히 2권 2장 14-16절에서 예술과 과학에서의 오성에 대한 설명은 그가 반문화주의자가 아니었음을 가장 강력히 보여주는 대목이다. 경건한 자와 불경건한 자 모두에게 주어지는 본성적인 은총으로 이성과 지성이라는 보편적 이해력이 인간 속에 심겨 있다는 것이다.[12] 그러니 우리는 에드거의 견해대로 "하나님의 불가시성과 그를 표현하려는 시도의 부적절성에 대한 칼뱅의 강조에도 불구하고 인간의 의식과 세계가 하나님의 임재를 증명하고 있다"는 칼뱅의 주장에 동의할 수밖에 없다.[13] 칼뱅 신학의 구체적 실천은 단지 예배에서 성상을 제거하는 것만이 아니라 세계 속에서 살아가는 사람들의 삶에서 구체화되어야 하는 것을 의미했다.[14]

칼뱅주의 문화관에 대해 연구한 헨리 반 틸Henry R. Van Til 역시 칼뱅을 문화적 신학자cultural theologian 라 칭하고 그가 문화에 대해 굉장히 긍정적인 입장을 가지고 있었다고 말한다.[15] 반 틸은 토마스 아퀴나스나 윌리엄 오컴이 국가 혹은 교회의 권위 아래 문화를 두었던 것과 달리 칼뱅은 국가 및 교회와 나란히 제3의 영역, 즉 삶의 영역an area of life을 선언했다고 주장한다. 이는 양심의 영역으로서 먹고 마시고 입는 일상적인 일들만이 아니라 그리스도인의 자유의 영역으로서 예술과 건축, 과학, 사회적 활동 등의 영역은 하나님 앞에서 자기 스스로 책임을 감당하는 것을 의미한다. 칼뱅의 자유에 대한 이러한 입장이 그의 문화철학적 초석을 놓았다는 것이 반 틸의 해석이다.[16]

칼뱅이 1541년 제네바로 돌아왔을 때 그에게 부여된 과제는 크게 두 가지였다. 하나는 교회의 법령을 정비하는 것이고, 또 하나는 제네바의 종교개혁을 완수하기 위해 필요한 행정적 정비를 주도하고 헌법을 만드는 것이었다. 제네바 도시는 교회와 국가 사이의 조화로운 관계를 통해 교회론적 안정이 필요했고, 공화정을 위태롭게 하는 정치적 논쟁의 가능성을 줄이고 둘 사이의 균형을 맞추는 헌법적 구조도 필요했다.[17] 윌리엄 내피William Naphy는 학자들 중 전자와 후자의 긴밀한 관계를 인식하지 못하는 경우가 많다고 지적하며, 이 두 작업은 불가분의 관계에 있고, 이는 칼뱅이 자신의 도시 목회의 현실에서 교회와 국가, 즉 세속 사회와의 관계를 어떻게 인식하고 있었는지를 보여준다고 강조한다. 칼뱅이 교회의 일과 세속 사회의 공적 업무에 공히 열심이었던 것은 하나님의 주권 아래 놓인 세속 사회 역시 하나님의 영광을 위한 목적에 맞게 사용되어야 했기 때문이었다.

프레드 그래함W. Fred Graham은 교회가 세속 사회의 권력인 국가에 대해 어떤 역할을 감당해야 하는지에 대해 『기독교강요』를 중심으로 다음과 같이 네 가지로 정리한다.[18] 먼저 교회는 정치 지도자들을 위해 기도해야 한다. 교회는 정치 지도자들을 존중하고 그들이 바른 길을 가도록 지원해야 한다. 둘째로 교회는 부자와 세력자에 대해 가난한 사람과 약한 사람을 지켜주도록 국가를 배려해야만 한다. 그것이 복음의 선포와 세속 사회의 정의를 연결시켜주는 중요한 고리가 된다. 셋째로 교회의 과업은 정치 지도자들에게 참된 종교를 향상시키고 교회의 치리를 시행하는 일에 도움을 요청함으로써 교회 자체의 지위를 공고히 다지는 것이다. 그러나 그래함은 칼뱅이 비록 신정정치theocracy라는 용어를 제네바시에 적용하기는 했지만, "칼뱅이 의도했던 바는 두 권력들 간의 밀접한 관계를 나타내기 위한 것일 뿐이었다"고 지적한다.[19] 네 번째는 통치자들이 잘못했을 때 그들에게 경고하는 것이다. 그래함은 이런 칼뱅의 입장을 통해 그의 도시 목회에 있어서 세속 사회에 대한 태도를 두 가지로 정리한다. 교회와 국가는 모두 하나님의 주권 아래 있으며, 두 주체는 서로 구분된다는 것이다. 각자의 영역을 인정하고 모두 하나님의 영광을 위해 사용해야 한다.[20]

이상에서 살펴봤듯이 문화와 세속 사회에 대한 긍정적 인식이 칼뱅으로 하여금 다른 개혁자들과 다른 방식으로 도시 목회를 전개할 수 있도록 했다. 칼뱅의 문화 인식이나 세속 사회에 대한 긍정적 태도는 한국교회에도 매우 도전적이다. 왜냐하면 지금 한국에서 진행되는 문화 목회는 칼뱅이 극복하려 했던 바로 그 문제들, 즉 개인주의적 금욕주의나 분리주의적인 이원론적 문화 인식 그리고 세속 사회에 대한 부정적 태도들을 극복의 대상으로 삼고 있기 때문이다. 물론 이러한 주장에 반대하는 신학적 입장도 엄연히 존재하는데, 그 실천에 있어서 지나치게 엄격하여 반대자들이나 경쟁자들에 대해 어떠한 관용도 베풀지 못했다는 점에서 신학적 유연성이 의심되는 경우가 많다. 이제 문화 목회의 구체적인 실천 영역에서 칼뱅의 도시 목회가 어떻게 전개되었는지 살피고 이를 오늘의 관점에서 평가해 보고자 한다.

2. 칼뱅의 도시 목회와 지역 사회

가톨릭계 신학자들은 칼뱅을 위시한 프로테스탄트 종교개혁가들에게는 선교신학이나 선교 활동이 없었다고 비판한다. 이에 대해 박경수는 하나님의 선교의 관점에서 자신이 속한 사회를 하나님의 복음에 합당한 공동체로 만들려는 노력 자체도 선교로 봐야 하고, 그런 점에서 칼뱅도 선교사였다고 규정한다.[21] 그러면서 그는 칼뱅이 제네바에서 행했던 여러 실험을 선교적 관점에서 소개한다. 예컨대 컨시스토리consistory는 일종의 종교 법원으로 제네바의 목사단과 교회의 장로들로 구성된 치리 기관이었다. 장로들은 목회자의 지도를 따르며 사회적으로 명망 있는 자들로 채워졌는데, 시의 소의회와 대의회에서 파송했다. 이 기관의 임무는 광범위해서 종교적 문제들뿐 아니라 제네바시에서 발생하는 각종 범죄나 치안 관련 사안에 대한 상벌도 다뤘다. 내피는 "가장 중요한 점은 컨시스토리가 지역 교회 parish와 같은 한 구성원이었다는 것"이라 설명하면서,[22] 제네바에서는 입법원들이나 정부 관료들이 모두 교회의 한 부분이라는 인식을 갖지 않는 한 컨시스토리에 참여할 수가 없었다고 말한다. 그는 또 컨시스토리가 "교회와 국가 사이의 가장 심각한 위협적 문제였던 출교권에 대한 상호 견제와 교차 통제의 균형을 유지하는 기관"이었다고 설명한다.[23]

교회가 국가 위에 군림하던 중세의 폐해를 너무도 잘 알고 있던 칼뱅은 교회가 국가와 함께 시민의 삶을 거룩하게 이끌어갈 책임이 있다고 생각했다. 또 그는 교회가 시민의 삶과 동떨어져 존재해서는 안 된다고 생각했다.

> 교회는 공동체 전체의 가장 중요한 중추 기관으로서의 역할을 감당해야 한다. 만일 그렇지 않다면 교회는 필요한 정부의 도움을 정당하게 요구할 수 없을 것이다. 또한 그리스도인은 자신이 모든 외적인 사회관계로부터 결코 도망칠 수 없다는 사실을 깨달아야 한다.[24]

그렇다고 칼뱅이 국가의 모든 권력은 교회의 통제를 받아야 한다고 생각한 것은 아니다. 그는 『기독교강요』 4권 20장 1절에서 국가 권력과 교회 권력의 명확한 구분을 제시한다. 그에 의하면, "우리가 사람들과 더불어 사는 동안 하나님께 대한 외적인 예배를 존중하고 보호하며, 건전한 교리와 교회의 위치를 보호하고, 우리의 생활을 인간 사회에 적응시키며, 우리의 행위를 사회 정의와 일치하도록 이끌

고, 우리가 서로 화해하게 하여 전체적인 평화와 평온을 증진케 하
는"것이 국가 권력의 목적이다.[25]

칼뱅은 교회와 국가를 한 몸의 두 지체로 인식했는데, 로날드 월레
스는 이를 두고 당시 제네바의 상황이 초기 다원적 사회의 면모를 갖
추기 시작한 상황이었으므로 매우 적절한 인식이었다고 본다.[26] 나아
가 그는 칼뱅이 제네바의 시민들 중 적절한 돌봄이 없어서 고통받는
개인이 발생할 수 있다고 보고, 제네바 지역 사회가 긴밀히 연결되
도록 하고 각 개인이 하나의 매듭처럼 서로의 이웃과 인격적인 관계
를 맺도록 원했을 것이라 추측한다.[27] 이러한 평가는 문화 목회의 관
점에서 볼 때, 오늘날 교회들이 지역 사회를 어떻게 바라봐야 하는지
에 대해 큰 시사점을 제공한다. 칼뱅은 지역 사회를 교회와 한 몸 공
동체로 인식했다. 따라서 그는 세속 사회의 권위도 교회와 함께 지역
사회와 시민들의 복지를 위해 노력해야 한다고 생각했다. 교회는 스
스로 그러한 일을 감당할 뿐 아니라 지역 사회와 세속 정부가 관심을
갖도록 긴밀한 관계를 유지해야 한다고 여긴 것이다.

하지만 모든 이들이 컨시스토리에 의한 권면이나 치리에 모두 동
의한 것은 아니었다. 지나치게 엄격한 치리에 대해 불만을 가진 이들
도 없지 않았다.[28] 가장 민감했던 이견은 컨시스토리에 참여한 이방
인 목회자들에 대한 반감이었다. 이 문제는 단지 컨시스토리에 국한
된 것이 아니었고, 외국에서 이민 온 이들의 사회적 지위를 포함해
서 포괄적으로 제네바시의 새로운 공동체를 어떻게 구성할 것인가
에 관한 것이었다. 칼뱅은 제네바시에 새롭게 유입된 이들을 이방인
으로 취급하는 것이 아니라 사회의 구성원으로 받아들이려고 시도
했다. 이는 단지 자선의 차원이 아니었다. 칼뱅은 이방인들이나 가난

한 이들이 일시적이거나 영원히 제네바의 시민으로 남을 수 있는 다양한 조치를 시행했다. 실제로 1535-1554년 사이에 23명의 외국인이 영구 시민권을 얻어 정착할 수 있었고, 1555-1557년 사이에는 한 해당 평균 119명이 시민권을 얻었다는 사실을 볼 때, 우리는 칼뱅이 제네바의 새로운 공동체 형성에 끼친 영향을 엿볼 수 있다.[29]

제네바 대학교의 에릭 푹스Eric Fuchs는 이러한 칼뱅의 노력을 윤리적 책임이라는 관점에서 평가한다. 그는 교회와 국가의 정치적 견제와 균형이 사회 개혁에 긍정적인 영향을 끼쳤다고 인정하면서, 1541년 『교회법령』에 제정된 집사직 diacons은 칼뱅이 생각하는 교회의 사회적 책임의 단면을 가장 정확하게 보여주는 사항이라고 주장한다. 가난한 자들을 돕고 지원하는 집사들의 활동은 종합 구빈원의 운영과 기금 마련에 집중되었는데, 이는 사회적 연대감을 증진시키고 경제적·도덕적 문제들을 하나의 구조 안에서 풀어내려는 실천이었다.[30]

칼뱅의 사회 복지 연구가였던 로버트 킹돈Robert M. Kingdon은 평신도의 지도력을 세워 사역했던 칼뱅의 방식에 대해 두 가지 중대한 평가를 내린다. 첫째로 중세에서는 거의 불가능했던 평신도의 참여를 보장함으로써 사회 활동에 참여하는 삶을 증진시켰다. 교회의 목사나 감독은 자신의 권위를 봉사를 위해 사용할 때 역동적이고 동등한 교회 공동체를 이룰 뿐 아니라 "섬김의 직무들 간에 협동의 길로 현실화"시킬 수 있다.[31] 두 번째로 그렇게 평신도가 참여하는 제도적 장치가 제네바로 유입되는 수많은 피난민을 도시 안에 정착시키는 데 기여했다는 것이다. 나중에 그들이 다시 본국으로 돌아간 후에는 자신들이 경험한 칼뱅의 사회적 메시지를 전달했고, 유럽의 종교개혁

은 그로 인해 더욱 풍성해졌다는 결론이다.[32]

문화와 세속 사회를 긍정적으로 인식한 칼뱅은 교회와 국가의 균형 속에서 사회를 개혁하고 사회적 약자와 도움이 필요한 이들을 적극적으로 수용함으로써 공동체를 지향하는 도시 목회의 전형을 보여주었다. 칼뱅의 도시 목회는 지역 사회와 시민 사회에서 공동체 형성을 도모하는 문화 목회의 이상을 가장 모범적으로 실천한 사례다. 다양한 주체가 지역 사회의 문제를 협업하여 해결하고, 교회는 평신도 전문 사역자들이 지역 사회를 섬길 수 있도록 파송하며, 관이나 정부로 하여금 정의롭고 생명의 공존을 지향하는 정책을 입안, 실천하도록 제안하는 등 거의 모든 분야에 걸쳐서 칼뱅의 도시 목회가 지닌 특징이 드러난다. 이런 모든 활동은 칼뱅의 신학적 연구의 결과이기도 하지만 제네바라는 도시의 사회 문화적 정황을 십분 고려한 결과이기도 하다. 문화 목회는 지역적 상황과 시대적 요청에 따라 다르게 표현되어야 한다. 이런 점에서 한국적 문화 목회의 실천을 위해서는 현재 한국에서 요청되는 과제들을 깊이 살펴야 한다.

3. 한국적 문화 목회의 과제

칼뱅의 도시 목회를 가난 또는 가난한 이들에 대한 신학이라는 주제로 연구한 보니 패티슨Bonnie L. Pattison은 칼뱅이 세속적 물질을 부정하기보다는 오히려 세속적 물질을 제대로 잘 사용하라고 가르쳤다고 주장한다. 세속적 물질을 제대로 사용하는 방법은 하나님 나라의 사역과 연결되어 있다.

결코 개인적 윤리의 문제가 아니다. 오히려 칼뱅에 따르면 이 세상에서 그리스도의 몸과 연합하는 사역을 통해 하나님 나라를 미리 경험하는 것으로부터 그 가치를 찾아야 한다. 그것은 이웃을 위해 물질을 나눔으로써 가능하다.…칼뱅은 이를 청지기 정신이라 했다.[33]

여기서 우리는 칼뱅이 세속 사회를 부정하거나 물질 자체를 거부하지 않았으며 오히려 문화를 긍정하고 하나님의 주권에 따라 선용할 것을 주장했다는 두 가지 사실을 다시 확인할 수 있다. 칼뱅의 윤리는 개인주의적 영성에 토대를 두지 않았고 지역 사회와 시민 사회의 공동체성을 증진시키는 것에 있었다. 이는 모두 그리스도의 몸으로서의 교회와 사회라는 연대 의식에서 나온 것이다. 칼뱅은 가난한 자들과의 연대, 이방인들과의 연대, 평신도와 성직자 간의 연대 등을 통해 세상에서 하나님 나라를 경험하며 살아가는 교회 공동체와 시민 공동체를 만들기 원했다.

이제 칼뱅의 도시 목회로부터 얻은 통찰을 한국교회의 문화 목회에 적용해보자. 가장 시급한 과제는 한국교회의 문화 인식을 개인주의적이고 피안적인 영성에서 공동체적이고 일상생활에 바탕을 둔 윤리적 영성으로 전환하는 것이다. 앞서 패티슨이 칼뱅의 신학을 공동체적 윤리의 관점에서 분석한 것처럼, 문화 목회를 실천하려는 교회 공동체와 목회자의 문화 인식은 공동체적 윤리의 관점으로 전환되어야 한다. 푹스는 "궁극적으로 모든 것을 하나님과 그분의 섭리에 의존하고 있다는 사실을 알고 있다면, [그리스도인들이] 마치 모든 것이 그분에게 달려 있는 것인 양 모든 책임을 감당할 각오를 하고 행동하는 것"을 가르친 게 칼뱅 윤리의 핵심이라고 말한다.[34] 동시에 문화 목회의 윤리는 책임 윤리에 입각해 공동체를 지향하는 것이어야 한다. 교회는 공적인 영역에서 어떻게 기독교적 가치를 실천할 수 있으며, 그로 인해 한 사회의 공동선을 어떻게 형성해나갈 것인가를 물어야 한다.

이런 점에서 문화 목회는 다원적 시민 사회와 지구화 국면을 심각하게 고려하는 공공신학을 주목해야 한다. 공공신학의 동기는 교회가 기독교적 가치를 실현하여 기독교적 공동체를 형성하려는 것이라기보다 공공 영역에 참여하여 대화하고 기독교적 대안을 제시하는 것이며, 이를 통해 공동선을 증진하려는 것이다. 다원화된 공공 영역에서 교회가 공적 영향력을 발휘하려면 자신의 의견을 다른 많은 의견 중 하나로 여기고 기꺼이 참여할 수 있어야 한다. 다원주의적 시민 사회의 한 동반자로서 역할을 다할 준비가 되어 있어야 한다.[35] 칼뱅의 도시 목회를 보면, 도시 공동체를 지향하면서도 교회의 공적 역할을 분명히 실천한다. 그러나 그것은 중세와 같이 국가 위에 군림하거나 정책을 주도하는 것이 아니라 공적인 제도에 참여하여 성경적 가치로 지도하는 것이다. 칼뱅은 특히 이방인이나 가난한 이들을 위한 정책에 있어서는 이기심에 빠지기 쉬운 세속 권력자들이 성경적으로 행할 수 있도록 지도하고, 건강한 공동체를 유지하도록 자극했다.

사실 도시(도성, 성읍)라는 주제는 종교개혁 영성에서 중심 자리를 차지할 만큼 중요한데, 이는 종교개혁이 도시에서 일어난 현상이기 때문이다.[36] 바울의 초기 선교도 도시에서 시작된 것을 보면, 도시는 선교의 전초 기지였다. 도시는 교회를 세우고 공적 영역에서 교회 공동체의 정체성을 확인하는 장소이기도 했다.[37] 칼뱅의 도시 목회는 사회적 약자와 이민자들을 공동체 안으로 수용하고, 종합 구빈원이나 프랑스 기금을 통해 제네바 도시 공동체의 복지 수준을 향상시켰다. 그런데 오늘날 도시의 상황은 더욱 심각하다. 물질문명이 발달하고 생활 수준은 향상됐지만 그로부터 소외된 가난한 이들은 고통을 상대적으로 더욱 크게 느끼고, 정의로운 분배나 문화적 삶의 질에 있어서 정당한 대우를 받지 못하는 계층이 점차 늘어나고 있다. 현대의 도시 목회는 칼뱅의 시도와 같이 도시의 어두운 면을 극복하는 것에 관심을 가져야 하는데, 무엇보다 도시 공동체 형성이 가장 중요한 가치가 될 것이다. 특히 우리가 주목하는 문화적 복지는 삶의 질과 관련된 만큼 공동체 속에서 그것을 증진시키는 것이 중요하다. 즉 공동체를 통해 복지적 관심을 실천하려는 교회는 단지 영적이거나 도덕적인 역할에 만족해서는 안 되며, 이웃의 물리적·경제적·사회적·교육적·환경적 그리고 시민적 삶의 질을 개선하려는 노력에 적극적으로 참여해야 한다.[38]

우리나라에서 1996년에 발족한 〈문화복지기획단〉은 문화 복지를 인간의 가장 기본적인 욕구를 충족시키는 실천으로 규정하고 이를 인간성 유지라는 개념으로 표현했다. 구혜영은 문화 복지의 가장 중요한 과제를 다음과 같이 설명한다.

> 문화생활에 있어 주민의 자발적 참여에 대한 부분은 '문화 복지'의 중요한 이념적 근거가 되고 있다. 즉 문화의 향수를 대중들에게 확장해야 한다는 것과 관련되는 것으로, 자신의 감정과 생각을 자유롭게 표현하고 공동체의 문화적 생활에 공헌할 수 있다는 문화의 민주화 등은 문화 복지를 위한 중요한 논리적 근거[다].[39]

사실 공공신학 역시 이러한 관심을 공유하고 있기에 지역 사회의 공동체적 복지를 문화적 차원에서 실현한다면 문화 목회의 목적은 어느 정도 달성된다고 할 수 있다. 그렇다면 지역 공동체의 복지 증진에 집중된 칼뱅의 도시 목회는 매우 좋은 모범적 사례가 아닐 수 없다. 이를 위해 지역 사회 주민들의 더 나은 삶에 대한 욕구를 파악하고, 그것을 해결하기 위해 동원될 수 있는 지역의 문화적 자산과 자원을 파악해야 한다. 지역적 특성을 고려하여 지역 주민이 원하는 문화적 수준을 결정하고, 스스로 한 인간으로서의 품격을 누릴 수 있도록 돕는 것, 그것이 공공신학의 실천적 의미로서의 문화 목회일 것이며, 지역 사회의 문화 복지에 기여하는 교회의 공적 역할일 것이다.[40] 만약 칼뱅이 이 시대 한국의 도시 목회를 주도한다면 아마도 도서관, 문화 교실, 커뮤니티 센터 등을 건립·운영했을 것으로 추측된다. 칼뱅은 교회가 지역의 도덕적이고 문화적인 중심지가 되도록 했는데, 이는 그 외의 주체들을 소외시키거나 상대화한 것이 아니라 오히려 섬기고 베풀며 타자의 안정적 정체성을 보장하기 위해 공적인 배려를 아끼지 않는 것이었다.

　　영국 성공회에서 도시 문제와 공동체 사역을 담당하고 있는 앤드류 다베이Andrew Davey는 교회가 도시에서 공동체를 형성하는 일을 사회적 자본을 재생산하는 일이라고 말한다. 그런데 그는 이것이 단지 신앙 공동체가 공적 영역에 함께한다고 해서 발생하는 것이 아니라 경제적·정치적 소외로 인해 좌절하고 분노하는 이들의 삶의 공간 속으로 자주 들어가야 가능하다고 주장한다.[41] 이러한 관심을 공유한 소규모 신생 교회들이 선교적 교회라는 이름으로 문화 목회를 실천하고 있다. 문화 목회에 있어서 공공신학이 윤리적 접점이라고 한다면, 선교적 교회 운동은 선교적 접점일 것이다. 오늘날 많은 교회가 내 교회만 성장하면 된다는 의식에서 벗어나 지역 사회를 섬기는 목회를 지향하고 있다는 것은 참으로 다행스럽고 바람직한 변화다.[42] 지역 사회에서 공동체적 문화 목회를 실천하려는 교회는 사회적 기업이나 협동조합과 같은 다양한 형태의 비즈니스와 카페, 도서관, 문화 센터와 같은 형태로 교회 공간을 유연하게 운영하고 있다. 최근에는 생태적 복지에 대한 관심도 고조되고 있는데, 문화 목회가 지향하는 문화적 복지는 생태적 함의와 당연히 연계되어야 한다. "교회는 지역 공동체의 구성원 가운데 하나로서 생태적으로나 공동체적으로 지속 가능한 도시 형성을 통해 하나님 나라를 구현하도록 부름"받았기에 이를 위해 가능한 모든 노력을 기울여야 한다.[43]

칼뱅의 도시 목회는 오늘의 관점에서 볼 때 문화 목회였다. 문화 목회는 문화와 세속 사회에 대해 긍정적으로 인식한다. 시민 사회 혹은 지역 사회에서 공적인 역할을 감당함으로써 이웃과 더불어 공동체를 형성하고, 문화적 복지를 증진시키는 사회적 자본을 확보하기 위해 교회의 인적·물적 자원을 동원·지원하는 것이다. 칼뱅의 도시 목회에 나타난 문화 인식을 볼 때, 그가 중세로부터 내려오던 유산을 거부한 것은 반문화적 행동이 아니라 중세로부터 벗어나려는 종교개혁의 신학적 선언을 실천한 것이었다. 또한 칼뱅의 문화 인식은 당시 제네바에서 요구한 공적 사역을 실천함에 있어서 그 효력을 여실히 드러냈다. 교회의 목회에서는 집사와 장로의 역할을 분담하여 성직자 중심의 사역 구조를 탈피했고, 제네바의 종교개혁을 위해 교회와 국가의 역할을 공적으로 규정함으로써 모범적인 도시 공동체를 형성했으며, 제네바에 유입된 사회적 약자와 이민자 같이 돌봄이 필요한 이들의 지위와 복지를 향상시킴으로써 그들의 삶의 질을 높였다. 제네바의 시민들은 칼뱅의 도시 목회를 통해 하나님 나라의 모형과 새로운 공동체적 삶을 체험할 수 있었다. 칼뱅은 진정으로 기독교 국가에서 인간다운 문화와 인간다운 사회를 이룩하려 했다.[44] 오늘날 우리 사회가 처해 있는 다원적 정황, 성숙해가는 시민 사회와 공적 영역 확대, 도시화와 소외의 문제 등을 고려할 때 문화 목회와 공공신학의 만남은 절실하다.

한국교회는 내외부의 위기에 직면해 있다. 그 위기의 뿌리에는 개인화된 영성과 개교회주의가 도사리고 있다. 칼뱅의 종교개혁 정신은 개혁교회가 공동체적 영성을 지향하며 시민 사회에서 공적 역할을 감당해야 한다고 요구한다.[45] 한국교회는 세상과 분리되어 자신들만의 공동체를 구축하려는 경향에서 벗어나 시민 사회와 지역 사회에서 마땅히 감당해야 할 역할을 위해 하나님이 교회에 허락하신 물적·인적 자원들을 사용해야 한다. 이제 한국교회는 해외 선교에만 선교적 역량을 기울이지 말고, 도시에서 요구되는 문화 복지의 시대적 과제에 응답해야 할 것이다. 다만 한 가지 유념해야 할 것은 칼뱅의 시대와 오늘 한국 사이에 놓인 시대적 간극과 문화적 차이를 충분히 고려하면서 실천해야 한다는 점이다.

종교개혁의 후예로서, 개혁교회의 일원으로서 한국교회는 이제 문화 목회에 적극적으로 참여해야 한다. 한국교회는 시민 사회에 적극 참여하고, 지역 공동체를 세우는 일이 하나님이 보시기에 좋으실 만한 정의롭고 평화롭고 생명이 넘치는 문화 복지의 실천이 되도록 공적 역할을 감당해야 한다. 이것이 종교개혁가요 교회의 신학자였던 칼뱅이 500년 전에 이미 우리를 위해 마련해놓은 문화 목회의 길이다.

16장
루터의 '두 왕국(정부)론'에 대한
공공신학적 이해
-'교단/교파주의'에 대한 신학적 비판을 위하여

2017년 종교개혁 500주년을 맞이한 전 세계 개신교계는 그것을 기념하고 축하할 일로만 여길 수는 없었다. 양적으로 많이 위축된 상태이기도 했지만, 개신교가 질적으로도 종교개혁의 본래 정신을 상실했다는 자성의 소리가 높았다. 특히 한국교회는 '500주년'을 기념하기보다는 성찰의 기회로 삼아야 했다. 많은 이들이 한국교회의 신앙 행태가 기복적이며 무속적인 개인주의 영성에 매몰되어 있다고 비판하면서 그 원인을 경쟁과 분열을 거듭하며 개신교의 DNA처럼 되어버린 '교단/교파주의'[1]로 본다.[2] 북미 복음주의 교회들의 교파주의에 지나치게 영향을 많이 받았다는 반성도 포함하고 있다. 예컨대 초기 한국 개신교의 교파별 형성 과정을 연구한 이진구는 초기 한국교회가 주로 미국에서 건너온 개신교의 "정교분리와 종교 자유의 원칙, 경쟁 논리와 종교 시장 그리고 독자적인 교단 헌법을 갖춘 교파 교회의 모습을 취했는데 이는 한국의 근대적 종교 지형 형성에 지대한 영향을"[3] 끼쳐왔다고 평가한다.

한편, 미국 교파주의에 대한 독보적 연구가인 러셀 리취Russell E. Richey는 20세기에 들어 본격적으로 발전한 교단주의denominationalism 가 종교 조직의 관료주의적 성장과 교단/교파들의 제도화에 대해서 부정적으로 평가하도록 하는 인식을 남겼다고 본다.[4] 그는 허드슨 Windhrop Hudson의 견해를 빌려 '교파'라는 용어를 그 현상 자체의 기원 이 되는 시대적 배경을 고려한다면, 17-18세기의 아르미니우스주 의자들Arminians이나 이후 회중교회주의자들Congregationalists 혹은 독 립주의자들Independents의 교회론에 기인한 것으로 봐야 한다고 주장 한다. 이것은 교파를 종파 형태의 분리주의로 이해할 것이 아니라 제 도화된 교회라는 관점에서 이해해야 한다고 주장하는 것이다.[5] 리치 는 교파들의 기원을 다루며 웨스트민스터 회의에서 다른 길을 갔던 다섯 명의 형제단dissenting Brethren이나 독립주의자들과 함께 웨슬리의 감리교파 운동까지 언급하며, 17세기 국면에 발생한 두 가지 원리, 즉 국가 교회의 종교적 관용의 허용 정책과 다양성 속에서 추구하는 일치성이 교파주의의 원리라고 보고 있다.[6]

리치의 주장대로, 루터의 종교개혁이 오늘날 극복의 대상인 '교 단/교파주의'의 근원이 되는지 아니면 오히려 거꾸로 '교단/교파주 의'에 대해 비판할 수 있는 근원이 되는지는 좀 더 명확히 살펴볼 필 요가 있다. 그 결과에 따라 오늘의 교회들이 종교개혁의 유산을 어 떻게 계승해야 하는지 답을 찾을 수 있을 것이기 때문이다. 많은 신 학자들이 부정적으로 비판하고 있는 것처럼 루터의 종교개혁이 중 세의 한계에 갇힌 이원론이자 개인주의적 신앙의 기원이라면 우 리는 오늘 극복하려는 '교단/교파주의'의 기원적 원죄가 루터에게 있다고 말할 수 있을 것이다. 그러나 우리가 루터의 종교개혁 사상의 본질이 교회의 공공성을 강조하고 오히려 교회의 일치를 향한 여정이었다는 사실을 확인할 수 있다면, 우리는 지금 왜곡된 형태로 우리의 족쇄가 된 '교단/교파주의'를 후대의 과오로 인식하고 종교개혁의 본래 정신에서 과감히 분리해내야 할 것이다.

필자는 이를 위해 루터의 핵심 사상을 '이신칭의'에 기초한 칭의론과 속죄론으로 국한해 연구하는 관행에서 벗어나 '두 왕국론'을 그의 종교개혁의 핵심 사상으로 전제하고자 한다. 본 연구의 목적은 루터의 '두 왕국론'을 중심으로 당시의 상황에서 루터가 지향했던 교회와 신앙의 공공성을 재구성하고 그것이 오늘 우리에게 무엇을 의미하는지를 해명하여 왜곡된 '교단/교파주의'의 개혁을 위한 신학적 근거를 한국교회 앞에 제시하는 데 있다.[7]

1. 루터의 종교개혁에 대한 연구와 평가

종교개혁을 독일 민족주의의 관점에서 이해하려는 시도들이 있다. 케네스 라투렛Kenneth Scott Latourette은 1500년부터 1750년까지 종교개혁 전후의 유럽에 대해 주목해야 할 몇 가지를 지적한다. 그에 의하면 유럽을 향한 터키 민족의 지속적 유입과 침입 그리고 유럽 지역에 급부상한 민족주의가 특히 중요하다. 당시 신성 로마 제국 체제에 대한 도전이자, 교황권에 대한 도전을 의미했던 민족주의의 발흥은 종교 영역을 포함해 유럽을 변화시키는 가장 중대한 요소였다.[8] 라투렛은 독일이 스페인, 영국, 프랑스, 러시아 등과는 달리 왕정 체제가 아니라 도시 체제였다는 사실에 주목한다. 교황의 통제보다는 선제후들의 통제로 교회를 관리할 수 있었다는 것이다. 그래서인지 라투렛은 "종교개혁 이후 다양해진 민족주의적 국가 교회들이 과연 기독교의 본질을 향한 일치에 얼마나 진전을 보일 수 있었을까?"[9]라고 묻는다. 그는 '아우구스부르크 평화조약'Peace of Ausburg, 1555은 일종의 타협이었으며, 심지어 독일이 분리되는 결과를 낳았다고 생각한다. 관용의 문제에서도 '루터파교회' 외에는 허용되지 않는 민족주의적 경향을 띠었다고 평가한다.[10]

그러나 하이코 오버만Heiko A. Oberman은 루터의 종교개혁에 대한 독일 민족주의적 해석에 대해 경계심을 보인다. 다만 그는 루터를 독일 민족의 상징으로 만들려는 시도가 당시에도 있었다고 본다. 억압받고 있었던 기사들, 착취당했던 농부들, 탐욕스러운 제후들이 1520년에 종교개혁을 정치화·혁명화·민족주의화하려는 노력을 지속적으로 전개했다.[11] 오버만은 루터의 종교개혁을 민족주의적인 성격보다는 신앙적 차원의 사건이라는 점을 더욱 부각하려 한다. 그런가 하면 스피츠Lewis W. Spitz는 "16세기 초 독일의 종교적 상황만을 가지고 종교개혁의 발발에 이른 인과 관계를 찾는 것은 쉽지 않다"[12]고 보고, 동시에 "독일 국민의 내향성"에 기인한 측면에 대해서도 지적한다.

루터의 신학을 당시의 상황과 연계해 종합적으로 연구한 성과물들이 루터의 종교개혁에 대한 권위 있는 연구로 평가받는다.[13] 특히 한스-마르틴 바르트Hans-Martin Barth의 비판적 연구는 루터 연구가 그동안 정당한 방식으로 다뤄지지 못했다고 보고, 루터를 부정적으로 인식하게 된 몇 가지 계기를 지적한다. 1945년 토마스 만Thomas Mann이 워싱턴에서 행한 연설에서 루터를 독일적이고 분리적이며 반유럽적인 인물로 묘사한 사건과, 역사상 처음 출현한 사회 민족주의 세력인 나치와 히틀러와 루터를 연계하며 독일 민족이 루터의 이분법적 신앙 유산으로 인해 고통을 받고 있다는 식으로 평가한 사건을 제시한다.[14] 그러나 한스-마르틴 바르트는 루터를 변호하기 원하면서도, 루터의 종교개혁의 공적인 특성을 부각시키기보다는 오히려 종교개혁을 루터 자신의 "하나의 목양 활동"Seelsorge-Bewegung으로 보고, "논쟁의 핵심은 옳고 그름이 아니라 자유케 하고 또 항상 자유케 하는 진리에 대한 문제"이기에 "루터 신학은 목회-치료적인 관점에서 서술되고 숙고되며 비판되고 계속 연구되어야 한다"[15]고 주장한다. 그러나 이런 접근이 루터에게 붙여진 불명예스러운 비판을 극복할 방안이 될 수 있을지는 의문이다.

또 다른 관점에서, 20세기에 루터 신학의 새로운 조명에 이정표를 남긴 것으로 평가되는 알리스터 맥그래스의 『루터의 십자가 신학: 마르틴 루터의 신학적 혁파』Luther's Theology of the Cross: Martin Luther's Theological Breakthrough, 1985, revised in 2011는 루터 신학의 핵심을 '십자가 신학'으로 보고 그 신학이 어떻게 형성될 수 있었는지를 면밀하게 추적한다. 맥그래스가 보기에 루터의 종교개혁 사상을 이해하기 위해서는 개인에 대한 신화적 이해나 영웅담은 전혀 도움이 되지 않는다. 개혁 초기의 루터는 "교회의 분열에 대해 깊은 혐오감을 품고 있었고", 후에 전개된 "가톨릭 교회로부터 프로테스탄트 진영의 분리는 여전히 일시적인 것으로 간주되어야"[16] 한다고 보면서, 루터의 신학이 결코 당시 1500년 동안의 신학의 역사에서 없었던 새로운 것이 아니었다는 점을 부각하여 드러낸다.[17] 그렇지만 맥그래스의 이러한 주장이 루터의 신학 사상에 대한 입체적 조망을 가능하게 해주기는 했지만, 이른바 '십자가 신학'이 당시 사회에 던진 공적 의미에 대해서는 침묵하고 있다.

이에 비해 베른하르트 로제^{Bernhard Lohse}는 루터 연구를 역사적 연구와 조직신학적 연구로 구분하여 진행함으로써 루터의 종교개혁이 개인적 차원을 넘어 어떻게 공적인 성격을 획득하게 되었는지 추적하려고 했다. 그는 우리가 교리적 개혁에 초점을 맞춘다면, 초기 루터가 "하나님의 의와 인간의 칭의에 관해 새롭게 이해했고, 그것이 불가피하게 로마와의 갈등을 초래했다"는 결론에 도달하게 될 것이라고 말한다. 그러나 만약 1517년 이후 전개된 여러 가지 갈등과 특히 1520년에 나온 주요한 논문들을 근거로 그의 개혁사상이 정립된 것이라 한다면, "루터는 그의 종교개혁 신학의 중심에 서 있었고, 가톨릭과의 갈등을 통하여 결정적으로 개혁이 진척되었다는 결론"[18]에 도달한다고 그는 밝힌다. 그러나 이러한 로제의 견해는 루터의 종교개혁이 시간이 갈수록 점차 정치적인 함의를 갖게 되었다는 것을 그저 암시할 뿐이다. 이에 나단 몬토버^{Nathan Montover}는 로제가 "루터의 '만인사제론'의 정치적 차원을 의도적으로 무시하면서 루터의 개혁이 당시 정치적 구조를 변화시키려고 한 것은 아니었다고 주장하려는 (그러면서 오늘날에도 루터파교회의 정치적 변화를 거부하려는) 의도가 있다"[19]고 지적한다.

2. 루터의 사상에 대한 연구와 평가

1) 비판적 평가

루터에게는 사회 윤리가 거의 부재한다는 부정적 평가는 에른스트 트뢸치 Ernst Troeltsch에게서 강력하게 나타나며, 니버 형제 Richard Niebuhr & Reinhold Nieburh나 칼 바르트 Karl Barth도 이런 격정적 평가에 기여했다는 것을 아무도 부인할 수가 없다. 이들은 루터의 사상이 개인주의적이며 내면의 종교적인 문제에만 집중한다고 비판했다. 하지만 이형기는 "루터 이후 17세기의 정통주의를 거치면서 각 교파 간의 교리 논쟁과 경쟁으로 인해 개신교 내에서의 분열도 가시화되었는데, 이를 루터 본인의 과오로 귀착시키는 것은 무리가 있다"고 본다.[20]

트뢸치는 루터의 종교개혁이 중세의 '교회' Church[21] 유형을 극복하지 못하고 오히려 중세적 교회론을 지속시켰다고 평가했다. 그는 루터가 인간의 내면의 변화를 지향한다고 보았다. 그래서 "루터의 종교 사상은 사회적이거나 경제적인 변화를 위한 성찰에서 연유한 것이 아니라 본질적으로 또 독립적으로 종교적 사상에 기초했고, 그 결과로 사회적·경제적·정치적 결과들이 별개로 나타나게 되었다"[22]고 주장했다. 루터의 종교개혁은 루터 개인의 영적인 투쟁과 수도사로서의 고민에 기인한 지극히 개인적인 차원의 사건이었다는 것이다. 나아가 트뢸치는 루터의 종교개혁이 중세의 제후 및 관료들과 연대한 것이었고, 중세 사회의 기본적인 구조에 대한 반성이나 변화에는 별 관심이 없었다고 본다. 농민이나 재세례파 등에 대한 루터의 태도를 보아도 "진정으로 종파 유형의 어떤 경향도 드러내지 못했고, 오직 교회론적 조직의 유형만을 가장 자연스러운 방식으로 여겼다"[23]고 평가하고, "루터에게 윤리란 세상으로부터 무관심해지는 것이며, 개인적인 구원의 문제와 하나님의 사랑 안에서 하나 되는 형제애에 관심을 집중하는 것이었다"[24]고 본다. 결국 트뢸치는 루터의 이런 경향을 가리켜 이원론적 윤리관이라 규정했다.

이 문제에 대해 한국 신학자 중 최근 활발하게 연구를 전개해온 이는 김주한이다.[25] 그는 트뢸치의 역사 이해가 역사적 상대주의이기에 신학자인 루터를 정당하게 평가하지 못했다고 비판한다. 그는 트뢸치가 루터의 사회 윤리에 대해 매우 부정적으로 보는 것은 루터의 칭의론을 중세의 신학과 별반 다를 것이 없다고 보았기 때문이라고 주장한다. 김주한은, 트뢸치는 루터파 신자들이 "가톨릭 교회의 구원 교리를 보다 개인주의적인 개념으로 대체시키긴 했으나, 나아가 삶의 전반ー정치, 사회, 학문, 교육, 법 그리고 상업ー을 초자연적인 계시의 표준들에 맞춰 규정지으려"[26] 한 것으로 여겼다고 비판한다.

인간이 서로 사랑하면서 성취해야 할 상대적 정의를 루터가 포기하는 것처럼 느끼는 라인홀드 니버는 루터가 "상대적 정의relative justice의 성취를 위한 지속적인 기준이 무엇인지 정의하지 않는다"[27]고 보는데, 이런 이해는 리처드 니버에 비하면 차라리 우호적이다. 리처드 니버는 트뢸치의 입장을 그대로 반영하여 루터의 신학을 '이원론'으로 규정한다.[28] 그는 루터가 문화 속에서 역설적으로 살아가는 그리스도인의 윤리에 대해 설명했다고 봤는데, 루터가 문화와 적대적인 기독교의 입장을 취하지 않은 것에 대해서는 긍정적으로 보면서도 인간의 문화 자체에 대한 변혁적 가능성에 대해서는 말하지 못한다고 지적한다. 루터는 문화를 긍정하고 문화 속에서의 삶을 허용한다.

그러나 인간에게는 아무런 가능성이 없기에 루터에게 "인생은 비극인 동시에 기쁨"[29]이다. 니버는 루터의 이원론은 역동적이며 변증법적인 것이었으나, 후대에서 재생산된 것은 "너무도 정적이고 비변증법적"[30]이었다고 비판했고, 분명히 루터의 관점이 종교적 영역에서만 작동하고 있다고 보았다.

리처드 니버가 『교파주의의 사회적 기원』*The Social Sources of Denominationalism*, 1929에서 루터에 대해 평가하는 것은 더 의미가 크다. 그는 "분열된 교회의 윤리적 실패"the ethical failure of the divided Church라는 제목으로 1장을 시작할 정도로 '교단/교파주의'를 부정적으로 본다. 교파주의가 때로 놀라운 성과처럼 치장되는 것은 위선적인 것이다. "그것은 인간 사회의 신분 체계에 기독교가 순응했음을 표현"[31]하는 것이고, "교회에 대한 세상의 승리를, 기독교의 세속화를, 교회의 복음이 죄악시하는 분열에 대한 교회의 허용을 상징하는 것"[32]으로 규정한다. 니버는 이런 전제하에 본래 가난한 이들의 종교였던 기독교가 중세를 거치며 권력자들의 교회가 되었다고 보면서, 루터의 종교개혁과 칼뱅의 종교개혁 모두가 가난한 자들(예컨대 농민들이나 재세례파)과 연대하지 않고 중산층이나 권력자들과 연대함으로써 본래의 기독교 정신을 되찾지 못했다고 평가한다.

이러한 평가는 정당한가? 이것이 사실이라면, 오늘날 '교단/교파주의'의 폐해는 처음부터 종교개혁 안에 내재되었던 것이고, '오직 믿음, 오직 성경'의 신앙 혁명이었던 종교개혁이 리치의 주장처럼 관용과 일치를 지향했고 본래의 '교단/교파주의'가 종교개혁의 정신을 훼손한 것이 아니라는 주장은 설득력을 잃게 될 것이다.

2) '두 왕국론'(두 정부론)[33]에 나타난 공적 의미

루터의 종교개혁이 정치나 사회적인 것에 대해서는 별달리 말하지 않고 있다고 비판하는 이들과 달리, 김주한은 루터가 "세속 권세: 어느 정도까지 복종해야 하는가?"(1523)[34]에 나타난 루터의 '두 정부론'[35]을 통해 교회와 종파의 극단적인 모순들을 극복하고 세상을 하나님이 다스리시는 두 방식을 설명한다고 주장한다. 실제로 루터는 "우리는 세속의 법과 칼을 굳게 세워 그것이 하나님의 뜻과 정하심에 의해 세상에 존재한다는 것을 아무도 의심하지 않도록 해야 한다"[36]고 하며 그 법의 기원을 성경에서 가져왔다. 김주한은 트뢸치가 비판했던 것과는 달리 루터가 로마 가톨릭 교회와 분파주의자들의 위험을 오히려 극복했다고 이해한다. 그는 "본질적으로 루터의 두 정부론은 복음이 세상에 대해 지니는 책임성에 대한 신학적인 해석"[37]이라고 평가한다. 그래서 루터의 '두 정부론'은 "세상은 세상이 되도록 허용하며 영적인 영역은 순전히 영적인 것이 되게 하자는 것"[38]이다. 만약 세속 정부가 없다면, 그리스도인들은 악한 세력을 막을 방법이 없다. 세속 정부는 "악에 대항하여 시민 사회를 변호하는 것으로 이해되어야 한다. 그러나 이러한 변호는 공동선을 촉진하고 사회 평화와 질서를 보존하는 것으로 적극적으로 이해될 수 있다."[39] 율법과 복음의 역할과 그 궤를 같이하는 두 왕국(정부)의 권위는 하나님에 의해 허락된 것이다.

앞서도 언급했듯이 로제는 루터의 사상을 지극히 종교적인 것으로 다루려는 경향이 있다. 그래서 그는 칼 바르트가 루터를 비판하고자 루터가 사용한 바가 없는 '두 왕국론'이라는 용어를 만들어냈다는 점을 부각해 드러내면서, 19-20세기의 독일 상황을 빗대어 루터의 '두 왕국론'을 정치 윤리적으로 파악하는 것은 무리가 있다고 보기도 한다.[40] 그러나 로제는 '두 왕국론'의 진정한 실효는 "중세 말기 당시 소망 없이 서로 얽혀 있는 성직자들의 이득과 속권의 이득을 수습하는 데 결정적인 기여를 했다"[41]고 주장하여 그 의미를 부여한다. 이는 교회에게, 즉 교황에게 세속의 권세를 포기하라는 요구이자, 이런 루터의 주장은 교황을 중심으로 하는 성직자들과 교회의 재산 축재에 도전을 의미한다는 것이다.

로제는 이를 토대로 루터의 사회 윤리에 대해 설명한다. '십계명'과 '산상수훈'을 하나님의 요청으로 고백하는 그리스도인은 "먼저는 세상 나라의 시민이며, 그다음에 비로소 하나님 혹은 그리스도의 나라의 시민이라고 말해야 한다.…하나님은 세상 정부에서도 일하시기 때문에 결국 갈등이란 없다. 이유는 하나님의 뜻이 두 왕국과 두 정부에서 최종의 권위이기 때문이다."[42] 법학자 김대인도 루터가 율법의 한계를 명확히 한 점, 비폭력을 지지했다는 점(농민들에 대한 폭력적 진압을 허용한 것은 농민들이 폭력적으로 변했기 때문이라는 논리), 제후들의 권력 남용을 제한한 점 등을 들어 루터를 비판하는 니버의 주장은 오해일 가능성이 크다고 주장한다.[43] 실제로 루터는 "비그리스도인들과 악한 자들을 억제함으로써 자신들의 의지에 반하여 겉으로 평온을 지키지 않을 수 없게 만드는"[44] 것이 세속 정부의 역할이라고 보았다.

그런데 로제가 루터의 '두 왕국론'을 긍정적으로 보지만 철저히 종교적인 고백이라고 여기는 반면, 스타인메츠Steinmetz는 그것이 종교적인 고백이기는 하지만 정치적인 것과 의도적으로 분리시키려는 의도가 없음을 주장한다. 스타인메츠는 니버가 루터를 이원론으로 오해했다고 보고, 루터에게 두 영역 간의 연대는 강력하다고 말한다. 실제로 루터는 "세속 권세: 어느 정도까지 복종하여야 하는가?"에서 제후들이 "법을 손에 굳게 부여잡아야 하며 자신의 마음속에서 언제 어디서나 법이 엄격하게 적용되어야"[45] 한다고 말하면서도 "하나님께 복종해야 하고 잘 다스릴 수 있는 지혜를 구해야"[46] 한다고 주장했다. 스타인메츠는 루터에게 사회 윤리적 관점이 부족한 것이 아니라 오히려 이성의 힘과 세속 권력의 힘을 지나치게 낙관하여 정치적 환상을 야기하고 있는 것은 아닌지를 평가해야 한다고 니버에게 질문한다.[47] 만약 스타인메츠의 주장이 옳다면, 트뢸치나 니버는 루터의 '두 왕국론'을 크게 오해한 것이다. 이는 그들이 루터의 '두 왕국론'이 가진 풍요로운 통합성을 보지 못했으며, '공공선'에 대한 그리스도인의 참여를 가능케 하는 신학적 통찰을 제대로 평가하지 못했다는 것이다.

3. 루터의 종교개혁의 공공신학적 의미

루터신학이 현대 교회에 갖는 의미를 일관되게 재해석하려는 김주한은 "프로테스탄트 종교개혁이 서방 기독교 세계의 분열을 가져왔다는 주장"은 종교개혁을 오늘의 분열적 현실을 정당화시키는 것으로 호도하고 있다고 비판하고, "종교개혁이 발발하게 된 당대의 종교와 정치 세력들 간의 권력 역학 구도에 대한 정밀한 분석 없이는 '통합 세력'과 '분열 세력'이라는 대결 논리로 유럽의 16세기를 재단하는 오류를 범할 수 있다"[48]고 평가한다. 이런 점에서 종교개혁은 분열division이 아니라 역사의 분수령watershed이었다.[49] 그렇다면 그것은 루터나 종교개혁가들 자신의 개인적인 결단이 아니라 정치 사회적이며 공적인 사건으로 해석되어야 할 것이다. 이에 최근에 부각되는 공공신학적 관점으로 그 함의를 다시 점검하고자 한다.

'공공신학'[50]은 사회 윤리나 해방신학 등으로 대표되는 진보 신학이 반보수적인 대립 구도를 가진 것과는 달리 교회 밖에서 확장된 시민 사회를 실천의 장으로 인식한다. 즉 확장되고 있었으며, 또 확장되어야 할 서구 사회의 공적 영역에서 신학의 위치를 어떻게 설정할 수 있을지를 고민한 것이다. 이 문제에 대해 최근 의미 있는 연구를 하는 카사노바는 1980년대 이후 기독교의 새로운 역할에 대한 모색이 60-70년대 신학의 공공성에 대한 연구와 사회과학자들의 사회적 상상력에 힘입었다고 평가하면서, 이른바 "탈사사화"deprivatization 상황과 관련된 연구를 전개했다. 그는 오늘날 "근대 이론이나 세속화 이론들이 종교에게 부여한 사적이고 주변적인 역할을 전 세계의 종교적 전통들이 거부하는"[51] 현상을 가리켜 "탈사사화" 현상이라 칭하고, 종교의 공적 역할의 근거를 재구성했다. 그래서 공공신학은 신학을 교회의 의제로만 다루지 않고, 공공의 영역에서 '공동의 선'을 위한 신학의 역할에 대해 고민한다.[52]

이런 점에서 공공신학자 데이비드 퍼거슨이 '관용'을 종교개혁의 전통에 서 있는 '공공신학'의 토대로 보는 것은 주목할 만하다. 서구 사회의 '관용' 정신은 중후기의 근대 사상이나 철학에 근거를 둔 것이 아니라 초기 근대 시대, 그러니까 종교개혁을 통해 각 민족이 각자의 교회를 수립하게 되었고, 이후 종교의 자유를 허용하게 되었던 일련의 과정이 오히려 그 결정적인 사회적 기원이라고 보는 것이다. 퍼거슨은 "진리를 추구하는 이들의 평화로운 공존은 말씀과 성령의 신학에 의해 지지될 수 있다.…서로 다르다 하더라도 다른 공동체의 신앙적 증언을 청취해야 한다. 이는 상호 존중의 대화를 위한 적합한 조건과 관용을 요구한 종교개혁의 전통"[53]이라고 보았다. 이렇게 경험된 "종교개혁의 관용의 정신은 오늘날 시민 사회의 번영과 평화에 기여한다."[54] 이 관점을 수용하면, 종교개혁은 분열이나 분리가 아니라 오히려 오늘 시민 사회의 평화와 관용에 기여할 수 있는 근거들을 제공하는 사건이다.

이와 관련하여 카사노바의 연구는 개신교의 공적 역할에 대해 많은 것을 시사한다. 그는 서구 사회에서 '공공의 영역'과 '사적인 영역'을 구분하게 된 직접적 동기가 종교개혁을 통한 관용의 정신에 있다고 보면서 종교를 '사적인 영역'에 속한 것으로 구분한 세속화 논리를 강력하게 비판한다. 모든 것을 종교 영역 안에 귀속시켰던 교황체제로부터 '공공의 영역'을 해방시킨 장본인이 기독교 종교개혁 세력이었는데, 시간이 지나면서 개인주의 영성에 기초한 흐름이 종교를 '사적인 영역'에 국한시키게 되었다. 이 흐름이 신대륙에서는 비국가 종교화/제도화의 표현이라 할 수 있는 '교단/교파주의'로 굳어졌고 급기야 '공적인 것'들과 분리되었으니 이는 본래 종교개혁의 의도가 아니라 계몽주의의 기획이라고 보는 것이다. '두 왕국론'에서 확인된 세속에 대한 긍정은 오히려 세상을 향한 공공성 확대에 기여했다는 근거를 제공한다.[55] 다시 말해서, "종교는 침해할 수 없는 프라이버시와 양심의 자유의 원리의 신성함sanctity을 받아들일 때만 공적인 형태가 가능하고 공론장에 진입할 수 있다"[56]는 것이 근대의 규범적인 관점이라면, 종교개혁으로 등장한 개신교야말로 그러한 원리 위에 서 있는 것이다.

한편, 캐디는 북미의 혼잡하고 분열적인 상황에서 '공공신학'의 과제가 전에 비해 훨씬 더 어려워지고 있다고 본다. 그는 "단 하나의 응답을 하기는 어렵다 할지라도, 지금과 같은 사회-문화적으로 긴박한 시대에 공공신학의 우선적 과제가 종교와 세속의 지배적인 구분을 넘어서는 긴급한 움직임을 통해 등장하게 될 것"[57]이라고 말한다. 그래서 공공신학은 세속적 학문이나 인문주의와의 협력과 재해석을 통해 이전과는 다른 통찰을 도출해낼 수 있어야만 한다. 이는 신학적인 것이 세속적인 것과 독립적으로 다뤄지거나 세속적인 것이 중립적으로 이해되거나 또 종교적인 것이 더 특권을 가지는 것으로 인식되는 것을 불가능하게 만들 것이다.[58] 캐디의 이런 주장은 '공공신학'이 과거 정치 신학의 과도한 정치 담론이나 사회 윤리적 접근과는 다른 방식으로 사회적 문제에 대처해야 한다는 것을 보여준다.

이 논의의 촉발에 가장 중대한 기여를 한 하버마스는 "'종교적인 형식들'과 '세속적인 형식들' 사이의 관계성을 서로 '보충적인 것'으로 간주한다. 상호 번역을 요청하고는 있지만, 그는 모든 목소리가 다원적인 공론화 과정에 정당한 기여를 할 수 있다고 보았다."[59] 우리는 이런 논의에 응답하기 위해서, 신학의 자리를 세속적인 것과 분리하여 종교적인 것에만 제한하는 것은 안 된다는 점, 즉 종교적인 것과 세속적인 것을 규범적으로 구분한 근대적 계몽주의의 유산을 재해석할 필요가 있다. 우리는 '두 왕국(정부)론'이 당시의 세계관, 우주관을 해체시키고 성과 속을 모두 긍정하는 새로운 인식론적 변화를 동기화했고, 이를 토대로 사람들의 정치 사회적 생활상을 변화시키는 중대한 역할을 했다는 점을 인정해야 한다.

4. 결론

오랫동안 장로교와 루터교회의 대화를 이끌며 에큐메니컬 사역을
해온 안나 카세-윈터스Anna Case-Winters는 2017년 종교개혁 500주
년의 의미를 "교회의 분리를 축하하는 것이 아니라 개혁교회들 사
이에서 또 가톨릭 교회와의 일치를 더 가시적으로 만들기 위한 선
한 신앙의 노력들을 펼치는 것"[60]이라고 제안하며, 이러한 과제를
두고 이르기를 "종교개혁의 끝나지 않은 과업"unfinished business of the
Reformation[61]이라고 표현했다.

그러나 이러한 과업은 선언만으로는 실현되지 않는다. 또 한국교
회의 입장에서 본다면, 교회 일치는 신학적 일치에서만 오는 것이 아
니다. 한국교회의 분열과 '교단/교파주의'를 극복하자면 우리는 루
터가 우리에게 던졌던 근본적인 문제 제기로 다시 돌아가야 한다. 종
교를 사적 이익과 권력에 묶어 두고 세속적인 욕망에 사로잡혀 있을
때, 루터는 교회의 공적인 특성을 부각하여 드러냄으로써 복음의 자
유와 교회 일치의 새로운 가능성을 제시했다. 그러므로 루터의 종교
개혁으로 탄생한 개신교파들은 자신들의 신앙을 "개인적인 영역이
나 교회적인 차원에서 제한적으로 이해할 때 종교적 도그마나 종교
권력의 시녀로 전락할 것"[62]이라는 각성을 해야 한다.

루터의 종교개혁은 기독교 신앙의 공공성을 주장할 수 있는 개신
교 신학의 중대한 토대를 놓았다. 루터의 '두 왕국(정부)론'은 교회

의 공공성을 확보하는 근원으로 평가될 만하다. 이는 기독교 신앙의 본성이 중세에 만연했던 계급 구조나 근대 세속화 과정에서 등장하는 개인주의에 있는 것이 아니라 모든 신자가 사제로서 타자와 세계에 대해 갖게 되는 공적 책임에 있다는 것을 말한다. 이것은 오늘날 한국교회를 포함해 세계 개신교가 현저히 잃어가고 있는 교회의 공적 임무가 무엇인지 알게 해준다. 이런 점에서 한국교회는 '종교개혁 500주년'의 의미를 '교단/교파주의'를 극복하고 공공성을 회복하는 것에서 찾아야 한다.

그러나 오늘날 경쟁과 분열로 점철된 한국교회의 '교단/교파주의'는 이러한 종교개혁의 정신을 무시하고 있다. 그것은 루터 신학을 '칭의론'과 '속죄론'으로만 해석해 개인주의 신학이라거나 이원론 혹은 '중세적 보수 신학'이라고 비판한 일련의 신학적 작업들 탓으로 볼 여지가 전혀 없지 않다. 그래서 지금처럼 '공동선'이 약화되고 있는 지구적 위기 속에서 "종교가 '공동선'을 확장하는 공적인 책임을 감당하는 사회의 규범적 전통의 역할을 감당하고, 공론장의 활성화에 기여할 수"[63] 있어야 한다. 적어도 지금의 한국교회만을 생각해봐도 '교단/교파주의'는 니버의 지적대로 교회의 패배요, 계급주의와 결탁한 결과물이다. 그러나 500년 전 종교개혁이 세속적 삶에 대한 긍정, 다양성을 수용하는 관용 정신, 하나님 앞에서의 모든 이의 평등함을 주장했던 공적이며 정치 사회적인 차원의 사건이었음을 상기한다면 한국교회는 새로운 시작을 위한 담대한 여정[64]을 다시 시작할 용기를 얻을 수 있을 것이다.

17장

만인사제론의 공공신학적
실천과 선교적 교회

1. 루터의 만인사제론과 새로운 교회

종교개혁 500주년(2017년)을 맞이하는 세계교회의 표정은 다양
했다. 한쪽에서는 축하하고 기념하는 일에 분주하지만, 다른 쪽에서
는 개신교의 문제들을 반성하고 성찰해야 하는 계기로 삼아야 한다
는 문제 제기도 많았다. 한국교회 역시 20세기 후반까지 급격한 성장
을 경험했지만, 사회적 신뢰도는 각종 조사에서 밝히고 있듯이 현저
히 떨어졌다. 개신교의 경쟁적 교파주의와 성공지향적 개교회주의는
교세 확장에 도움이 됐을지 모르지만, 한국 사회의 당면한 사회적 문
제들을 책임 있게 대처할 신학적·목회적 실천에 있어서는 걸림돌로
작용했다.

만인사제론은 마르틴 루터^{Martin Luther}의 종교개혁 사상에서 가장
근본적인 개념 중 하나였다. 루터의 3대 논문으로 알려진 "독일 귀족

에게 호소함", "교회의 바빌론 포로", "그리스도인의 자유" 속에 담겨진 만인사제론은 십자가 신학, 이신득의, 하나님의 의 등의 신학적 교리에 토대를 제공했다.[1] 루터의 종교개혁을 한 수도사의 고뇌에 찬 결단에서 촉발된 영웅적 이야기나 교리로 이해할 때, 혹은 "개인적인 영역이나 교회적인 차원에서 제한적으로 이해할 때" 그것은 "종교적 도그마나 종교 권력의 시녀로 전락할 것"이다.[2] 우리는 루터의 종교 개혁이 당시 중세 사회에 던진 실제적 영향력을 정치 사회적 변화들과 함께 입체적으로 파악해야만 오늘 우리가 추구해야 할 교회 개혁의 본질을 알 수 있을 것이다.

루터가 주장한 만인사제론은 당시 사회에 가장 결정적인 충격을 준 정치 사회적 의제였다. 물론 종교개혁이 중세적 한계를 극복하지 못한 미완성의 혁명이었으며, 루터의 주장도 새로운 것이 아니었다고 주장할 수도 있다. "종교개혁의 역사적 위상을 강등시키고 그것이 단 하나의 사건이 아니라 여러 사건 중 하나였다고 주장하는 것이 하나의 유행"이 되었지만,[3] 루터의 종교개혁이 당시 중세 사회의 근간을 무너뜨렸다는 점을 결코 가볍게 여겨서는 안 된다. 또 현대신학에서 새롭게 조명되고 있는 삼위일체론의 관점에서 볼 때, 루터의 만인 사제론이 새로운 교회론과 선교적 동기를 제공하고 있다는 점도 중요하게 탐구되어야 한다. 이 글에서는 북미와 호주에서 활발히 전개된 이른바 선교적 교회 운동이나 영국교회의 선교형 교회 운동을 루터 당시 온전히 실현되지는 못했던 만인사제론의 실천적 사례로 제시하고 그 가능성을 살펴보고자 한다. 궁극적으로는 한국적 적용과 실천을 제안해보고자 한다.

2. 만인사제론의 공적 의미

루터는 만인사제론을 통해 기독교 신앙의 공공성을 증언했다. 만인사제론은 루터의 사적인 결단이거나 종교적 사건만이 아니라 당시 중세 사회의 체제에 도전한 정치 사회학적 개혁의 신학적 개념이었다. 따라서 "보편적 사제직 또는 모든 믿는 자들의 사제직 교리는 루터의 개혁에 있어서 핵심적인 것"이었고, "종교개혁 교회론의 또 다른 표현"이라고 해도 과언이 아니다.[4] 루터의 만인사제론은 1520년에 쓴 세 편의 논문 중 특히 "독일 귀족에게 호소함"에 결정적으로 담겨 있다. 여기서 루터는 가톨릭 교도들이 자신들의 기득권을 지키기 위해 세 개의 담을 쌓았고 그 결과 당시와 같은 통탄할 부패를 가져왔다고 진단했다.[5] 그는 이 세 가지 담에 대해 조목조목 비판을 가하면서 속권이 결코 영권에 비해 열등하지 않을 뿐만 아니라 "속권을 행사하는 사람들도 우리와 같은 세례를 받았고 또 동일한 믿음과 동일한 복음을 지니고 있으므로 우리는 그들이 사제이자 주교라는 것을 인정해야 한다"고 주장했다.[6] 이런 루터의 주장은 "두 왕국 정부론"과 함께 기독교 신앙의 공공성을 지지하는 가장 중대한 원칙이 되었다. "그리스도인들 가운데서 사제라는 지위는 단지 직무를 맡은 자의 지위에 불과하다는 결론"에 이른 루터는 하나님 앞에서 모든 이가 사제의 직무office가 아닌 지위status를 갖는다고 주장했다.[7]

루터는 교황이 죄가 없다는 것은 성경적인 근거가 없는 거짓이라고 선언한다. 교황의 권위에 대해서도 "그들이 성 베드로에게 열쇠가 주어졌을 때에 그러한 권세를 받았다고 주장한다면, 그 열쇠는 성 베드로에게만 주어진 것이 아니고 전체 기독교 공동체에 주어졌음이 분명하다"고 주장하면서 교황만이 아니라 독일 민족의 교회와 귀족들에게도 성경에 대한 각자의 해석과 고백이 가능하다는 점을 호소했다.[8] 세 번째 담에 대해서도 루터는 교황의 무오와 독점적 성경 해석권을 인정할 수 없고, 더구나 그가 "우리 모두를 다스리고 있는 자이고 그의 행위로 인하여 나머지 지체들에게 많은 해악과 거리낌을 야기시키는 자일 때" 그를 반대하고 저지해야 한다고 말한다.[9] 따라서 교황만이 공의회를 소집할 권한이 있다는 주장은 옳지 않다.[10]

나단 몬토버는 루터의 종교개혁을 개인적 결단의 차원에서 발생한 일이나 교리적 차원으로 형식화하려는 해석을 비판하고, 종교개혁의 정치 사회적 함의를 강하게 부각해 드러내고자 한다. 그는 비록 루터 이후에 전개된 역사적 현실이 루터가 "독일 귀족에게 호소함"에서 주장한 바와는 다른 방향으로 전개되었지만, 이 주장이 가진 정치 사회학적 의미를 루터 당시의 상황으로부터 평가해야 한다고 본다.[11] 그는 "독일 귀족에게 호소함"이 루터의 새로운 우주관cosmology을 반영한다고 본다. 루터의 이러한 주장으로 인해 그리스도인은 비로소 하나님과 말씀에 의해 창조된 피조세계를 긍정하고 모든 세속적인 것들에서 영적인 의미를 발견하게 되었다는 것이다. "그의 말씀과 성례전에 대한 새로운 이해는 영적인 세계의 세속적 중재를 루터가 어떻게 이해하는지, 또 모든 세속적인 것들에 대해 어떻게 영적인 의미를 부여하는지에 대한 그의 이해를 말해"주는 것이다.[12]

루터는 "독일 귀족에게 호소함"의 앞부분에서 세 가지 담에 대한 비판을 전개한 후, 두 번째 부분에서 공의회에서 논해야 할 주제들에 대해 길게 설명하는데, 몬토버는 이 부분이 루터의 정치 사회적인 혁명의 내용을 보여준다고 평가한다. 구체적으로 당시의 종교적·사회적 제도들을 어떻게 변화시켜야 하며, 징수 제도와 기관들을 어떻게 바꿔야 하는지, 특히 로마 가톨릭 교회의 사치와 낭비를 없애기 위해 고리대금업은 어떻게 보완되어야 하는지를 자세히 논한다. 세 번째 부분에서는 "기독교 세계를 개선하기 위한 스물일곱 가지 제안"을 제시하는데, 이 부분은 그의 두 왕국 정부론의 주장이 반영된 세속 권력과 종교 권력의 균형에 대해서도 명확히 논했다.

이런 관점에서 루터가 독일 민족을 상대로 한 교황과 로마 가톨릭 교회의 착취에 대해 저항하라고 귀족들에게 권한 것은, 만인사제론이 단지 신학적 선언만이 아니었으며 제후와 귀족들에게 구체적인 사제적 지위를 부여하여 그 책임을 감당하도록 한 것임을 알 수 있다. 몬토버는 이러한 루터의 주장이 신학적 의제일 수만은 없다고 단언한다.

> 루터가 제시한 그 많은 사회적 개혁 조치들의 유일한 신학적 근거가 '만인사제론'이다.···교황을 둘러싸고 있는 담들이 '만인사제론'에 의해 무너졌을 때만이 정치권력들이 루터가 제시한 여러 개혁 과제들을 실천하고 교황으로부터 독립하는 공의회를 소집할 수 [있었다].[13]

만인사제론은 사회적 개혁을 위한 초석을 놓은 셈이다. 루터가 갈망했던 새로운 세상은 신학적으로 정당할 뿐만 아니라 성경에서 증언하는 세상을 향한 하나님의 선교라는 신학적 개념에도 부합하는 것이다.

> 그것의 주요한 함의는 모든 신자들이 그리스도를 통해 아버지 하나님께 직접 나

아간다는 것, 특히 말씀을 선포함으로써 다른 신자들에 대한 목회 minister의 책임이 있다는 것이다.[14]

　루터의 만인사제론은 신자들이 서로에 대한 책임을 공적으로 지지함으로써 기독교 신앙의 윤리적 지평을 신학적으로 설정한 것이다. 여러 학자들이 루터의 만인사제론을 두고 개인주의 영성을 강화시킬 위험이 있다고 부정적으로 평가하기도 하지만, 이는 "성경을 읽고 사적인 판단을 아무렇게나 해도 된다는 개인의 권리를 보장하는 것이 아니라 오히려 타자를 위한 목회의 강조"로 이해되어야 한다.[15] 그렇다면 루터는 이원론의 한계를 지닌 중세신학자의 면모보다는 로마 가톨릭 교회로부터 독립을 주장하고 지역화를 통해 진정한 교회의 공공성을 확립하려 했던 공공신학자의 초기적 사례로 재해석될 수 있다.

　루터의 만인사제론이 당시의 중세 사회를 뒤흔들 수 있었던 것은 성과 속을 엄격히 구분하던 위계적 질서에 대해 전면적인 비판을 가했기 때문이다. 루터의 종교개혁이 공적인 사회 개혁을 포괄한 것은 분명하지만, 그의 만인사제론은 그리스도 중심의 삼위일체적 관점을 분명히 보여준 신학 투쟁이기도 했다. 그리스도의 십자가에 의존하여 세례를 통해 모든 신자가 사제직을 부여받게 되고, 성직자의 매개 없이 각자 하나님께 직접 접근할 수 있다고 주장한 것은 신자의 삶을 삼위일체적 관점에서 재조명한 것으로 평가할 수 있다. 루터의 만인사제론이 전제하고 있는 그리스도 중심의 삼위일체적 관점은 당시 중세의 위계적이며 제도적인 성직자주의를 결코 용납할 수가 없었다.

우체 아니조Uche Anizor와 행크 보스Hank Voss는 루터의 만인사제론의 의미를 현대적으로 재해석한다. 루터가 성과 속의 이분법적 관점을 무너뜨렸고, 개인적 차원의 신앙을 타인에 대한 공동체적 차원으로 확장했다는 것이다. 그들에 따르면, 만인사제론에 대한 개신교적 이해는 삼위일체적 관점을 통해 명확히 드러날 수 있다. 먼저 세례를 받은 신자는 그리스도를 통해 하나님 아버지를 직접 경험할 수 있고, 그리스도와 연합한 신자들은 서로를 위한 사역을 통해 그의 은혜와 용서를 선언한다. 마지막으로 모든 그리스도인은 성령의 기름 부으심과 세상 안에서 선교와 증언을 위한 권한을 위임받았다. 궁극적으로 그리스도인은 세상 안에서 하나님의 선교, 즉 미시오 데이missio Dei에 동참하라는 요청 앞에 서 있는 것이다.[16] 이는 만인사제론이 삼위일체론적 관점의 토대에 서 있다는 점을 보여준다.

이런 시도는 결과적으로 중세가 잃어버린 그리스도인의 선교적 삶에 대한 비전을 회복하는 것이었으나, 루터의 만인사제론은 다시 제도화의 길을 걸으며 온전히 실천될 수 없었다. 즉 루터의 주장이 혁명적 변화를 이끌 만한 것이었음에도 불구하고, 이후 개신교의 분파들이 국가 교회의 형태로 정립되면서 선교적 삶은 다시 약화되고 말았다. 적어도 농민 전쟁(1525) 이전까지 루터의 교회론은 성도의 교제communio sanctorum를 기초로 하는 만인사제론을 주장했지만, 농민 전쟁 이후, 정확하게는 1555년 아우구스부르크 평화 협정부터 국가교회적 감독교회로 발전했다.[17] 그러한 역사적 현실은 중세 사회의 위계 체제를 극복하고 모든 신자의 삶을 이끄는 성령의 역할에 대한 진지한 고민을 약화시켰다.

루터의 만인사제론을 오늘의 상황에서 재해석하고 실천하기 위해서는 이러한 한계를 극복해야 한다. 최근 모든 신자에게 부여된 사제직을 선교적으로 실천하기 위해 성령의 역동적 사역에 동참하는 평신도 중심의 교회들이 두드러지게 나타나는데, 다음으로는 만인사제론의 실천적 사례와 그 의미를 소개하고자 한다.

3. 새로운 교회 운동과 만인사제론

1) 만인사제론의 현대적 실천

루터가 제안한 만인사제론은 역사 속에서 온전히 실현되지 못했지만, 오늘날 교회 개혁의 새로운 흐름 속에서 그 정신이 감지되고 있다. 이 새로운 종교개혁은 모든 평신도가 하나님이 사용하시는 중요한 통로임을 일깨워주고 있다.[18] 루터의 종교개혁의 핵심을 그레그 옥덴Greg Ogden은 다음과 같이 두 가지로 본다. 첫째는 "모든 사람은 개인적으로 그리스도의 구원의 은혜에 따라 하나님과 바른 관계를 맺게 된다는 것"이며, 둘째는 "성직자가 하나님의 의지를 판단하여 은혜를 나누어주는 것이 아니라 성경을 통해 누구든지 하나님의 뜻을 알 수 있다는 것"이다.[19] 옥덴은 루터의 만인사제론이 온전히 실천되지 못한 이유를 "종교개혁이 유기체적 교회의 교리를 제도적 교회론과 결부시키려고 했기 때문"이라고 보았다.[20] 지난 20여 년 동안 서구에서는 이러한 문제의식을 바탕으로 유기적 교회 혹은 평신도 중심의 교회를 그 대안으로 제시하는 흐름이 형성되었다. 루터의 만인사제론은 모든 신자의 사제직을 확증하는데, 이는 그리스도의 몸으로서의 공동체적 교회론과 은사에 따라 사역으로 부르심을 받은 평신도 중심의 교회 운동에 신학적 근거를 공급해준다.

　실천적 의미에서 유기적 교회로의 전환은 만인사제론을 현대적 상황을 고려하여 삼위일체론적 교회론으로 재정립하는 것이며, 제도적 교회에서 실현되지 못했던 모든 신자의 선교적 삶을 복원하려는 것이다. 이는 성령의 역동적인 역사에 그리스도의 몸으로서의 교회 공동체가 응답한 것이다. 이런 점에서 몰트만이 제기한 사회적 삼위일체론에 대한 논의는 서구 신학의 성령론적 빈곤을 적절히 해소하는 계기를 마련했다. 몰트만은 삼위일체와 관련하여 성령의 인격성을 분명히 하려면 내재적 삼위일체만을 강조하거나, 그것을 주로 비인격적 경험으로만 제한하려는 경향을 극복해야 한다고 말한다. 하나님의 영으로서의 성령은 "하나님의 본성의 속성이 아니라 그분의 창조와 인간의 역사 속에 있는 그분의 현존의 양태다."[21]

　이런 점에서 성령의 특별한 사역을 타자와의 연대라는 주제와 연결하는 안셀름 민Anselm Min의 견해는 주목할 만하다. 그는 성부·성자·성령의 독특성과 역할을 설명하면서, "성령 하나님은 스스로 자신의 존재를 희미하게 만드는self-effacing 분"이라고 말한다. 그분은 타자에게 능력을 넘겨주기 위해 자신을 초월하는 인격성의 이타적 하나님이시다. 성령은 "타자들과의 교제 속에서 그들을 초월하고, 아버지에게 아버지 자신을 아들에게 내어주라고, 또 아들에게 아들 자신을 아버지와 세상에게 내어놓으라고 재촉"하신다.[22] 성부와 성자의 교제가 가능한 것은 성령의 감추심 때문이다. 성령은 아들 안에 계시는 아버지와의 교제를 통해 타자와의 연대가 가능하도록 하시는 분이시다. 만약 루터의 만인사제론이 이런 신학적 통찰과 함께 발전할 수 있었다면, 모든 신자들이 사역자로서 타자와의 적극적인 연대를 통해 선교적 삶을 살아가는 만인사제론의 실천이 가능하지 않았을까?

어떤 이들은 교회의 제도적 변화를 도모하거나 기성 교회에 속하길 원치 않는 자신들의 입장을 정당화하기 위해 만인사제론을 근거로 제시하기도 한다. 그러나 루터는 교회에서 개인주의적이고 방임적인 민주주의를 실현하려 한 적이 없다.[23] 신자들의 사제직이 하나님께 나아가는 모든 그리스도인의 품격과 권리를 확증하지만, 그것은 동시에 책임 responsibility 이라는 중요한 개념을 동반한다.[24] 하나님의 말씀 사역에 사제직을 연결시키는 루터는 공동체에 대한 신약성경의 강조를 부각했으며, 특히 피차에게 부여된 그리스도인의 소명을 강조했다. 사제로서 신자는 형제자매를 위해 산다. 만인사제론의 현대적 실천은 결코 무질서한 자유주의를 허용하는 것이 아니다. 루터에 의하면, 모든 신자의 사제직은 언제나 지역 교회의 공동체 안에서 허용되며, 현대적으로 볼 때 이는 지역으로 파송된 공동체 안에서 삼위일체 하나님의 사귐과 교제에 참여함으로써 실천된다.

2) 북미 교회의 선교적 교회 운동

1990년대 중반 변화된 상황에 따라 기성 교단과 교회들이 북미에서 영향력을 점차 상실해가고 있을 때, 선교적 교회를 추구하는 신학적·목회적 실천이 형성되었다. 대럴 구더 Darrell L. Guder가 편집하고, 북미의 복음과 문화 네트워크 The Gospel & Our Culture Network, GOCN 회원들이 저자로 참여한 『선교적 교회: 북미 교회의 파송을 위한 비전』은 이후 선교적 교회에 대한 논의를 촉발시켰고, 21세기의 도전 앞에 서 있는

교회의 새로운 대안으로 받아들여지고 있다.[25]

앨런 록스버러Alan J. Roxburgh와 스캇 보렌M. Scott Boren은 선교적 교회가 무엇인지 정의하기보다는 그것이 무엇이 아닌지에 대해서 비교적 명확히 제시한다. 그들의 주장에 따르면, 선교적 교회는 다문화 사역을 강조하는 것도 아니고, 교회 외부에 집중하는 봉사 활동 프로그램도 아니며, 교회 성장이나 교회의 효율성을 강조하는 것도 아니다. 복음 전도를 효과적으로 하려는 것도 아니고, 사명 선언서나 목적 선언문을 만드는 것도 아니며, 오늘날의 문화에 적응하여 세련되게 하는 것도 아니다. 또한 고대의 전통적인 교회로 돌아가는 것도 아니고, 전통적인 교회에 관심이 없는 이들에게 다가가기 위해 새로운 형식을 표현하는 표식도 아니다.[26] 즉 지금까지 제시되었던 무수히 많은 교회 성장 프로그램이나 효율적 운영을 위한 방식이 아니라 근본적으로 교회의 본질을 추구하려는 신학적 시도임을 강조한다.

한편 대럴 구더는 "선교가 단순히 교회의 활동에 그치는 것"이 아니고 "오히려 선교는 천지만물을 회복하고 치유하기 원하시는 하나님의 목적에 근간을 둔 하나님의 주도적인 결정"이라고 정의한다.[27] 그러나 북미 교회들은 교회가 주도하는 선교를 통해 교파·교단의 확장이나 교세 확장을 꾀하며 끌어당기는attractional 전략을 고수하다 보니 변화된 사회 문화적 상황에 적응하지 못하고 고립된 교회가 되어 버렸다. 즉 크리스텐덤 패러다임을 벗어나지 못하고, "여전히 교회 중심적 방식의 선교에 의존하고 있다. 회중들은 아직도 선교를 교회의 여러 프로그램 중 하나로 생각한다. 일반적으로 복음 전도는 지역 차원에서 교인을 모집하거나 교회를 개척하는 것으로 정의"하고 있다.[28]

만인사제론은 삼위일체적 관점에서 하나님의 선교에 동참하는 모든 신자의 선교적 삶을 지향하는 것으로 재해석되어야 한다. 그런 점에서 선교적 교회는 하나님의 선교를 가장 중요한 핵심으로 간주하고 있다. 선교하시는 하나님은 모든 신자와 교회 공동체가 선교에 참여하도록 초청하신다. 보내시는 하나님으로부터 보냄을 받은 그리스도가 제자들을 세상 가운데 보내시며, 성령은 보냄 받은 공동체가 하나님의 선교에 참여하도록 지속적으로 이끌어주신다. 그래서 "선교적 교회가 되는 부르심―보내는 공동체가 되는 것―은 교회로 하여금 교회는 무엇이며, 교회의 공적 역할은 어떠해야 하며, 그리고 어떤 목소리를 내야만 하는지에 대해 불확실한 가정들을 담고 있는 특정한 문화적 형태들을 넘어서도록 인도"하는 것이다.[29]

선교적 교회를 논할 때 중요하게 언급되는 레슬리 뉴비긴Lesslie Newbigin은 자신의 인생 후반기를 하나님의 선교에 대한 토론에 강력하게 헌신했다.[30] 그가 하나님의 선교에서 말하는 선교란 곧 "예수 그리스도가 전한 복음을 증언하는 일이고, 그것은 하나님이 보내신 분, 그래서 하나님의 아들이시며 성령의 기름부음을 받은 이인 예수의 이름이 갖는 권위를 의존해야 하는 것"이다.[31] 뉴비긴의 이러한 주장을 수용하는 선교적 교회 운동은 하나님의 선교에 동참하는 일은 곧 하나님 나라를 증언하는 공동체를 형성하는 것이라고 말한다. 뉴비긴은 『다원주의 사회에서의 복음』에서 회중 중심의 지역 교회로서 소명 중심의 교회의 여섯 가지 특징을 설명했는데, 그중 네 번째 특징은 "교인들이 세상에서 제사장직을 수행할 수 있도록 준비시키고 지원해주는 공동체"다. "제사장직의 수행은 교회의 울타리 안에서가 아니라 세상의 일상 업무 가운데 이루어진다. 그리스도인들이 공적인 삶의 영역에서 실제로 그에 걸맞게 행동하고 영향력을 행사해야한다."[32] 선교적 증언의 실천에는 성직자와 평신도의 역할에 구분이있을 수 없다. 선교적 리더십에 대한 록스버러의 다음 주장은 목회현장에서도 매우 중요할 것이다.

> 우리의 상황에서 이러한 일이 일어나려면 반드시 전횡적 목회자 리더십의 최근
> 개념을 극복해야만 한다. 에베소서에 기록되어 있는 협력적이고 성령의 권한을
> 받은 리더십은 성직자-평신도의 차이를 극복한다. 선교적 공동체에서 우리 모
> 두는 세례를 통해 사역에 기름부음 받은 자들이다. 모두는 동일한 선교의 임무
> 를 받았다.…전문가적이고 성직자 형태의 리더십 모델을 극복하는 것이 선교적
> 리더십을 향한 핵심적인 방안이다.[33]

이러한 주장은 종교개혁 500주년을 맞이해 루터가 주장했던 만인사제론을 오늘의 상황에서 어떻게 실천해야 할 것인지 고민하는 현대 교회들이 선교적 교회 운동의 흐름에 함께 동참해야 할 명분을 제공한다. 록스버러는 현재 교회에서 지도자를 세우는 방식도 성경적이며 선교적인 방식으로 변화되어야 한다고 강력히 권고한다. 신학교나 전문가 과정에서 교육받은 이들이 상담가, 교사, 성직자 등의전문 사역자로 인정받는 것은 제도권 안에서의 교회 사역에 부합되는 사역 체계이지, 현재 북미에서 요청되는 선교적 상황에는 부적합한 모델이라고 본다.[34]

교회의 최우선적인 존재 목적은 하나님의 선교를 수행하는 것이다. 선교적 교회가 적절하게 실천되기 위해서는 모든 신자들이 성령의 인도하심에 따라 공적 영역에서 선교적 삶Missional Life을 살아야

한다. 따라서 루터의 만인사제론의 현대적 실천으로서 선교적 교회 운동이 정당하다면, 그것은 삼위일체 하나님께서 보내신 현장에서 요청되는 삶, 즉 타자와의 연대적 삶을 살아가는 사역자의 삶을 모든 신자들이 감당하는 것이다. 선교적 교회의 대표적 목회자인 마이클 프로스트Michael Frost와 알란 허쉬Alan Hirsch는 "교회가 유기적이라면⋯ 우리는 선교사들처럼 생각할 것이며 우리가 사역하려는 이웃이나 하부 문화에 귀를 기울이고 함께 먹고 마시며 함께"해야 하기에 카 페, 도서관, 광장 그 어디서든 이웃과 지역 사회의 필요에 반응해야 한다고 본다.[35] 제도적 교회와 결합하면서 무뎌진 만인사제론의 현대 적 실천은 교회의 사도성을 전문적으로 길러낸 성직자 집단을 통해 서가 아니라 모든 그리스도인이 보냄 받은 공적 삶의 영역에서 수행 하는 선교로 드러나야 한다는 것이 바로 선교적 교회의 입장이다.

3) 영국교회의 선교형 교회 운동

영국 성공회의 선교형 교회Mission-Shaped Church, 이하 MSC 또는 교회의 새로운 표현들Fresh Expressions of Church, 이하 FxC 운동은 새로운 교회 개 척의 필요성을 강력히 제기한 중심부 사제들에 의해서 요청되었다. 2004년 발간된 영국 성공회 교회 개척 공식 보고서인 "선교형 교회" 는 영국 성공회의 〈선교와사회문제위원회〉가 일련의 연구와 실험을 거쳐서 도출한 새로운 선교신학과 전략 등을 제시하고 있다.[36]

   선교적 교회가 북미의 변화된 상황에 새롭게 적용하려는 선교적 노력인 것처럼, 선교형 교회는 영국의 변화된 상황을 분석하고 대안 을 모색하면서 나온 결과다. 가장 결정적인 변화는 수직적 구조에서

4
부
◆
공
공
신
학
과
종
교
개
혁
유
산

350

수평적 구조로 사회 문화가 변했다는 것이다.

네트워크에 기반을 둔 사회는 경계가 없는 교회를 일구는 것, 즉 네트워크 교회를 개척하려는 흐름을 만들었다. 이 교회들은 기존 교회에서 시도할 수 없는 특정 문화와 모임을 향한 선교로 발전했다.[37]

성공회 교회 개척 전담 위원회 의장이었던 그레이엄 크레이Graham Cray는 "지역 사회는 급격하게 변했기에 어떤 전략이든 하나의 전략만 가지고는 성공회의 성육신 원리incarnational principle를 달성하기에 적합하지 않을 것이다"라고 말한다.[38] 이는 네트워크로 다층화된 지역 사회의 변화를 선교적 도전으로 인식한 것이다.

이 보고서가 인정하고 있는 교회의 새로운 표현들은 대안 예배 공동체Alternative worship community, 바닥 교회 공동체Basic ecclesial community, 카페 교회Cafe church, 셀 교회Cell church, 지역 사회 활동을 통해 발생한 교회, 기존 교회가 지역 사회를 위해 조정되면서 생겨난 교회, 다중 회중과 주중 모임Multiple midweek congregation, 네트워크 중심 교회 Network-focused church, 학교 회중 모임, 학교 교회School-based and school-linked congregation and church 등이다.[39] 선교형 교회는 교회를 건물이 아니라 사람들의 모임으로 인식한다. 교회가 한 지역에 개척되어 "뿌리를 내린다는 것은 한 장소, 영역에 머문다는 것뿐 아니라 구성원들의 문화와 네트워크를 받아들인다는 것을 의미"한다.[40] 이런 네트워크 교회들의 특징은 "선택된 문화적 네트워크 안에서 사람들과의 관계를 발전시키기 위해 친교 모임을 강조"하고 "지역 공동체 안에서 관계 전도와 실제적인 섬김을 통해 표현된다"는 것이다.[41]

새로운 교회 개척 운동을 제안한 FxC는 교구 교회나 모교회 개념을 따르지 않는다. 이들은 모교회를 복제하는 것이 아니라 파송된 곳의 요청과 필요에 응답하려 한다. 이들은 새로운 신자들의 모임 body of new believers이 되기도 하지만, 때로 신앙인들의 새로운 모임 new body of believers이 되기도 한다. 그래서 FxC는 교회 개척을 모든 과정이 종결된 상태로 보는 것이 아니라 그 과정 자체로 본다. 그것을 세워나가는 과정 자체가 선교적이어야 한다는 것이다.[42] 이 운동의 특징은 다양한 문화적 표현을 허용하기에 창조적인 상상력과 문화적 시도에 개방적이고 신학적 질문을 중요하게 여긴다. 새로운 상황에 응답하는 신학적 노력을 지속하고 세례 baptism와 성찬례 holy communion를 통해 공동체적 연대감을 형성한다.[43] FxC의 사역을 소개한 〈프레시!〉 Fresh!에 나온 사례나 MSC 보고서에서 다루고 있는 사례들을 살펴보면 교회 개척을 허용하는 스펙트럼이 다양해졌음을 알게 되는데, 이들은 대부분 기존의 교회를 변화시킨 것이 아니라 새롭게 개척한 경우다. FxC에서는 홈페이지를 통해 다양한 사례와 훈련 프로그램을 제공하고 있으며,[44] 최근에는 이러한 새로운 도전의 결과로 성공회의 교인이 늘어나고 있으며 신학교 학생이 늘어나고 있다는 내용을 보도했다.[45]

그렇다면 선교형 교회의 교회 개척 운동이 루터의 종교개혁에서 제기한 만인사제론을 어떻게 실천하고 있는가? 양권석은 과거 수사적 차원에서 평신도의 역할을 강조했던 것을 구체화해야 하는데, "이러한 변화는 평신도들이 단순히 제도 종교나 성직자의 권위에 종속된 일방적 수혜자들이 아니라 자발적인 참여를 통해 자신들의 종교적 삶과 실천을 형성해온 주체들이라는 사실을 새롭게 인식"하도록 하는 노력이 20세기 후반부터 전개되었다고 설명한다.[46] 그런데 성육신적 신학의 전통에 따라 평신도의 선교적 삶을 다시 규명해야 한다는 점은 분명하지만, 직제와 성례 집례에 대한 성직자들의 배타적 권한과 이에 대한 평신도들의 참여와 협력적 권위를 어떻게 조화시킬 것인지는 쉽게 해결될 수 없을 것으로 예견된다.

이런 고민이 MSC 보고서에도 반영되어 있다. 그 보고서는 교회 개척에서 가장 중요한 것이 지도자의 자질과 역량임을 인정하면서, "이제까지는 서품을 받거나 그와 유사한 훈련을 받고 인정을 받은 지도력에 관심을 두었다. 그러나 우리가 마주한 선교 상황을 제대로 본다면 많은 운동을 평신도들이 주도하고 있음을 알 수 있다"고 보고했다.[47] 지난 10년 동안 FxC의 결과를 평가한 처치아미Church Army 의 보고서에 따르면, 새롭게 개척된 교회의 52%가 평신도에 의해서, 그리고 40%가 공식적인 권한이 없는 이들에 의해 주도되었다. 세 명 중 두 명은 여성이고, 남자들은 대체로 유급 사역자였으며 여성은 대부분 자원봉사자였다.[48] 또 FxC를 샘플링해서 조사한 존 워커John Walker는 전통적인 전도구parish 교회들보다 새롭게 개척된 교회에서 평신도의 활동이 활발했다고 말한다. 전통 교회는 지역과 구성원들의 필요에 적극적으로 대응하지 못했던 반면, 새롭게 개척된 교회들은 평신도들의 역동적인 참여가 그러한 필요에 응답할 수 있는 유연성을 제공했다고 보았다.[49]

이는 선교형 교회가 성공적으로 실행되려면 평신도의 적극적인 역할이 필수적이라는 점을 시사한다. 다만 성공회가 직제적으로 사제직과 평신도를 성공회 전통에 따라 균형 있게 발전시키면서도 만인사제론의 개신교 전통을 현대적으로 해석할 수 있을지 의문이다.

그러나 선교형 교회가 토대로 삼은 성육신적 선교의 신학은 하나님의 선교와 하나님 나라의 복음에 대한 확증으로서 선교적 교회와 마찬가지로 종교개혁이 전해준 만인사제론의 신학적 핵심을 공유하고 있는 것은 분명하다. 선교형 교회가 성령께서 인도하시는 사귐과 연대의 삼위일체적 선교에 동참하려 하면 할수록, 또 그러한 흐름이 성공회 내부에서 형성된다면 직제적인 변화도 예상해볼 수 있을 것이다.

4. 만인사제론의 한국적 실천과 과제

한국의 선교적 교회 논의가 언제 시작되었는지는 분명하지 않다. 선교적 교회에 대한 학문적 논의는 2015년 한국선교신학회에서 편집한 『선교적 교회론과 한국교회』가 대표적이다. 또 〈한국선교적교회네트워크〉의 구성원들이 펴낸 『선교적 교회의 오늘과 내일』에는 국내 학자들의 연구 결과물과 함께 현장 목회자들이 저마다 섬기는 목회 현장을 선교적 교회의 관점에서 분석하고 진술한 글들이 실렸다.[50] 그러나 두 권 모두 선교적 교회의 신학과 실천을 소개함에 있어서 평신도 신학을 구체적으로 제기하지는 못했다. 이 책들에 소개된 모든 교회에서 평신도의 자발적인 참여가 전제되어 있기는 하지만, 만인사제론의 실천이라는 관점에서 평신도의 역할을 구체적으로 조명한 연구 성과물은 소개되지 않았기 때문에 선교적 교회의 한국적 실천이 여전히 목회자의 지도력에 의해 주도되고 있다는 점을 암묵적으로 보여주고 있다. 평신도도 교역자로서 사역에 참여하는 구조는 한국 사회의 척박한 상황, 즉 생존이라는 절박한 명제 앞에 언제나 뒷전으로 밀리고 있다.

루터의 만인사제론은 모든 신자가 세례와 함께 사제직을 수행한다는 것이었다. 당시 중세 사회의 체제를 근본적으로 뒤흔든 이 주장은 제도적 교회와의 결합으로 본래의 의도를 온전히 실현하지는 못했다. 하지만 오늘날 종교개혁 500주년을 맞이하는 우리에게 다시 한번 도전으로 다가오고 있다. 개신교회는 가톨릭 교회와 진정으로 다른가? 개신교회 500년의 역사는 만인사제론을 분명히 확증하며 발전해왔는가?

만인사제론의 현대적 실천으로서 북미의 선교적 교회와 영국의 선교형 교회의 예를 들었지만, 이 또한 목회자의 지도력에 따라 그 성패가 좌우될 가능성이 크기에 성직자 개인의 재량과 능력에 의존하는 것으로 평가할 수 있다. 그러나 두 운동이 발생한 원인을 두고 볼 때, 루터가 중세 사회의 잘못된 관행들을 비성경적인 것이라 성찰한 후 그리스도를 중심으로 신앙의 본질을 새롭게 발견한 것처럼 이 운동들도 기본적으로 신학적 전환을 지향한다. 즉 교회의 본질을 선교적 본성에서 발견하고 그 근원을 삼위일체 신학과 성육신 사건에 둠으로써 지난 500년 동안 제도화된 교회론을 수정하려는 강력한 동기가 있었다는 것이다.

그러면 두 운동 모두 새로운 교회를 지향하면서도 여전히 성직자 중심의 지도력에 의존하는 이유는 무엇인가? 그것은 앞서 다루었던 바 교회와 그리스도인의 선교적 삶에 있어서 성령의 역할에 더 적극적으로 개방되지 못했기 때문이다. 이에 대해 크레이그 반 겔더 Craig Van Gelder는 선교적 교회의 리더십은 참여형이어야 하며, 그것은

"교회의 정체성이 하나님의 선교에 참여하는 데 있다는 전제와 기독교 공동체를 이끄는 존재는 일차적으로 성령이시라는 전제에 기초한다"고 보았다.[51] 하나님의 선교는 만인사제론의 실천을 위해서 가장 분명하게 요청되는 선교적 삶이다. 이는 우리가 사회, 역사, 지역, 문화에서 만나는 이들과의 사귐과 연대에 헌신하는 것이다. 모든 신자는 성령의 인도하심으로 은사에 따라 선교적 삶을 살아갈 수 있다.

우선 신학 교육에 변화가 있어야 한다. 신학교의 교육 과정이 성직자의 면허를 취득하는 과정이 아니라 상황적 전문성을 훈련하는 과정이 되어야 한다. 평신도들에게도 폭넓은 신학 훈련의 기회가 주어져야 하고, 만인사제론에 대해 확고하게 신학적 고백을 하도록 해야 한다. 영국 성공회는 교회 개척을 준비하고자 하는 신학생과 사역자들을 따로 구분하여 개척자 훈련 과정 pioneer training courses을 지원하는데, 한국교회도 이런 과정이 필요하다.[52]

다음으로 새로운 교회를 개척할 경우 목회자의 개인적 비전이나 능력에 과도하게 의존하지 않기 위해서 개척을 준비하는 팀과 구성원이 함께 훈련을 받을 수 있는 과정을 제공해야 한다. 교회의 운영과 예배와 같은 목회 활동에도 일정 수준에 이른 평신도들의 참여를 허용해야 하고, 성직자의 개념을 교역자와 사역자의 개념으로 전환해야 한다. 교회 안의 혼란과 무질서를 방지하기 위해 직무와 직책에 따른 책임을 명시하고 서로 협력하는 관계적 삼위일체의 프로그램을 따를 수 있는 여건을 조성해야 한다.

마지막으로 만인사제론은 신자들과 교회 공동체가 자신들이 보냄 받은 지역과 사회에 관심을 갖도록 요구한다. 자신들 내부와 주변에서 행하시는 하나님의 활동과 현존을 기독교적 상상을 통해서 해석하고 분별해야 할 일차적인 사람들은 바로 신자들이다.[53] 이런 점에서 성령께서 이끄시는 하나님의 선교에 민감한 이는 자신이 속한 사회와 지역의 아픔과 고통에 참여하게 된다. 선교를 위해 교회 조직을 재구성하는 일은 선교적 교회가 근본적으로 집중해야 할 사항 중 하나, 곧 성령의 움직임을 분별하는 일을 우리에게 요구한다.[54] 이런 점에서 최근 한국의 선교적 교회 운동이 마을 만들기, 지역 공동체 운동, 사회적 기업과 공유 경제 운동에 참여함으로써 지역을 변화시키고 섬기는 일은 평신도가 다양한 은사를 발휘하는 기회가 될 수 있다.[55]

세계교회와 한국교회가 진정으로 새로운 교회를 시작하려 한다면, 그것은 중세 사회를 본질적으로 개혁한 만인사제론을 오늘 어떻게 실천할 것인지 고민하지 않고서는 불가능할 것이다. 특히 한국교회는 사회적 신뢰가 떨어져 공적인 역할을 수행하기 어려운 상태인데, 성직자 중심의 교회관을 극복하지 못한다면 새로운 교회의 한국적 적용 또한 불가능하다. 종교개혁을 진정으로 기념하는 일은 그리스도를 믿는 모든 이들이 삶과 사회적 관계에서 실제로 선교적 삶을 살아가는 것이다.

한국에서 공공신학자로 살아간다는 것

한국교회가 요란하게 준비하며 기념했던 종교개혁 500주년은 그해 (2018) 10월 종교개혁 주간에 터진 한 대형 교회의 세습 논란에 덮여 그 빛을 바랬다. 그 사건은 종교개혁 500주년의 의미를 무색하게 만들었지만, 동시에 500년 전의 종교개혁 운동이 왜 지금도 계속되어야 하는지를 명확히 보여주었다. 이 사건을 보도한 종편 JTBC의 아나운서는 이 문제를 논하기 위해 나온 한 목회자에게 "교회가 스스로 자정할 수 있는 능력이 없을까요?"라고 물었다. 이 질문은 오늘 한국교회의 구성원 모두에게 던진 질문이었고, 특히 이 시대에 신학자로서 목회자로서 살아가는 이들을 한없이 부끄럽게 만들었다.

　이런 문제는 정치학자나 사회학자가 아닌 신학자로 이 시대를 살아가는 이들에게 객관적인 학문의 대상으로만 다가올 수 없다. 또 비판과 비난만으로 그 책임을 면하기도 어렵다. 신학자에게 이런 현실은 무엇인가 하지 않으면 안 되는 책임적 행동을 요청하며, 또 존재의 목적을 묻는 본질적 사태가 된다. 만약 신학자가 자신이 속한 공동체의 모순과 고통에 무감각하고, 자신이 놓인 현실과 무관하게 연구한다면, 그는 신학자로의 진정성을 포기한 것과 같다. 특히 만약 스스로를 공공신학자 public theologian라고 자각하는 이라면, 그의 신학은 자신이 살아가고 있는 시대와 역사와 문화의 질문에 전방위적으로 노출되는 것을 두려워해서는 안 된다.

공공신학은 사회적·정치적·문화적·경제적 문제들에 대해 교회의 책임을 통감하는 윤리 신학적 관점으로 접근하기 위해 더 넓은 준거적 틀을 제공하려는 신학적·철학적 노력이다.[1] 따라서 공공신학은 시민 사회의 다원적 상황을 고려하는 더 많은 참고 자료를 필요로 하며, 상황화를 통해 성경과 신학에 토대를 둔 가치들을 제시한다. 물론 해방신학이나 민중 신학과 같은 상황 신학과 공공신학의 방법론에는 일정한 차이가 있다. 예컨대 해방신학이나 여성신학은 억압받는 민중이나 소외된 여성의 입장에서 그들의 소리를 대변하며 가난한 이들과 여성의 정당한 권리를 정치적으로 획득하고자 하는데, 공공신학은 신학의 공공성을 기반으로 공론장에서 설득 가능한 대안으로 하나님 나라의 가치를 실현하고자 한다. 신학이 협소하게 정의된 공동체적 정체성에 매몰되어서는 안 되고, 기독교적 가치의 초월적 본성과 타인에 대한 기독교 윤리의 본질적 관심을 포용할 수 있어야 한다.[2]

공공신학의 목적은 전통적인 기독교가 적절하게 대답하기 어려운 시민 사회의 다원적 질문을 기존의 신학 방법론과는 다른 접근법으로 응답하는 것이다. 공공신학은 매우 복잡한 상황에 놓여 있는 인간의 공적인 삶을 기독교적으로 설명하려 한다.[3] 이 목적에 따라 공공신학자 스콧 패스는 공공신학의 세 가지 과제에 대해 설명하는데, 첫째가 분석, 둘째가 해석, 마지막이 구성적 과제라고 말한다. 공공신학은 먼저 분석과 해석을 간학문적이며 공론화 과정을 통해 수행한 이후에, 새로운 견본을 구성하여 기존의 방식으로는 해명되지 않는 문제에 대해 새로운 대안을 제시하는 것이다.[4]

이런 단계적 방식으로 공공신학의 실천을 추동하기 위해서는 우리가 처한 현실에 대한 분석이 필요하다. 공공신학은 전통적인 신학 방법론과 달리 문제 혹은 의제가 놓여 있는 공론적 상황에 우선적 관심을 표명한다. 따라서 정치·경제·사회·문화 등에 걸친 다양한 전문가와 대화를 나누며 사태의 원인과 결과를 객관적으로 파악하려고 한다. 패스가 언급한 것처럼 이는 지금까지 전통적인 신학에서 다루지 않았던 분야이거나 동시대의 복합적인 원인들이 결부되어 있으므로 전통적인 방법론으로는 그 총체적 사태를 제대로 파악하기 어렵기 때문이다. 그래서 공공신학자는 자신이 속한 공동체, 그것이 지구적이며 국가적이며 지역 사회적인 범위에 따라 층위가 달라지겠으나, 그 공동체의 구체적인 삶에 대해 현실적인 태도를 갖지 않을 수 없다. 공공신학자의 삶은 신학교 안에 있을 수 없으며, 신학교 밖에만 있어서도 안 된다. 삶 그 자체의 역동성에 진지하게 개방되어 있어야 한다. 동시대인들이 직면한 갈등과 모순에 자신도 참여하는 삶이 전제되지 않는다면 공공신학은 단지 교회 중심적 신학의 또 다른 세련된 표현에 지나지 않을 것이다.

1. 어쩌다, 아니 필연적으로 공공신학자가 되어

피터 버거는 『어쩌다 사회학자가 되어』에서 종교사회학자이며 지식
사회학의 권위자로 살아온 지적 여정을 이야기하는데, 그의 이야기
는 공공신학자로 자처하는 필자에게 두 가지 점에서 귀감이 되었다.
우선 사회를 대하는 그의 태도는 구성적이어서 자신의 입장을 중심
에 배치하거나 문제를 자신의 관점으로 지배하지 않는다. 그래서 그
많은 공론장의 논의에 개방적으로 참여할 수 있었고, 여러 주체들
이 공감할 수 있는 대안을 제시할 수 있었다. 버거가 최초로 기독교
적 연구 주제에 참여했던 것은 오랜 동료였던 독일의 안드레아 뮬러
Andrea Müller가 제안한 독일 개신교 아카데미의 프로젝트였는데, 이 프
로젝트는 독일 개신교인이 어떤 직업군에 주로 참여하고 있는지를
조사하는 것이었다. 뮬러는 신정통주의 루터파 교인이었던 버거에게
"자네는 이제 개신교회를 위해 일하니 그에 걸맞게 행동해주게"라고
요청했다. 그러나 버거는 실상 조사 과정에서 그 어떤 종교적 강요
나 억압도 느낄 수 없었고, 오히려 그 아카데미는 "공개 토론의 장일
뿐 어떤 주요 요인의 역할을 하지 않는다"는 원칙을 지켰다고 한다.[5]
미국으로 돌아온 버거는 그때의 기억과 경험을 토대로 이후 본격적
인 학자로서의 여정을 걷는데, 후에 문화, 종교 및 국제 문화 연구소
Institute of Culture, Religion & World Affairs, CURA를 설립하여 다양한 종교사회
학적 주제를 다루게 되었다.

책 제목에서는 버거가 사회학자가 된 것이 우연적인 것처럼 표현
되고 있지만, 정작 본인이 말하고 싶은 것은 사회학자로서의 삶은 운
명이었다는 것이다. 필자 역시 공공신학자로서의 부르심을 그렇게

고백하고 싶다. 그것은 한국에서 태어나고 한국에서 학업을 마친 이에게 요청되는 자연스러운 여정이지만, 또한 운명적인 것이었다고 할 수 있다. 아니 좀 더 신앙적으로 표현하자면 소명이라고 말할 수 있겠다. 필자의 학위 논문은 "다원주의 사회에서의 기독교 문화 변혁에 관한 해석학적 연구"였다. 논문에서는 이미 다원적 상황에 놓인 교회 공동체가 근대적 관점의 변혁 논리를 어떻게 극복할 것인지, 주체와 객체를 날카롭게 대립시키지 않는 변혁 논리를 어떻게 구성할 것인지를 물었다. 그리고 니버의 변혁론을 해석학적으로 재구성하고, 삼위일체 신학에 기대어 교회의 공적 역할을 다시 제시했다. 1990년대 후반에서 2000년 초엽까지 필자는 〈문화선교연구원〉에서 책임 연구원으로 일하며 다양한 현장 경험을 했던 탓에 실천적 주제에 관심이 많았고, 무엇보다 현장에서 느끼는 한계 때문에 대안을 제시하고 싶은 열망이 컸다.

당시 한국 사회에서 기독교의 독점적 문화 생산 기능은 거의 불가능해졌고, 대중문화나 진보 세력과도 갈등을 겪고 있었으며, 중산층 색채가 짙어진 개신교의 수적인 정체, 감소 현상이 뚜렷해지고 있었다. 시민 사회 혹은 공론장에서 기독교는 더 이상 주도적 역할을 할 수 없는 상태였으며, 오히려 사회 발전을 가로막는 집단으로 인식되는 경우가 많았다. 문화 선교 혹은 문화적 콘텐츠를 동원한 문화적 대화를 통해 이 긴장을 풀어보려는 시도도 그리 효과적이지 못했다. 사실 전략적 변화만으로는 해결하기 버거운 도전이었다. 세상과 사회를 대하는 한국교회의 신학적 패러다임이 변하지 않는다면, 즉 교회 혹은 신학이 사회적 공론장에서 주도적 역할을 하지 않거나 그 역할을 다르게 변경하지 않는다면 이 긴장은 해결되기 어려웠다. 주도적 역할 내려놓기 혹은 변경을 복음 전파의 포기나 세상에 대한 타협으로 인식하는 한, 앞으로 한국 사회에서 개신교회의 지속적인 고립 및 갈등은 피할 수 없음이 분명했다.

학위를 마치고 학생들을 가르치기 시작하면서 현장에서 느꼈던 문제를 논할 기독교 내부의 공론장이 필요했다. 자유로운 신학적 토론이 쉽지 않았던 학교 내부보다는 외부에서 시민 사회와 소통할 공론장이 필요했고, 그 일환으로 〈도시공동체연구소〉를 2010년 창립하여 도시, 공동체, 지역 사회 등의 현장을 만들었다. 당시 한국 사회에서도 마을 만들기, 사회적 기업 등의 의제가 강력하게 부상하고 있었다. 시민 사회와 지역 사회에서 교회의 고립이 심화되어가던 상황에서 연구소는 지역 사회의 공동체 형성에 교회가 공적으로 참여하고 헌신하는 일에 집중했다. 이때 필자의 연구와 활동에 가장 큰 영향을 끼친 것이 바로 공공신학이었다.

필자에게 영향을 끼친 피터 버거의 또 다른 책과 그 의미를 밝혀야겠다. 피터 버거는 20세기 말에 자신이 편집한 『세속화냐? 탈세속화냐?』에서 세속화 이론을 공식적으로 철회했다. 그는 세계에서 다양하게 전개되고 있는 근대화 양상과 그에 따른 종교화의 관계성을 추적하는 여러 학자들의 글을 통해 이른바 다중 근대성이라는 슈무엘 아이젠슈타트 Shumuel N. Eisenstadt의 입장을 수용한다. 필자에게는 특히 아시아 국가들, 중국과 일본의 근대화 과정과 종교의 역할에 대한 연구들이 의미 있게 다가왔다. 서구 중심의 근대화 과정은 절대적인 기준이 될 수 없으며, 각 문화와 지역마다 다양한 근대화 과정을 비교하기 위해 각 지역의 문화와 종교는 어떻게 대응하고 어떤 역할을 하는지에 대한 연구가 필요하다는 것이었다. 피터 버거가 이 책에서 기존에 주장했던 세속화 이론을 공식적으로 포기한 것이 필자에게 큰 문제의식을 던져 주었고, 본격적인 공공신학의 연구에 나서게 되는 자극이 되었다. 왜냐하면 그의 선언이 옳다면, 위기에 빠진 한국교회로서는 공공신학을 통해 새로운 대안을 만날 수도 있다고 생각했기 때문이다. 탈세속화 논의 속에서 공론장에서 소통이 가능한 신학, 시민 사회에 참여하여 신학적 가치를 설득할 수 있는 참여적 신학은 공공신학의 가능성을 보여주었다.

2. 공공신학의 자리: 후기 세속적 한국 사회[6]

세속화 이론은 그 도식적 한계가 분명하다. 세속화와 근대화가 동일시되고, 이는 곧 탈종교화와 동일시되었다. 그러나 20세기 중후반에 세계적으로 종교의 재부상은 이러한 관점이 잘못되었다는 것을 보여주었다. 또 종교는 사적인 영역에 머물러 있지도 않았다. 유럽과 다른 대륙의 사정은 조금 다르지만, 지금 지구 사회에서 발생하는 대부분의 전쟁과 갈등 배후에 종교적 원인이 자리하고 있다는 것은 상식에 속한다. 9·11 이후 기독교와 이슬람의 긴장 국면은 더욱 가중되고 있다. 유럽은 이슬람에 대한 공적 정책 수립을 두고 큰 어려움을 겪고 있다. 이민자들이 본토인들과 동일한 권리를 요구하면서 전통적인 기독교 세계였던 유럽의 고민은 깊어지고 있다.

한국 사회는 1980-90년대 개신교 성장기에는 교회가 사회 변동의 주요인으로 작동했지만 이제는 탈종교화 현상이 두드러지고 있다. 한국갤럽에서 조사한 한국인의 종교 현황에 따르면, 2014년에

50.6%가 비종교인이었으며, 통계청에서 발표한 인구 주택 총조사에서는 2015년 비종교인의 비율이 56.1%에 이르렀다. 10대와 20대는 모두 60%를 넘었다. 이런 양상을 고려하면, 한국 사회는 오히려 세속화가 진행되고 있다고 봐야 할 것인가? 하지만 이는 서구인들이 사용하는 세속화의 의미에서 해석하기 어렵다. 더구나 최근 보도에 따르면, 우리나라의 역술인과 무당이 100만 명에 이를 정도로 급속도로 증가하고 있다.[7] 이로 볼 때, 세속화라기보다는 기성 종교의 부패와 타락 양상에 대한 실망, 저항, 비판의 의미로 제도 종교를 이탈하는 이들이 늘어나고 있다고 판단해야 한다. 이는 베버의 사회학에서 말하는 분업·전문화·합리화·관료화 등의 근대화 과정에 따라 나타나는 세속화와 다르다.

유럽에서는 현재 세속화 이후의 종교 담론으로 후기 세속 사회에 대해 논하고 있다. 후기 세속 사회는 종교적 신념과 제도들이 서구 사회의 주변부에서 새로운 공적 가시성 visibility 으로 드러나는 과정이라 할 수 있다. 서구 사회의 복잡한 문제들을 해결하기 위해 사회과학적 방법이나 공론화 방식이 더 이상 효과를 나타내지 못하고, 세계 곳곳에서 종교가 중요한 분쟁과 통합의 구성 요소로 부상하자 종교의 윤리적 역할에 대한 요청이 이어졌다. 하버마스는 라칭거 추기경과의 만남에서 근대 국가에서 종교가 감당하는 문화적 의미 생산의 기능을 인정했다. 그는 이제 계몽의 변증법은 세속화의 변증법으로 전환되었으며, 종교의 새로운 역할에 대해 논해야 할 때가 왔다고 말한다. 종교가 공론장에서 어떤 역할을 해야 하는지 이야기할 때라는 말이다.

후기 세속 사회의 논의는 결국 정치적 공론장에 종교가 어떻게 참여할 것인가에 대한 토의로 이어진다. 하버마스는 서구 사회가 정치영역에서 종교를 배제한다면 사회적 합의를 이루기 어렵다고 보았다. 찰스 테일러^{Charles Taylor} 역시 한 사회의 정치적·문화적 제도들은 그 기저에 종교적 기원을 가지고 있다는 점을 인정했다. 따라서 세속주의가 종교를 배격하거나 종교적 목소리를 공론장에 적합하지 않을 것으로 보는 것은 정치인들이 마르크스주의나 칸트주의를 말하지 못하도록 하는 것과 같은 것이다.[8] 크레이그 칼훈^{Craig Calhoun}도 근대가 종교를 배제한 이유를 추적하면서, "종교에 대한 세속적 통제는 사회 질서의 전통적인 도덕적 차원, 즉 선한 행위와 시민 정신의 도덕적 의무의 보편적 기초를 배제시키는 결과를 낳았다"고 보았다.[9] 하지만 이제 그 한계가 드러났다. 현재 인류가 직면하고 있는 여러 공적인 문제들을 해결하기 위해서는 종교의 도덕적 기능이 요청되고 있다.

이 점에서 우리는 하버마스가 정치적 공론장에 참여하는 종교의 공공성을 어떻게 말하고 있는지 주목할 필요가 있다. 그가 기독교의 복음을 정당한 방식으로 이해하지 못하고, 또 푸코와 같은 포스트모던 사상가들이 종교에 있는 부르주아적 특성을 고발하기도 했지만, 한국의 신학자인 필자는 여전히 그의 공론장 담론을 유의미한 것으로 생각한다. 한국교회가 한국 사회에서 필요한 합리적 공론장 형성에 공적으로 기여할 수 있다면, 그것이야말로 한국에서 공공신학자로 살아가야 할 이유이기 때문이다. 하버마스는 이렇게 말한다.

종교적 시민과 세속적 시민 모두가 자유 국가의 헌법과 정당성을 지지해야 한다. 제헌 국가는 세계관에 대해 중립적일 뿐 아니라 세계관에 대해 중립적으로 판단할 수 있는 규범적 토대들에 의존해야만 한다. 이것이 후기 형이상학적 용어다.…이것이 그러한 상호 보완적 배움의 과정, 즉 세속적 측면과 종교적 측면이 서로 참여하는 상호 보완적 배움의 과정이 여기서 함께 활동함으로써 서로 참여해야 하는 이유다.

외부로부터 부여되는 제한 조건을 의식해야 함을 불평하기보다는, 종교는 규범적으로 기반을 갖춘 기대에 자신을 개방해야 한다. 그것은 세계관에 대한 국가의 중립성, 모든 종교 공동체가 동등한 자유, 제도화된 학문들의 독립성이 그자신의 이유들을 가지고 있음을 인정해야만 한다는 것을 의미한다.…이는 그 신앙적 고백들이 경쟁하는 믿음의 체계들과 관계를 맺어야 하는 필연성에 직면하거나 객관적 지식의 생산을 독점하고 있는 학문적 체계들과 마주할 때 성찰적 관계를 획득하는 종교적 의식의 문제이기도 하다.[10]

이제 후기 세속 사회에서 종교는 새로운 전망을 획득한다. 필자는 한국 사회가 정확하게 후기 세속 사회에 놓여 있다고 확신할 수는 없다. 다만 이 담론에서 요구되는 종교의 공적 역할에 대한 통찰력을 참고 삼아 한국 사회에서 기독교의 사회적 신뢰를 회복하고 복음의 공공성을 증언할 수 있는 가능성을 확인하고 싶다.

이러한 일을 위해 걸림돌이 되는 것 중 하나는 한국교회의 그리스도인들이 정교분리의 원칙을 마치 절대적인 기준처럼 여기는 것이다. 그러면서도 때로는 너무도 치우친 한쪽의 정치적 입장을 대변하는 경우가 허다하다. 그리스도인들이 정치적 공론장의 의제들을 신앙적 의제로 받아들이지 못하고, 또 개인주의적 신앙에 토대를 둔 다수의 그리스도인들이 잘못된 정치 집회에 동원되거나, 정치적 의제들에 아예 무관심한 경우도 많다. 우리는, 정치는 교회가 관여할 영역이 아니라고 생각하거나 혹은 지배해야 할 영역이라는 잘못된 태도를 극복하고, 후기 세속 사회에서 요청하는 공적이며 도덕적인 가치와 문화를 어떻게 생산할 수 있을까?

3. 공공 영역과 공공신학

우리는 왜 국가와 종교가 분리되어 있다는 것을 당연하게 여기는가? 필자는 이 근대적 이분법이 성립된 과정들을 추적하면서 정교분리가 세속화 과정에서 나타났고 그로 인해 세속화 이론이 잘못되었다는 것을 인식하게 된 오늘날에는 이 분리 원칙에 대해서도 재고할 필요성을 느꼈다. 필자는 앞서 종교개혁 500주년을 맞아 그 의미를 단지 한 개인의 결단이나 교리적 변화 혹은 교회 내적 사건으로만 보지 말고, 중세의 세계관 전체에 대한 정치·사회·문화의 총체적 저항으로 봐야 한다고 주장했다. 500년 전 루터의 종교개혁이 중세를 마감하는 인식론적 토대를 마련했을 뿐 아니라 정치 사회적 개혁도 강력하게 실천했다는 점을 주목했다. 종교개혁가들의 주장을 고려컨대, 계몽주의 이후에 수립된 정교분리의 원칙은 매우 당황스러운 것이다.

베스트팔렌 조약 이후 종교의 자유를 허용하는 관용은 유럽에 뿌리를 내렸지만, 그와 동시에 교회는 공적인 일에 개입하지 않는 것이 당연시되었다. 아메리카 대륙에 정착한 종교개혁의 후예들은 성공과 모험을 신앙적으로 정당화하며 자유롭게 경쟁하고 복음 전파에 매진할 수 있는 제도를 만들었다. 그것은 바로 교파·교단주의 정책이었다. 공적인 일보다는 개인의 번영과 성공을 지지하고 영혼 구원과 세계 선교에 집중하면서, 교파주의는 근대 개신교에 활동 범위로 정해진 구획에서 그 역할을 충실히 했다. 오늘날 개신교 교파주의는 신앙의 사사화를 부추기는 결과를 낳았고, 진보와 보수, 사회 윤리와 개인 구원, 공공성과 영성 등의 이분법적인 경쟁 구도 속에서 분열을 계속해왔다. 20세기에 들어 본격적으로 발전한 교파주의가 관료주의적 성장과 교파의 제도화에 대한 부정적 인식을 남겼다는 것이 교파주의 연구자 러셀 리취의 입장이다.[11]

서구의 관용 정신이야말로 개인의 권리를 보장하고 공과 사를 구분하는 사회적 동기로 작용했다. 호세 카사노바에 따르면 그 동기를 제공한 것이 바로 500년 전의 종교개혁 사건이었다. 따라서 종교를 단지 사적인 영역에만 국한된 것으로 전제하는 것은 정당하지 못하다. 종교개혁이 종교로부터 공적인 것을 해방시켰는데, 국가 종교 시대에 와서 국가가 공적인 영역을 담당한다는 명분으로 종교는 개인의 영적인 부분만 관장하게 되었다. 만약 근대가 관용의 정신에 따라 개인의 양심과 자유를 존중해야 한다고 말한다면, 종교개혁을 통해 등장한 개신교야말로 그러한 정신에 가장 가까운 종교다. 그렇기에 "종교적 자유와 종교적 다원주의에 기반을 둔 종교 결사체의 근대적이고 자발적인 형식인 교파가 다른 종류의 공공성, 즉 근대의 분업화된 사회 안에서 하나의 정치적인 것으로 가정될 수 있을지를 질문"해야만 한다.[12]

카사노바는 피터 버거와 비슷한 관점에서 1980년대 이후를 탈사사화의 시대라고 칭한다. 탈사사화 현상은 "전 세계에 걸쳐 종교적 전통들은 근대 이론이나 세속화 이론이 종교에 부여한 사적이고 주변적인 역할을 거부하는" 현상을 말하는데,[13] 이 상황에서 오히려 종교의 공적 역할을 다시 고민하게 된다는 것이 역설적이다. 과거와 달리 오직 하나의 진리만이 옳다고 주장할 수 없는 시대에 신학의 과제는 이제 교회의 신학을 넘어 공공신학으로 나가야 한다. 공공신학은 신학을 교회의 의제로만 다루지 않는다. 오늘날 전 세계의 학계가 새롭게 주목하고 있는 주제인바, 개인주의를 넘어 공동선을 추구하기 위해 교회와 신학이 감당할 수 있는 역할에 대해 고민한다.[14] 기존의 사회 윤리가 강조하는 바와 다른 것은 신학이 문제 해결의 중심에 서서 변혁적 위치에 있다고 말하지 않고 공론장에 참여하여 기독교적 가치를 설득하고 그와 관련된 모든 영역을 신학적 과제로 인식한다는 점이다. 이에 대해 브라이튼버그의 주장을 참고하자.

> 핵심 포인트는 공공신학이 신학적으로 구성된 담론인 반면 그것을 주장하는 방법이나 보증 방식 등은 성경이나 교회의 가르침 등과 같은 종교적인 것에 특별히 한정되지 않는다는 것이다. 대신 명백하게 신학적인 자원이나 기준들은 다른 자원들의 통찰에서 가져온 것들과 만나게 된다. 공공신학은 우리 사회의 모든 이들이 이해할 수 있고 평가할 수 있는 그런 방식, 또 행동으로 함께 실천할 수 있는 방식으로 문제를 다루고 제도나 상호 작용을 설명하는 것이다.[15]

따라서 공공신학은 신학의 자리를 공공의 영역에 위치시킬 뿐 아니라 신학적 언어를 시민 사회의 언어로 번역하여 전달하는 작업과 심지어 전혀 다른 영역, 예컨대 의학, 공학 등의 언어와 대화할 수 있는 접근 방법을 모색해야 한다. 공공신학의 과제는 사회적 의제를 신학적으로 해결하는 것도, 교회가 답을 제시하는 것도 아니다. 우리가 함께 살아가는 사회의 공적 영역에 참여하여 우리 모두가 직면한 문제에 대해 기독교적 관점에서 공동선을 추구하기 위해 신학적 상상력을 발휘하는 것이다.

4. 공동선에 헌신하는 교회

필자는 최근 한국교회에서 나타나고 있는 일련의 반사회적 행태를 보면서, 한국교회가 자정 능력은 고사하고 교회의 공적 의미를 해석할 능력이 부족하다고 생각했다. 또 최근 빈번하게 발생하는 사회지도층의 갑질 행태에 그리스도인이 등장할 때마다 개신교 내부의 언어와 행동 양식이 한국 사회의 공공 영역으로부터 현저히 멀어져 있다는 것을 명확히 느낀다. 필자는 이런 즈음에 공부하게 된 한나 아렌트에게서 의미 있는 통찰을 얻을 수 있었다.

한나 아렌트는 인간의 조건으로 정치적 공론장은 필수적이라고 보는데, 이는 곧 공적 영역에서 자신의 말과 글을 통해 자유롭게 소통할 수 있는 상태를 의미한다. 즉 "타자에 의해 보이고 들리는 것이 의미 있는 것은 각자 다른 입장에서 보고 듣기 때문이다. 이것이 공적 삶의 의미다."[16] 그리고 "공동 세계의 조건에서 실재성을 보증하는 것은 이 세계를 구성하는 사람들의 공통적 본성이 아니라 다양한 입장과 관점에도 불구하고 모든 사람은 언제나 같은 대상에 관심을 갖는다는 사실이다."[17] 그런데 아렌트는 이 공공의 영역에 대한 기독교의 본래적 적대감에 대해 언급한다. 필자는 이 점이 오늘 한국교회의 사사화 현상에 대한 해석의 열쇠가 될지도 모른다는 생각을 했다.

그녀는 세계로부터 퇴거하여 보이지 않는 곳에서 은밀하게 행하려는 기독교적 선 개념에 대해 언급하며, 관조적 삶을 지향하는 근본적 내세성으로 말미암아 기독교가 근대 사회의 공적 영역에서 사라지게 되었다고 보았다. 만약 그렇지 않았다면, "공론 영역이 종교 단체를 타락시켜 스스로 타락하든지 또는 종교 단체가 부패하지 않지만 대신 공론 영역을 완전히 파괴시키든지" 했을 것이기 때문이다.[18] 그러나 아렌트는 구원에 대한 확실성의 상실이 근대의 세속화를 가능하게 했다는 주장을 함으로써 기독교의 사사화 혹은 세속화와 근대화를 동일 선상에 놓는다.

필자는 아렌트를 통해 한국교회가 공적인 영역에서 자신의 역할을 제대로 감당하지 못하고 있는 상황과 동시에 탈종교화 현상이 가속화되고 있는 상황과의 연관성에 대해 고민했다. 그러니까 아렌트의 지적대로 "데카르트 이후 이러한 기독교의 뿌리는 살아 있지만 그저 주변만 형성할 뿐"인 상태가 한국교회의 현실이다.[19] 그렇다면 어떻게 한국교회가 공공의 영역에 다시 그 뿌리를 깊게 내릴 수 있을까? 어떻게 그 내세성을 정치적 현실성과 조우하게 할 수 있을까? 아렌트의 표현대로 기독교는 과연 타자와 공존하며 각자의 말과 글과 생각을 있는 그대로 주고받을 수 있을까? 즉 한국교회는 어떻게 공론장에 참여할 수 있을까? 이것이 공공신학자로서 필자가 가진 가장 큰 질문이다.

박사 학위 논문을 정리할 때 큰 도움이 되었던 미국의 공공신학자 리넬 캐디는 한층 더 복잡하고 다원화된 미국 사회에서 신학이 감당할 수 있는 역할이 점차 줄어들고 있다고 보았다. 앞서 언급한 공공신학적 접근 방법에 있어서도 지금은 단지 언어를 교차적으로 사용하거나 신학 용어를 다른 학문 용어로 번역한다고 해도 더 이상 대응할 수 없는 문제들, 예컨대 생명 공학이나 최근 문제가 되고 있는 포스트휴먼post-Human 같은 문제는 공공신학적 접근에 한계를 분명하게 드러내고 있다. 캐디는 "단 하나의 응답을 하기는 어렵다 할지라도, 지금과 같은 사회·문화적으로 결정적인 시대에 공공신학의 우선적 과제는 종교와 세속의 지배적인 구분을 넘어서는 긴급한 움직임을 통해 튀어나올 것으로" 본다.[20] 지금까지와는 전혀 다른 방식으로 신학을 전개하지 않는다면, 공공신학은 여전히 신학의 고유한 자리에 머물러 있어야 할 것이며 근대에 사적 영역으로 치부되던 과거의 고립을 다시 한번 맛보아야 할지도 모른다. 이는 신학적인 것이 세속적인 것과 독립적으로 존재한다거나 세속적인 것이 중립적으로 존재한다거나 또 종교적인 것이 더 특권을 가진다는 인식을 해체시킬 것이다.[21] 이는 이 책에서 다룬 새로운 종교적 담론의 자리, 즉 후기 세속 사회의 종교 담론에 있어서도 매우 중대한 의미를 지닌다. 앞으로 기독교 신학의 공적 역할은 아마도 방법론적 한계를 넘어서기 쉽지 않을 것이다. 하지만 더 이상 이론적 합의가 어렵다 할지라도 도덕적 합의를 가능하게 하는 공동의 토대를 고민해본다면 또 다른 가능성이 열릴 것이다.

이런 점에서 필자는 교회가 우리 사회의 공동선에 헌신할 수 있어야 하며, 공공신학은 교회와 그리스도인들을 그러한 헌신으로 이끄는 신학이 되어야 한다고 본다. 먼저 왜 공동선이 문제가 되는가? 왜 지금 많은 공공신학자들이 공동선을 말하며, 정치학과 사회학에서 공히 이 문제가 강력히 제기되고 있는 것인가? 한마디로 오늘의 신자유주의 질서가 인간 사회의 공동의 삶을 파괴하고, 타인에 대한 관심보다는 자기 자신의 생존을 위해 무한 경쟁을 하도록 내몰며, 부의 심각한 편중 현상을 정당화하기 때문이다.

자본주의는 인간의 사유 재산을 정당화하는 자유로운 권리에 토대를 두고 있다. 근대가 인간의 주체성을 확립하고 신앙의 확실성으로부터 벗어나는 동안 인간의 자유는 그 누구도 침해할 수 없는 기준이 되었다. 그것은 개인 재산의 축적을 정당화했고, 20세기 초중반에 잠시 사회주의적 상상력이 서구를 지배했으나 1990년대에 다시 등장한 신자유주의의 이상은 개인의 자유를 가장 중요한 도덕적 기반으로 삼았다. 이런 가운데 정치적 공론장과 국가의 공적 영역은 사회 구성원 모두의 유익보다는 자본의 논리에 따라 부를 축적하는 데 동원되는 일이 비일비재했다. 이에 대해 공동체주의자들은 "사람들이 날 때부터 속한 공동체야말로 정치적 주장과 심지어 개인으로서의 정체성이 비롯되는 원천이라는 데 동의한다."[22] 정치의 도덕적 기원을 주장하는 이언 샤피로Ian Shapiro는 알래스데어 매킨타이어, 마이클 샌델, 찰스 테일러, 마이클 왈저, 윌 킴리카와 같은 이들을 지지하며, 개인의 자유에 기초한 계몽주의적 태도를 비판한다. 이런 태도는 공동선을 추구하는 공동체적 상상력이 우리에게 더 필요하다고 보며, 롤스가 개인의 자유를 토대로 주장하는 무연고적 자아unencumbered self 의 비정치적 허구성에 대해서도 문제 제기를 주저하지 않는다. 샌델은 공리주의적 자유주의자들을 비판하면서 "공동선을 주장하는 사람들이 옳다면, 우리에게 가장 시급한 도덕적·정치적 프로젝트는 바로 우리의 전통에 내재되어 있지만 우리 시대에는 빛을 잃어가고 있는 이러한 시민적 공화주의의 가능성을 소생"시키는 것이라고 주장한다.[23] 샌델에게는 그런 시민의식이란 "때로는 중첩되기도 하고 때로는 서로 충돌하는 우리의 의무들 사이에서 자신의 길을 협상하는 능력이자 다중적 충성심이 불러일으키는 긴장감을 견딜 수 있는 능력"이다.[24] 이런 능력이 부족하면 근본주의 기독교와 같은 반사회적 집단이 오히려 분란을 일으킬 것이다.[25] 샌델은 정부가 종교와 같은 전통적 자원들이 공적인 역할을 감당할 수 있도록 공론장 진입의 길을 열어야 한다고 주장한다.

그렇다면 이렇게 후기 세속 사회의 국면에서 교회가 요청받고 있는 공동선의 추구는 어떻게 실천되어야 하는가? 이 문제에 있어서 토마스 아퀴나스가 기원적 논의를 공식화한 인물로 평가되지만, 패트릭 리오단Patrick Riordan은 오늘날 공동선에 대해 신학적으로 관심을 가진 이는 홀렌바흐였다고 평가한다.[26] 홀렌바흐는 오늘날의 공적 선 public good이 공동체적 관계성 외부에서 논의되고 있는 한계가 있다고 평가하고 공동체 모두의 관계와 연관된 공동선을 더 바람직한 것으로 제시한다. 그는 마이클 샌델의 의견과 연대감을 표시하면서 "서로 연결되어 의존하는 경험은 모두에게 좋은 것에 대한 동의와 연대를 가능하도록 하는 사회적 일치를" 위해서 공동선을 추구해야 한다고 주장한다.[27]

필자는 공동선을 공공의 영역에서 교회가 헌신해야 할 그리고 공공신학이 대응해야 할 공공의 의제로 본다. 필자는 이 개념을 비교적 가까운 시기에 교회 공동체의 이름으로 실천한 사례가 있는지 찾아보았다. 이 과정에서 1970년대부터 영국 성공회가 "공동선을 위한 연대"Together for the Common Good라는 프로젝트를 90년대까지 진행했고,[28] 2013년 그 성과를 평가하는 콘퍼런스가 있었다는 사실을 알게되어 그 결과물을 입수해 살펴봤다. 콘퍼런스 당시 기조 강연을 했던 안나 로우랜즈Anna Rowlands는 그리스도인들이 혹시 손해를 보거나 기득권을 상실할지도 모르는 도전 가운데도 왜 공동선에 헌신해야 하는지를 세 가지로 제시했다. 먼저 공동선을 추구하는 것은 분열보다는 일치를 말하고 실천하는 방식이기 때문이다. 두 번째로 공동선을 실천하는 언어가 필요한 이유는 인간을 기능이 아니라 존재 자체의 가치로 바라보는 기독교적 개념 때문이다. 세 번째로 공동선에 대한 헌신은 성례전적 비전을 배우고 훈련하는 의미가 있지만 오늘의 다원적 세대에게는 이것이 심각한 도전에 직면해 있기 때문이다.[29] 지금도 영국교회의 공동선 논의를 주도하고 있는 이 운동의 홈페이지에는 그들이 고백하는 공동선을 개념이 아니라 실천이라고 선언한다. 공동체 모든 이의 풍요로운 삶이 가능한 환경을 구조적으로 만들어내는 일이 그들의 비전이라는 점을 분명히 한다.

'공동선'은 공동체의 모든 구성원을 번성하게 하는 조건들의 한 세트a set 다. 그러나 이 조건들을 만들어내는 것은 무엇인가를 행하는 것이며, 함께해야 할 필요를 아는 것이고 그것의 실천에 대해 토론하는 것이다. 이는 모든 이들이 자신들의 소명과 능력에 따라 사명을 받아들이고 모든 이들이 참여할 것을 요구한다. '공동선'은 단지 다른 사람들을 계몽하려는 이들의 이상적 과제가 아니다. 그것은 서로 다른 관점과 경험을 가진 이들 사이에서 관계성을 형성하려는 것이며, 서로 다른 관심들을 조정하여 균형을 잡는 일이다. 단순히 말한다면 '모든 이들이 자신의 모든 관심사에 있어서 번창하도록!'it is all our interests that all thrive 하는 것이다.[30]

가톨릭 신학에서 더욱 강조하고 있기는 하지만, 우리에게 잘 알려져 있는 소저너스의 대표이자 복음주의 학자 겸 활동가인 짐 윌리스도 최근에 교회와 그리스도인이 시민 사회에서 공동선에 헌신하는 공동체로 존재해야 한다고 역설한다. 그는 그리스도인이 좌파나 우파, 또 진보나 보수의 길을 선택하는 것이 아니라 하나님의 편에 서는 것이며, 그것은 우리의 이웃은 누구인가라는 질문과 우리의 원수, 타자를 어떻게 대해야 하는가에 성경적으로 응답하는 것이라고 말한다. 결국 그 응답은 공동선에 헌신하는 것이다.[31]

그는 결혼, 가정 등에 대한 전통적이며 보수적인 입장을 지지하면서도 그 논의에서 소외되거나 배제되는 이들이 없도록 진보적 공론장에 개입해야 한다고 주장한다. 그는 "신앙을 개인의 도덕과 관련된 몇 가지 이슈로 제한하는 것은 부와 권력, 폭력을 문제 삼지 않고 내버려 두는 것"이며, 그렇다면 "불의와 현상 유지를 옹호하는 사람들을 지지하는 정치 세력으로 변질"될 것이라 주장한다.[32] 그러므로 그리스도인은 시민 사회에서 탁월한 시민의식을 가지고 하나님에 대해서 말할 수 있어야 한다. 그것이 공동선에 기여할 수 있는 지점이며, 우리가 살아가는 사회에서 잘못된 일이 벌어지지 않도록 막는 일과 새로운 삶이 가능하다고 말하는 희망의 증언자가 되는 길이다. 우리는 공적 영역을 지배하기보다는 정보를 제공하고 영감을 불어넣을 수 있어야 한다. 신앙 공동체는 다원적 사회에서 종교적 다원성을 인정하면서도 "진리 외치기"에 헌신해야 한다.[33] 결론적으로 그는 고통을 당하는 우리의 이웃을 지키는 이가 그리스도인이라고 힘주어 말하며, "이기주의의 시대에 공동선의 윤리를 추구함으로써 이러한 전망을 이해하고 실천하는 것"이 오늘을 사는 그리스도인의 사명이라고 본다.[34]

구약학자 월터 브루그만^{Walter Brueggemann}은 세상을 향한 하나님의 선교 여정의 특성을 공동선에서 찾는다. 샬롬^{shalom}이 곧 공동선에 대한 하나님의 비전이며, 우리는 이웃과 함께 살아가야 할 하나님 나라를 위해 헌신해야 한다. 그는 출애굽 사건에서 공동선의 성경적 근거를 가져온다. 이집트에서 종살이했던 히브리 사람들을 탈출시킨 야웨는 그들에게 헌신을 요구하는데, 그것은 하나님, 자아, 이웃 사이의 관계성에 대한 것이다. 이는 소외나 좌절이 없이 모든 생명을 존귀하게 여기는 삶에 대한 충실^{fidelity}이다.

충실은 공동선과 관계가 있다. 이는 모든 당파들을 포괄하는 전망이다. 공동선은 샬롬이라는 기치 아래 놓여 있다. 이스라엘의 충실은 하나님의 샬롬에 대한 충실이다. 다른 것으로는 행복할 수 있는 방법이 없기에 하나님께만 복종하고 그분만 신뢰한다. 그것은 야웨가 공동선을 위해 안전과 음식, 즉 이스라엘이 스스로 제공할 수 없는 생존의 가장 기본적인 것을 제공하는 것으로 나타난다(광야에서 만나를 주신 사건—역자 주). 또 그것은 양자 모두에게 놀라운 것이었는데, 야웨의 공동선은 이웃에 대한, 특히 가장 연약하고 보호를 받지 못하고 가난한 이웃들에 대한 관심과 투자를 기꺼이 감당할 것을 요구한다. 샬롬의 공동선은 아무도 배제될 수 없고 무시될 수 없으며 그 누구도, 그가 과부든 고아든 나그네든 그대로 남아 있으면 안 된다는 것을 의미한다. 공동선은 야웨가 자기 자신만을 위하는 분이 아니고 우리의 이웃을 돌보는 분이심을 보여준다. 그것은 또한 이 충실함의 이야기에 참여하는 그 누구도 자기 자신만의 탐욕에 빠져서는 안 된다는 것과 모든 이는 공동체의 실재에 참여하도록 요구받는다는 것을 의미한다.³⁵

브루그만은 오늘날과 같은 현대 사회, 즉 개인적 탐욕과 제국의 독점 자본이 사람들을 경쟁으로 몰아가고 이웃과의 관계를 불가능하게 만들었다고 비판하면서, 제국의 논리가 아닌 하나님 나라의 샬롬의 삶, 즉 이웃과 함께 공동선을 추구하는 삶을 하나님께서 우리에게 요구하신다고 역설한다. 이웃에 대한 신뢰가 불가능한 사회에서 공동선을 향한 열망은 존재할 수 없다.[36] 제국의 논리를 극복하고 하나님 나라의 샬롬을 이루는 것은 기독교가 공론장에서 제시할 수 있는 공존의 논리임이 분명하다. 낸시 프레이저가 주장하는 "당사자, 연관자 중심의 공론장 형성"은 기독교가 제시할 수 있는 강력한 원리가 될 것이다.[37]

오늘의 공공신학적 실천은 후기 세속 사회에서 공동선에 헌신하는 교회 공동체의 선교적 삶을 의미한다. 필자는 교회가 중심이 되어 변혁하겠다는 패러다임에서 벗어나 모든 이에게 유익한 환경을 만들어가는 일, 즉 공론장에 참여하여 후기 세속 사회가 요구하는 공동체적이며 도덕적인 가치를 실현하는 일이 바로 오늘날 공공신학의 사명이라고 믿는다. 그러므로 필자에게 공공신학은 신학교를 넘어서며 교회 공동체를 넘어서는 삶을 요구하기에 매력적이기도 하지만, 아직 학문적 방법론이 정리되지 않은 탓에 미숙한 면이 없지 않다. 그럼에도 현장과 실천에서 그 답을 찾을 수밖에 없기에 더욱 매력적이다.

5. 에필로그

필자는 2017년 여름에 체코에서 런던으로 가는 비행기에 있었다. 무료한 시간을 채우느라, 우연히 미리 받아놓은 「크리스채너티 투데이」Christianity Today 2017년 8월 호에 실린 짐 월리스가 쓴 한 편의 글을 읽었다. 그것은 "독일은 종교개혁 500주년을 기념하는 의미로 이민자들을 환영한다"라는 글이었다.[38] 독일과 독일교회 그리고 독일의 정치계가 종교개혁 500주년을 기념하면서 시리아 등지에서 오는 이민자들을 환영하기로 했다는 소식을 전하며 그 의미를 평가하는 글이었다. 필자는 이 글을 읽으면서 한국교회가 500주년을 기념하는 방식과 독일의 방식과의 차이가 어디서 오는 것인지 생각했다.

이때 필자는 몇 명의 동료 목회자들과 런던에서 개최되는 2017 그린벨트 페스티벌Greenbelt Festival로 가던 중이었다. 이 축제는 유럽 최대의 기독교 축제로서 48년을 이어왔다. 2017년의 축제 주제는 바로 공동선이었다. 우리는 함께 이 축제에 참여하면서 유럽 사회가 고민하는 공동선이 무엇인지 배웠고, 한국에서도 동일한 도전과 대안이 필요하다는 생각을 했다. 종교개혁 500주년을 기념하는 독일의 실천 그리고 유럽의 기독교 공동체가 직면한 사회적 문제를 해결하기 위해 제시하는 대안들 모두 공론장과 공공 영역에서 설득 가능하며 때로 감동을 주는 메시지들이었다. 나도 아니고 너도 아니고, 우리 모두에게 좋은 사회, 좋은 삶이 되도록 노력하는 교회 공동체는 비단 유럽만이 아니라 우리나라에서 더욱 절실하다.

그러나 현재 한국교회가 그러한 역할을 감당할 수 있을지, 또 이웃을 위한 공동선에 헌신하기 위해 우리 사회의 탐욕스러운 논리·제도·이기심과 싸울 능력이 있는지 의심스럽다. 종교개혁 500주년을 기념하는 신학계나 교회 모두 어떤 희생이나 손해를 감수하겠다는 선언은 없었다. 사회의 고통에 동참하겠다는 자기희생의 선언은 고사하고, 대체 우리가 왜 종교개혁을 했는지 근본적인 회의에 빠지게 하는 참담한 사건들이 줄을 잇고 있다. 신학자들은 자신들의 권위를 인정해주는 아카데미에 안주하여 독일을 분주히 드나들며 종교개혁에 대한 이야기를 하느라 여념이 없다. 자신의 몫을 포기하지 않고 자기의 것을 내놓지 못하는 한 결코 공동선은 실천할 수 없다. 후기 세속 사회에서 사회적 갈등을 조정하고 도덕적 가치의 토대를 구축할 역할이 종교에 주어졌는데, 한국교회는 기득권을 지키기 위해 이 호기를 외면하고 있다.

후기 세속 사회의 종교 담론은 근대의 발전과 종교의 역할 사이에 놓인 배제와 고립의 긴장을 극복하고, 종교가 공적 영역에서 배제될 필연성에 대해 의심을 제기했다. 사적인 영역에 국한된 개인적 영성을 넘어 모든 사람이 긍정할 수 있는 공존의 덕이 사람들이 포용할 유산으로 수용되고 있다. 한국교회에는 소망이 저물고 있을지 몰라도, 필자는 하나님께서 교회 밖에서 성실하게 일하고 계신다고 믿는다. 작은 교회에서 몸부림치는 이름 없는 목회자들에게서, 교회의 편안한 자리를 떠나 교회와 사회의 경계선에서 하나님 나라를 증언하기 위해 애쓰는 시민 사회의 일꾼들을 통해서, 자신이 먹을 작은 콩을 나누어 이웃에게 건네면서 스스로 소박하고 검소한 삶을 사는 작은 성자들을 보면서 하나님이 새로운 소망을 일으키고 있음을 본다. 그저 소망이 있다면, 이 시대에 필자를 공공신학자로 부르신 하나님의 명령에 주저 없이 그리고 신실하게 순종하고 그 누구도 소외되지 않는 삶을 일구는 이로 살아가는 것이다. 나의 신학이, 나의 학문이 이 일에 사용되기를 간절히 바랄 뿐이다.

미주

서문

1 William Storrar, "2007: A Kairos Moment for Public Theology," *International Journal of Public Theology* (1, 2007), 16.

2 Andrew R. Morton, *Duncan Forrester: A Public Theologian, Public Theology for the 21st Century* (London: T&T Clark, 2004), 25.

3 Max L. Stackhouse, "Civil Rreligion, Political Theology and Public Theology," *Political Theology*, no. 3(July 2004), 291.

4 Max L. Stackhouse, "Introduction," *Public Theology and Political Economy* (Maryland: University Press of America, 1991), ix.

5 위의 책, 33.

6 '공공신학'과 관련된 필자의 첫 작업은 다음과 같다. 성석환, "한국 공공신학의 실천 과제로서의 문화변혁: 세속화 이론과 기독교 국가 이념을 넘어서", 「기독교사회윤리」 17집(2009).

7 참고. Linell E. Cady, "H. Richard Niebuhr and the Task of a Public Theology," *The Legacy of H. Richard Niebuhr*, Ronald E. Thiemann ed., (Minneapolis: Fortress, 1991).

8 Linell E. Cady, "A Model for a Public Theology," *Harvard Theological Review*, 80, no. 2(4, 1987), 198.

9 Sebastian Kim and Katie Day, "Introduction," *A Companion to Public Theology* (Boston: Brill, 2017), 5.

10 E. Harold Breitenberg, Jr., "To Tell the Truth: Will the Real Public Theology Please Stand Up?," *Journal of the Society of Christian Ethics* 23(2003), 67.

11 Sebastian Kim and Katie Day, "Introduction," *A Companion to Public Theology* (Boston: Brill, 2018), 11.

12 위의 책, 13.

13 위의 책, 16-17.

14 Linell E. Cady, "Public Theology and the Postsecular Turn," *International Journal of Public Theology* 8(2014), 294.

15 위의 글, 300.

16 Jürgen Habermas, "Religion in the Public Sphere," *European Journal of Philosophy* 14:1(2006), 18. 출처. <https://onlinelibrary.wiley.com/doi/epdf/10.1111/j.1468-0378.2006.00241.x [2018년 7월 4일 접속]>.

17 경북궁 서쪽에 위치한 서촌이 관광지로 주목받으면서, 원주민이 높은 임대료로 인해 밀려나고 새로운 상권이 형성되면서 '궁중 족발' 가게의 임차인과 건물주 간 '망치 살인미수 사건'이 발생했고, 이를 계기로 정치권에서는 새로운 임대차법의 도입과 당사자 간 합의를 법적으로 조정하는 장치를 마련하고 있다. 참고. <http://www.sedaily.com/NewsView/1S22FL4FJH [2018. 7. 30 접속]>.

18 낙후된 구도심이 활성화되면서 사람들과 돈이 몰리고, 결과적으로 원주민이 밀려나는 현상을 뜻한다.

19 필자가 속한 <한국기독교윤리학회>에서는 2014년 4월에 '세월호 침몰 사고에 즈음한 한국 기독교 윤리 학회의 성명서'를 발표했고, 2018년 4월 <정기학술대회>에서 "포스트휴먼 시대, 기독교 윤리는 가능한가?"라는 주제를 다루었고, 학회에서 "포스트휴먼 시대를 바라보는 한국기독교윤리학회의 신학 선언문"을 발표했다. 필자가 속한 학교에서는 '세월호' 사안과 교단 내의 '교회 세습' 문제에 대처하는 교수들의 모임을 결성해 수차례 성명서를 발표하고 공개적인 기도회(집회)를 열었다.

20 <https://news.joins.com/article/22861440 [2018. 8.1 접속]>.

21 <https://cemk.org/resource/2699/ [2018. 8. 1 접속]>.

1장

1 이재열은 이러한 현상을 분석하면서 "불안감의 증대, 총체적인 불신의 심화, 계층 간 포용성의 감소, 그리고 구조적인 역능성의 감소로 인한 무기력증의 증가 현상"이 원인이라고 본다. 다시 말해 생활 세계의 열악한 삶의 조건들이 근본적으로 개선되지 않으면서 취약한 사회의 질이 적나라하게 드러난 것이며, 이로 인해 사회의 선진화와 경제적 성장이 발목 잡히고 있다고 분석한다. 이에 대한 처방 역시 '사회의 질'을 제고하는 것이라고 보고, 생활 세계의 약자들을 배려하고 보호하는 정책이 시급하다고 진단한다. 이재열, "안전하고 성숙한 사회를 위하여", 정진성 외 6인, 『한국 사회의 트렌드를 읽는다: 국민 의식 조사를 통해서 본 외환 위기 10년』(서울: 서울대학교출판문화원, 2009), 196-201.

2 물론 이러한 주장이 오히려 개인의 권리나 약자의 인권을 소외시키는 집단주의나 전체주의로 나타날 수 있는 개연성은 항상 있다. 그래서 공공성을 논할 때 '사적 이익 vs. 공적 이익'으로 구분하기는 하나 실행 주체에 따라 그 결과는 공적일 수도 있고 사적일 수도 있다. 이 문제는 추후에 더 자세히 논의할 것이다.

3 그동안 국내에 공공신학 관련 연구 저술들도 다수가 발간되었다. 새세대교회윤리연구소, 『공공신학이란 무엇인가』(서울: 북코리아, 2007), 『공공신학 어떻게 할 것인가』(서울: 북코리아, 2008), 기독교 윤리실천운동, 『공공신학』(서울: 예영, 2009), 정종훈, 『민주주의를 꽃피우는 공공신학』(서울: 한국장로교출판사, 2009), 채수일, 『신학의 공공성』(서울: 한신대출판부, 2010), 이형기 외 8인, 『공적신학과 공적교회』(서울: 킹덤북스, 2010), 이형기, 『성경의 내러티브 신학과 교회의 공적 책임』(서울: 한들출판사, 2010), 위르겐 몰트만, 곽미숙 역, 『세계 속에 있는 하나님 : 하나님 나라를 위한 공적인 신학의 정립을 지향하며』(서울: 동연, 2009), 장신근, 『공적 실천 신학과 세계화 시대의 기독교교육』(서울: 장로회신학대학교출판부, 2007) 등이 있다. 이외에도 다수의 학위 논문과 학술 논문이 발표되었다. 그러나 이 책들의 대부분이 기존의 기독교 사회 윤리학의 연장선 위에서 교회의 공적 기능을 다루고 있거나 서구의 논의를 그대로 소개하고 있어서 공공신학이 발생한 서구의 사회 문화적 배경과 한국적 상황에 대한 특별한 고려가 제대로 수행되지 못하고 있다.

4 Max L. Stackhouse, "Civil Religion, Political Theology and Public Theology: What's the

Difference?" *Political Theology* 5.3 (2004): 291.

5   Deirdre King Hainsworth & Scott R. Paeth, "Introduction," in Deirdre King Hainsworth & Scott R. Paeth, eds., *Public Theology for a Global Society* (Grand Rapids: Eerdmans, 2010), xviii.

6   Max L. Stackhouse, *God and Globalization* (New York: Continuum, 2007), 36. 『세계화와 은 총』(북코리아 역간).

7   E. Harold Breitenberg Jr., "What Is Public Theology?" in *Public Theology for a Global Society*, 4-5.

8   맥스 L. 스택하우스, 이상훈 역, "공공신학이란 무엇인가?" 『공공신학, 어떻게 실천할 것인가?』 20.

9   문시영, "공공신학 실천을 위하여: 公-私의 이분법을 넘어서", 『공공신학, 어떻게 실천할 것인가?』 57.

10   Scott R. Paeth, "Religious Communities and Global Society: Moral Formation and Interreligious Cooperation in a Pluralistic Context," in *Public Theology for a Global Society*, 158.

11   Robert Wuthnow, *Christianity and Civil Society: the contemporary debate* (Valley Forge: Trinity Press International, 1996), 91. 『기독교와 시민 사회』(기독교문서선교회 역간).

12   위의 책, 97.

13   장신근, "공적 신학이란 무엇인가?" 『공적 신학과 공적 교회』.

14   David Tracy, *The Analogical Imagination: Christian Theology and the Culture of Pluralism* (New York: Crossroad, 1981), 3-5.

15   Scott R. Paeth, "Religious Communities and Global Society: Moral Formation and Interreligious Cooperation in a Pluralistic Context," in *Public Theology for a Global Society*, 164.

16   맥스 L. 스택하우스, "공공신학이란 무엇인가?", 『공공신학, 어떻게 실천할 것인가?』 40.

17   John W. de Gruchy, "Public Theology as Christian Witness: Exploring the Genre," *International Journal of Public Theology* 1.1 (2007): 40. 그는 남아공의 개혁교회가 아브라함 카이퍼 의 정치 신학인 '영역주권론'을 적용하면서 오히려 인종 차별을 공인하는 우를 범했다고 보기에 정 치 신학은 곧 국가 신학으로 변질될 수 있다고 비판적으로 평가한다. 이에 대해 신원하는 그루시의 『자유케 하는 개혁신학』을 추천하는 글에서 저자의 의견을 따라 보수적인 개혁주의자들이 정통 개 혁신학의 계승자라 여기는 화란개혁주의의 과오를 지적한다. 본래 칼뱅의 신학과 16, 17세기의 개 혁신학은 사회와 정치 변혁을 추구하는 복음적 신학이었지만, 이후 이 신학은 자유케 하는 능력을 상실하여 때로는 제국주의와 특정 지배 계급의 이익을 정당화하는 신학으로 변질됐다는 것이다. 그 결과 개혁신학은 오히려 해방되어야 할 대상이 되고 말았다. 가장 대표적인 경우가 남아공 화란개 혁교회의 개혁신학이라고 그는 지적한다. 존 W. 드 그루시, 김철호 역, 『자유케 하는 개혁신학』(서 울: 예영커뮤니케이션, 2008), 7-8.

18   William Schweiker, "Public Theology and the Cosmopolitan Consciece," *Public Theology for a Global Society*, 130-137.

2장

1 위르겐 하버마스, 한승완 역, 『공론장의 구조변동: 부르주아 사회의 한 범주에 관한 연구』(서울: 나남, 2001), 62.

2 위의 책, 286.

3 위의 책, 354.

4 김세훈, "공공성에 대한 사회학적 이해", 김세훈 외 5인, 『공공성: 공공성에 대한 다양한 접근』(파주: 미메시스, 2009), 36.

5 홍성태, "시민적 공공성과 한국 사회의 발전", 「민주 사회와 정책 연구」 13 (2008), 80.

6 사이토 준이치, 윤대석·류수연·윤미란 역, 『민주적 공공성』(서울: 이음, 2009), 18-19.

7 임의영, "공공성의 유형화", 「한국행정학보」 44.2 (2010), 5-7.

8 위의 글, 14.

9 신진욱, "공공성과 한국 사회", 「시민과 세계」 11 (2007), 22-24.

10 서용선, "하버마스 사상에 근거한 시민 교육의 방향: 인식 관심, 공론장, 의사소통 합리성의 맥락과 의미", 「한국초등교육」 24.2 (2013), 30.

11 사이토 준이치, 『민주적 공공성』 66.

12 위의 책, 69.

13 한길석, "하버마스의 공영역론과 다원사회적 문제", 「시대와 철학」 25.2 (2014), 210.

14 성석환, "지역 공동체의 문화 복지를 위한 공공신학의 실천적 연구", 「선교와 신학」 33 (2014), 245.

15 송재룡, "종교사회학의 최근 테제: 탈세속화와 영성 사회학", 바른교회아카데미 발제물(2008, 7).

16 김임구, "문학: 후기 세속 사회의 문화 패러다임 연구: 하버마스와 라칭어의 대담을 중심으로." 「독일어문학」 49 (2010), 62.

17 Benedikt XVI and Jürgen Habermas. *Dialectics of Secularization: On Reason and Religion*, Brian Mcneil, trans., (Sanfrancisco: Ignatius Press, 2006). 『대화 : 하버마스 대 라칭거 추기경』(새물결 역간).

18 위의 책, 44(인용은 영역본).

19 위의 책, 46.

20 Michael Reder & Josef Schmidt, S. J., "Habermas and Religion," in Jürgen Habermas, et al., *An Awareness of What is Missing: Faith and Reason in a Post-Secular Age* (Cambridge: Polity press, 2010), 22.

21 Bryan S. Turner, "Post-Secular Society: Consumerism and the Democratization of Religion," in Philip S. Gorski, David Kyuman Kim, John Torpey and Jonathan Van Antwerpen, eds. *The Post-Secular in Question* (New York: New York University Press, 2012), 145-146.

22 존 롤스는 자신의 정의론을 구축하면서, 사회적 지위·종교·인종·직업 등 모든 차별적 요소가 배제된 '무지의 장막'(veil of ignorance)으로 물러나 논의를 해야 한다고 주장한다. 그래야 인간의 자율적 판단이 보장된다고 말한다.

23 Elaine Graham, *Between a Rock and a Hard Place: Public Theology in a Post-Secular Age* (London: SCM, 2013), 47-48.

24 위의 책, 45.

25 Jürgen Habermas, "'The Political', The Rational Meaning of a Questionable Inheritance of Political Theology," in J. Habermas, J. Butler, C. Taylor and C. West, eds., *The Power of Religion in the Public Sphere* (New York: Columbia University Press, 2011), 26.

26 문시영, "'위험사회'의 공공신학적 성찰과 한국교회의 과제", 「장신논단」 47.4 (2015), 182.

27 Elaine Graham, *Between a Rock and a Hard Place: Public Theology in a Post-Secular Age*, 51.

28 Michele Dillon, "Jürgen Habermas and the Post-Secular Appropriation of Religion: A Sociological Critique," in *The Post-Secular in Question*, 269-272.

29 미로슬라브 볼프, 김명윤 역, 「광장에 선 기독교」(서울: IVP, 2014), 32.

30 위의 책, 39.

31 볼프는 이 문제를 세 가지 질문으로 정리한다. 첫째, 우리가 오늘날 직면하는 구체적인 문제 속에서 하나님이 어떻게 인간의 번영과 연결되어 있는가를 설명할 수 있어야 하고, 둘째, 우리는 하나님과 이웃에 대한 사랑이 인간의 번영을 위한 열쇠라는 주장을 실현 가능하게 만들어야 하며, 셋째, 그리스도인에게 가장 어려운 도전은 하나님이 인간의 번영에 필수적이라고 믿는 것이라고 말한다. 위의 책, 111-112.

32 위의 책, 142.

33 위의 책, 180-182.

34 하승우, 「공공성」(서울: 책세상, 2014), 44.

35 Elaine Graham, *Between a Rock and a Hard Place: Public Theology in a Post-Secular Age*

36 위의 책, 21. 그러나 활동가들은 이러한 변화에 위험성을 지적한다. 복지 지원의 상업화 측면에 대한 고발이고, 정부가 종교 단체들을 기능적으로 도구화한다는 비판이며, 이에 따라 정부가 교회를 활용할 뿐이지 종교 단체 고유의 정체성을 바탕으로 본래의 목적에 부합되는 공동체와 지역 개발 사업을 하기 어렵다는 것과 독립성을 훼손할 수 있다는 비판이 있다.

37 T. H. 마셜, 김윤태 역, 「시민권과 복지 국가」(서울: 이학사, 2013), 123.

38 성석환, "지역 공동체의 문화 복지를 위한 공공신학의 실천적 연구", 248.

39 Elaine Graham, *Between a Rock and a Hard Place: Public Theology in a Post-Secular Age*, 130.

40 사이토 준이치, 「민주적 공공성」 23.

41 신동면, "사회 복지의 공공성 측정에 관한 연구", 「한국 사회정책」 17.1 (2010), 242.

42 위의 글, 244.

43 위의 글, 245. 신동면은 에스핑-안데르센(Esping-Andersen)의 주장을 따르면서 사회 복지의 공공성을 형식적 측면과 실질적 측면으로 나눠서 다룬다. 형식적 측면에서 국가의 역할을 재고하고, 실질적 측면에서 복지 결과의 영향력에 주목하여 사회권 차원에서 정치적 의제로 다루고 있다.

Gosta Esping-Andersen, *The Three Worlds of Welfare Capitalism* (Cambridge: Polity, 1990).

44 Elaine Graham, *Between a Rock and a Hard Place: Public Theology in a Post-Secular Age*, 51.

3장

1 Linell E. Cady, "H. Richard Neibuhr and the Task of a Public Theology," *Anglican Theological Review* 72.4 (1990), 379.

2 스토러는 프린스턴 신학교 '신학연구센터'(Center of Theological Inquiry) 책임자로서 '공공신학 지구 네트워크'(Global Network for Public Theology)와 <공공신학 국제저널>(*International Journal of Public Theology*)의 창간을 주도했다. 그는 창간호에서 2007년을 공공신학의 카이로스로 표현했다. 그는 에딘버러 대학의 '신학과 공공 문제 연구소'(Centre for Theology and Public Issues)를 창설한 던칸 포레스터(Duncan Forrester)의 신학을 계승하면서 공공신학의 전 지구적 연대를 프린스턴 신학교의 맥스 스택하우스와 함께 주도하고 있다. William Storrar, "2007: A Kairos Moment for Public Theology," *International Journal of Public Theology* 1.1 (2007), 16.

3 피터 버거, 한완상 역, 『종교와 사회』(서울: 종로서적, 1981), 125. 버거는 막스 베버(Max Weber)나 에밀 뒤르켐(Emil Durkheim)과 마찬가지로 문화 형성에 기여하는 종교의 역할을 인정한다. 종교는 일종의 문화로서 사회적 제도이며, 여러 제도 중에서도 가장 강력한 실재의 세계를 가지고 있다고 본다. 이러한 그의 입장은 사회는 인간의 산물이고 동시에 사회의 산물이라고 보는 관점으로부터 연유한다. 따라서 교회는 사회학적 연구의 대상이 될 수 있으며, 다원주의와 관련해서도 교회 내부의 요인보다는 사회 문화적 변동 요인을 더욱 중요하게 다루어야 한다는 것이 그의 주장이다.

4 Robert Wuthnow, *Christianity in the Twenty-First Century* (New York: Oxford University Press, 1993), 107.

5 위의 책, 107. 우스나우는 이렇게 개인화된 특성을 가리켜 '개인화된 절충주의'(personalized eclecticism)라고 부른다.

6 하비 콕스, 유지황 역, 『영성, 음악, 여성』(서울: 동연, 1996), 132.

7 위의 책, 411-439.

8 Jürgen Moltmann, *God for a Secular Society: the Public Relevance of Theology* (Minneapolis: Fortress Press, 1999), 5. 『세계 속에 있는 하나님』(동연 역간).

9 William F. Storrar & Andrew R. Morton, "Introduction," in William F. Storrar & Andrew R. Morton, eds., *Public Theology for the 21st Century* (London: T&T Clark, 2004), 1.

10 Andrew R. Morton, "Duncan Forrester: A Public Theologian," in *Public Theology for the 21st Century*, 25.

11 Max L. Stackhouse, "Civil Religion, Political Theology and Public Theology: What's the Difference?" *Political Theology* 5.3 (2004), 291.

12　John. W. de Gruchy, "Public Theology as Christian Witness: Exploring the Genre," *International Journal of Public Theology* 1.1 (2007), 40.

13　David Martin, *On Secularization: Towards a Revised Theory of Secularization* (Aldershot: Ashgate, 2005). 『현대 세속화 이론』(한울 역간).

14　James Sweeney, C. P., "Revising Secularization Theory," in Graham Ward and Michael Hoelzl, eds., *The New Visibility of Religion: Studies in Religion and Cultural Hermeneutics* (London&New York: Continuum, 2008), 15-16.

15　맥스 L. 스택하우스, "공공신학이란 무엇인가?", 『공공신학, 어떻게 실천할 것인가?』 34-37.

16　Patrick Riordan, "Five Ways of Relating Religion and Politics," in *The New Visibility of Religion*, 37-38.

17　Heidi Rolland Unruh and Ronald J. Sider, *Saving Souls, Saving Society* (Oxford: Oxford University Press, 2005), 218-224.

18　인간과 자연, 시간과 영원, 이성과 물질, 관념과 역사, 그리고 교회와 세상 등의 대립 구조로 세계를 이해하는 근대의 이원론은 중세의 세계관과 완전히 단절된 것이 아니었다. 즉 근대는 양 축의 대립에서 또 다른 한쪽을 선택한 결과였으므로, 이전의 이원론적 구조를 그대로 계승하고 있다. 콜린 건튼에 의하면, 다른 점은 이전에는 대립하는 양자가 동일한 권위를 가진 병행 영역으로 공존했다면, 근대에 와서는 서로가 피차 상대를 부정하려 했다는 것이다. 중세에 형성된 이원론은 공히 플라톤(Platon)의 '가치의 위계'(hierarchy of values)나 고대 기독교의 적대자였던 영지주의에 영향을 받았는데, 계몽주의 이후 형성된 합리적 이성과 과학적 판단이 결국에는 주관주의(subjectivism)에 경도되면서 중세의 근본적인 이원론적 구도를 차단하지는 못했다. Colin Gunton, "Karl Barth and the Western Intellectual Tradition," in John Thompson, ed., *Theology Beyond Christendom* (Eugene: Pickwick Publications, 1986), 289.

19　Linell E. Cady, "A Model for a Public Theology," *Harvard Theological Review* 80.2 (1987), 198.

20　John. W. de Gruchy, "Public Theology as Christian Witness: Exploring the Genre," 41.

21　앤드류 모튼(Andrew R. Morton)은 이것을 포럼(forum)이라고 부른다. 포럼은 같은 생각과 전통을 가진 공동체 내부의 논의가 아니라 서로 다른 전통과 신념을 가진 이들이 공동의 문제와 의제에 대해 서로 다른 의견을 개진하면서 조율하는 곳이다. 포럼은 열린 공간이다. Andrew R. Morton, "Duncan Forrester: a Public Theologian," 29.

22　크레이그 카터(Craig Carter)는 리처드 니버의 문화관을 비판하면서, 니버와 같은 미국 신학자들이 공적 영역에서 기독교의 역할을 강조해온 것은 중세의 크리스텐덤의 이상을 계승한 19세기 문화 기독교를 추종하는 것이고, 이는 크리스텐덤 건설을 위해서 폭력을 정당화한다고 지적한다. Craig A. Carter, *Rethinking 'Christ and Culture': a Post-Christendom Perspective* (Grand Rapids: Brazos Press, 2006), 57-60.

23　Joanildo Burity, "The Framework(s) of Society Revisited," in Julio de Santa Ana, et al., *Beyond Idealism: A Way Ahead for Ecumenical Social Ethics* (Grand Rapids: Eerdmans, 2006), 141.

24　William F. Storrar & Andrew R. Morton, "Introduction," in *Public Theology for the 21st Century*, 24-25.

25 Andries van Aarde, "What is "Theology" in "Public Theology" and What is "Public" about "Public Theology"?" *HTS Theological Studies* 64.3 (2008), 1216.

26 Kathryn Tanner, *Theories of Culture: a New Agenda for Theology* (Minneapolis: Fortress Press, 1997), 157.

27 심광현, 『문화 사회와 문화 정치』(서울: 문화과학사, 2003), 182.

28 더글라스 켈너, 『미디어 문화』 52.

29 Heidi Rolland Unruh and Ronald J. Sider, *Saving Souls, Saving Society*, 222.

30 신국원, 『변혁과 샬롬의 대중문화론』(서울: IVP, 2004), 342.

31 임성빈, "새 천년을 맞는 한국교회의 과제로서의 문화 선교", 대한예수교장로회총회사회부 편, 『21세기의 도전과 문화 선교』(서울: 한국장로교출판사, 2000), 19-24.

32 Robert Wuthnow, *Christianity and Civil Society: the Contemporary Debate* (Valley Forge: Trinity Press International, 1996), 97.

33 David Hollenbach, *The Global Face of Public Faith* (Washington, D.C.: Georgetown University Press, 2003), 65.

34 물론 공공신학의 한계를 지적하는 이들도 없지 않다. 기독교의 공적 역할에 대한 고민이 한국적인 상황을 고려하지 않고 그저 최근 유행하는 신학을 재빠르게 수입해 그 논의에 동참하고 선점했다는 비판이다.

4장

1 박영신, "잊혀진 이야기: 시민 사회와 시민 종교", 박영신·이승훈 편, 『한국의 시민과 시민 사회』(서울: 북코리아, 2010), 124.

2 위의 글, 129.

3 정수복, 『한국인의 문화적 문법』(서울: 생각의나무, 2007), 524.

4 박영신, "잊혀진 이야기: 시민 사회와 시민 종교", 133. 그런데 박영신은 다른 글에서 초기 기독교의 경우에는 전혀 다른 양상을 보였다고 지적하는데, 기독교의 의미 세계는 당시 엄청난 사회적 변혁을 유도했으며, 삶의 모든 영역에서 새로운 가치를 제공했다고 말한다. 교회는 일종의 '공공의 공간'으로서 이전에 없던 소통의 문화를 선보인 곳이기도 했다. 그러나 그러한 시민성의 기독교는 일제 말로부터 해방기를 거치며 급격히 활력을 잃게 되었고 급격한 세속주의와의 타협으로 인해 시민 사회의 성숙에 아무런 기여도 하지 못하게 되었다. 박영신, "종교, 삶의 문화, 그리고 시민 사회", 『한국의 시민과 시민 사회』.

5 김찬호, 『도시는 미디어다』(서울: 책세상, 2002), 19.

6 도시를 공간으로 파악하려는 노력은 앤서니 기든스(Anthony Giddens)나 데이비드 하비(David Harvey) 등의 사회학자들이 관심을 가진 주제였다. 이들에게 현대의 도시적 공간이란 객관적인 질서로 존재하지 않고 일종의 사회적 결과물이자 사회를 실현하는 체계다.

7 조명래, "지역 사회에의 도전: 도시공동체의 등장과 활성화", 한국도시연구소 편, 『도시공동체론』(서울: 2003), 86.

8 John Kuhrt, "Going Deeper Together: Resisting Tribal Theology," in Andrew Davey, ed., *Crossover City* (New York: Continuum, 2010), 17-18.

9 위의 책, 21.

10 장신근은 이러한 관점에서 공공신학의 성경적 근거를 제시하고 있다. 장신근, "공적 신학이란 무엇인가?" 이형기 외 8인, 『공적 신학과 공적 교회』(서울: 킹덤북스, 2010).

11 Robert C. Linthicum, "Networking: Hope for the Church in the City," Harvie M. Conn, ed., *Planting and Growing Urban Churches: From Dream To Reality* (Grand Rapids: Baker, 1997), 170-171.

12 <http://www.hfny.org>.

13 <http://www.dreamcenter.org>.

14 국내 한 기독교 언론이 드림센터를 소개한 영상을 참고하라. <http://bit.ly/2FGn7fU>.

15 J. Nathan Corbitt & Vivian Nix-Early, *Taking It to the Streets: Using the Ares to Transform Your Community* (Grand Rapids: Baker, 2003), 173-183.

16 이 연구 내용은 성석환, "지역 공동체의 문화 복지를 위한 공공신학의 실천적 연구", 『선교와 신학』 33 (2014)에 게재된 사례다.

17 Sebastian Kim, *Theology in the Public Sphere: Public Theology as a Catalyst for Open Debate* (Hymns Ancient & Modern Ltd., 2011), 12.

18 설한, "공동체주의: 협동, 책임, 참여의 정치 사회학", 한국도시연구소 편, 『도시공동체론』(서울: 한울, 2003), 33.

19 김복수 외 4인, 『'문화의 세기' 한국의 문화 정책』(서울: 보고사, 2003), 45.

20 구혜영, "지역 사회의 문화 복지 정책 개발에 관한 연구", 『한국지역 사회 복지학』 Vol 14(2004. 2), 251-253.

21 심광현, 『문화 사회와 문화 정치』(서울: 문화과학사, 2003), 157.

22 참조. <www.youngfoundation.orgf>.

23 Sarah Hewes & Alessandra Buofino, *Cohesive Communities-the Benefits of Effective Partnership Working between Local Government and the Voluntary and Community Sector* (London: Young Foundation IDeA, 2010), 5.

24 Saffron Woodcraft, *Design for Social Sustainability: A Framework for Creating Thriving New Communities* (London: Young Foundation and Future Communities, 2011), 16.

25 참조. <www.bbbc.org.uk>.

26 BBBC, *Impact Report 2010/2011* (London: Bromley by Bow Centre, 2011).

27 니시야마 야스오, 김영훈 역, 『영국의 거버넌스형 마을 만들기』(서울: 기문당, 2009), 223.

28 위의 책, 221.

29 2013년 12월 10일 마로니에 커뮤니티 홀에서 창립된 <대학로문화포럼>은 22명의 회원으로 동숭교회 목사와 대학로성공회교회의 신부를 포함하여 학계 인사, 문화 전문가, 건축가, 원로 등이 참여했다. 승효상 건축가가 대표를 맡고 필자는 사무총장을 맡았는데, 3년 동안 포럼 창립을 준비하면

서 필자의 연구 주제를 실험하고 실천하는 사례로 여겼으며, 앞으로 본 포럼을 통해 공공신학의 문화적 실천으로 지역 사회의 문화 복지를 증진시키는 일에 기여할 것으로 기대한다.

5장

1   이 글은 성석환, "지역 공동체 형성을 위한 도시 교회의 문화 선교", 「한국기독교신학논총」 68.1 (2010): 339-358에 실린 내용을 수정했다.

2   1996년에 UN은 21세기가 되면 전 세계의 인구 중 전통적인 시골 지역에서 사는 사람보다 도시에 거주하는 이들의 수가 앞설 것이고, 2006년까지는 세계 인구의 50% 이상이 도시에 살 것으로 추정한 바 있다. 또 2030년에 이르면 전 세계 인구의 다섯 명 중 세 명이 도시에 살게 될 것으로 추정했다. 현재 이러한 예상은 적중하고 있다. United Nations, *World Urbanization Prospects: the 1996 Revision* (New York: United Nations, 1998).

3   그는 크게 8가지의 서비스를 언급하는데, 정부(Government), 교육, 보건, 정보, 오락, 무역, 산업, 복지 등이다. 이러한 서비스는 도심지나 도심지 외부의 지역이나 상관없이 필수적으로 요청되는 것들인데, 그중에도 도시가 중심적인 역할을 한다. Timothy M. Monsma, "The Urbanization of Our World," in Roger S. Greenway & Timothy M. Monsma, eds., *Cities: Missions' New Frontier* (Michigan: Baker Academic, 2000), 14-16.

4   도심지 교회들이 문화적 표현에 민감하게 되면서 영화, 연극, 뮤지컬, 음악 등 다양한 콘텐츠를 통해 주민과 접촉하고 교인들의 문화적 지수를 높이려는 노력들이 많아지고 있다. 이른바 '열린 예배'나 '구도자 예배' 등의 개념이 도입되면서 이러한 시도는 절정에 이르렀는데, 한국교회 내부에는 (대중)문화에 대한 여전한 반감이 해소되지 않았고, 또 신학적 문화관이 제대로 정립되지 못한 상태였기에 형식적 측면에 치우치게 되었다는 문제가 있었음을 반성한다. 더구나 지역의 문화적 수준과 상관없이 도입되는 경우 지역이 직면한 현실적 의제와 연관성을 찾기 어려웠기 때문에 실패하는 경우가 매우 많았다.

5   조명래, 「현대 사회의 도시론」(서울: 한울아카데미, 2002), 37.

6   앞의 책, 38.

7   근대주의의 이원론적 문화 인식으로는 더 이상 오늘날의 다원주의적 현실을 온전히 파악하기 어렵다. 그래서 오늘날의 문화 연구자들은 맥락주의 혹은 다문화주의를 대중문화 연구의 인식론적 토대로 삼는다. 다문화주의 입장에서 미디어 연구를 수행한 더글라스 켈너(Douglas Kellner)는 70년대와 80년대에 전개된 치열하고도 역동적이었던 문화 이론 전쟁이 90년대 이후 다문화주의라는 깃발 아래 공존하게 되었다고 보고, "타자성과 차이를 긍정하는 이러한 접근 방식은 과거의 문화적 대화에서는 배제되었던 주변적이고 저항적인 소수 집단의 목소리에 귀를 기울이려 한다"고 설명한다. 더글라스 켈너, 김수정·정종희 역, 「미디어 문화」(서울: 새물결, 2003), 52.

8   데이비드 하비, 구동회·박영민 역, 「포스트모더니티의 조건」(서울: 한울, 1994), 317-345.

9   조명래, 「현대 사회의 도시론」, 171.

10   앞의 책, 177.

11   데이비드 하비, 「포스트모더니티의 조건」, 306.

12   Jon Pahl, *Shopping Malls and Other Sacred Spaces: Putting God in Place* (Grand

Rapids: Brazos Press, 2003), 71.

13 심혜련, "문화적 기억과 도시 공간, 그리고 미적 체험", 시울시립대학교 도시인문학연구소 편, 『도시적 삶과 도시문화』(서울: 메이데이, 2009), 35.

14 이 개념은 본래 경직된 근대주의를 극복하기 위해 앤서니 기든스와 울리히 벡(Ulich Beck), 그리고 스콧 래쉬(Scott Lash) 등이 공히 사용했던 사회학적 용어다. 이들이 말하는 성찰적 근대화란 자기의식을 갖춘 개인이나 집단이 자신과 자기 사회에 대한 지식을 비판적으로 적용하는 능력을 점차 늘려가는 것을 의미했다. 이 '성찰성'과 관련해 주목해야 할 것은 이 용어가 '반성'을 의미하지 않고 오히려 재귀적인 의미, 즉 '자기 대면'이라는 점이다. 이들은 근대의 급진적 혼돈과 복잡성, 다층성을 직접적으로 대면하고, 의식과 합리화의 새로운 국면을 조정해나가야 한다고 말한다. 앤서니 기든스, 임현진·정일준 역, 『성찰적 근대화』(서울: 한울, 1994), 23.

15 조명래, 『현대 사회의 도시론』, 198.

16 발터 벤야민, 조형준 역, 『도시의 산책자』(서울: 새물결, 2005), 11-12.

17 심혜련은 이미 대도시의 시각적이고 문화적인 자극이 포화 상태에 이르렀기에 더 이상 산책자가 문화적 자극을 받을 수 없다고 말한다. 예컨대 2개의 촛불에 1개의 촛불을 더하면 밝기가 달라짐을 확연히 알 수 있지만, 50개의 촛불에 1개의 촛불을 더해봐야 아무런 변화를 느낄 수 없다는 논리다. 따라서 도시에서 포화 상태에 이른 소비적이고 상업적인 이미지들을 줄이고 미학적 경험을 자극할 수 있는 공간으로 변화시켜야 한다고 주장한다. 심혜련, "문화적 기억과 도시 공간, 그리고 미적 체험", 39-40.

18 Roger S. Greenway, "A Biblical Framework for Urban Missions," in *Cities: Missions' New Frontier*, 30.

19 Harvie M. Conn, "Introduction: Targeting: Linking Church to Urban Community," in Harvie M. Conn, ed., *Planting and Growing Urban Churches: From Dream to Reality* (Michigan: Baker Academic, 1997), 133-134.

20 Robert C. Linthicum, "Networking: Hope for the Church in the City," in *Planting and Growing Urban Churches: From Dream to Reality*, 165. 저자에 의하면 도시 선교의 네트워킹 형성은 지역의 공동체와 연결되어야 하는데, 그것은 곧 지역의 가난한 이들과 도움이 필요한 이들을 섬기는 것을 의미한다.

21 지구화에 대해 가장 권위 있게 언급되는 말콤 워터스(Malcolm Waters)는 그의 책 *Globalization* (New York: routledge, 1995)에서 롤랜드 로버트슨이 처음 '지구지역화'라는 용어를 사용한 것으로 언급하고 있다. 피츠버그 대학교 사회학 교수인 로버트슨은 일본의 농법이 서구의 농법을 현지화한 것이라는 점에서 이 용어를 착안했다. 세계 시장을 겨냥하면서도 현지에 적합하게 제품을 생산하는 방식을 의미했다가 80년대 지구화의 문화적 측면에 대한 이해가 고조되면서 이 용어가 사회학적인 의미를 획득하게 되었다.

22 존 톰린슨(John Tomlinson)은 "문화가 지구화에 연관해서 왜 문제가 되는가?"에 대한 고찰을 실제로 발생하는 사건을 중심으로 설명하면서 지구화되는 문화가 근본적으로 '변증법적' 문화라고 말한다. 지구화로 인해 인간의 삶은 개인의 행위가 직간접적으로 전 지구적 영역의 사건이 된다. 즉 지구화 환경은 우리의 삶을 지구화의 결과로 지구화된 문화를 갖도록 한다. 지구화 문화는 그 자체가 지구화의 결과로 지구화와 지역화의 변증법적 만남이다. 동시에 환경 문제와 같은 전 지구적 과제는 지역의 결과로 전 지구에 영향을 끼치므로 지구화 문화의 양상은 변증법적이다. John Tomlinson, *Globalization and Culture* (Cambridge: Polity Press, 1999), 25-26.

23 울리히 벡, 조만영 역, 『지구화의 길』(서울: 거름, 2000), 315.

24 Ronald E. Peters, *Urban Ministry: An Introduction* (Nashville: Abingdon, 2007), 18.

25 성석환, "한국 공공신학의 실천과제로서의 문화 변혁: 세속화 이론과 기독교국가의 이념을 넘어서", 한국기독교사회윤리학회 편, 『기독교사회윤리』 17 (서울: 선학사, 2009), 126.

26 앞의 글, 127.

27 남아프리카 공화국의 신학자이자 본회퍼 전공자인 존 드 그루시는 남아공의 인종 갈등이 정치적 방법으로는 해결될 수 없다고 본다. 문화적 방법이 더 효과적으로 관계를 재설정한다고 보는데, 개혁신학적 전통에서 삼위일체론에 근거해 미학을 신학적으로 수용하고, 여기에 윤리적 접근을 더하여 문화 변혁을 추구하려고 한다.

28 John W. de Gruchy, *Christianity, Art and Transformation: Theological Aesthetics in the Struggle for Justice*, 51.

29 위의 책, 169-212.

30 Ronald E. Peters, *Urban Ministry: An Introduction*, 122.

31 밀프레드 미내트레아, 김성웅 역, 『미국의 감자탕 교회들』(서울: 생명의말씀사, 2007), 166.

32 Ronald E. Peters, *Urban Ministry: An Introduction*, 124.

33 이 사역은 2009년 9월 28일 「국민일보」에 기독교문화 운동의 한 모델로써 지역 공동체 운동을 지향하는 문화 선교로 소개되었다. 참조. <http://cafe.naver.com/coffeemeal>.

34 유성준, 『미국을 움직이는 작은 공동체: 세이비어 교회』(서울: 평단, 2005), 85-87.

35 단일 건물 안에 문화 공간이 들어가 있으면 지역 주민에게 개방된다고 해도 별다른 영향력을 끼치지 못할 수 있는데, 캠퍼스 교회는 필요한 기능을 갖춘 여러 개의 건물을 구비함으로써 개별 건물이 독립적으로 문화 공간의 역할을 감당하도록 한다. 이는 최근 공공 예술을 통한 문화 운동의 일환으로써 지역 중심의 다양한 예술적 클러스터(cluster, 예컨대 마포 성산동 일대)를 형성하려는 흐름과 연계될 수 있다.

36 1996년 설립된 이 단체는 미국에서 처음 생긴 자원봉사 관련 정보 및 자원봉사 알선 기관이다. 해마다 450개 이상의 단체 및 정부 차원의 프로그램에 수많은 이들이 참여하고 있으며, 전문가들도 자발적으로 협력하고 있다. 이 기관은 신앙에 기초한 조직이나 일반 봉사 단체들이 적절한 봉사를 할 수 있도록 돕고 있는데, 한국에서도 이와 같은 기능을 담당하는 사역이 필요하다.

37 릭 루소·에릭 스완슨, 김용환 역, 『교회 밖으로 나온 교회』(서울: 국제제자훈련원, 2008), 222.

38 최근 공동체 예술에 대한 연구가 학계에서도 활발하게 진행 중인데, 전병태의 정의에 따르면 공동체 예술은 "공동체 구성원들에게 창조적인 생각과 활동을 할 수 있도록 자신감을 불어넣어주며, 예술 창작을 통해 이들의 삶의 질을 고양시켜주며, 동시에 참여를 통한 공동체의 이해와 관심을 배양시켜 공동체의 주요 이슈에 대한 의사 결정에 적극적 역할을 담당하게끔 이끌어줌으로써 공동체의 발전에 기여"하는 것이다. 전병태, 『커뮤니티 아트 진흥방안 연구』(서울: 한국문화관광연구원, 2007), 44.

39 전 세계적으로 이러한 지원이 활발한데, 창조적 유럽(Creative Europe), 창조적 미국(Creative America), 창조적 영국(Creative Britain) 등 창조적 문화를 위한 정책 보고서들이 각국에서 채택되고 있으며, 우리나라도 창조적 한국(Creative Korea)이라는 이름으로 2004년 문화 정책 보고서가 채택된 후, 일상생활 속에 녹아드는 예술 활동을 통해 문화 콘텐츠를 개발하고 산업적으로도 육

성하려는 노력이 가속화되고 있다.

40 종교 시설을 문화 콘텐츠 개발 현장으로 활용하는 방안에 대해서는 다음 연구를 참고하라. 신광철, "성과 속의 접점 찾기: 종교학과 문화콘텐츠", 김영순·김현 외, 『인문학과 문화콘텐츠』(서울: 다할미디어, 2006), 143-164.

41 이 문제에 대해서 필자의 졸고 "사회와 함께하는 교회 절기", 『목회와 신학』 2009년 10월호를 참고하라.

6장

1   니버의 학생이었던 제임스 거스탑슨(James M. Gustafson)이 니버의 신학적 논의를 지지하며 신 중심적 윤리를 전개하는 것과 달리, 거스탑슨의 학생이었던 스탠리 하우어워스는 그리스도인과 교회 공동체의 대안적 특성을 강조함으로 기독교 윤리학의 양대 논의를 이끌었다. 찰스 스크라이븐(Charles Scriven)이나 제임스 맥클렌돈(James William McClendon, Jr.), 크레이그 카터 등은 모두 요더의 영향 아래에서 니버를 비판하거나 수정하려는 연구에 헌신하고 있다. 가장 최근 연구로는 카슨(D. A. Carson)의 『교회와 문화, 그 위태로운 관계』(Christ and Culture Revisited, 2008)가 있는데, 포스트모더니즘에 대한 특별한 논의를 첨가한 것을 제외하면 지금까지의 비판적 자세와 크게 다르지 않다. 이렇게 기독교 윤리학의 논의를 중심으로 전개되는 토론은 그리스도인과 교회가 세상과 어떻게 연관을 맺어야 하는지 고민하도록 만들었고, 사실상 니버 형제의 논의를 더욱 풍부하게 지원하는 역할을 했다.

2   Richard Niebuhr, "Introduction," in Christ and Culture (New York: HarperCollins, 2001), xxxviii. 이 글은 1996년에 첨가된 것으로 Glen H. Stassen, D. M. Yeager & John Howard Yoder, Authentic Transformation: A New Vision of Christ and Culture (Nashville: Abingdon Press, 1995)에 게재된 글이고, 예거(D. M. Yeager)가 출간을 위해 편집했다. 이 글은 『그리스도와 문화』가 출간되기 9년 전에 쓴 것으로 저자의 저술 의도와 독자에 대한 배려를 엿볼 수 있다. 거스탑슨은 50주년 기념 출간본 서문에서 이 글이 처음부터 첨부되어 있었더라면 불필요한 오해를 줄였을 것이라고 지적했다(xxvi).

3   임성빈, "리처드 니버의 '응답의 윤리'", 임성빈 편, 『현대 기독교 윤리학의 동향 1』(서울: 예영커뮤니케이션, 1997), 18.

4   Richard Niebuhr, "Introduction," xxxix.

5   위의 책, xli.

6   위의 책, 45.

7   T. J. Gorringe, Furthering Humanity: A Theology of Culture (Burlington: Ashgate Publishing Company, 2004), 13.

8   Richard Niebuhr, Christ and Culture, 80-81.

9   위의 책, liii.

10 Craig A. Carter, Rethinking 'Christ and Culture': A Post-Christendom Perspective, 50.

11 T. J. Gorringe, Furthering Humanity: A Theology of Culture, 15.

12 Richard Niebuhr, Christ and Culture, 191.

13 위의 책, 194.

14 위의 책, 194.

15 Stanley Hauerwas & Will Willimon, *Resident Aliens* (Nashville: Abingdon, 1989), 40. George Marsden, "Christianity and Cultures: Transforming Niebuhr's Categories," *Insights: The Faculty Journal of Austin Seminary* 115 (1999): 4에서 재인용.

16 위의 글, 5.

17 위의 글, 8.

18 위의 글, 8. 마스덴은 니버가 '그리스도'보다 더 적절한 개념인 것으로 판단되는 '기독교'나 '교회'를 사용하지 않은 것은 그것들이 문화의 영향 속에 있었고, 당시 니버로서는 문화 속에 영향을 받고 있는 교회들에 대해 비판적인 입장을 가지고 있었으므로 문화로부터 자유로울 수 있는 용어로 초월적인 '그리스도'를 사용하는 것이 쉬웠을 것이라고 추측한다.

19 James Gustafson, "Preface: An Appreciative Interpretation," in *Christ and Culture*, xxxi.

20 Richard Niebuhr, *Christ and Culture*, 231-232.

21 John Howard Yoder, "How H. Richard Niebuhr Reasoned: A Critique of Christ and Culture," in *Authentic Transformation: A New Vision of Christ and Culture*, 35.

22 요더는 니버의 "The Doctrine of the Trinity and the Unity of the Church" in *Theology Today*, III (July 1946)에 나타난 논의를 근거로 이러한 주장을 편다. 실제로 니버는 이 논문에서 삼위일체 신학이 세 가지 단일신론의 상호 작용과 상호 의존을 통해 성장해왔다고 말한다. 니버는 "어떤 입장도 혼자서 성립될 수 없으며, 서로 다른 입장들로부터 어떤 중요한 부분을 빌려와야만 한다는 점에서 세 가지 단일신론이 상호 의존적이라는 것은 모든 면에서 사실이다"라고 주장했다. 그것을 니버는 교회의 에큐메니컬 접근이라고 부른다. 인용구의 출전은 1996년 니버의 미간행 논문을 편집하여 출간한 다음의 도서다. Richard Niebuhr, *Theology, History, and Culture: Major Unpublished Writings*, William Stacy Johnson, ed., (New Heaven: Yale University Press, 1996), 62.

23 T. F. Gorringe, *Furthering Humanity*, 15.

24 John Howard Yoder, "How H. Richard Niebuhr Reasoned: A Critique of Christ and Culture," 55.

25 Richard Niebuhr, *Christ and Culture*, 29.

26 위의 책, 32.

27 John Howard Yoder, "How H. Richard Niebuhr Reasoned: A Critique of Christ and Culture," 70.

28 위의 책, 89.

29 Charles Scriven, *The Transformation of Culture*, (Scottdale: Herald Press, 1988), 43.

30 Richard Niebuhr, *Christ and Culture*, 38.

31 Charles Scriven, *The Transformation of Culture*, 63.

32 크리스텐덤의 이상은 중세에 형성된 신정 정치(Theocracy) 형태의 국가 제도로 정치, 경제, 문화의 모든 영역에 기독교적 가치를 중심에 두는 형태를 말한다. 콘스탄틴 황제(Emperor Constantine)가 313년 밀라노 칙령(Edict of Milan)을 반포하여 기독교를 공인한 후, 325년 에큐

메니컬 공의회에서 니케아 신조(Nicene Creed)를 채택하여 "하나의 거룩한 보편적이고 사도적인" 교회를 고백했다. 이 신조는 신정 정치를 종교적으로 정당화하는 역할을 했으며, 이를 기반으로 392년 테오도시우스 1세(Theodosius I)가 기독교를 로마의 국가 종교로 선언했다. 이 과정에서 기독교 이외의 이방 종교에 대한 철폐와 대대적인 숙정이 이루어졌으며 십자군 원정 등의 세계사적 종교 전쟁의 이념적 근거가 형성되었다. 이에 대한 자세한 내용은 최근에 출간된 다음의 책을 참고하라. Peter Brown, *The Rise of Western Christendom* (Oxford: Blackwell, 2002).

33 Charles Scriven, *The Transformation of Culture*, 192.

34 Craig A. Carter, *Rethinking 'Christ and Culture': A Post-Christendom Perspective*, 53.

35 위의 책, 56.

36 위의 책, 57.

37 위의 책, 60.

38 위의 책, 112.

39 카터는 니버의 유형을 6가지로 변형하는데, 크리스텐덤 범주, 즉 폭력을 인정하는 범주에는 "Type 1: 문화를 합법화하는 그리스도(Christ legitimizing culture); Type 2: 문화를 인간화하는 그리스도(Christ humanizing culture); Type 3: 문화를 변혁하는 그리스도(Christ transforming culture)"가 속하고, 폭력을 인정하지 않는 범주에는 "Type 4: 문화를 변혁하는 그리스도(Christ transforming culture); Type 5: 문화를 인간화하는 그리스도(Christ humanizing culture); Type 6: 문화로부터 분리하는 그리스도(Christ separating from culture)"가 속한다. 참고. 위의 책, 113.

40 Colin Gunton, "Karl Barth and the Western Intellectual Tradition: Towards a Theology After Christendom," in John Thompson, ed., *Theology Beyond Christendom* (Pennsylvania: Pickwick Press, 1986), 299.

41 James Gustafson, "Preface: An Appreciative Interpretation," in *Christ and Culture*, xxxiv.

42 거스탑슨은 니버의 윤리학이 지닌 기본적인 질문을 다음과 같이 세 가지로 정리한다. 첫째, 비판적인 분석에 있어서 기독교 윤리학의 유용성은 무엇인가? 둘째, 하나님 앞에 서 있는 인간의 책임을 분명히 드러내는 작업에 있어서 성경은 어떤 권위를 가지는가? 셋째, 우리의 역사적 경험 속에서 우리를 향하신 하나님의 모든 행위에 대해 응답함에 있어서 우리에게 자신을 드러내시는 하나님을 어떻게 발견할 수 있는가? James M. Gustafson, "Introduction," in *The Responsible Self: An Essay in Moral Philosophy*, 12.

43 Richard Niebuhr, "The Relation of Christianity and Democracy," in William Stacy Johnson, ed., *Theology, History, and Culture: Major Unpublished Writings* (New Heaven: Yale University Press, 1996), 149.

44 Richard Niebuhr, "A Christian Interpretation of War," in *Theology, History, and Culture: Major Unpublished Writings*, 162-170. 니버는 전쟁을 해석할 때 객관적이어야 한다고 주장하는데, 이것은 불편부당함과 자기 이익의 포기, 하나님에 대한 충성을 말한다. 이러한 객관성의 전제 위에서 전쟁을 바라볼 때, 전쟁은 하나님의 행위이며, 동시에 인간의 죄악임을 고백하게 된다.

45 Thomas R. McFaul, "Dilemmas in H. Richard Niebuhr's Ethics," *The Journal of Religion*, 54.1 (1974): 41.

46 Richard Niebuhr, "The Inconsistency of the Majority," *World Tomorrow* (January 1934): 43.

47 임성빈, "리처드 니버의 '응답의 윤리'", 임성빈 편, 『현대 기독교 윤리학의 동향 I』(서울: 예영커뮤니케이션, 1997), 41.

48 Richard Niebuhr, *The Responsible Self: An Essay in Moral Philosophy*, 61-65.

49 Thomas R. McFoul, "Dilemmas in H. Richard Niebuhr's Ethics," 40.

50 임성빈, 『21세기 책임 윤리의 모색』(서울: 장로회신학대학교출판부, 2002), p. 34.

51 Richard Niebuhr, *The Responsible Self: An Essay in Moral Philosophy*, 137.

52 James M. Gustafson, "Introduction," in *The Responsible Self: An Essay in Moral Philosophy*, 30.

53 Richard Niebuhr, *The Responsible Self: An Essay in Moral Philosophy*, 126.

54 Richard Niebuhr, *Christ and Culture*, 241.

55 Richard Niebuhr, *The Responsible Self: An Essay in Moral Philosophy*, 65.

56 위의 책, 60.

57 Richard Niebuhr, *Faith on Earth: An Inquiry into the Structure of Human Faith* (New Heaven: Yale University Press, 1989), 24.

58 James M. Gustafson, *Ethics from a Theocentric Perspective: Theology and Ethics* (Chicago: The University of Chicago Press, 1981), 193.

59 위의 책, 56.

60 Jonathan Armstrong, "The Church and World in Perspective: The Formation of H. Richard Niebuhr's Ethical Paradigm," *Trinity Journal* 27.1 (2006), 7. 이 글은 다음 웹사이트에서 인용했다. <http://bit.ly/2GvRUJ5>.

61 Richard Niebuhr, *The Responsible Self*, 65.

62 위의 책, 172.

63 Charles Scriven, *The Transformation of Culture*, p. 56.

64 임성빈, "리처드 니버의 '응답의 윤리'", 『현대 기독교 윤리학의 동향 1』, 37.

65 김철영, 『믿음과 삶의 윤리학』(서울: 장로회신학대학교출판부, 1994), 162.

66 Richard Niebuhr, "The Responsibility of the Church for Society," in Kristine A. Culp, ed., *The Responsibility of the Church for Society and Other Essays by H. Richard Niebuhr* (Louisville: WJK, 2008), 74-75. 니버가 교회를 "사회 개척자"로 보았다는 것은, 요더가 니버를 교회의 구체적인 역할에 대해서 침묵하고 있다고 비판한 것이 오해라는 것을 보여준다. 요더 역시 교회를 "모델 사회"(model society)라고 보았고, 그와 동조하는 하우어워스나 재세례파는 교회를 "진정한 선택"(real option)을 통해 드러나는 "대안 사회"(alternative society)라고 보았다. 따라서 교회가 세상과 다른 가치를 가지고 변혁적으로 존재해야 한다는 것에는 이견이 없는 것으로 보인다. 다만 방법론적 차이가 드러날 수 있다.

67 Charles Scriven, *The Transformation of Culture*, 180.

68 위의 책, 73. 니버는 교회의 세 가지 기능을 사도적 기능, 목회적 기능, 개척자적 기능으로 정의한다.

69 D. M. Yeager, "The Social Self in the Pilgrim Church," in *Authentic Transformation: A New Vision of Christ and Culture*, 120.

70 위의 글, 124.

71 Richard Niebuhr, *Christ and Culture*, 144.

72 변선환, "한국에서 문화 선교신학의 과제", 기독교사상 편집부 편, 『한국의 문화와 신학』(서울: 대한기독교서회, 1992), 396.

73 김지철, "한국 문화신학에 대한 비판", 기독교사상 편집부 편, 『한국의 문화와 신학』(서울: 대한기독교서회, 1992), 171.

74 최인식, 『다원주의 시대의 교회와 신학』(서울: 한신연, 1996), 203.

75 신국원, 『변혁과 샬롬의 대중문화론』(서울: IVP, 2004), 33-34.

76 위의 책, 51. 그가 말하는 개혁주의적 입장이란 "아우구스티누스와 칼뱅을 거쳐 카이퍼에게 흐르는 역사적 개혁주의 문화비전"을 공유하는 이들로 미국의 칼빈 신학교의 로마노프스키(Romanowski)나 풀러 신학교 총장인 마우(Mouw), 그리고 "우리나라 개혁주의 문화론을 대표하는 이근삼, 손봉호, 서철원, 김영한, 이정석, 강영안"(340)을 포함한다. 이것은 개혁교회의 신학 전통과는 별개로 소위 신칼빈주의 운동과 긴밀한 연관을 맺고 있으며, 니버가 유형화한 '변혁적 문화관'과 다소간 온도차를 느끼게 하는 소위 '변혁주의 문화관'을 주도하고 있다.

77 위의 책, 342.

78 위의 책, 346.

79 이형기, 『본회퍼의 신학 사상』(서울: 장신대출판부, 1987), 252.

80 임성빈, "기독교적 문화관의 형성을 향하여", 문화선교연구원 편, 『문화선교의 이론과 실제』(서울: 예영커뮤니케이션, 2003).

81 위의 책.

82 Bruce Bradshaw, *Change across Cultures* (Grand Rapids: Baker Academic, 2002), 12.

83 임성빈, "책임 윤리의 모색: 하우어워스, 거스탑슨, 니버의 내러티브 비교를 중심으로", 『21세기 책임 윤리의 모색』 81.

84 Robert Wuthnow, *Christianity and Civil Society: The Contemporary Debate*, 91.

85 위의 책, 97.

86 David Hollenbach, *The Global Face of Public Faith*, 65

87 John W. de Gruchy, *Christianity, Art and Transformation: Theological Aesthetics in the Struggle for Justice*, 253.

88 최인식, 『다원주의 시대의 교회와 신학』, 204.

89 David Hollenbach, *The Global Face of Public Faith*, 66.

90 Lewis S. Mudge, *The Church As Moral Community: Ecclesiology and Ethics in Ecumenical Debate* (Geneva: WCC, 1998), 154.

91 Richard Niebuhr, *Christ and Culture* (New York: HarperCollins, 2001), 195.

92 임성빈, 『21세기 책임 윤리의 모색』, 133.

93 Charles Scriven, *The Transformation of Culture*, 186.

7장

1   예컨대, 마르코 마르티니엘로(Marco Martiniello)는 약한 다문화주의와 강한 다문화주의를 구분하는데, 전자는 삶의 스타일이나 형식으로서의 다양성을 강조하고, 후자는 "약한 다문화주의 내에 존재하는 피상적인 다원주의를 극복하면서 민족적 정체성이라는 고전적 개념에 문제를 제기한다. 그리하여 국민적 정체성을 확장할 것을 제안하며, 그 과정에 민족 집단들을 포함시킬 수 있는 가능성을 고려한다. 결국에는 사회의 건설에 있어서 개인과 공동체가 각기 어떤 자리를 차지하는가를 논의하고, 윤리적이고 도덕적인 기준을 통하여 현재의 민주주의 사회에서 문화 공동체들을 인정하는 원칙을 정당화하기에 이르는 것이다." 마르코 마르티니엘로, 윤진 역, 『현대 사회와 다문화주의』(파주: 한울, 2002), 106.

2   위르겐 하버마스, 『공론장의 구조변동: 부르주아적 사회의 한 범주에 관한 연구』 39.

3   하버마스의 비판 이론의 가장 핵심적 특징 중 하나는, 이와 같이 사회를 체계와 생활 세계로 구분하는 것이다. 하버마스에게 있어서 생활 세계란 중앙 집권적이고 합리화된 체계의 경제적·정치적 명령에 맞서 문화, 개성, 의미, 상징으로 이루어진 일상 세계를 뜻한다. 하버마스 이전의 학자들이 주로 체계적 사회의 구조를 해명하고 주제로 다루었다면, 그는 체계와 생활 세계가 동시에 이론화되어야 한다고 주장했다. "행위자들이 담화와 행위를 통해 상호 이해를 추구할 때 의사소통이 가능한 것은 생활 세계와 그 제도 및 가변적인 관행들 때문이다.…그는 생활 세계를 문화적 가치 및 의사소통 관행들과 밀접히 관련된 하나의 분화된 구조로 정의한다.…즉 참여자의 배후를 뒷받침하는 생활 세계는 전통과 가치의 암묵적 수락을 그 특징으로 한다." 앨런 스윈지우드, 박형신·김민규 역, 『문화 사회학 이론을 향하여』(파주: 한울, 2004), 117.

4   윤평중, 『푸코와 하버마스를 넘어서』(서울: 교보문고, 1997), 222.

5   위르겐 하버마스, 장춘익 역, 『의사소통 행위 이론: 기능주의적 이성 비판을 위하여 2』(서울: 나남출판, 2006), 597-598.

6   위르겐 하버마스, 『공론장의 구조 변동: 부르주아적 사회의 한 범주에 관한 연구』 41.

7   Jürgen Habermas, *The Future of Human Nature* (Cambridge: Polity Press, 2003), 103-105.

8   위르겐 하버마스, 『공론장의 구조변동: 부르주아적 사회의 한 범주에 관한 연구』 51. 하버마스는 이러한 범주에 속하는 결사체에 교회, 문화 단체, 학술 협회, 독립적 여론 매체, 스포츠 및 레저 협회, 토론회, 시민 광장, 시민 운동, 직업 연합, 정당, 노동 조합, 대안 기업 등을 꼽는다.

9   Dietrich Bonhoeffer, *Sanctorum Communio: A Theological Study of the Sociology of the Church* (Minneapolis: Fortress Press, 1998), 19.

10 Stephen Plant, *Bonhoeffer* (New York: Continuum, 2004), 48.

11 Dietrich Bonhoeffer, *Ethics* (Minneapolis: Fortress Press, 2005), 200. 본회퍼가 말하는 교회의 실체를 제대로 파악하려면 우리는 먼저 '형성의 윤리학'을 이해해야 한다. '형성'이란 우선 예수 그리스도가 그의 교회에서 모습을 취하는 것을 말한다(80). 규범이나 원리, 원칙으로 그리스도가 주어진 것이 아니다. 그리스도인이 자신들의 신념에 따라 세계를 형성하는 것이 아니라 그리스도가 자기와 같은 모습으로 인간과 세계를 형성한다. 프로그램이나 계획에 의해서 세계가 형성될 수 없다. 형성을 가능케 하시는 실재이신 그리스도가 교회를 통하여 그것을 가능하도록 하신다. 본회

퍼는 "형성으로서의 윤리는 오직 교회 안에 계신 예수 그리스도의 현재적인 모습에 근거해서만 가능하다"고 주장한다. 바로 교회가 "예수 그리스도의 모습이 취해지고 이런 사실을 선포하고 그 일이 일어나는 장소이다"(88). 형성의 윤리는 내가 그리스도를 옷 입는 사건일 뿐 아니라 그리스도가 나의 삶 속에서 너를 형성하는 사건이다. 박충구 교수는 "그러므로 이 사건은 말씀을 통한 사건이고 성례전을 통한 사건이며, 교회 공동체를 통해서 사건화된다"고 그 의미를 부여한다. 박충구, 『기독교 윤리사 II』(서울: 대한기독교서회, 2001), 239.

12 Linell E. Cady, "H. Richard Niebuhr and the Task of a Public Theology," *Anglican Theological Review*, 72.4 (1990), 379. 저자는 또 다른 이유를 제시하는데, 신학이 학문적 주변부로 밀려나게 된 상황에 대해 공적 담론과 논쟁에 참여하려는 신학자들의 반작용도 있다고 한다.

13 위의 글, 389.

14 이들은 모두 예수 그리스도의 사건과 그에 대한 교회의 고백적 신앙은 주관성에 머무는 것이기에 사적 영역에 머물러 있어야 한다는 근대의 객관주의에 입각한 주장을 반박한다. 어느 공동체나 자신들의 현재가 과거와 미래의 일관성 속에 있으며, 그것은 역사와 이웃들과의 관계를 통해 구체화된다는 사실을 인정할 때 그것은 단지 주관성에 머무는 것이 아니라 하나의 실존적 사태라는 것을 주장한다. 이는 하버마스가 근대주의의 성찰성을 강력히 주장하며 의사소통적 합리성을 요청하는 것과 같은 이치다. 근대의 객관주의와 보편주의의 입장에서 종교는 개인적 차원으로 퇴거당했는데, 공공신학은 오히려 역사적 실존에 뿌리를 두고 그 맥락과 정황을 고려할 뿐 아니라 그 윤리적 책임에 대해, 즉 공적 영역의 변혁에 대해 응답한다.

15 위의 글, 391.

16 임성빈, 『21세기 책임 윤리의 모색』 99. 임성빈 교수는 니버의 응답의 윤리와 하우어워스의 인격의 윤리를 비교하는데, 니버와 같이 하우어워스도 교회가 하나님 나라의 맛을 미리 보는 곳임을 전제하지만 그리스도인들에게 '윤리의 내용물'을 제공하는 배타적인 교회의 역할을 더 강력하게 강조하고 있다고 소개한다. 그러므로 니버에게 교회는 '변혁의 공동체'이고, 그것이 세상과의 관계 속에서 책임에 응하는 방식이라면, 하우어워스에게 교회는 '대안 공동체'이며, 세상과의 관계라는 맥락에 집중하기보다는 기독교 고유의 이야기(narrative)에 집중함으로써 대안을 제시하는 삶을 드러내야 한다. 그러나 이 양자는 결코 양립 불가능한 것도 아니고, 니버가 하우어워스가 전혀 다른 주장을 제가하는 것도 아니다. 다원주의 사회에서는 이 양자가 공히 교회의 도덕적 혹은 윤리적 태도를 결정지을 때 반드시 필요한 요소가 될 것이다. 더 자세한 내용은 위의 책, 82-105을 참고하라.

17 임성빈, 『21세기 책임 윤리의 모색』 120-121.

18 Linell E. Cady, "H. Richard Niebuhr and the Task of a Public Theology," 397.

19 Kathryn Tanner, *Theories of Culture: A New Agenda for Theology* (Minneapolis: Fortress Press, 1997), 157.

20 이 용어는 가르시아-리베라(Alejandro Garcia-Rivera) 교수의 동명의 책 제목 *The Community of the Beautiful* (Minnesota: Liturgical Press, 1999)에서 가져왔다. 예수회 신학교에서 조직신학을 가르치고 있는 그는 미국 내의 히스패닉(Hispanic) 교회와 삶의 경험을 토대로 남미의 해방신학적 조명을 수용하면서 신학적 미학을 전개한다. 드 그루시도 남아프리카 공화국의 인권 상황이나 삶의 정황을 토대로 신학적 미학을 구체적으로 실천하고, 정치적인 억압과 고통스러운 삶의 정황을 반영한다. 사회적 약자들이 권력과 대항할 수 있는 방법은 결국 회복과 화해의 미학적 방법이라는 통찰을 던져준다. 약자들은 자신들의 삶을 노래하고 그린다. 이스라엘도 포로와 억압의 시기에 묵시와 계시를 통해 새로운 세상을 꿈꿨다. 따라서 "아름다움의 공동체"는 정치적 의제를 내포하고 있다. 몰트만이 남미의 해방신학적 정황을 반영하면서 희망의 신학을 주장하고, 한국의 민중 신

학이 독재 정권에 맞서 전개하던 것을 볼 때, 여기서 말하는 "아름다움, 미"는 칸트나 헤겔이 제시한 형이상학적 미학과는 관련이 적다. 그것은 어쩌면 가장 강력한 정치적 투쟁의 다른 이름일 수 있다.

21 드 그루시가 의존하고 있는 발타자르에게 있어서 '미'는 하나님의 영광의 핵심이며, 그 미의 가장 완벽한 현현은 그리스도를 통해 이루어진다. 모든 인간과 자연 속에 이 하나님의 미가 잠재적으로 내재되어 있다. 하나님의 미와 영광과 권능은 오직 계시를 통해서만 온전히 드러난다.

22 John W. de Gruchy, *Christianity, Art and Transformation*, 104.

23 위의 책, 105. 발타자르는 이러한 경향의 근원을 후기 스콜라주의의 유명론에서 찾으며, 그것이 근대주의에서 만개했다고 본다. 즉 이원론적 세계관을 말한다. 그래서 진선미 중 가장 약화된 미의 중요성을 회복하는 것이 진과 선의 온전한 의미를 회복하는 것이라고 본다.

24 위의 책, 107.

25 Alejandro Garcia-Rivera, *The Community of the Beautiful* (Minnesota: Liturgical Press, 1999), 11.

26 David Ingram, *Habermas and the Dialectic of Reason* (New Heaven: Yale University Press, 1987), 181. 더 구체적인 내용을 177-186에서 얻을 수 있다.

8장

1 프랑크푸르트학파는 마르크스주의에 기초하고 있다. 자본주의에 대해 비판적인 입장을 견지하는 이 학파의 전통은 지금까지 자본주의의 대안을 모색하는 유럽 좌파의 본류를 형성하고 있다. 문화에서 엘리트주의라는 비판도 받을 뿐만 아니라 근대주의를 여전히 지지하고 있다는 평가도 받았지만 문화 산업이 안고 있는 상업주의에 대한 경계를 지속적으로 제기했다는 점에서 의미가 있다.

2 문화적 문법은 그 문화를 공유하는 구성원들 사이에 당연한 것으로 받아들여져 거의 의식되지 않는 상태에 있으면서 구성원들의 행위에 일정한 방향을 부여하는 문화적 의미 체계를 말한다. 문화적 문법은 의심의 여지가 없는 '당연의 세계'다. 그러나 문화적 문법은 개인의 자유로운 사고와 행위를 구속하는 힘이 되기도 한다. 그것은 그 집단 구성원 사이에 일체감을 강화시키는 기능을 하면서 동시에 변화를 거부하는 특성을 지닌다. 또한 그것은 한 집단이 세상을 이해하는 방식이며 삶을 영위하는 방식이기도 하다. 사회생활의 측면에서 볼 때 문화적 문법은 사람들이 타인을 어떻게 보고 어떻게 대할 것이며 어떤 사회적 관계를 만들어나갈 것인가를 규정하는 규칙이다. 정수복, 『한국인의 문화적 문법』 47.

3 William Stacy Johnson, "Introduction," in *Theology, History, and Culture: Major Unpublished Writings*, xvii.

4 심광현, 『문화 사회와 문화 정치』 169.

5 '가을동화'로 시작된 한류 열기는 그 후 노래와 영화로 이어지면서 문화 산업과 문화 콘텐츠의 중요성을 실감하게 했다. 국가에서는 문화 콘텐츠를 개발하기 위해 막대한 자금을 지원했고 기업들도 문화 생산물을 선점하기 위해 관련 사업을 확장했다. 결과적으로 한국의 문화 산업은 양적으로는 성장했으나 아직도 소프트웨어 부분에서는 약점을 보이고 있다.

6 1999년 <문화 개혁을 위한 시민 연대>라는 이름으로 출범하고 2003년 <문화연대>로 개칭한 한국의 대표적인 문화 운동 NGO다. 이들은 창립 선언문에서 그 창립의 목적을 다음과 같이 말한다.

"문화연대를 창립하려는 것은 문화가 꽃피는 사회, '문화 사회'를 건설하기 위함이다. 문화 사회는 개인들이 타인과 연대와 호혜의 관계를 유지하면서도 자신의 꿈과 희망과 욕망을 최대한 구현하며 공생할 수 있는 사회다. 문화 사회는 따라서 삶을 자율적으로 꾸려나갈 수단과 조건이 갖추어진 사회요, 인간과 인간 그리고 인간과 자연 사이에 착취나 억압, 파괴가 더 이상 일어나지 않는 사회다." <http://www.culturalaction.org>.

7　박길성·함인희·조대엽, 『현대 한국인의 세대경험과 문화』(서울: 집문당, 2005), 206.

8　심광현, 『문화 사회와 문화 정치』, 182.

9　유홍림, "서양 전통에서의 시민 덕성과 공공성", 『비평』 제17권 (2007, 겨울), 25.

10　장 프랑소와 리오타르, 유정완·이삼출·민승기 역, 『포스트모던의 조건』(서울: 민음사, 1979), 165-181.

11　이머징 교회나 포스트모더니즘을 반영하는 교회들은 문화적으로 유연하며 대중문화의 상상력을 적극 수용하는 모습을 보인다. 전통적인 교회는 이를 비판하고 있는데, 짐 벨처의 『깊이 있는 교회』(서울: 포이에마, 2011)는 양자의 간격을 좁혀보려고 노력한다.

12　Graham Ward, *Cultural Transformation and Religious Practice* (Cambridge: Cambridge University Press, 2005), 126.

13　국내 저작들 중에 신학적 성찰을 제대로 담은 책은 최성수의 『영화를 통한 성찰과 인식 그리고 + α』(서울: 한국학술정보, 2011)이 있고, 외국 저작 중 풀러 신학교 존스톤 교수의 『영화와 영성』(서울: IVP, 2000), 그리고 마쉬와 오르티즈가 쓴 『영화관에서 만나는 기독교영성』(서울: 살림, 2007)을 추천한다. 이 책들은 영화를 미학적 평가를 통해 기독교 신학과의 만남을 시도했다. 이외의 책들은 그저 감상평에 그치거나 일방적으로 기독교적 평가만 내리고 있어서 영화적 상상력을 제대로 읽지 못하고 있다.

14　이 용어는 미국 풀러 신학교의 로버트 존스톤(Robert K. Johnston)이 다섯 가지로 분류한 기독교와 영화의 관계 유형 중 하나인데, 그는 윤리적 접근이 아닌 미학적 접근을 한 영화를 통해서도 신적 만남을 실천할 수 있다고 말한다. 로버트 존스톤, 전의우 역, 『영화와 영성』(서울: IVP, 2003).

15　Krzysztof Ziarek, "The Social Figure of Art: Heidegger and Adorno on the Paradoxical Autonomy of Artworks," in Dorota Glowacka and Stephen Boos eds., *Between Ethics and Aesthetics* (New York: State University of New York Press, 2002), 234.

16　Nicholas Wolterstorff, *Art in Action: Toward a Christian Aesthetic* (Grand Rapids: Eerdmans, 1980), 194. 『행동하는 예술』(IVP 역간).

17　Robert Wuthnow, *Christianity and Civil Society: the Contemporary Debate*, 91.

18　위의 책, 97.

19　David Hollenbach, *The Global Face of Public Faith*, 65.

20　위의 책, 66.

9장

1　그래엄 터너, 임재철 외 3인 공역, 『대중 영화의 이해』(서울: 한나래, 1994), 49.

2   위의 책, 67.

3   최성수, "인간 이해와 내러티브 그리고 영화", 「장신논단」 43 (2011), 177. 영화가 사회에 끼치는 영
     향력에 대해 긍정적으로 평가하는 입장과 달리 미르틴 오스터란트는 반대의 입장을 제시한다. 그는
     "영화가 변화를 선취하고 이로써 능동적으로 사회적인 변화에 영향을 미치려고 한다는 주장은 적
     은 경우에만 맞다"고 하면서 영화가 사회 변화를 일으키는 영향력을 행사할 수 있으리라고 보는 것
     은 영화를 과대평가하는 것이라고 말한다. 그러나 그가 "사회는 '보다 나은' 영화에 의해 바뀌고 그
     구성원들의 조직된 집단적이고 정치적인 노력에 의해서 토대가 바뀌지는 않으리라는 순박한 견해
     를 조장하는 것"이라고 비판하는 것을 볼 때, 영화의 사회적 영향력 자체를 비판하는 것이라기보다
     는 영화의 사회적 의미가 시민 사회 공론장의 구체적인 실천으로까지 이어지지 못하는 것에 대한
     비판으로 읽어야 한다. 마르틴 오스터랜드, "사회에서 영화의 역할", 카르스텐 비테 편, 박홍식·이준
     서 역, 「매체로서의 영화」(서울: 이론과 실천, 1996), 321.

4   Clive Marsh, *Cinema and Sentiment* (Milton Keynes: Paternoster Press, 2004), 84.

5   위의 책, 99.

6   John Lyden, *Film as Religion: Myths, Morals, and Rituals* (New York: New York University
     press, 2003), 108.

7   John Lyden, "Theology and Film: Interreligious Dialogue and Theology," in Robert K.
     Johnston, ed. *Reframing Theology and Film* (Grand Rapids: Michigan: Baker Academic,
     2007), 213.

8   위의 책, 213.

9   John Lyden, *Film as Religion: Myths, Morals, and Rituals*, 109.

10   Clive Marsh, *Cinema and Sentiment*, 112.

11   위의 책, 118.

12   위의 책, 120.

13   위의 책, 130.

14   회피, 경계, 대화, 수용, 신적 만남으로 이뤄지는 각 단계에 대한 설명은 책에서 자세히 살필 수
     있다. 로버트 K. 존스톤, 정의우 역, 「영화와 영성」(서울: IVP, 2003), 53-88.

15   위의 책, 82.

16   위의 책, 85.

17   위의 책, 147.

18   그래엄 터너, 「대중 영화의 이해」 218.

19   위의 책, 243-60.

20   Robert K. Johnston, "Transformative Viewing: Penetrating the Story's Surface," in *Reframing Theology and Film*, 318.

21   심영섭, "대중비평(Mass Criticism) 시대의 등장, 그리고 비평가와 대중의 거리", 「영화평론」 23호
     (2010, 11), 74.

22   위의 글, 79.

23 윤성은, "한국 기독교 영화의 미학적 과제" 「장신논단」 43 (2011), 220.

24 <https://bit.ly/2u9SM4V [2014. 3. 25 접속]>.

25 <https://bit.ly/2py6b1X [2014. 3. 25 접속]>.

26 <https://bit.ly/2pxJmeO [2014. 3. 25. 접속]>.

27 이런 현상은 단지 한국만이 아니라 미국의 복음주의 교회들에서도 논란이 되었다. 할리우드 영화가 마케팅에만 신경을 쓰고 정작 신앙의 본질에 대한 고민은 제대로 하고 있지 못하다는 불만이 한국이나 미국이나 보수적인 문화 인식을 가진 그리스도인들로부터 제기되고 있다. <https://bit.ly/1g57XZK [2016년 10월 12일 접속]>.

28 오동진, "비평의 부활은 그 물질적 산업적 '조건'의 탐색과 함께", 「영화평론」 23 (2010), 109.

29 로버드 K. 존스톤, 「영화와 영성」 82.

30 Clive Marsh, "On Dealing with What Film Actually to Do People," in *Reframing Theology and Film*, Robert K. Johnston, ed., 156.

31 클라이브 마쉬·가이 오르티즈, 김도훈 역, 「영화관에서 만나는 기독교 영성」(서울: 살림, 2007), 404.

10장

1 지역 사회(local community) 또는 지역 공동체라는 용어는 다음과 같은 의미로 사용한다. "지역 사회는 일정한 지리적 공간인 생활권 안에서 사회적 상호 작용을 통하여 공통된 이해 관계, 문화, 규범 등을 형성하여 공통의 경험과 공동 생활을 향유하는 공간적·심리적 범위이며 전체 사회의 일부분에 속한다." 김경우 외 3인, 「지역 사회 복지론」(서울: 나눔의 집, 2009), 15. 이런 이해는 지역 사회를 단지 공간적·지리적 의미로만 사용하지 않고 문화적이며 정서적인 유대감까지 포함한다는 점에서 문화 복지의 단위로 지역 사회를 상정함에 대한 정당성을 확보해준다.

2 전통적인 서구의 복지 국가들에서 종교의 공적 역할이 다시 논의되고 있고, 비록 기독교가 아니지만 종교 공동체의 부흥이 일어나고 있으며, 아시아와 아프리카를 위시한 제3세계에서 기독교의 수적 팽창은 더욱 가속화되고 있다. 물론 타 종교의 부흥은 다원주의가 확대됨을 의미하는 것이라 일부 선교학자들은 이를 곧 선교의 위기로 인식하기도 한다. Henning Wrogemann, "Secularized Europe and the Quest for a New Paradigm of Mission: Empirical Data and Missiological Reflections," 「선교와 신학」 31 (2013): 45-46. 이러한 상황에 대해 사회학자 송재룡은 세속화 이론의 오류를 지적하면서 이른바 '영성 사회학'의 부상을 주목해야 한다고 주장한다. 송재룡, "종교 사회학의 최근 테제: 탈세속화와 영성 사회학," 바른교회 아카데미 발제물(2008, 7). 그는 새로운 종교는 우리에게 윤리적 성찰과 주관적 판단을 요구하며, 특히 제도적 형식 종교가 아니라 문화적 체계로서의 종교가 부각된다고 말한다. 이 또한 본 연구가 주장하려는 바, 오늘날 종교의 공적 역할에 대한 요청은 인간의 도덕과 가치에 영향을 미치는 방식임을 알게 된다. 그래서 학자들은 다종교 사회의 대두, 시민 사회에서 종교의 공공성 요청, 새로운 도덕 질서와 가치 수립을 위한 종교의 역할 등을 고민하는 상황을 '후기 세속 사회'(post-secular society)라고 칭한다.

3 Wilbert R. Shenk, "World Christianity Today: North America," 「선교와 신학」 31 (2013), 99.

4 신경규, "통전적 관점에서 본 두 선교신학의 합치성 모색", 「선교와 신학」 29 (2012), 196.

5   Scott R. Paeth, "Religious Communities and Global Society: Moral Formation and Interreligious Cooperation in a Pluralistic Context," in *Public Theology for a Global Society*, xviii.

6   T. H. 마셜, 김윤태 역, 『시민권과 복지 국가』(서울: 이학사, 2013), 123.

7   위의 책, 130.

8   Johannes Reimer, "European Christian Renaissance and Public Theology," *European Journal of Theology* 20.2 (2011), 112.

9   위의 글, 114.

10 Angus Paddinson, "On Christianity as Truly Public," in Justin Beaumont and Christopher Baker, eds. *Postsecular Cities: Space, Theory and Practice* (London: Continuum, 2011), 226.

11 위의 글, 232-233.

12 Graham Ward, *Cultural Transformation and Religious Practice*, 9.

13 위의 책, 9.

14 Andrew R. Morton, "Duncan Forrester: A Public Theologian," in *Public Theology for the 21st Century*, 26.

15 위의 글, 27.

16 위의 글, 29.

17 Christopher Baker and Justin Beaumont, "Afterword: Postsecular Cities," in *Postsecular Cities: Space, Theory and Practice*, 264.

18 박형진, "지구촌 기독교(World Christianity)의 등장과 그 개념화 작업", 『선교와 신학』 31 (2013), 13.

19 Sebastian Kim, *Theology in the Public Sphere: Public Theology as a Catalyst for Open Debate*, 9-10.

20 김세훈, "공공성에 대한 사회학적 이해", 김세훈 외 5인, 『공공성: 공공성에 대한 다양한 접근』(파주: 미메시스, 2009), 28.

21 위르겐 하버마스, 『공론장의 구조변동』 286.

22 위의 책, 354.

23 김세훈, "공공성에 대한 사회학적 이해", 36.

24 Scott R. Paeth, "Religious Communities and Global Civil Society," in *Public Theology for a Global Society*, 161-164.

25 Elaine Graham and Stephen Lowe, *What Makes A Good City?: Public Theology and the Urban Church* (London: Darton, Longman and Todd Ltd, 2009), 113.

26 위의 책, 168.

27 David Hollenbach, *The Common Good and Christian Ethics* (Cambridge: Cambridge University Press, 2002), 9.

미
주

28 위의 책, 100.

29 '사회적 자본'은 종교사회학자 로버트 퍼트넘이 사용한 단어로 "네트워크, 규범, 신뢰 관계 등으로 시민 사회의 참여자들이 공동의 목표를 더 효과적으로 함께 수행할 수 있도록 하는 사회적 삶의 특성들"이다. Robert D. Putnam, *Making Democracy Work: Civic Traditions in Modern Italy* (Princeton: Princeton University Press, 1993), 167-168; Robert D. Putnam and David E. Campbell, *American Grace: How Religion Divides and Unites Us* (New York: Simon & Schuster Paperbacks, 2010), 526-27. 『아메리칸 그레이스』(페이퍼로드 역간).

30 David Hollenbach, *The Common Good and Christian Ethics*, 101.

31 위의 책, 111.

32 위의 책, 112.

33 김세훈, "공공성에 대한 사회학적 이해", 45.

34 조흥식, "한국 복지 체제의 변천과 복지 국가의 요건-바람직하고 지속 가능한 시민 복지 국가를 지향하며", 조흥식 편, 『대한민국, 복지 국가의 길을 묻다』(서울: 이매진, 2012), 62.

35 고재길, "본회퍼의 『윤리학』에 나타난 생명의 개념과 선의 문제", 『선교와 신학』 29 (2012), 276.

11장

1 박창순·육정희, 『공정 무역, 세상을 바꾸는 아름다운 거래』(서울: 시대의창, 2010), 451.

2 돈 슬레이터, 정숙경 역, 『소비문화와 현대성』(서울: 문예출판사, 2000), 39.

3 장 보드리야르, 이상률 역, 『소비의 사회: 그 신화와 구조』(서울: 문예출판사, 1991), 27.

4 장 보드리야르, 하태환 역, 『시뮬라시옹』(서울: 민음사, 2001), 25.

5 이는 '과잉 기호'라 할 수 있는데, 근대의 진보와 팽창의 논리가 포스트모던 시대에 와서는 기호의 과잉 현상으로 인해 '구별 짓기'나 '차이 짓기'를 통해 자신의 정체성을 확인하려 했던 근대의 기획을 무력화시킨다. 이제 남아 있는 것은 기호들뿐이다. 아무것도 실재하는 것을 대변하지 않는다.

6 천규석, 『천규석의 윤리적 소비』(서울: 실천문학사, 2010), 98-108. 천규석은 국내외의 공정 무역 기구들을 비판하면서, 노동자와 민중의 정당한 대가를 보장하는 길은 인간이 과도한 소비를 줄이고 자급자족하는 방법 외에는 없다고 단언한다.

7 루터의 경우 '만인사제설'이나 '두 왕국론'을 통해 세속 권력을 정당한 것으로 선언하고 교회나 국가 모두 하나님이 세운 제도라고 주장했다. 칼뱅은 루터의 이런 사상에 영향을 받아 모든 그리스도인이 직업을 통해 성직을 수행하는 것이라고 주장함으로써 근대 사회의 중요한 동력을 제공했다. 그러나 근대가 기독교를 사적 영역에 국한시킴으로써 본래 종교개혁이 주장했던 경건과 절제의 삶은 공적 영향력을 상실했다.

8 세계의 공정 무역 추세는 이제 사업화로 변화되었다. 소비자의 윤리적 미덕에만 호소해서는 지속적인 거래로 이어지기가 어렵기 때문에 사업화를 통해 다양한 유통 경로와 판매자들을 찾아서 맞춤형 공급을 하는 방식으로 진화하고 있다. 이런 점에서 교회가 동참한다면 한국에서는 공정 무역 상품의 가장 큰 시장으로 긍정적인 영향력을 발휘할 수 있을 것이다.

12장

1 오윤선, "청소년 발달 특성 문제에 관한 기독교 영성과 상담 심리의 통합적 접근", 「복음과 상담」 11, 212-214.

2 오윤선, "청소년 스트레스 요인 분석에 따른 기독교 상담학적 방안", 「복음과 상담」 8, 259-261.

3 박상진, "청소년, 그들을 이해하고 그들의 고민을 해결하라." 「교육교회」 391 (2010), 14.

4 위의 글, 16.

5 성열준 외, 「청소년 문화론」(서울: 양서원, 2011), 242.

6 아비투스는 사회학자 부르디외가 제창한 개념으로 일정하게 구조화된 개인의 성향 체계를 말한다. 아비투스는 무의식에 속하며 상속이 가능하다. 구조주의의 구조와 개인을 연결시켜주는 역할을 하며 개인의 행동의 통계적 규칙성을 예측 가능케 해준다. 쉽게 말해 개인의 문화적인 취향과 소비의 근간이 되는 '성향'을 의미하는 말이다. 아비투스는 사회적 위치, 교육 환경, 계급 위상에 따라 후천적으로 길러진 성향을 의미한다. <https://bit.ly/2pPpkeT [2018년 3월 29일 접속]>.

7 통계청, 「2017 청소년 통계」 (2017. 4.18)

8 주정관, "청소년 문화, 부적응, 자살에 대한 기독교 교육적 대안", 「개혁논총」 31 (2014), 308.

9 <https://bit.ly/2pRuzuz [2018. 3. 29 접속]>.

10 2012년에 진행된 이 조사에서는 응답자 중 기독교인은 17.2%, 천주교 7.3%, 불교 8.8%였으며, 종교가 없는 응답자는 66.7%였다(<https://bit.ly/2pVuiXV>). 여기서 주목할 것은 기독교인의 수가 적지만 다른 종교에 비해 많다는 것이 아니라 무종교자가 주류를 형성하고 있다는 것이다. 이런 경향은 1998년부터 한국갤럽이 조사한 결과도 유사하게 나타나는데, 2000년대를 지나면서 무종교인의 비율은 50% 넘어서 점차 높아지고 있는 상황이다. 최근 2016년 <인구총주택조사>에서 기독교의 인구가 전에 비해 더 늘어난 것을 두고도 해석이 분분한데, 기독교가 주류가 되었다는 의미는 있을지 모르나 결코 기독교인이 늘고 있다는 해석해서는 안 된다는 것이 많은 학자들의 주장이다.

11 남은경, "기독교 교육: 유럽 개신교회 교육의 위기와 신앙 전수의 통로들", 「신학과 선교」 43 (2013), 290.

12 위의 글, 298.

13 박상진, "청소년, 그들을 이해하고 그들의 고민을 해결하라", 14.

14 성열준 외, 「청소년 문화론」 253-54.

15 <https://bit.ly/1TxxLE8>.

16 성석환, 「지역 공동체를 세우는 문화 선교」(서울: 두란노, 2011), 103.

17 예컨대 '꿈의 학교 화성으로 간 스쿨버스' 프로그램은 여러 언론에도 소개된 바 있다. <https://bit.ly/2GUT4zf>.

18 은평구 지역의 교회들은 '좋은 학교 네트워크'를 주도적으로 결정하여 지역 내 학교를 지원하고 있다. <https://bit.ly/2pRiOV7>.

13장

1 오늘의 청년 세대를 '3포 세대', 즉 연애, 결혼, 출산을 포기한 이들로, 거기에 더해서 '5포 세대'라 하여 내 집 마련과 인간관계까지 포기한 이들로, 또 '7포 세대'라 하여 꿈과 희망을 아예 포기한 이들이라고 말한다. 심지어 이것으로 끝나지 않고 이전 세대가 당연하게 여겼던 상식적 삶의 대부분을 포기해야 되기 때문에 아예 'n포 세대(무한대 포기 세대)라고 부르기도 한다.

2 <https://bit.ly/2HciT1m [2018년 4월 18일 접속]>.

3 <https://bit.ly/2qHUHsj [2018년 4월 18일 접속]>.

4 <https://bit.ly/2Ioopd6 [2018년 4월 18일 접속]>.

5 한국의 '3포 세대', 미국의 '밀레니엄 세대', 일본의 '사토리 세대'가 비슷한 상황을 겪고 있다는 다음의 기사를 참고하라. <https://bit.ly/2q3MwpQ [2018년 4월 18일 접속]>.

6 헨리 지루, 심성보·윤석규 역, 『일회용 청년: 누가 그들을 쓰레기로 만드는가』(서울: 킹콩북, 2015), 11.

7 위의 책, 7.

8 <https://bit.ly/2voA5uH [2018년 4월 18일]>.

9 <http://www.nocutnews.co.kr/news/4353537 [2015년 10월 1일 접속]>.

10 <https://bit.ly/2GMCsfw [2018년 4월 3일 접속]>.

11 헨리 지루, 『일회용 청년: 누가 그들을 쓰레기로 만드는가?』, 116.

12 위의 책, 117.

13 '카지노 자본주의'(casino capitalism)는 지루가 신자유주의를 비판하기 위해 사용하는 용어로써 소수의 사적 이익을 극대화하는 방식으로 시장을 조직하거나 사회 보장을 해체하고 공유재를 파괴한다. 민주적인 책무에서 자유롭기 때문에 자본이 활동하는 시장에서 무슨 일이 일어나는지 공개되지 않고 사회적 피해의 위험은 대체로 통제되지 않는다. 위의 책, 154.

14 지그문트 바우만, 이수영 역, 『새로운 빈곤』(서울: 천지인, 2010), 202-203.

15 위의 책, 208.

16 저자가 추측한 강의실 학생들의 암묵적 동의는 이런 것이었다. "공정한 경쟁을 통해서 주어진 결과가 싫으면 그만두든지 더 노력해서 더 나은 결과를 얻어내든지 할 것이지, 지금처럼 취업하기 힘든 세상에 그런 도둑놈 심보를 가진 사람들 때문에 우리의 밥그릇이 줄어들어 더 힘들어지는 건 불공정하거니와 싫다! 뭐 이런 얘기인 셈이다." 오찬호, 『우리는 차별에 찬성합니다』(고양: 개마고원, 2013), 20.

17 위의 책, 84.

18 위의 책, 96.

19 위의 책, 188-189.

20 한윤형, 『청춘을 위한 나라는 없다』(서울: 어크로스, 2013), 141.

21 위의 책, 143.

22 오찬호, 『우리는 차별에 찬성합니다』, 232.

23 한윤형, 『청춘을 위한 나라는 없다』, 266.

24 "다보스 포럼"이 세계의 선진국들과 자본주의 경제를 이끄는 기업의 지도자들 중심으로 열리는 포럼이라면, "세계사회포럼"은 이에 대응하여 반세계화와 대안적인 자본주의를 논의하는 세계의 시민 단체 및 활동가들의 모임이다. 헨리 지루, 『일회용 청년』, 130.

25 짐 윌리스, 『그리스도인이 세상을 바꾸는 7가지 방법』(파주: 살림, 2009), 97-98.

26 짐 윌리스가 제안하는 일곱 가지 규칙은 첫째, 하나님은 불의를 싫어하신다. 둘째, 하나님 나라는 새로운 질서다. 셋째, 교회는 대안 공동체. 넷째, 하나님 나라는 특정한 부정을 다룸으로써 세상을 변혁시킨다. 다섯 째, 교회는 국가의 양심이다. 국가가 정의를 지지하고 폭력은 억제하도록 만들기 때문이다. 여섯 째, 세계적 안목을 가져라. 일곱 째, 공동선을 추구하라 등이다. 위의 책, 98-125.

27 디트리히 본회퍼, 손규태·이신건 역, 『나를 따르라』(서울: 대한기독교서회, 2010), 49.

28 위의 책, 55.

29 고재길, 『한국교회, 본회퍼에게 듣다』(서울: 장로회신학대학교출판부, 2014), 138.

30 디트리히 본회퍼, 『나를 따르라』, 115.

31 위의 책, 117.

32 고재길, "본회퍼의 『나를 따르라』에 나타난 제자의 윤리", 『장신논단』 45.2 (2013), 139.

33 Heidi Rolland Unruh and Ronald J. Sider, *Saving Souls, Serving Society*, 231-236.

34 임성빈, "21세기 초반 한국교회의 과제에 대한 소고", 『장신논단』 47.2 (2015), 201.

35 Craig Van Gelder & Dwight J. Zscheile, *The Missional Church in Perspective* (Grand Rapids: Baker Academic, 2011), 165.

14장

1 Stephen B. Bevans, *Models of Contextual Theology* (New York: Orbis, 1992), 3.

2 김균진, 『기독교신학 1』(서울: 새물결 플러스, 2014), 43.

3 본 논문에서 사용하는 '청년 신학'이라는 용어는 우선 '청년 사역' 혹은 '청년 목회'와 대비되는 의미로 사용되었으며, 또한 '여성신학' 혹은 '민중 신학' 등과 같이 동시대에 고난에 직면해 있는 특정 계층의 사회적 지위와 상황을 신학적으로 조명하여 그 고난의 원인을 분석하고 대안을 제시하고자 하는 새로운 신학적 작업의 용어로 제안되었다.

4 '청년'에 대한 혹은 '청년 문제'에 대한 논의를 신학적으로 구성하는 '청년 신학'을 제대로 정립하기 위해서는 '청년'에 대한 성경신학적 관점과 실천신학적 논의 등 기존 신학의 개입이 필요하지만, 본 연구에서는 '청년 신학'을 공공신학적 방법론으로 구성한다는 명분하에 이러한 작업을 추후로 미루게 되었다.

5 '청년'을 어떻게 정의할 것인지에 대한 논의는 이 글에서 생략한다. 다만 UN의 경우 15-24세로, 우리나라는 '청년고용촉진특별법 시행령(2016)'에 따르면 15-29로, 청소년은 '청소년 기본법'에 의해서 15-24세로, 10대는 15-19세로 각기 다르게 정의한다. 이글에서는 '청년고용촉진특별법'을 따르되, '청년문제'를 다룬다는 점에서 취업과 결혼의 지연상황에 따른 청년의 문제들을 종합적으로 다룬다는 점에서 30대까지도 염두에 두겠다. 또 X, Y, N 등의 세대론과 같은 문화적 의미의 규정과

'베이비부머', '밀레니엄' 등의 세대에 대한 사회학적 논의도 의미가 있겠지만, 이 글에서는 크게 다루지 않을 것이다. '청년 문제'를 기성세대의 시선으로 바라본다는 한계가 있을 수 있기 때문이다. 이글에서는 청년 스스로 청년 문제를 인식해야 한다는 주장을 전제로 하고 있다.

6 <http://www.yonhapnews.co.kr/bulletin/2017/09/20/0200000000AKR20170920052700017. HTML?input=1195m [2018년 6월 15일 접속]>.

7 <http://biz.chosun.com/site/data/html_dir/2018/06/15/2018061500740.html [2018년 6월 15일 접속]>.

8 피터 보겔, 『청년실업 미래보고서』(서울: 원더박스, 2016), 23. 그는 또 청년실업에 대한 ILO 공식 통계를 거론하며, 2013년 12.6% 7천3백만 명이었던 청년 실업률이 2018년 12.8%로 증가할 것으로 예상하는데, 선진국은 어느 정도 개선되겠지만 아시아 청년 실업률이 증가하면서 개선 효과가 상쇄될 것으로 관측한다. 결국 전 세계 청년 고용률은 2018년에 41.4%까지 떨어질 것으로 예상되며, 성인 전체 그룹에 비해 실업자가 될 가능성이 청년들에게 거의 3배가 더 높다고 주장했다.(24)

9 위의 책, 78.

10 <http://www.weeklytoday.com/news/articleView.html?idxno=54039 [2018년 6월 15일 접속]>.

11 한국청소년정책연구원, 『청년 사회, 경제 실태 및 정책방안 연구』(세종: 참기획, 2016), 89-94. 전체 자가 비율이 2000년 54.2%, 2010년 54.2%인 반면, 15-29세의 경우 자가 비율은 14.3%에서 11.6%로 떨어지고, 월세는 2000년 22.5%에서 2010년 48.0%로 증가했다.

12 천주희, 『우리는 왜 공부할수록 가난해지는가』(파주: 사이행성, 2016), 21.

13 위의 책, 111. 천주희는 구리하라 야스시의 『학생에게 임금을』이라는 책을 참고하면서 부채 사회가 사람들에게 자신의 위험을 스스로 관리하고 대응하게 만드는 위험 사회의 새로운 통치 기술이 바로 학생 대출 체계라고 비판한다.

14 헨리 A. 지루, 『일회용 청년: 누가 그들을 쓰레기로 만드는가』(서울: 킹콩북, 2015), 11.

15 바우만이 지적하는 '신빈곤'은 자본주의가 발전하면서 더 이상 노동력을 예전처럼 필요로 하지 않게 되면서 발생한 사태인데, '빈익빈 부익부'와 같이 부의 축적이 특정 계급에 한정되고 대부분의 노동자들은 일을 많이 해도 가난에서 벗어나기 어려운 상황에 이른다는 것이다. 다음을 참고하라. 지그문트 바우만 『새로운 빈곤』(서울: 천지인, 2013).

16 Zygmunt Bauman, *Wasted Lives: Modernities and its Outcasts* (Cambridge: Polity Press, 2004), 11-12. 바우만은 '잉여 혹은 과잉'(redundancy)에 대해 이렇게 설명한다. "'잉여'가 된다는 것은 '여분이 된다는 것'(supernumerary), '필요가 없는 것'(unneeded), '쓸모없는 것'(no use)을 의미한다. 사용되고 필요하다는 것은 반드시 필요하고 대체 불가능하다는 것을 의미한다. 그러므로 그것은 다른 이들이 당신을 필요로 하지 않는다는 것이다. 당신 없이도 그들은 충분히 더 잘 할 수 있다는 것을 의미한다."(12) 그런가 하면, 우리나라 중앙일보 특별 취재팀이 2년 동안 청년들의 이야기를 취재하여 엮은 『청춘리포트』에서, 정강현은 오늘을 "잉여들의 전성시대"라고 명명하고 "취업 시장에 던져진 청춘들은 마치 혼자 왈츠를 추는 '잉여 댄서' 같습니다"고 하며, 청춘들을 수없이 작성하여 제출하지만 쓰레기처럼 버려지는 그들의 구겨진 이력서에 비유했다. 중앙일보 청춘리포트 팀, 『청춘 리포트』(서울: 맥스 미디어, 2016), 32.

17 1960년대 후반 프랑스를 중심으로 유럽 전역, 아메리카, 동유럽, 일본 등지에서 기성세대의 권위적 문화에 저항하며 새로운 창의성과 상상력의 확대를 주장했던 문화 운동이었다. 2018년은 '68운동' 50주년이 되는 해로, 프랑스에서 기념 사업이 진행되고 있다.

18 이성재, 『68운동』(서울: 책세상, 2009), 19.

19 위의 책, 122. 참고. 이 운동에 대해 전문적 연구가인 잉그리트 길허-홀타이(Ingrid Gilcher-Holtey)는 미국, 서독, 이탈리아, 프랑스에서 벌어진 일련의 과정들을 비교하면서 당시 청년들이 기성세대가 만들어 놓은 질서에 저항하며 '참여 민주주의'나 '자주 관리', '공동 결정' 등의 핵심적인 요구를 했다는 점에 그 의미를 부여했다. 잉그리트 길허-홀타이, 『68운동: 서독, 서유럽, 미국』(파주: 들녘, 2006), 177.

20 송호근, 『시민의 탄생: 조선의 근대와 공론장의 지각 변동』(서울: 민음사, 2013), 409.

21 청년 문제를 역사신학적으로 연구한 한 사례에 해당하는 김민섭은 1910년대 조선 기독교 운동사에서 '기독청년'이라는 개념이 정립되었으며, "민족 개혁과 기독교 사회화를 이룰 주체이자 청년 이상향"으로 제시되었다고 주장한다. 그러나 송호근의 주장과 마찬가지로 이 세력이 서구의 '68세대'처럼 그 정치적 성과에 있어서 의미 있는 세력으로 성장했는지는 의문이라고 평가한다. 김민섭, "1910년대 후반 기독교 담론의 형성과 '기독청년'의 탄생", 『한국기독교의 역사』 제 38호(2013, 3), 198.

22 IMF 사태 이후 당시 한국의 20대 젊은이들이 정규직, 비정규직 취업의 평균 임금이 세전 88만원으로 예측된다고 하여 붙여진 이름이었다. 저자들은 앞으로 '승자 독식' '무한 경쟁'의 시대에 살아갈 젊은이들이 감당해야 할 미래를 주체적으로 살아내기 위해서는 강요되는 규칙들을 거부하고 새로운 삶의 방식들을 찾아내야 한다고 주장했다. 그래서 "88만원 세대에게 가장 필요한 것은 그들만의 바리케이드와 그들이 한 발이라도 자신의 삶을 개선시키기 위해 필요한 짱돌이지, 토플이나 GRE 점수는 결코 아니다"고 주장했다. 우석훈, 박권일, 『88만원 세대』(서울: 레디앙 미디어, 2007), 289-90.

23 참고. <http://www.ohmynews.com/NWS_Web/View/at_pg.aspx?CNTN_CD=A0001786182 [2018년 6월 15일 접속]>. 이 기사에서 박정훈은 이 책에 대한 영화감독 변영주의 비판을 소개하면서 "김난도의 청춘론을 청년들이 단호히 거부해야 한다"고 주장했다. 즉 청춘들이 아프지 않은 사회를 어떻게 만들어가야 하는지에 대해 기성세대의 반성이 전무하다는 비판과 함께 청년 스스로의 대안을 모색해야 한다고 주장했다.

24 예컨대 2012년에 출간된 혜민의 『멈추면 비로소 보이는 것들』과 그 후속인 『완벽하지 않은 것들에 대한 사랑』은 모두 베스트셀러가 되었는데, 실제적 삶은 아무런 변화가 없는데 현 상황의 극복을 체념하고 순응하게 만든다는 비판이 제기되었다. 참고. <http://www.hankookilbo.com/v/4aaf1ca9d8ab411e924e3432f9765c9c [2018년 6월 15일 접속]>.

25 필자는 앞서 언급한 선행 연구에서 오찬호를 통해 제기된 이 담론이 본격적인 의미에서의 '청년담론'의 계기가 되었다고 평가했다. 참고. 성석환, "한국 사회의 청년 문제와 한국교회의 과제-'후기 세속 사회'의 공공신학적 관점에서", 『장신논단』 48-2 (2016, 6), 105-06.

26 오찬호, 『우리는 차별에 찬성합니다』(고양: 개마고원, 2013), 189.

27 송제숙, 『복지의 배신』(서울: 이후, 2009), 249.

28 위의 책, 245.

29 최근 이른바 '열정 페이'에 대한 비판 여론이 크게 일어났고, 자신들의 몫을 당당히 요구하는 청년들의 재기 발랄한 모습을 그리는 패러디도 다양하게 등장했다. 예컨대 히노 에이타로의 『아, 보람 따위 됐으니 야근수당이나 주세요』는 젊은 직장인들에게 폭발적인 지지를 받았다. 그는 경영자 마인드로 일하지 말고, 받는 만큼 일하는 것이 좋고, 보람을 찾으라는 말에 현혹되지 말 것이며, 책임감에 스트레스 받지 말고 힘들면 도망치라고 권하는 식의 주장이 담겨 있다. '힐링 담론'은 아니지만,

이 역시 별다른 현실 타개책은 될 수가 없고 오히려 큰 변화 없이 개인주의적 해결을 지향하는 것이라고 평가할 수 있다. 히노 에이타로, 이소담 역, 『아, 보람 따위 됐으니 야근수당이나 주세요』(서울: 오우아, 2014), 136-50.

30 참고. 한국갤럽조사연구소, 『한국인의 종교 1984-2014』(서울: 한국갤럽조사연구소, 2015)

31 <http://www.munhwa.com/news/view.html?no=2017051801032539173001 [2018년 6월 15일 접속]>.

32 <http://m.newsnjoy.or.kr/news/articleView.html?idxno=212517 [2018년 6월 15일 접속]>.

33 데이비드 키네먼, 이선숙 역, 『청년들은 왜 교회를 떠나는가』(서울: 국제제자훈련원, 2015), 11.

34 양희송, 『가나안 성도 교회 밖 성도』(서울: 포이에마, 2014), 96.

35 정재영, 『교회 안나가는 그리스도인: 가나안 성도를 어떻게 이해할 것인가』(서울: IVP, 2015), 47.

36 위의 책, 201.

37 김진호, 『시민 K, 교회를 나가다』(서울: 현암사, 2012), 253.

38 이영운, "기독청년! 어디로 가고 있는가!: 기독청년의 신앙생활", 「기독교교육정보」 제 43집(2014, 12), 245.

39 김상권, 『청년실종, 공동체성으로 공략하라』(서울: 크리스천리더, 2012), 23.

40 위의 책, 154.

41 변미리, 오세일, "청년 세대, 피안은 어디인가?", 서우석 외 3인 편, 『서울사회학』(서울: 나남, 2017), 111.

42 위의 책, 114.

43 박명철, "교회 청년 목회의 분석과 대안", 「기독교사상」(2001, 7), 153-54.

44 본 연구에서는 '공공신학'의 정의나 기원에 대해 자세히 설명하지 않는다. 이에 대해서는 Sebastian Kim, *Public Theology for Public Sphere* (London: SCM, 2011)와 Deirdre King Hainsworth & Scott R. Paeth, *Global Theology for a Global Society* (Grand Rapids: Eerdmans, 2010)의 서문을 참고하기 바란다. 본 연구에서는 이를 전제로 방법론적 논의를 구체화하려고 한다.

45 Paul S. Chung, *Postcolonial Public Theology* (Eugene: Cascade Books, 2016), 1.

46 Sebastian Kim, *Theology in the Public Sphere* (London: SCM, 2011), 26.

47 Scott R. Paeth, *Exodus Church and Civil Society* (New York: Routledge, 2008), 62.

48 Katie Day and Sebastian Kim, "Introduction," *A Companion to Public Theology* (Boston: Brill, 2017), 2.

49 위의 책, 5.

50 위의 책, 15.

51 Scott R. Paeth, *Exodus Church and Civil Society*, 67.

52 Sebastian Kim and Katie Day, "Introduction," *A Companion to Public Theology*, 5.

53 조한혜정, 엄기호 외, 『노오력의 배신』(서울: 창비, 2016), 204-12. 조한혜정은 이러한 사례가 날로

늘어가고 있다며 몇 가지를 소개하고 있다. 용산구 해방촌에 '빈집', 인천 검안의 '우동사'(우리동네 사람들), 진안이나 제주도 등지의 자치 공동체적 실험에 대해 소개하고 있다.

54 오준호, 『기본소득이 세상을 바꾼다』(고양: 개마고원, 2017), 194.

55 임성빈, 『21세기 책임 윤리의 모색』(서울: 장로회신학대학교, 2002), 131.

56 조한혜정, 엄기호 외, 『노오력의 배신』, 24.

57 위의 책, 27.

58 임성빈, "21세기 초반 한국교회의 과제에 대한 소고-공공신학적 관점에서", 201.

59 참고. <http://www.nocutnews.co.kr/news/4977863>. 한 사례로 장신대 신대원을 2016년 졸업한 최규현 전도사는 청년들에게 저렴한 비용의 공동 주거를 제공하는 사업을 시작했다. 그는 이러한 실천이 청년들의 현실적 필요에 응답할 수 있는 청년 목회라고 여긴다.

15장

1 알리스터 맥그래스, 박규태 역, 『종교개혁시대의 영성』(서울: 좋은 씨앗, 2005), 191.

2 위의 책, 202.

3 William Edgar, "The Arts and the Reformed Tradition," in David W. Hall and Marvin Padgett, eds., *Calvin and Culture* (New Jersey: P&R Publishing Company, 2010), 41.

4 아브라함 카이퍼, 김기찬 역, 『칼빈주의 강연』(서울: 크리스챤다이제스트, 1996), 172-207.

5 William A. Dyrness, *Reformed Theology and Visual Culture* (Cambridge: Cambridge University Press, 2004), 50.

6 장 칼뱅, 성문출판사 편집부 역, 『영한 기독교강요 I, II, III, IV』(서울: 성문출판사, 1993).

7 위의 책, 191.

8 칼뱅은 『기독교강요』 1.11.5-7에서 교황 그레고리의 그릇된 견해를 반박하고 있다.

9 장 칼뱅, 『영한 기독교강요 I』, 215.

10 William Edgar, "The Arts and the Reformed Tradition," 54.

11 장 칼뱅, 『영한 기독교강요 II』, 2.2.12-13.

12 위의 책, 73.

13 William Edgar, "The Arts and the Reformed Tradition," 61. 에드거는 이 글에서 제롬 코틴(Jerome Cottin)의 견해를 소개한다. "루터가 미학 없는 형상을 수용했다면, 칼뱅은 형상 없는 미학을 실천한다"(61). 이 간단한 견해로 루터와 칼뱅의 문화 인식의 차이를 엿볼 수 있다.

14 William A. Dyrness, *Reformed Theology and Visual Culture*, 82.

15 칼뱅의 신학과 칼뱅주의자들의 신학 사이의 불연속성을 주장하는 연구자들이 많다. 필자도 그러한 인식에 일정 부분 동의하고 있으나 이것을 쟁점으로 부각시키지는 않겠다. 불연속성을 주장하는 이들은 칼뱅주의자들이 칼뱅의 이중예정설을 지나치게 강조하여 사회 개혁가요 실천적 목회자였던 칼뱅의 면모를 축소시켰다고 말한다. John W. de Gruchy, "Calvin(ism) and Apartheid in

South Africa in the Twentieth Century: The Making and Unmaking of a Radical Ideology,"
in Irena Backus and Philip Benedict, eds., *Calvin & His Influence, 1509-2009* (New York:
Oxford University Press, 2011)를 참고하라.

16 Henry R. Van Til, *The Calvinistic Concept of Culture* (Grand Rapids: Baker, 1972), 99.

17 William Naphy, "Calvin's Church in Geneva," in Irena Backus and Philip Benedict, eds.,
Calvin & His Influence, 1509-2009 (New York: Oxford University Press, 2011), 102.

18 프레드 그래함, 김영배 역, 『건설적인 혁명가 칼뱅』(서울: 생명의말씀사, 1995), 84-87.

19 위의 책, 87.

20 위의 책, 269. "양자는 상호 간의 존경과 도움으로 동일한 백성을 도와주고 지배함으로써 나란히
존재해야 했다. 교회는 세속 법을 규정하기 위한 시도를 꾀하지 않았으며, 또한 국가는 영적 훈련을
침해하려고 하지 않았다. 그러나 교회는 세속 지도자들이 될 수도 있는 그리스도교인 개개인들에
게 행사하는 영향을 통해서가 아니라 국가를 위한 한 교회로서 말할 수 있는 권리를 보전했다. '신
정 정치'라는 용어를 환기시키는 것이 바로 이 주장이다." 한편, 오토 베버는 중세의 신정 정치의 경
우 문제가 된 것은 '교회와 국가'가 아니라 '교황의 권세와 황제의 권세'라고 보았다. 황제의 권세가
점차 커지면서 국가가 교회의 일까지 간섭하는 일이 벌어졌다. 칼뱅이 교회의 권징과 치리의 독립
적 권위를 확보하려 했던 것도 중세의 그러한 전례를 반복하지 않으려 했다는 것이다. 칼뱅은 교회
와 국가가 협력함으로써 중세와는 전혀 다른 형태의 신정을 수립했다고 베버는 주장한다. 오토 베
버, 김영재 역, 『칼빈의 교회관』(서울: 풍만출판사, 1995), 84-88.

21 박경수, 『교회의 신학자 칼뱅』(서울: 대한기독교서회, 2009), 251.

22 William Naphy, "Calvin's Church in Geneva," in *Calvin & His Influence, 1509-2009*, 107.

23 위의 글, 108.

24 로날드 월레스, 박성민 역, 『칼빈의 사회 개혁 사상』(서울: 기독교문화선교회, 1995), 163.

25 장 칼뱅, 『영한 기독교강요 VI』, 961.

26 로날드 월레스, 『칼빈의 사회 개혁 사상』, 173.

27 위의 책, 175.

28 Philip Benedict, "Calvin and the Transformation of Geneva," in Martin Ernst Hirzel and
Martin Sallmann, eds., *John Calvin's Impact on Church and Society 1509-2009* (Grand
Rapids: Eerdmans, 2009), 8.

29 William Naphy, "Calvin's Church in Geneva," in *Calvin & His Influence, 1509-2009*, 115.

30 Eric Fuchs, "Calvin's Ethics," in *John Calvin's Impact on Church and Society 1509-2009*,
153.

31 김옥순, "칼빈의 디아코니(*Diakonie*)", 한국칼빈학회 편, 『칼빈연구』(서울: 한국장로교출판사,
2004), 199.

32 Robert M. Kingdon, "Calvinism and Social Welfare," *Calvin Theological Journal* 17.2 (1982),
230.

33 Bonnie L. Pattison, *Poverty in the Theology of John Calvin* (Eugene: Pickwick Publications,
2006), 137.

34 Eric Fuchs, "Calvin's Ethics," in *John Calvin's Impact on Church and Society 1509-2009* 147.

35 William Storrar, "2007: A Kairos Moment for Public Theology," *International Journal of Public Theology* 1.1 (2007), 16.

36 알리스터 맥그래스, 『종교개혁시대의 영성』 187.

37 물론 도시에 대한 시대적 개념이 다르기 때문에 그 차이는 분명히 인식되어야 한다. 고대의 도시는 지금과 같은 기획된 도시라기보다는 삶의 터전으로서의 영역이었고, 중세에 와서야 기획된 도시가 등장했다. 그런가 하면 중세의 도시는 정치, 경제적 중앙집권 이데올로기를 반영하고 있는데, 그러한 함의는 교회의 사회적 위치에 그대로 반영되었다. 사실 칼뱅의 도시 목회도 그러한 도시 개념을 배경으로 하여 실천되었던 바, 오늘날 산업사회 이후 형성된 새로운 도시 개념, 즉 새로운 공동체와 시민 사회를 형성하게 되는 도시의 개념과는 차이가 있어서 이점이 십분 고려되어야 한다.

38 Ronald E. Peters, *Urban Ministry* (Nashville: Abingdon, 2007), 124.

39 구혜영, "지역 사회의 문화 복지 정책 개발에 관한 연구", 『한국 지역 사회 복지학』 14 (2004), 251.

40 일반적으로 복지학에서도 '지역 사회 복지계획'을 통해 이 영역의 중요성을 다루는데, 이는 "복지 서비스를 필요로 하는 지역 주민이 지역 사회의 구성원으로서 일상생활을 영위하고 사회, 경제, 문화 기타 모든 분야의 활동에 참여할 수 있는 기회를 제공받을 수 있도록 하는 등 지역 사회 복지의 추진에 대한 사항을 종합화한 계획"이다. 김경우 외 3인, 『지역 사회 복지론』(서울: 나눔의 집, 2009), 346.

41 Andrew Davey and Elaine Graham, "Inhabiting the Good City," in *Postsecular Cities: Space, Theory and Practice*, 131. 필자는 2010년 런던을 방문해서 다베이의 안내로 런던 남부 지역의 지역 공동체 사역을 살펴보았다. 성공회는 최근 지역 교회의 활성화와 '선교형 교회'(mission shaped church) 운동을 통해 지역 공동체를 형성하는 새로운 형태의 다양한 교회를 개척하고 있다.

42 박경수, 『교회의 신학자 칼뱅』 299.

43 조용훈, "생태적 도시 공동체 형성을 위한 지역 교회의 과제", 『한국기독교신학논총』 74.1 (2011), 266.

44 로날드 월레스, 『칼빈의 사회 개혁 사상』 171.

45 신현수는 칼뱅 신학의 사회 정치적 관점이 보수 진영과 진보 진영의 갈등으로 인해 제대로 수용되지 못했다고 지적하며 세 가지 책임을 주장한다. 첫째, 바람직한 공동체적 삶의 원리가 무엇인지를 사회에 제시하고 가르치는 일, 둘째, 사회 정치 영역에서 공동체의 원리가 실천되도록 적극적으로 헌신하고 봉사하는 일, 셋째, 교회 자체가 하나님 나라의 가치와 삶을 실천하는 공동체가 됨으로써 사회에 새로운 공동체의 삶의 본을 보여주는 것이다. 이러한 주장은 기존 교회들을 설득하고 동의를 구하기 위해서 함께 연대해야 할 균형 있는 보수적 입장이라고 할 수 있다. 신현수, "칼빈 신학에 있어서 교회의 사회 정치적 책임", 요한칼빈탄생 500주년 기념사업회 편, 『칼빈의 목회와 윤리, 사회참여』(서울: SFC, 2013), 393-394.

1 교파와 교단은 같은 의미이지만, 장로교, 감리교, 침례교 등의 분류를 고려할 때는 교파를, 장로교 내부의 분열된 여러 단체들을 고려할 때는 교단을 주로 사용한다. 여기서도 이와 같은 용례에 따라서 적절히 사용할 것이다.

2 2009년부터 '한국장로회총연합회'의 주관으로 시작된 '한국장로교의 날' 행사는 해마다 칼뱅의 탄생일인 7월 10일에 개최되고 있는데, 2016년에는 특별히 종교개혁 500주년을 앞두고 새로운 각오를 다졌다고 한다. 한국교회에서 가장 많이 분열된 교단을 가진 교파가 장로교이기에 그들은 그 분열이 하나님 앞에서 지은 죄라고 고백하고 일치를 이루기 위해 노력하겠다고 고백했다. 참고. <http://www.nocutnews.co.kr/news/4620791 [2016년 7월 15일 접속]>.

3 이진구, "한국 개신교 지형의 형성과 교파 정체성: 장로교, 감리교, 성결교를 중심으로", 『종교문화비평』 22권(2012), 78.

4 Russell E. Richey, *Denominationalism* (Nashville: Abingdon press, 1977), 13f. 역사적으로 볼 때, 미국의 독립이 국가 교회로부터 교파 교회로의 전환을 가져온 결정적인 계기가 되었고, 그 전까지는 종교개혁 이후에 성립된 국가 교회 형태였다. 국가의 통제로부터 벗어난 미국의 교파 교회들은 부흥 운동과 선교 운동의 동력을 발판 삼아 경쟁과 성장 전략을 강력히 전개하면서 국가적인 차원의 공적인 문제보다는 개개인의 구원과 영성의 문제에 더 치중하는 개인적 복음주의의 특징을 띠었다. 처음부터 교파들은 미국의 독립이 상징하는 신앙의 자유와 그 이후 수정 헌법(1791년 선포된 수정 헌법의 권리 장전 10개조 중 1조는 정교분리 원칙에 따라 국교화를 시도하지 않을 것과 종교의 자유 및 표현과 결사의 자유를 선언하고 있다)이 상징하는 신앙의 관용을 전제했고, 교회들은 이를 토대로 자발적인 선교 단체로서 활동할 수 있었다.

5 Russell E. Richey, "Denominations and Denominationalism: An American Morphology," in Robert Bruce Mullin and Russell E. Richey ed., *Reimaging Denominationalism* (Oxford: Oxford University Press, 1994), 76.

6 Russell E. Richey, "'Catholic' Protestantism and American Denominationlism," in *Denominationalism: Illustrated and Explained* (Eugene: Cascade Books, 2013), 21.

7 퍼거슨은 비록 루터보다는 부처나 칼뱅을 더 적극적으로 부각시키지만, 공공신학의 뿌리가 16세기의 고백과 실천적 문서들에 있다고 주장한다. 특히 그것은 '관용'의 실천을 통해서 '공공신학'의 근거를 제시하고 있다고 본다. 다음을 참고하라. David Fergusson, "The Reformed Tradition and the Virtue of Tolerance," in William E. Strorrar & Andrew Morton ed., *Public Theology for the 21st Century* (London: T&T Clark, 2004), 107-122.

8 Kenneth Scott Latourette, *A History of Christianity II: Reformation to the Present* (Peabody: Prince Press, 1975, revised edition of the original version, 1953), 690.

9 위의 글, 691.

10 위의 글, 729.

11 Heiko A. Oberman, *The Impact of the Reformation* (Grand Rapids: Eerdmans Publishing Company, 1994), 77.

12 루이스 W. 스피츠, 서영일 역, 『종교개혁사』(서울: 기독교문서선교회, 1983), 47.

13 특히 본격적인 조직신학적 연구서라 할 수 있는 파울 알트하우스의 *Die Theologie Martin Luthers*(1962)로부터, 베른하르트 로제의 *Luthers Theologie in ihere historischen Entwicklung*

und in ihrem systematischen Zusammenhang(1995), 그리고 가장 최근으로는 한스 마르틴 바르트의 *Die theologie Martin Luthers: Eine kritische Würdigung*(2009) 등이 있다. 세 사람은 모두 루터 연구가 편향되기 쉬우며, 객관적인 접근과 주관적인 접근이 모두 허용되야 한다는 점을 공통적으로 주장한다. 그런데 앞서 다룬 교회사가들의 관점과는 달리 이들의 접근은 조직신학적인 접근이기에 루터의 칭의론과 신학에 대체로 집중되어 있다.

14 한스 마르틴 바르트, 『마르틴 루터의 신학』(서울: 대한기독교서회, 2015), 36.

15 위의 글, 40.

16 알리스터 맥그래스, 『루터의 십자가 신학: 마르틴 루터의 신학적 돌파』(서울: 컨콜디아사, 2015), 36.

17 맥그래스는 루터의 신학을 조직신학적으로 보는 견해에 대해 동의하지 않는다. 그에게 '십자가 신학'은 오히려 윤리적이다. 그는 "루터는 십자가의 의미를 설명하는 조직신학이 아니라, 세상을 '보는' 방식, 신학을 하는 방식, 그리고 믿음의 심원한 불명료함을 인지하고 있는 그리스도교적 삶을 살아가는 방식을 나타내기 위해서 '십자가 신학'이라는 표현을 사용하는 경향이 있다"(295)고 본다. 그렇기에 그는 루터의 신학을 단지 개인적인 고백으로 축소하거나 교회의 분리를 통해 민족주의적 동기를 성취하려는 분석에 대해 동의하지 않는다.

18 베른하르트 로제, 『마틴 루터의 신학』(서울: 한국신학연구소, 2002), 129.

19 Nathan Montover, *Luther's Revolution: The Political Dimensions of Martin Luther's Universal Priesthood* (Eugene: Pickwick Publications, 2011), 24.

20 이형기, 『세계교회사 II』, 206. 우리가 익히 잘 아는 대로 루터의 종교개혁으로 인해 유럽의 교파적 갈등과 경쟁은 30년 전쟁으로 나타났다. 그래서 아우구스부르크 평화 협정을 통해 나름의 종교적 자유와 관용을 회득하게 되었다. 물론 진정한 자유는 계몽주의 이후의 일이지만 말이다. 이형기는 "이 협정으로 인하여 종교 문제는 점차 정치적 관점에서 떨어져 나와 개인의 양심 문제로 정착되어 갔다"(200)고 본다. 오늘날 '교단/교파주의'에 대한 개인주의 영성과 성장과 경쟁의 논리에 대한 비판이 아마도 17-18세기부터 그 흔적을 찾을 수 있으리라는 추측을 가능케 한다.

21 트뢸치가 구분한 '교회'(Church) 유형과 '종파'(Sect) 유형에 대해 굳이 여기서 설명하지 않는다. 이러한 유형론은 이미 학계에서 보편적으로 따르고 있으며, 이후 리처드 니버의 유형론에도 그대로 수용되었다.

22 Ernst Troeltsch, *Die Soziallehren der christilichen Kirchen und Gruppen*(1911), Olive Wyon, trans., *The Social Teaching of the Christian Churches II* (Chicago: The University of Chicago Press, 1976), 466.

23 위의 글, 477.

24 위의 글, 495.

25 김주한은 국내 교회 사학자로서는 독보적으로 루터 신학의 사회 윤리적 특성을 파헤쳤다. 루터에 대한 비판적 연구들의 오해와 편견을 바로잡기 위해서 루터 신학의 정치 사회적 의미를 부각시킨다. 본 주제와 관련된 김주한의 연구들은 다음과 같은 것들이며, 본 연구에 있어서 중요한 참고 자료가 되었다. "루터 종교개혁의 문화적인 의미", 『종교와 문화』 8집(2002, 6); "마르틴 루터의 정치 신학에서의 자유의 가치", 『한국교회사학회지』 13집(2003); "마르틴 루터 신학에서 공공성의 가치", 『한국교회사학회지』 19집(2006); "종교개혁은 교파 분열의 발단인가?", 『한국교회사학회지』 28집(2011)

26 김주한, "루터 종교개혁의 문화적인 의미", 「종교와 문화」8집(2002, 6), 169.

27 Reinhold Niebuhr, *The Nature and Destiny of Man II: Human Destiny* (New York: Chanrles Scribner's Sons, 1941), 197.

28 리처드 니버, 「그리스도와 문화」(서울: IVP, 2007), 288-289.

29 위의 글, 294.

30 위의 글, 294.

31 H. Richard Niebuhr, *The Social Sources of Denominationalism* (Cleveland: the World Publishing Company, 1929, 1957), 6.

32 위의 글, 25.

33 본 연구에서는 '두 왕국론'에 대한 자세한 설명이나 언급은 피한다. 이미 이 논의는 충분히 이뤄져 있으며 다양한 참고 문헌을 통해서 확인할 수 있기에 굳이 여기서 다시 설명할 필요가 없을 것이다. '두 왕국론'이라는 용어는 루터 신학을 전용하여 자신의 정치적 정당성을 확보하려 했던 히틀러를 비판하려는 바르트가 루터에게 귀책 사유가 있음을 말하기 위해 만들어낸 것이지 루터가 '두 왕국론'이라는 용어를 말한 바가 없다는 점은 주지의 사실이다. 애초에 부정적 평가를 위해 사용된 용어지만, 기왕에 의제적 용어가 된 상태이므로 그대로 수용하여 사용하기로 한다. 각주 49을 보라.

34 여러 원문과 번역본이 있으나 본 연구에서는 다음의 번역본을 사용했다. 존 딜렌버거, 「루터 저작선」(서울: 크리스챤다이제스트, 1994).

35 '두 왕국론'(two kingdoms)은 '두 정부'(two regimes)와 함께 논의되어야 루터의 의도가 제대로 설명될 수 있다. '두 왕국'은 하나님의 통치가 실현되는 두 공간을 의미하며, '두 정부'는 하나님의 통치의 방식을 의미한다. 그리스도인은 교회와 국가에서 공히 살아간다. 하나님은 교회에서는 복음으로 세속 정부에서는 법과 질서로 통치하신다. 이에 대한 자세한 설명은 다음을 보라. David C. Steinmetz, *Luther in Context*, 115f.

36 존 딜렌버거, 「루터 저작선」(서울: 크리스챤다이제스트, 1994), 441.

37 김주한, "루터 종교개혁의 문화적인 의미", 178.

38 위의 글, 179. 김주한은 여기에 더해서 트뢸치가 루터를 비판한 것은 루터가 아니라 17세기 이후에 성립된 루터주의와 독일 민족주의들에 대한 비판이었음을 분명히 지적한다.

39 김주한, "마르틴 루터의 정치신학에서 자유의 가치", 「한국교회사학회지」제 12집(2003), 192.

40 바르트는 루터의 '두 왕국론'을 다루면서 그것이 교회와 국가를 분리시키고 국가를 독립적인 주체로 인정했다고 보았다. '그리스도의 주권'을 앞세운 바르트는 히틀러가 등장하는 국면에서 루터가 그 정당성을 부여하고 있다고 생각했다. 바르트는 루터가 말해야 한 것은 교회와 국가의 분리가 아니라 두 영역이 서로 연결되고 그리스도 안에서 통합되어 있다는 것이었다고 보았다. 이에 대한 자세한 설명은 다음을 보라. William J. Wright, *Martin Luther's Understanding of God's Two Kingdoms* (Grand Rapids: Baker Academic, 2010), 32-35.

41 베른하르트 로제, 「마틴 루터의 신학」 447.

42 위의 글, 449.

43 김대인, "마르틴 루터의 법사상에 대한 고찰", 「신앙과 학문」제 14권 2호(2009, 8), 66-68.

44 존 딜렌버거, 「루터 저작선」 443.

45 위의 글, 469.

46 위의 글, 477.

47 Steinmetz, *Luther in Context*, 125.

48 김주한, "종교개혁은 교파 분열의 발단인가?", 「한국교회사학회지」제 28집(2011), 198.

49 위의 글, 217.

50 여기서 공공신학의 기원이나 개념을 자세히 설명하지는 않는다. 다만 '공공신학'이라는 용어는 마틴 마티(Martin Marty)가 라인홀드 니버에 대해 쓴 1974년 논문에서 언급했다. 시민 종교 혹은 공적 종교 등에 대한 논의를 하면서 이 단어를 사용하였으나 그것은 시민 종교적 관심에서 논의되었던 바, 지금 기독교계에서 발전되고 있는 논의와는 차이가 있다. 개념이나 발전에 대한 자세한 설명은 한국인으로서 *International Journal of Public Theology*의 편집장을 맡고 있는 요크 대학의 김창환(Sebastian Kim)이 저술한 *Theology in the Public Sphere* (London: SCM Press, 2011) 을 참고하라.

51 Jos Casanova, *Public Religions in the Modern World* (Chicago: The University of Chicago Press, 1994), 5.

52 이에 대해서 다음을 참조하라. Clive Pearson, "What is Public Theology?," Public and Contextual Theology Strategic Research Centre. <https://www.csu.edu.au/_data/assets/pdf_file/0010/788590/What_is_Public_Theology.pdf [2016. 7. 22 접속]>.

53 David Fergusson, "The Reformed Tradition and the Virtue of Tolerance," in William E. Strorrar & Andrew Morton ed., *Public Theology for the 21st Century* (London: T&T Clark, 2004), 115.

54 위의 글, 118.

55 José Casanova, *Public Religions in the Modern World*, 52-56.

56 위의 글, 57.

57 Linell E. Cady, "Public Theology and the Postsecular Turn," *International Journal of Public Theology* 8 (2014), 307. 이 논문은 '공공신학'의 관점에서 특정 사안을 다루는 글이 아니라 '공공신학'의 방법론을 미국적 상황에서 재구성해야 한다고 주장하고 있기 때문에 본 연구에 참고할만 하다. 특히 종교적인 것과 세속적인 것에 대한 이원론적 구분을 극복하는 방법론으로서 '공공신학'의 과제를 제시하고 있다는 점에서 그러하다.

58 위의 글, 310.

59 Elaine Graham, *Between a Rock and a Hard Place* (London: SCM Press, 2013), 46. 그래함은 "십자군과 문화 전쟁"(Crusades and Culture Wars)이라는 장에서 복음주의의 발전과 성장을 분열적인 것으로 보는 경향이 강하다. 그런데 그러한 흐름의 신학적 기원을 루터, 칼뱅의 종교개혁 신학에 놓으려 한다. 이런 점에서 공공신학자들이 그 동안 상투적으로 인식되어온 이원론적 신학으로서의 루터신학, 개인주의 영성으로서의 개신교 신학의 발전에 대해 다시 검토하는 과정들이 필요할 것으로 판단된다. 다음을 참고하라. 위의 책, 155-157.

60 Anna Case-Winters, "Learning from Luther: Reformed Appropriations and Differentiatioins," in Piotr J. Malysz and Derek R. Nelson eds., *Luther Refracted: The Reformer's Ecumenical Legacy* (Minneapolis: Fortress Press, 2015), 295.

61 위의 글, 295.

62 김주한, "마르틴 루터의 신학에서 공공의 가치-그의 사회 복지 정책의 이론적인 토대 탐구", 「한국교회사학회지」, 제 19집(2006), 87.

63 Jos Casanova, *Public Religions in the Modern World*, 231.

64 이 여정에 대해서 최근 신학계에서 두각을 나타내는 논의들이 있다. 예컨대, '선교적 교회(Missional Church)' 운동과 공공신학의 전개, 그리고 삼위일체 신학의 부흥 등이 루터 신학의 재해석 방법론으로 활용될 수 있을 것이다. 본 연구는 이러한 가능성들을 향후 과제로 남겨놓는다. 특히 '선교적 교회'는 북미의 왜곡된 '교단/교파주의'에 대한 반성을 토대로 새로운 교회론의 정립을 지향한다는 차원에서 본 연구와 관련성이 깊다. 선교학자들이 선교적 관점에서 반성한 후 교회론적 정립을 통해 '교단/교파주의'를 극복하고자 한다는 점에서 매우 깊은 의미가 있겠다. 다음을 참고하라. Darrell L. Guder, *Missional Church: A Vision for the Sending of the Church in North America* (Grand Rapids: Eerdmans, 1998), 61-76.

17장

1 로마 교황은 1520년에 출간된 루터의 모든 저작을 단죄하고 철회할 것을 요구하며 60일간의 유예 기간을 주었지만, 이 기간은 루터에게 가장 왕성한 저술 기간이었다. 당시에 쓰인 주요 저작을 일러 3대 논문이라고 칭한다. "『독일 귀족에게 호소함』에서 루터는 귀족들에게 교회를 개혁하도록 요청하고 이것이 꼭 필요한 이유들을 보여줬다. 『교회의 바벨론 포로』에서 그는 교회의 성례 제도 전체, 특히 미사를 공격했고, 성례들에 관한 자신의 인식을 개략적으로 서술했다. 『그리스도인의 자유』는 기독교적 신앙과 삶의 본질에 대한 웅변적인 설명이다.…보름스 제국 회의를 눈앞에 둔 1520년 말에 루터가 새로이 획득한 신학적 견해들과 그것들이 교회의 삶에 대하여 내포하는 의미들은 완전히 표명되어 있었다. 이때로부터 종교개혁 교회의 출현은 불가피했다." 존 딜렌버거 편, 이형기 역, 『루터 저작선』(서울: 크리스챤다이제스트, 1994), 25-26.

2 김주한, "마르틴 루터의 신학에서 공공의 가치: 그의 사회 복지 정책의 이론적인 토대 탐구", 「한국교회사학회지」 19 (2006), 87.

3 패트릭 콜린슨, 『종교개혁』(서울: 을유문화사, 2013), 28.

4 폴 아비스, 이기문 역, 『종교개혁자들의 교회관』(서울: 컨콜디아사, 1987), 119. 아비스는 루터가 '보편적 사제직'에 있어서 여성들을 공적 사역으로부터 제외시켰다고 말한다. 창조의 질서에서 그 근거를 찾았다는 점에서 루터의 주장이 갖는 중세적 한계가 분명히 드러난다(132-133). 그러나 이형기는 루터가 결코 여성을 '보편적인 교역직'에서 배제한 것이 아니고 '특수한 교역직'에서 제외시킬 것을 주장한 것이라고 말한다. 그러니 루터가 본래 주장했던 '만인사제론'에서 크게 벗어난 것은 아니라는 취지로 그를 변호한다. 이형기, "종교개혁과 평신도", 이형기 편, 『교회의 직제론과 평신도론』(서울: 장로회신학대학교출판부, 2001), 25.

5 존 딜렌버거, 『루터 저작선』, 486. "첫째로 그들은 속권에 의해 위협을 받을 때에 속권은 자기들에 대한 관할권이 없으며 오히려 정반대로 영권이 속권보다 우월하다는 입장을 확고하게 밝혀왔다. 둘째로 그들은 성경에 의거하여 책망하고자 할 때에 교황 외에는 그 누구도 성경을 해석할 수 있는 자격이 없다는 반응을 보여왔다. 셋째로 그들은 공의회에 의해 위협을 받을 때에 교황 외에는 그 누구도 공의회를 소집할 수 없다고 뻔뻔스럽게 답변해왔다. 이런 식으로 그들은 능수능란하게 이러한 세 가지 교정 수단을 무력화시키고 벌을 피해왔다."

6 위의 책, 486.

7 위의 책, 487.

8 위의 책, 492.

9 위의 책, 494.

10 그러나 루터에게 '안수'(ordination)는 모두 없어져야 할 것이라기보다는 그 의식이 인간이 만든 관습이기 때문에 하나님으로부터 유래한 본질적으로 거룩한 것은 아니다. 교회의 성례를 통해 임하는 특별한 은총은 교회를 하나님의 자리에 두는 행위다. 교회를 만드는 것은 하나님의 약속이지 교회가 하나님의 약속을 만드는 것은 아니기 때문이다. 루터에게 있어서 안수는 성경에 나오지 않는 비성경적인 것이었고 그것을 가르치는 것도 비성경적인 것이었다.

11 루터의 주장이 제대로 실천되지 못했고 오히려 당시의 제후들의 요구에 타협했다는 부정적 비판도 있다. 오늘의 시각으로 루터의 개혁을 평가한다면 부족한 점이 있을 수 있고, 또 개신교 교파주의가 등장하면서 루터의 초기 사상들이 무뎌진 것은 분명하지만, 루터의 주장은 당시의 시점에서 평가하는 것이 정당하다.

12 Nathan Montover, *Luther's Revolution: The Political Dimensions of Martin Luther's Universal Priesthood* (Eugene: Pickwick, 2011), 115.

13 위의 책, 137.

14 Uche Anizor & Hank Voss, *Representing Christ: A Vision for the Priesthood of All Believers* (Downers Grove: IVP Academy, 2016), 18.

15 위의 책, 81.

16 위의 책, 82.

17 이형기, "종교개혁과 평신도", 이형기 편, 『교회의 직제론과 평신도론』. 36.

18 그레그 옥덴, 송광택 역, 『새로운 교회개혁 이야기』(서울: 미션월드라이브러리, 1998), 17. 옥덴은 만인사제론을 이어받는 새로운 교회의 중요한 변화를 여섯 가지로 정리했다. "1. 교회는 성령을 통해 살아계신 하나님과 직접 만날 수 있다는 사실을 다시금 깨닫게 되었다. 2. 그리스도인의 삶이란 자기 안에 계신 그리스도를 드러내는 것이다. 3. 교회는 살아 있는 유기체요 그리스도의 몸이다. 4. 모든 하나님의 백성은 사역자들이다. 5. 성령의 에큐메니즘(ecumenism)은 교파를 초월한다. 6. 예배는 교회의 본질을 뚜렷하게 규정해야 한다." 위의 책, 18-19.

19 위의 책, 64. 유기체적 교회는 교회를 그리스도의 몸으로 파악하고 교회를 그리스도께서 내주하시는 백성 전체로 이해하지만 제도적 교회는 교회 안에서 지도력을 행사하는 직분들로 이해하고 진정한 교회는 하나님의 말씀을 올바르게 선포하고 성례가 합당하게 시행되는 곳에서 발견된다고 본다. 유기체적 교회는 성령께서 주시는 은사를 통해 이루어지지만, 제도적 교회의 사역은 성직의 영역으로 구분된다.

20 위의 책, 68.

21 위르겐 몰트만, 김균진 역, 『생명의 영』(서울: 대한기독교서회, 1992), 27.

22 Anselm Kyongsuk Min, *The Solidarity of Others in a Divided World* (New York: Bloomsbury T&T Clark, 2004), 120.

23 이런 관점에서 이른바 '가나안(안나가) 교인'을 시대적 흐름으로 정당화하는 것은 종교개혁의 만인사제론이 지향하는 신자의 선교적 삶을 실천하는 것이라고 볼 근거가 부족하다.

24 Uche Anizor & Hank Voss, *Representing Christ: A Vision for the Priesthood of All Believers*, 82.

25 '선교적 교회'는 '선교하는 교회'(Church with Mission)가 아니라 '선교를 위한 교회'(Church for Mission)로서 보통 해외 선교를 떠 올리는 missionary가 아닌 missional이라는 단어를 새롭게 만들어 사용하고 있다. 한때 '사명 중심의 교회'로 번역한 일이 있었으나, 학계에서는 '선교적'으로 보편화되어 사용하고 있다. 이는 선교론을 포함하는 교회의 본질에 대한 질문을 담고 있다. 대럴 L. 구더, 정승현 역, 『선교적 교회』(인천: 주안대학원대학교출판부, 2013).

26 Alan J. Roxburgh & M. Scott Boren, *Introducing the Missional Church* (Grand Rapids: Baker, 2009), 31-34. 『선교적 교회 입문』(올리브나무 역간).

27 대럴 L. 구더, 『선교적 교회』 30.

28 위의 책, 38.

29 게오르그 훈스버거, "선교적 사명: 하나님의 통치를 나타내기 위한 부르심과 보내심", 『선교적 교회』 167.

30 30년 동안의 인도 선교를 마치고 영국으로 돌아 온 뉴비긴의 눈에는 영국교회가 오히려 선교적 상황에 놓여 있는 것으로 보였다. 그러나 영국교회는 선교를 해외에서 수행하는 것으로만 여길 뿐 자신들의 변화된 사회적 상황에 대해선 둔감했고, 그제야 '하나님의 선교'에 대한 깊은 고민을 하게 됐다. 이후 에큐메니컬 운동에 참여하면서 적극적인 논의를 주도했다. 1951년 교회를 세상으로 보내시는 하나님을 이해하기 위해 칼 바르트와 일주일을 함께 보낸 뉴비긴은 1952년 '윌링겐 세계선교대회'(Willingen International Mission Conference)에서 최종 선언문을 작성했다. 이 대회는 삼위일체적 관점으로 선교를 이해했던 최초의 대회였으며 '미시오 데이'(*missio Dei*)라는 단어를 대중적으로 만들었다.

31 레슬리 뉴비긴, 홍병룡 역, 『오픈 시크릿』(서울: 복있는사람, 2012), 44.

32 레슬리 뉴비긴, 홍병룡 역, 『다원주의 사회에서의 복음』(서울: IVP, 1998), 424. 공적인 영역에서 제사장직을 수행하도록 구비시키는 공동체는 교회가 그러한 훈련을 수행하는 곳이어야 한다는 것과 신도들은 모두 은사에 따라 세상 속에서 선교적 삶을 살아야 한다.

33 알란 록스버러, "선교적 리더십: 하나님의 백성을 선교를 위해 준비시키다", 『선교적 교회』 295.

34 위의 책, 316. 록스버러는 현재 신학교가 교회현장에서 필요한 선교 지도자를 양성할 준비가 부족하다고 판단한다. 이제 신학교는 선교적 삶을 가르치는 교육으로 전환되어야 한다고 주장한다.

35 마이클 프로스트·알란 허쉬, 지성근 역, 『새로운 교회가 온다』(서울: IVP, 2009), 124-126.

36 국내에서는 브랜든 선교연구소가 2016년 『선교형 교회: 변화하는 상황에서 교회 개척과 교회의 새로운 표현』(서울: 비아, 2016)이라는 제목으로 출간했다.

37 잉글랜드 성공회 선교와 사회 문제 위원회, 『선교형 교회』 58.

38 위의 책, 14.

39 위의 책, 104-5.

40 위의 책, 83.

41 위의 책, 140.

42 위의 책, 48.

43 David Goodhew, Andrew Roberts, Michael Volland, *Fresh!: An Introduction to Fresh Expressions of Church and Pioneer Ministry* (London: SCM, 2012), 71-72.

44 <www.freshexpressions.org.uk>.

45 <https://bit.ly/2GYS8MY [2018년 4월 5일 접속]>.

46 양권석, "성공회의 직제 이해와 평신도", 이형기, 『교회의 직제와 평신도론』 270.

47 잉글랜드 성공회 선교와 사회 문제 위원회, 『선교형 교회』 265.

48 <https://bit.ly/2GDxI8R [2018년 4월 5일 접속]>.

49 John Walker, *Testing Fresh Expressions: Identity and Transformation* (Surrey: Ashgate, 2014), 233.

50 성석환 편, 『선교적 교회의 오늘과 내일』(서울: 예영커뮤니케이션, 2016). "이 책은 '선교적 교회'를 지향하기 원하는 사역자 중 특별히 교회 개척을 준비하는 이들이나 신학생들이 도전을 받을 만한 내용을 담고 있다. 또 기성 교회가 '선교적 교회'와 함께 지역 사회를 위한 협력 사역을 위해 무엇을 할 수 있을지 고민한다면 유용하게 활용할 수 있는 이야기가 담겨 있다"(14-15).

51 크레이그 밴 겔더·드와이트 샤일리, 최동규 역, 『선교적 교회론의 동향과 발전』(서울: 기독교문화선교회, 2015), 288.

52 <https://bit.ly/2ElKyGv [2018년 4월 5일 접속]>.

53 크레이그 밴 겔더·드와이트 샤일리, 『선교적 교회론의 동향과 발전』 289.

54 위의 책, 295.

55 이런 사례들이 많이 나타나고 있다. 대표적인 사례 중 하나는 화성에 위치한 더불어숲동산교회인데, 이 교회에서는 전 교인이 주체적으로 참여하는 방식으로 지역 사회의 학교 교육에도 참여하고 지역 공동체 형성을 위한 시민 운동을 주도하고 있다. 이도영, "공동체성과 공공성을 회복하는 선교적 교회", 『선교적 교회의 오늘과 내일』 228-252.

결론: 한국에서 공공신학자로 살아간다는 것

1 Paul S. Chung, *Postcolonial Public Theology* (Eugene: Cascade Books, 2016), 1.

2 Sebastian Kim, *Theology in the Public Sphere*, 26.

3 Scott R. Paeth, *Exodus Church and Civil Society* (New York: Routledge, 2008), 62.

4 위의 책, 67.

5 피터 L. 버거, 노상미 역, 『어쩌다 사회학자가 되어』(서울: 책세상, 2012), 72-73.

6 이 부분은 필자의 앞선 글에서도 중요하게 다루었던 내용으로서, 다음의 논문에서 일부 발췌해 수정했다. 성석환, "지역 공동체를 지향하는 선교의 공공성 연구: '후기 세속 사회'의 종교 담론을 중심으로", 『선교와 신학』 37 (2015).

7 <https://bit.ly/2AzIeQ4 [2018.4.12. 접속]>.

8 Charles Taylor, "Why We Need a Radical Definition of Secularism," in Eduardo Mendieta

& Jonathan VanAntwerpen & Craig Calhoun, eds., *The Power of Religion in the Public Sphere*, (New York: Columbia University Press, 2011), 49.

9 Craig Calhoun & Mark Juergensmeyer & Jonathan VanAntwerpen, "Introduction," in Craig Calhoun & Mark Juergensmeyer & Jonathan VanAntwerpen, eds., *Rethinking Secularis*, (Oxford: Oxford University Press, 2011), 8.

10 Jürgen Habermas, "An Awareness of What is Missing," in Jürgen Habermas, et al., *An Awareness of What is Missing: Faith and Reason in a Post-secular Age* (Cambridge: Polity Press, 2010), 21.

11 Russell E. Richey, *Denominationalism* (Nashville: Abingdon Press, 1977), 13f. 역사적으로 볼 때, 미국의 독립이 국가 교회로부터 교파 교회로의 전환을 가져온 결정적인 계기가 되었고, 그 전까지는 종교개혁 이후에 성립된 국가 교회 형태였다. 국가의 통제로부터 벗어난 미국의 교파 교회들은 부흥 운동과 선교 운동의 동력을 발판 삼아 경쟁과 성장 전략을 강력히 전개하면서 국가적인 차원의 공적인 문제보다는 개개인의 구원과 영성의 문제에 더 치중하는 개인적 복음주의의 특징을 띠게 되었다. 처음부터 교파들은 미국의 독립이 상징하는 신앙의 자유와 그 이후 수정 헌법 (1791년 선포된 수정 헌법의 권리 장전 10개조 중 첫 번째 1조는 정교분리 원칙에 따라 국교화를 시도하지 않을 것과 종교의 자유 및 표현과 결사의 자유를 선언하고 있다)이 상징하는 신앙의 관용을 전제했고, 교회들은 이를 토대로 자발적인 선교 단체로서 활동할 수 있었다.

12 José Casanova, *Public Religions in the Modern World* (Chicago: The University of Chicago Press, 1994), 55.

13 위의 책, 5.

14 이에 대해서 다음을 참조하라. Clive Pearson, "What is Public Theology?" Public and Contextual Theology Strategic Research Centre. <https://bit.ly/2EEVWxn [2018. 4. 12 접속]>.

15 E. H. Brietenberg, "What is Public Theology?" in *Public Theology for a Global Society*, 5.

16 한나 아렌트, 이진우·태정호 역, 『인간의 조건』(파주: 한길사, 1996), 111.

17 위의 책, 111.

18 위의 책, 131.

19 위의 책, 386.

20 Linell E. Cady, "Public Theology and the Postsecular Turn," *International Journal of Public Theology* 8.3 (2014), 307. 이 논문은 공공신학의 관점에서 특정 사안을 다룬 글이 아니라 미국적 상황에서 공공신학의 방법론을 재구성해야 한다고 주장하기 때문에 본 연구에 참고할 만하다. 특히 종교적인 것과 세속적인 것에 대한 이원론적 구분을 극복하는 방법론으로서 공공신학의 과제를 제시하고 있다는 점에서 그러하다.

21 위의 글, 310.

22 이언 샤피로, 노승영 역, 『정치의 도덕적 기초』(서울: 문학동네, 2017), 223.

23 마이클 샌델, 안진환·김선욱 역, 『정치와 도덕을 말하다』(서울: 와이즈베리, 2016), 231.

24 위의 책, 62.

25 샌델은 근본주의 기독교의 사회적 득세에 대해서 정치 담론장에 도덕적 의의가 결여되었을 때 나타나는 현상이라고 보았다. 그들은 "벌거벗은 공개 광장을 편협하고 옹졸한 도덕주의로 뒤덮고 싶

공공신학과 한국 사회

424

어 한다. 근본주의자들은 자유주의자들이 발을 들여놓길 꺼리는 곳으로 거침없이 돌진한다." 위의 책 54.

26 Patrick Riordan, *A Grammar of the Common Good* (London: Continuum, 2008), 3. 리오단은 공동선 개념을 설명하면서, 존 할대인(John Haldane)을 따라 개인적·사적·집단적·대중적·공동의 이익을 구별한다. 타인은 알 수 없는 자신만의 기쁨과 유익에 해당되는 것이 개인적 이익이고, 주식이 오르는 것과 같은 이익은 집단적인 것이며, 깨끗한 공기와 같은 것은 대중적 이익이다. 공동의 이익은 공동체의 연대가 강화되고 구성원들을 안전하게 하며 어느 특정 개인의 것으로 소유될 수 없는 공동체적 활동의 형식을 의미한다(9).

27 David Hollenbach, *The Common Good and Christian Ethics*, 18.

28 <https://bit.ly/2GTL1C1 [2018.4.12. 접속]>.

29 Anna Rowlands, "The Language of the Common Good," in Nicholas Sagovsky & Peter McGrail, eds., *Together fro the Common Good: Towards a National Conversation* (London: SCM, 2015), 6-8.

30 <https://bit.ly/2EGY73L [2018.4.12. 접속]>.

31 짐 월리스, 박세혁 역, 『하나님 편에 서라』(서울: IVP, 2014), 46-47. 필자는 이 책을 펴낸 2013년 영국에서 월리스를 만났다. 그는 한국에 들리면 학교에 초청하고 싶다고 말하는 나에게 한국의 한 대형 교회 담임 목사의 아들이 소저너스에 대한 논문을 썼고, 2014년에 초청해서 방문할 것이라고 했다. 필자는 그때 한국의 대형 교회에서 당신을 초청할 리가 없다고 했으나, 그는 정말 2014년 한국의 모 대형 교회를 방문하여 그들만의 세미나와 미팅에 참여하고 미국으로 돌아가 버렸다. 그리고 지금 그를 초청했던 소저너스에 대한 논문으로 학위를 받은 그 대형 교회의 아들은 담임 목사를 세습하여 한국 사회가 직면한 부와 권력의 정당한 분배의 문제에 있어서 공동선을 현저히 파괴하고 있다.

32 위의 책, 451.

33 Jim Wallis, *The (Un)Common Good* (Grand Rapids: Brazos Press, 2014), 19.

34 짐 월리스, 『하나님 편에 서라』, 452.

35 Walter Brueggemann, *God, Neighbor, Empire* (Waco: Baylor University Press, 2016), 25.

36 위의 책, 122.

37 낸시 프레이저, 김원식 역, 『지구화 시대의 정의』(서울: 그린비, 2010), 171. 프레이저는 베스트팔렌 조약이 영토 국가를 전제로 하여 쌍방 계약 당사자들 간의 협약이었으며, 이 원리가 서구 사회를 지금까지 지배하고 있지만, 이렇게 구축된 공론장은 지구화 시대에 더 많은 관련자들을 소외하거나 배제하는 원리로 작동하고 있다는 점을 고발하면서, 좀 더 포괄적이며 참여적인 지구 시민 사회의 공론장 형성을 주장한다.

38 Jim Willis, "Germans Are Welcoming Refugees as a Way to Honor Luther's Legacy," *Christianity Today* (2017.8), 69-73.

참고 문헌

서문

Breitenberg Jr., E. Harold. "To Tell the Truth: Will the Real Public Theology Please Stand Up?" *Journal of the Society of Christian Ethics.* 23, 2003.

Cady, Linell E. "A Model for a Public theology."*Harvard Theological Review.* 80, no. 2. 4, 1987.

_____. "H. Richard Niebuhr and the Task of a Public Theology." *The Legacy of H. Richard Niebuhr,* Ronald E. Thiemann ed. Minneapolis: Fortress, 1991.

_____. "Public Theology and the Postsecular Turn." *International Journal of Public Theology.* 8, 2014.

Habermas, Jürgen. "Religion in the Public Sphere." *European Journal of Philosophy.* 14:1, 2006.

Kim, Sebastian & Katie Day. *A Companion to Public Theology.* Boston: Brill, 2017.

Morton, Andrew. *Duncan Forrester: A Public theologian, Public Theology for the 21st Century.* London: T&T Clark, 2004.

Stackhouse, Max L. "Introduction." *Public Theology and Political Economy.* Maryland: University Press of America, 1991.

_____. "Civil Religion, Political Theology and Public Theology."*Political Theology.* no. 3, July 2004.

Storrar, William. "2007: A Kairos Moment for Public Theology."*International Journal of Public Theology.* 1, 2007.

성석환. "한국 공공신학의 실천 과제로서의 문화 변혁: 세속화 이론과 기독교 국가 이념을 넘어서." 「기독교 사회윤리」 17집, 2009.

<https://onlinelibrary.wiley.com/doi/epdf/10.1111/j.1468-0378.2006.00241.x [2018년 7월 4일 접속]>.

<http://www.sedaily.com/NewsView/1S22FL4FJH [2018. 7. 30 접속]>.

<https://news.joins.com/article/22861440 [2018. 8.1 접속]>.

<https://cemk.org/resource/2699/ [2018. 8. 1 접속]>.

1장 한국적 공공신학의 필요성

문시영. "공공신학 실천을 위하여: 公-私의 이분법을 넘어서." 새세대교회윤리연구소 편. 「공공신학, 어떻게 실천할 것인가?』 서울: 북코리아, 2008.

스택하우스, 맥스 L. 이상훈 역. "공공신학이란 무엇인가?" 새세대교회윤리연구소 편. 『공공신학, 어떻게 실천할 것인가?』 서울: 북코리아, 2008.

이재열. "안전하고 성숙한 사회를 위하여." 정진성 외 6인. 『한국 사회의 트렌드를 읽는다: 국민 의식 조사를 통해 본 외환 위기 10년』 서울: 서울대학교출판문화원, 2009.

장신근. "공적신학이란 무엇인가?" 이형기 외 8인. 『공적 신학과 공적 교회』 서울: 킹덤북스, 2010.

Breitenberg Jr., E. Harold. "What Is Public Theology?" Deirdre King Hainsworth & Scott R. Paeth eds. *Public Theology for a Global Society*. Grand Rapids: Eerdmans, 2010.

De Gruchy, John W. *Christianity, Art and Transformation; Theological Aesthetics in the Struggle for Justice*. Cambridge: Cambridge University Press, 2001.

_____. "Public Theology as Christian Witness: Exploring the Genre." *International Journal of Public Theology*. 1.1 (2007), 32-45.

Hainsworth, Deirdre King & Scott R. Paeth. "Introduction." Deirdre King Hainsworth & Scott R. Paeth eds. *Public Theology for a Global Society*. Grand Rapids: Eerdmans, 2010.

Paeth, Scott R. "Religious Communities and Global Society: Moral Formation and Interreligious Cooperation in a Pluralistic Context." Deirdre King Hainsworth & Scott R. Paeth eds. *Public Theology for a Global Society*. Grand Rapids: Eerdmans, 2010.

Schweiker, William. "Public Theology and the Cosmopolitan Consciece." Deirdre King Hainsworth & Scott R. Paeth eds. *Public Theology for a Global Society*. Grand Rapids: Eerdmans, 2010.

Stackhouse, Max L. *God and Globalization: Globalization and Grace*. New York: Continuum, 2007.

_____. "Civil Religion, Political Theology and Public Theology." *Political Theology* 5.3 (2004): 275-297.

Tracy, David. *The Analogical Imagination: Christian Theology and the Culture of Pluralism*. New York: Crossroad, 1981.

Wuthnow, Robert. *Christianity and Civil Society: the Contemporary Debate*. Valley Forge: Trinity Press International, 1996. 『기독교와 시민 사회』(기독교문서선교회 역간).

2장 공공신학의 중심 개념

김세훈. "공공성에 대한 사회학적 이해." 김세훈 외 5인. 『공공성: 공공성에 대한 다양한 접근』 파주: 미메시스, 2009.

김임구. "문학: 후기 세속 사회의 문화 패러다임 연구-하버마스와 라칭어의 대담을 중심으로." 「독일어문학」 49 (2010): 51-84.

마셜, T. H. 김윤태 역. 『시민권과 복지 국가』 서울: 이학사, 2013.

문시영. "'위험사회'의 공공신학적 성찰과 한국교회의 과제." 「장신논단」 47.4 (2015): 177-199.

볼브, 미로슬라브. 김명윤 역. 『광장에 선 기독교』. 서울: IVP, 2014.

서용선. "하버마스 사상에 근거한 시민 교육의 방향: 인식 관심, 공론장, 의사 소통 합리성의 맥락과 의미." 『한국초등교육』 24.2 (2013): 25-43.

성석환. "지역 공동체의 문화 복지를 위한 공공신학의 실천적 연구." 『선교와 신학』 33 (2014): 241-272.

신동면. "사회 복지의 공공성 측정에 관한 연구." 『한국 사회정책』 17.1 (2010): 241-265.

신진욱. "공공성과 한국 사회." 『시민과세계』 11 (2007): 18-39.

송재룡, "종교사회학의 최근 테제: 탈세속화와 영성 사회학", 바른교회아카데미 발제물 (2008, 7).

임의영. "공공성의 유형화." 『한국행정학보』 44.2 (2010): 1-21.

준이치, 사이토. 윤대석·류수연·윤미란 역. 『민주적 공공성』. 서울: 이음, 2009.

하버마스, 위르겐. 한승완 역. 『공론장의 구조변동』. 서울: 나남, 2001.

하승우, 『공공성』. 서울: 책세상, 2014.

한길석. "하버마스의 공영역론과 다원사회적 문제." 毑시대와 철학』 25.2 (2014): 193-222.

홍성태. "시민적 공공성과 한국 사회의 발전." 『민주사회와 정책연구』 13 (2008): 72-97.

Dillon, Michele. "Jürgen Habermas and the Post-Secular Appropriation of Religion: A Sociological Critique." Philip S. Gorski & David Kyuman Kim & John Torpey & Jonathan VanAntwerpen eds. *The Post-Secular in Question*. New York: New York University Press, 2012.

Esping-Andersen, Gosta. *The Three Worlds of Welfare Capitalism*. Cambridge: Polity, 1990.

Graham, Elaine. *Between a Rock and a Hard Place: Public Theology in a Post-Secular Age*. London: SCM, 2013.

Habermas, Jürgen. "'The Political': The Rational Meaning of a Questionable Inheritance of Political Theology." Eduardo Mendieth & Jonathan VanAntwerpen eds. *The Power of Religion in the Public Sphere*. New York: Columbia University Press, 2011.

Reder, Michael & Josef Schmidt, S. J. "Habermas and Religion." Jürgen Habermas et al. *An Awareness of What is Missing: Faith and Reason in a Post-Secular Age*. Cambridge: Polity Press, 2010.

Turner, Bryan S. "Post-Secular Society: Consumerism and the Democratization of Religion." Philip S. Gorski & David Kyuman Kim & John Torpey & Jonathan VanAntwerpen eds. *The Post-Secular in Question*. New York: New York University Press, 2012.

XVI, Benedikt and Jürgen Habermas. *Dialectics of Secularization: On Reason and Religion*. Ignatius Press, 2006. 『대화 : 하버마스 對 라칭거 추기경』(새물결 역간).

3장 공공신학과 지역 교회

버거, 피터. 한완상 역. 『종교와 사회』. 서울: 종로서적, 1981.

신국원. 『변혁과 샬롬의 대중문화론』 서울: IVP, 2004.

심광현. 『문화 사회와 문화 정치』 서울: 문화과학사, 2003.

스태하우스, 맥스 L. 이상훈 역. "공공신학이란 무엇인가?" 새세대교회윤리연구소 편. 『공공신학, 어떻게 실천할 것인가?』 서울: 북코리아, 2008.

임성빈. "새 천년을 맞는 한국교회의 과제로서의 문화 선교." 대한예수교장로회총회사회부 편. 『21세기의 도전과 문화선교』 서울: 한국장로교출판사, 2000.

켈너, 더글라스. 김수정·정종희 역. 『미디어 문화』 서울: 새물결, 1997.

콕스, 하비. 유지황 역. 『영성, 음악, 여성』 서울: 동연, 1996.

Burity, Joanildo. "The framework(s) of Society Revisited." Julio de Santa Ana et al. *Beyond Idealism: A Way Ahead for Ecumenical Social Ethics*. Grand Rapids: Eerdmans, 2004.

Cady, Linell E. "H. Richard Neibuhr and the Task of a Public Theology." *Anglican Theological Review* 72.4 (1990): 379-398.

_____. "A Model for a Public Theology." *Harvard Theological Review* 80.2 (1987): 193-212.

Carter, Craig A. *Rethinking 'Christ and Culture': a Post-Christendom Perspective*. Grand Rapids: Brazos Press, 2006.

De Gruchy, John W. "Public theology as Christian Witness: Exploring the Genre." *International Journal of Public Theology* 1.1 (2007): 26-41.

Gunton, Colin. "Karl Barth and the Western Intellectual Tradition: Towards a Theology After Christendom." John Thompson ed. *Theology beyond Christendom*. Eugene: Pickwick Publications, 1986.

Hollenbach, David. *The Global Face of Public Faith*. Washington, D.C.: Georgetown University Press, 2003.

Martin, David. *On Secularization: Towards a Revised General Theory*. Aldershot: Routledge, 2017. 『현대 세속화 이론』(한울 역간).

Moltmann, J. *God for a Secular Society: The Public Relevance of Theology*. Minneapolis: Fortress Press, 1999. 『세계 속에 있는 하나님』(동연 역간).

Morton, Andrew R. "Duncan Forrester: A Public Theologian." William F. Storrar & Andrew R. Morton eds. *Public Theology for the 21st Century*. London: T&T Clark, 2004.

Riordan, Patrick. "Five Ways of relating Religion and Politics." Graham Ward & Michael Hoelzl eds. *The New Visibility of Religion: Studies in Religion and Cultural Hermeneutics*. London&New York: Continuum, 2008.

Stackhouse, Max. "Civil Religion, Political Theology and Public Theology: What's the Difference?" *Political Theology* 5.3 (2004): 275-293.

Storrar, William. "2007: A Kairos Moment for Public Theology." *International Journal of Public Theology* 1.1 (2007): 5-25.

Storrar, William F. and Andrew R. Morton, "Introduction." William F. Storrar & Andrew R. Morton eds. *Public Theology for the 21st Century*. London: T&T Clark, 2004.

Sweeney, James C. P. "Revising Secularization Theory." Graham Ward & Michael Hoelzl eds. *The New Visibility of Religion: Studies in Religion and Cultural Hermeneutics*. London&New York: Continuum, 2008.

Tanner, Kathryn. *Theories of Culture: a New Agenda for Theology*. Minneapolis: Fortress Press, 1997.

Van Aarde, Andries, "What is 'Theology' in 'Public Theology' and What is 'Public' about 'Public Theology'?" *HTS Theological Studies* 64.3 (2008): 1213-1234.

Unruh, Heidi Rolland and Ronald J. Sider. *Saving Souls, Saving Society*. Oxford: Oxford University Press, 2005.

Wuthnow, Robert. *Christianity and Civil Society: the Contemporary Debate*. Valley Forge: Trinity Press International, 1996. 『기독교와 시민 사회』(기독교문서선교회 역간).

＿＿＿. *Christianity in the Twenty-First Century*. New York: Oxford University Press, 1993.

4장 공공신학과 지역 공동체

구혜영. "지역 사회의 문화 복지 정책 개발에 관한 연구." 『한국지역 사회 복지학』 14 (2004): 249-281.

김복수 외 4인. 『'문화의 세기' 한국의 문화 정책』 서울: 보고사, 2003.

김찬호. 『도시는 미디어다』 서울: 책세상, 2002.

박영신. "잊혀진 이야기: 시민 사회와 시민 종교." 박영신·이승훈 편. 『한국의 시민과 시민 사회』 서울: 북코리아, 2010.

＿＿＿. "종교, 삶의 문화, 그리고 시민 사회." 박영신·이승훈 편. 『한국의 시민과 시민 사회』 서울: 북코리아, 2010.

설한. "공동체주의: 협동, 책임, 참여의 정치 사회학." 한국도시연구소 편. 『도시공동체론』 서울: 한울, 2003.

성석환. "지역 공동체의 문화 복지를 위한 공공신학의 실천적 연구." 『선교와 신학』 33 (2014): 241-272.

심광현. 『문화 사회와 문화 정치』 서울: 문화과학사, 2003.

야스오, 니시야마, 니시야마 야에코. 김영훈·김기수·최광복 역. 『영국의 거버넌스형 마을 만들기』 서울: 기문당, 2009.

장신근. "공적신학이란 무엇인가?" 이형기 외 8인. 『공적 신학과 공적 교회』 서울: 킹덤북스, 2010.

정수복. 『한국인의 문화적 문법』 서울: 생각의 나무, 2007.

조명래. "지역 사회에의 도전: 도시 공동체의 등장과 활성화." 한국도시연구소 편. 『도시공동체론』 서울: 2003.

Corbitt, J. Nathan & Vivian Nix-Early. *Taking It To The Streets: Using the Arts to Transform Your Community*. Grand Rapids: Baker, 2003.

Hewes, Sarah & Alessandra Buofino. *Cohesive Communities: the Benefits of Effective Partnership Working between Local Government and the Voluntary and Community Sector*. London: Young Foundation IDeA, 2010.

Linthicum, Robert C. "Networking: Hope for the Church in the City." Harvie M. Conn ed. *Planting and Growing Urban Churches: From Dream To Reality*. Grand Rapids: Baker, 1997.

Kuhrt, John. "Going Deeper Together: Resisting Tribal Theology." Andrew Davey ed. *Crossover City*. New York: continuum, 2010.

Kim, Sebastian CH. *Theology in the Public Sphere*. Hymns Ancient and Modern Ltd, 2011.

Woodcraft, Saffron. *Design for Social Sustainability: A Framework for Creating Thriving New Communities*. London: Young Foundation and Future Communities, 2011.

5장 공공신학과 도시 공동체

기든스, 앤서니. 임현진·정일준 역. 『성찰적 근대화』 서울: 한울, 1994.

루소, 릭·에릭 스완슨. 김용환 역. 『교회 밖으로 나온 교회』 서울: 국제제자훈련원, 2008.

미내트레아, 밀프레드. 김성웅 역. 『미국의 감자탕 교회들』 서울: 생명의 말씀사, 2007.

벡, 울리히. 조만영 역. 『지구화의 길』 서울: 거름, 2000.

벤야민, 발터. 조형준 역. 『도시의 산책자』 서울: 새물결, 2005.

성석환. "한국 공공신학의 실천 과제로서의 문화 변혁: 세속화 이론과 기독교 국가의 이념을 넘어서." 『기독교 사회 윤리』 17 (2009): 111-131.

_____. "지역 공동체 형성을 위한 도시 교회의 문화 선교." 『한국기독교신학논총』 68.1 (2010): 339-358.

신광철. "성과 속의 접점 찾기: 종교학과 문화 콘텐츠." 김영순·김현 외. 『인문학과 문화콘텐츠』 서울: 다할미디어, 2006.

심혜련. "문화적 기억과 도시 공간, 그리고 미적 체험." 시울시립대학교 도시인문학연구소 편. 『도시적 삶과 도시문화』 서울: 메이데이, 2009.

유성준. 『미국을 움직이는 작은 공동체: 세이비어 교회』 서울: 평단, 2005.

전병태. 『커뮤니티 아트 진흥방안 연구』 서울: 한국문화관광연구원, 2007.

조명래. 『현대 사회의 도시론』 서울: 한울아카데미, 2002.

켈너, 더글라스. 김수정·정종희 역. 『미디어 문화』 서울: 새물결, 2003.

하비, 데이비드. 구동회·박영민 역. 『포스트모더니티의 조건』 서울: 한울, 1994.

Conn, Harvie M. "Introduction: Targeting: Linking Church to Urban Community." Harvie M. Conn ed. *Planting and Growing Urban Churches: From Dream to Reality*. Grand Rapids: Baker, 1997.

De Gruchy, John W. *Christianity, Art and Transformation: Theological Aesthetics in the Struggle for Justice*. Cambridge: Cambridge University Press, 2001.

Greenway, Roger S. "A Biblical Framework for Urban Missions." Roger S. Greenway & Timothy M. Monsma eds. *CITIES: Mission's New Frontier*. Grand Rapids: Bakers Books, 2000.

Linthicum, Robert C. "Networking: Hope for the Church in the City." Harvie M. Conn ed. *Planting* and Growing Urban Churches: From Dream to Reality. Grand Rapids: Baker, 1997.

Monsma, Timothy M. "The Urbanization of Our World." Roger S. Greenway & Timothy M. Monsma eds. CITIES: Mission's New Frontier. Grand Rapids: Bakers Books, 2000.

Pahl, Jon. Shopping Malls and Other Sacred Spaces: Putting God in Place. Grand Rapids: Brazos Press, 2003.

Peters, Ronald E. Urban Ministry: An Introduction. Nashville: Abingdon, 2007.

Tomlinson, John. Globalization and Culture. Cambridge: Polity Press, 1999.

United Nations. World Urbanization Prospects: the 1996 Revision. New York: United Nations, 1998.

6장 공공신학과 문화 변혁

김지철. "한국문화신학에 대한 비판." 기독교사상 편집부 편. 『한국의 문화와 신학』 서울: 대한기독교서회, 1992.

김철영. 『믿음과 삶의 윤리학』 서울: 장로회신학대학교출판부, 1994.

변선환. "한국에서 문화 선교신학의 과제." 기독교사상 편집부 편. 『한국의 문화와 신학』 서울: 대한기독교서회, 1992.

신국원. 『변혁과 샬롬의 대중문화론』 서울: IVP, 2004.

이형기. 『본회퍼의 신학사상』 서울: 장신대 출판부, 1987.

임성빈. "리처드 니버의 '응답의 윤리'." 『현대 기독교 윤리의 동향 1』 임성빈 외 6인. 서울: 예영커뮤니케이션, 1997.

_____. 『21세기 책임윤리의 모색』 서울: 장로회신학대학교출판부, 2002.

_____. "기독교적 문화관의 형성을 향하여." 문화선교연구원 편. 『문화 선교의 이론과 실제』 서울: 예영커뮤니케이션, 2011.

최인식. 『다원주의 시대의 교회와 신학』 서울: 한신연, 1996.

Armstrong, Jonathan. "The Church and World in Perspective: The Formation of H. Richard Niebuhr's Ethical Paradigm." Trinity Journal 27.1 (2006): 101.

Bradshaw, Bruce. Change Across Cultures. Grand Rapids: Baker Academic, 2002.

Brown, Peter. The Rise of Western Christendom. Oxford: Blackwell, 2002.

Carter, Craig A. Rethinking Christ and Culture Christ and Culture': A Post-Christendom Perspective. Grand Rapids: Brazos Press, 2006.

De Gruchy, John W. Christianity, Art and Transformation: Theological Aesthetics in the Struggle for Justice. Cambridge: Cambridge University Press, 2001.

Gorringe, T. J. Furthering Humanity: A Theology of Culture. Burlington: Ashgate Publishing Company, 2004.

Gunton, Colin. "Karl Barth and the Western Intellectual Tradition: Towards a Theology After Christendom." John Thompson ed. *Theology Beyond Christendom*. Eugene: Pickwick Publications, 1986.

Gustafson, James M. *Ethics From a Theocentric Perspective: Theology and Ethics*. Chicago: The University of Chicago Press, 1981.

_____. "Preface: An Appreciative Interpretation." H. Richard Niebuhr. *Christ & Culture*. New York: HarperCollins, 2001.

_____. "Introduction," H. Richard Niebuhr. *The Responsible Self: An Essay in Moral Philosophy*. New York: Harper & Row, 1999.

Hollenbach, David. *The Global Face of Public Faith*. Washington, D.C.: Georgetown University Press, 2003.

Marsden, George. "Christianity and Cultures: Transforming Niebuhr's Categories." *Insights: The Faculty Journal of Austin Seminary* 115 (1999): 4-15.

McFaul, Thomas R. "Dilemmas in H. Richard Niebuhr's Ethics." *The Journal of Religion* 54.1 (1974): 35-50.

Mudge, Lewis S. *The Church As Moral Community: Ecclesiology and Ethics in Ecumenical Debate*. Geneva: WCC, 1998.

Niebuhr, H. Richard. *The Social Sources of Denominationalism*. New York: Holt, 1929.

_____. "The Inconsistency of the Majority." *World Tomorrow* (1934): 43-44.

_____. *The Responsibility of the Church for Society and Other Essays by H. Richard Niebuhr*. Kristine A. Culp ed. Louisville: Westminster John Knox Press, 2008

_____. *Christ & Culture*. New York: HarperCollins, 2001.

_____. *The Responsible Self: An Essay in Moral Philosophy*. New York: Harper & Row, 1999.

_____. *Faith on Earth: An Inquiry into the Structure of Human Faith*. New Heaven: Yale University Press, 1989.

_____. *Theology, History, and Culture: Major Unpublished Writings*, William Stacy Johnson ed. New Heaven: Yale University Press, 1996.

Scriven, Charles. *The Transformation of Culture*. Scottdale: Herald Press, 1988.

Yeager, D. M. "The Social self in the Pilgrim Church." *Authentic Transformation: A New Vision of Christ and Culture*. Nashvillle: Abingdon Press, 1996.

Yoder, John Howard. "How H. Richard Niebuhr Reasoned: a Critique of Christ and Culture." Glen H. Stassen & D. M. Yeager & John Howard Yoder eds. *Authentic Transformation: A New Vision of Christ and Culture*. Nashville: Abingdon Press, 1995.

Wuthnow, Robert. *Christianity and Civil Society: the Contemporary Debate*. Valley Forge: Trinity Press International, 1996. 『기독교와 시민 사회』(기독교문서선교회 역간).

참
고
문
헌

433

7장 다원적 공론장과 기독교의 미학적 공공성

마르티니엘로, 마르코. 윤진 역. 『현대 사회와 다문화주의』 파주: 한울, 2002.

박충구. 『기독교 윤리사 II』 서울: 대한기독교서회, 2001.

스윈지우드, 앨런. 박형신·김민규 역. 『문화 사회학 이론을 향하여』 파주: 한울, 2004.

윤평중. 『푸코와 하버마스를 넘어서』 서울: 교보문고, 1997.

임성빈. 『21세기 책임윤리의 모색』 서울: 장로회신학대학교출판부, 2002.

하버마스, 위르겐. 한승완 역. 『공론장의 구조변동』 서울: 나남, 2001.

_____. 장춘익 역. 『의사 소통 행위 이론: 기능주의적 이성 비판을 위하여 2』 서울: 나남출판, 2006.

Bonhoeffer, Dietrich. *Sanctorum Communio: A Theological Study of the Sociology of the Church.* Minneapolis: Fortress Press, 1998.

_____. *Ethics.* Minneapolis: Fortress Press, 2005.

Cady, Linell E. "H. Richard Neibuhr and The Task of a Public Ttheology." *Anglican Theological Review* 72.4 (1990): 379-398.

De Gruchy, John W. *Christianity, Art and Transformation: Theological Aesthetics in the Struggle for Justice.* Cambridge: Cambridge University Press, 2001.

Garcia-Rivera, Alejandro. *The Community of the Beautiful.* Minnesota: the Liturgical Press, 1999.

Habermas, Jürgen. *The Future of Human Nature.* Cambridge: Polity Press, 2003.

Ingram, David. *Habermas and the Dialectic of Reason.* New Heaven: Yale University Press, 1987.

Plant, Stephen. *Bonhoeffer.* New York: Continuum, 2004.

Tanner, Kathryn. *Theories of Culture: A New Agenda for Theology.* Minneapolis: Fortress Press, 1997.

8장 대중문화의 상상력과 기독교문화의 공공성

리오타르, 장 프랑소와. 유정완·이삼출·민승기 역. 『포스트모던의 조건』 서울: 민음사, 1979.

박길성·함인희·조대엽. 『현대 한국인의 세대 경험과 문화』 서울: 집문당, 2005.

벨처, 짐. 전의우 역. 『깊이 있는 교회』 서울: 포이에마, 2011.

심광현. 『문화 사회와 문화 정치』 서울: 문화과학사, 2003.

유홍림. "서양 전통에서의 시민 덕성과 공공성." 『비평』 제17권 2007.

정수복. 『한국인의 문화적 문법』 서울: 생각의 나무, 2007.

존스톤, 로버트. 전의우 역. 『영화와 영성』 서울: IVP, 2003.

Hollenbach, David. *The Global Face of Public Faith.* Washington, D.C.: Georgetown University

Press, 2003.

Johnson, William Stacy. "Introduction." *Theology, History, and Culture: Major Unpublished Writings* William Stacy Johnson ed. New Heaven: Yale University Press, 1996.

Ward, Graham. *Cultural Transformation and Religious Practice*. Cambridge: Cambridge University Press, 2005.

Wolterstorff, Nicholas. *Art in Action: Toward a Christian Aesthetic*. Grand Rapids: Eerdmans, 1980. 『행동하는 예술』(IVP 역간).

Wuthnow, Robert. *Christianity and Civil Society: the Contemporary Debate*. Valley Forge: Trinity Press International, 1996. 『기독교와 시민 사회』(기독교문서선교회 역간).

Ziarek, Krzysztof. "The Social Figure of Art: Heidegger and Adorno on the Paradoxical Autonomy of Artworks." in Dorota Glowacka & Stephen Boos eds. *Between Ethics and Aesthetics*. New York: State University of New York Press, 2002.

<http://www.culturalaction.org>.

9장 공공신학과 영화비평 그리고 기독교 공론장

마쉬, 클라이브. & 가이 오르티즈. 김도훈 역. 『영화관에서 만나는 기독교 영성』 서울: 살림, 2007.

심영섭. "대중비평(Mass Criticism) 시대의 등장, 그리고 비평가와 대중의 거리." 『영화평론』 23 (2010).

오동진. "비평의 부활은 그 물질적 산업적 '조건'의 탐색과 함께." 『영화평론』 23 (2010).

오스터랜드, 마르틴. "사회에서 영화의 역할." 카르스텐 비테 편. 박홍식·이준서 역. 『매체로서의 영화』 서울: 이론과 실천, 1996.

윤성은. "한국 기독교 영화의 미학적 과제." 『장신논단』 43 (2011): 207-228.

존스톤, 로버트 K. 정의우 역. 『영화와 영성』 서울: IVP, 2003.

터너, 그래엄. 임재철 외 3인 공역. 『대중 영화의 이해』 서울: 한나래, 1994.

최성수. "인간 이해와 내러티브 그리고 영화." 『장신논단』 43 (2011): 157-182.

Johnston, Robert K. "Transformative Viewing: Penetrating the Story's Surface." Robert K. Johnston ed. *Reframing Theology and Film*. Grand Rapids: Michigan: Baker Academic, 2007.

Lyden, John. *Film as Religion: Myths, Morals, and Rituals*. New York: New York University Press, 2003.

_____. "Theology and Film: Interreligious Dialogue and Theology." Robert K. Johnston ed. *Reframing Theology and Film*. Grand Rapids: Michigan: Baker Academic, 2007.

Marsh, Clive. *Cinema and Sentiment*. Milton Keynes: Paternoster Press, 2004.

_____. "On Dealing with What Film Actually to Do People." Robert K. Johnston ed. *Reframing Theology and Film*. Grand Rapids: Michigan: Baker Academic, 2007.

참고문헌

김경우 외 3인. 『지역 사회 복지론』. 서울: 나눔의 집, 2009.

김세훈. "공공성에 대한 사회학적 이해." 김세훈 외 5인. 『공공성: 공공성에 대한 다양한 접근』. 파주: 미메시스, 2009.

고재길. "본회퍼의 [윤리학]에 나타난 생명의 개념과 선의 문제." 『선교와 신학』 29 (2012): 251-282.

마셜, T. H. 김윤태 역. 『시민권과 복지 국가』. 서울: 이학사, 2013.

박형진. "지구촌 기독교(World Christianity)의 등장과 그 개념화 작업." 『선교와 신학』 31 (2013): 11-39.

신경규. "통전적 관점에서 본 두 선교신학의 합치성 모색." 『선교와 신학』 29 (2012): 195-224.

송재룡. "종교사회학의 최근 테제: 탈세속화와 영성 사회학." 바른교회 아카데미 발제물 (2008, 7).

조흥식. "한국 복지 체제의 변천과 복지 국가의 요건: 바람직하고 지속 가능한 시민 복지 국가를 지향하며." 조흥식 편. 『대한민국, 복지 국가의 길을 묻다』. 서울: 이매진, 2012.

하버마스, 위르겐. 한승완 역. 『공론장의 구조변동』. 서울: 나남, 2001.

Baker, Christopher and Justin Beaumont. "Afterword: Postsecular Cities." Justin Beaumont & Christopher Baker eds. *Postsecular Cities: Space, Theory and Practice*. London: Continuum, 2011.

Graham, Elaine & Stephen Lowe. *What Makes A Good City?: Public Theology and the Urban Church*. London: Darton, Longman and Todd Ltd, 2009.

Hollenbach, David. *The Common Good and Christian Ethics*. Cambridge: Cambridge University Press, 2002.

Kim, Sebastian CH. *Theology in the Public Sphere*. Hymns Ancient and Modern Ltd, 2011.

Morton, Andrew R. "Duncan Forrester: A Public Theologian." William E. Strorrar & Andrew Morton ed. *Public Theology for the 21st Century*. London: T&T Clark, 2004.

Paddinson, Angus. "On Christianity as Truly Public." Justin Beaumont & Christopher Baker eds. *Postsecular Cities: Space, Theory and Practice*. London: Continuum, 2011.

Paeth, Scott R. "Religious Communities and Global Society: Moral Formation and Interreligious Cooperation in a Pluralistic Context." Deirdre King Hainsworth & Scott R. Paeth eds. *Public Theology for a Global Society*. Grand Rapids: Eerdmans, 2010.

Putnam, Robert D. *Making Democracy Work: Civic Traditions in Modern Italy*. Princeton: Princeton University Press, 1993.

Putnam, Robert D. & David E. Campbell. *American Grace: How Religion Divides and Unites Us*. New York: Simon & Schuster Paperbacks, 2010. 『아메리칸 그레이스』(페이퍼로드 역간).

Reimer, Johannes. "European Christian Renaissance and Public Theology." *European Journal of Theology* 20.2 (2011).

Shenk, Wilbert R. "World Christianity Today: North America." 『선교와 신학』 31 (2013): 89-119.

Ward, Graham. *Cultural Transformation and Religious Practice*. Cambridge: Cambridge University Press, 2005.

Wrogemann, Henning. "Secularized Europe and the Quest for a New Paradigm of Mission: Empirical Data and Missiological Reflections." 「선교와 신학」 31 (2013): 41-88.

11장 윤리적 소비 운동과 교회의 지역 선교

박창순·육정희. 「공정무역, 세상을 바꾸는 아름다운 거래」 서울: 시대의창, 2010.

보드리야르, 장. 이상률 역. 「소비의 사회: 그 신화와 구조」 서울: 문예출판사, 1991.

_____. 하태환 역. 「시뮬라시옹」 서울: 민음사, 2001.

슬레이터, 돈.·정숙경 역. 「소비 문화와 현대성」 서울: 문예출판사, 2000.

천규석. 「천규석의 윤리적 소비」 서울: 실천문학사, 2010.

12장 청소년 문제와 교회 교육의 공적 책임

남은경. "기독교교육: 유럽 개신교회 교육의 위기와 신앙전수의 통로들." 「신학과 선교」 43 (2013): 279-306.

박상진. "청소년을 품는 기독교교육: 청소년, 그들을 이해하고 그들의 고민을 해결하라." 「교육교회」 391 (2010): 14-20.

성석환. 「지역 공동체를 세우는 문화 선교」 서울: 두란노, 2011.

성열준 외. 「청소년 문화론」 서울: 양서원, 2011.

오윤선. "청소년 발달특성 문제에 관한 기독교 영성과 상담심리의 통합적 접근." 「복음과 상담」 11 (2008): 209-236.

_____. "청소년 스트레스 요인분석에 따른 기독교 상담학적 방안." 「복음과 상담」 8 (2007): 253-277.

주정관. "청소년 문화, 부적응, 자살에 대한 기독교 교육적 대안." 「개혁논총」 31 (2014): 289-320.

통계청. 「2017 청소년 통계」 (2017. 4.18).

13장 청년 문제와 한국교회의 공적 역할

고재길. "본회퍼의 [나를 따르라] 에 나타난 제자의 윤리." 「장신논단」 45.2 (2013): 117-143.

_____. 「한국교회, 본회퍼에게 듣다」 서울: 장로회신학대학교출판부, 2014.

바우만, 지그문트. 이수영 역. 「새로운 빈곤」 서울: 천지인, 2010.

본회퍼, 디트리히. 손규태·이신건 역. 「나를 따르라」 서울: 대한기독교서회, 2010.

오찬호. 「우리는 차별에 찬성합니다」 고양: 개마고원, 2013.

임성빈. "21세기 초반 한국교회의 과제에 대한 소고." 「장신논단」 47.2 (2015): 179-207.

월리스, 짐. 배덕만 역. 『그리스도인이 세상을 바꾸는 7가지 방법』. 파주: 살림, 2009.

지루, 헨리. 심성보·윤석규 역. 『일회용 청년: 누가 그들을 쓰레기로 만드는가』. 서울: 킹콩북, 2015.

한윤형. 『청춘을 위한 나라는 없다』. 서울: 어크로스, 2013.

Van Gelder, Craig & Dwight J. Zscheile. *The Missional Church in Perspective*. Grand Rapids: Baker Academic, 2011.

Unruh, Heidi Rolland & Ronald J. Sider. *Saving Souls, Saving Society*. Oxford: Oxford University Press, 2005.

14장 '청년 신학'을 위한 공공신학적 방법론

길혀홀타이, 잉크리트. 정대성 역. 『68운동: 서독, 서유럽, 미국』. 파주: 들녘, 2006.

김균진. 『기독교신학 1』. 서울: 새물결 플러스, 2014.

김민섭. "1910년대 후반 기독교 담론의 형성과 '기독청년'의 탄생." 『한국기독교의 역사』 제 38호(2013, 3), 177-203.

김상권. 『청년실종, 공동체성으로 공략하라』. 서울: 크리스천리더, 2012.

김진호. 『시민 K, 교회를 나가다』. 서울: 현암사, 2012.

바우만, 지그문트. 이수영 역. 『새로운 빈곤』. 서울: 천지인, 2013.

보겔, 피터. 배충효 역. 『청년실업 미래보고서』. 서울: 원더박스, 2016.

송제숙. 추선영 역. 『복지의 배신』. 서울: 이후, 2009.

지루, 헨리. 심성보, 윤석규 역. 『일회용 청년: 누가 그들을 쓰레기로 만드는가?』. 서울: 킹콩북, 2015.

키네먼, 데이비드. 이선숙 역. 『청년들은 왜 교회를 떠나는가』. 서울: 국제제자훈련원, 2015.

변미리, 오세일. "청년세대, 피안은 어디인가?" 서우석 외 3인 편. 『서울사회학』. 서울: 나남, 2017, 99-121.

성석환. "문화목회의 정의와 역사." 대한예수교장로회총회문화법인. 『문화목회를 말한다』. 서울: 대한기독교서회, 2017, 14-55.

성석환. "한국 사회의 청년 문제와 한국교회의 과제-'후기 세속 사회'의 공공신학적 관점에서." 『장신논단』 48-2 (2016, 6), 95-121.

송호근. 『시민의 탄생: 조선의 근대와 공론장의 지각 변동』. 서울: 민음사, 2013.

양희송. 『가나안 성도 교회 밖 성도』. 서울: 포이에마, 2014.

오준호. 『기본소득이 세상을 바꾼다』. 고양: 개마고원, 2017.

오찬호. 『우리는 차별에 찬성합니다』. 고양: 개마고원, 2013.

우석훈, 박권일. 『88만원 세대』. 서울: 레디앙미디어, 2007.

이성재. 『68운동』. 서울: 책세상, 2009.

이영운. "기독청년! 어디로 가고 있는가!: 기독청년의 신앙생활." 『기독교교육정보』 제 43집(2014, 12), 235-264.

임성빈. "21세기 초반 한국교회의 과제에 대한 소고-공공신학적 관점에서." 「장신논단」 47-2(2015), 179-207.

임성빈. 「21세기 책임 윤리의 모색」. 서울: 장로회신학대학교, 2002.

정재영. 「교회 안나가는 그리스도인: 가나안 성도를 어떻게 이해할 것인가」. 서울: IVP, 2015.

조한혜정, 엄기호 외. 「노오력의 배신」. 서울: 창비, 2016.

중앙일보 청춘리포트 팀. 「청춘 리포트」. 서울: 맥스 미디어, 2016.

천주희. 「우리는 왜 공부할수록 가난해지는가」. 파주: 사이행성, 2016.

한국갤럽조사연구소. 「한국인의 종교 1984-2014」. 서울: 한국갤럽조사연구소, 2015.

한국청소년정책연구원. 「청년 사회, 경제 실태 및 정책방안 연구」. 세종: 참기획, 2016.

히노 에이타로, 이소담 역. 「아, 보람 따위 됐으니 야근수당이나 주세요」. 서울: 오우아, 2014.

Bauman, Zygmunt. *Wasted Lives: Modernities and its Outcasts*. Cambridge: Polity Press, 2004.

Bevans, Stephen B. *Models of Contextual Theology*. New York: Orbis, 1992.

Chung, Paul S. *Postcolonial Public Theology*. Eugene: Cascade Books, 2016.

Day, Katie and Sebastian Kim. "Introduction." *A Companion to Public Theology*. Boston: Brill, 2017.

Sebastian, Kim. *Theology in the Public Sphere*. London: SCM, 2011.

Paeth, Scott R. *Exdus Church and Civil Society*. New York: Routledge, 2008.

Vanhoozer, Kevin J. "Theology and the Condition of Postmodernity." in *The Cambridge Companion to Postmodern Theology*. Kevin J. Vanhoozer ed. Cambridge: Cambridge University Press, 2003, 3-25.

<http://news.donga.com/3/all/20170713/85330511/1#csidx22637a5b0b26c96af1ce0ee6084567e [2018년 6월 15일 접속]>.

<http://www.hankookilbo.com/v/4aaf1ca9d8ab411e924e3432f9765c9c [2018년 6월 15일 접속]>.

<http://biz.chosun.com/site/data/html_dir/2018/06/15/2018061500740.html [2018년 6월 15일 접속]>.

<http://news.khan.co.kr/kh_news/khan_art_view.html?artid=201509241332421&code=940100 [2018년 6월 15일 접속]>.

<http://www.ohmynews.com/NWS_Web/View/at_pg.aspx?CNTN_CD=A0001786182 [2018년 6월 15일 접속]>.

<http://www.weeklytoday.com/news/articleView.html?idxno=54039 [2018년 6월 15일 접속]>.

<http://news.naver.com/main/read.nhn?mode=LSD&mid=sec&oid=021&aid=0002327340&sid1=001 [2018년 6월 15일 접속]>.

<http://www.yonhapnews.co.kr/bulletin/2017/09/20/0200000000AKR20170920052700017.HTML?input=1195m [2018년 6월 15일 접속]>.

<http://www.nanum.com/site/act_manifesto/36564 [2018년 6월 15일 접속]>.

<http://m.newsnjoy.or.kr/news/articleView.html?idxno=212517 [2018년 6월 15일 접속]>.

<http://www.munhwa.com/news/view.html?no=2017051801032539173001 [2018년 6월 15일 접속]>.

15장 칼뱅의 문화목회와 제네바 도시 선교의 공공성

구혜영. "지역 사회의 문화 복지 정책개발에 관한 연구." 『한국지역 사회 복지학』 14 (2004): 249-281.

김경우 외 3인. 『지역 사회 복지론』 서울: 나눔의 집, 2009.

김옥순. "칼빈의 디아코니(Diakonie)." 한국칼빈학회 편. 『칼빈연구』 서울: 한국장로교출판사, 2004.

그래함, 프레드. 김영배 역. 『건설적인 혁명가 칼빈』 서울: 생명의말씀사, 1995.

맥그래스, 알리스터. 박규태 역. 『종교개혁시대의 영성』 서울: 좋은씨앗, 2005.

박경수. 『교회의 신학자 칼뱅』 서울: 대한기독교서회, 2009.

베버, 오토. 김영재 역. 『칼빈의 교회관』 서울: 풍만출판사, 1995.

신현수. "칼빈 신학에 있어서 교회의 사회정치적 책임." 요한칼빈탄생 500주년 기념사업회 편. 『칼빈의 목회와 윤리, 사회 참여』 서울: SFC, 2013.

월레스, 로날드. 박성민 역. 『칼빈의 사회 개혁 사상』 서울: 기독교문화선교회, 1995.

조용훈. "생태적 도시공동체 형성을 위한 지역 교회의 과제." 『한국기독교신학논총』 74.1 (2011): 247-270.

카이퍼, 아브라함. 김기찬 역. 『칼빈주의 강연』 서울: 크리스챤다이제스트, 1996.

칼뱅, 장. 성문출판사 편집부 역. 『영한 기독교강요 I, II, III, IV』 서울: 성문출판사, 1993.

Benedict, Philip. "Calvin and the Transformation of Geneva." Martin Ernst Hirzel & Martin Sallmann eds. *John Calvin's Impact on Church and Society 1509-2009*. Grand Rapids: Eerdmans, 2009.

Davey, Andrew & Elaine Graham, "Inhabiting the Good City." Justin Beaumont & Christopher Baker eds. *Postsecular Cities: Space, Theory and Practice*. London: Continuum, 2011.

De Gruchy, John W. "Calvin(nism) and Apartheid in South Africa in the Twentieth Century: The Making and Unmaking of a Radical Ideology." Irena Backus & Philip Benedic, eds., *Calvin & His Influence, 1509-2009*. (New York: Oxford University Press, 2011.

Dyrness, William A. *Reformed Theology and Visual Culture*. Cambridge: Cambridge University Press, 2004.

Edgar, William. "The Arts and the Reformed Tradition." David W. Hall & Marvin Padgett eds. *Calvin and Culture*. New Jersey: P&R Publishing Company, 2010.

Fuchs, Eric. "Calvin's Ethics." Martin Ernst Hirzel & Martin Sallmann eds. *John Calvin's Impact on Church and Society 1509-2009*. Grand Rapids: Eerdmans, 2009.

Kingdon, Robert M. "Calvinism and Social Welfare." *Calvin Theological Journal* 17.2 (1982): 212-230.

Naphy, William. "Calvin's Church in Geneva." Irena Backus & Philip Benedict eds., *Calvin & His*

Influence, 1509-2009. New York: Oxford University Press, 2011.

Pattison, Bonnie L. *Poverty in the Theology of John Calvin.* Eugene: Pickwick Publications, 2006.

Peters, Ronald E. *Urban Ministry.* Nashville: Abingdon, 2007.

Storrar, William. "2007: A Kairos Moment for Public Theology." *International Journal of Public Theology* 1.1 (2007): 5-25.

Van Til, Henry R. *The Calvinistic Concept of Culture.* Grand Rapids: Baker, 1972.

16장 루터의 '두 왕국(정부)론'에 대한 공공신학적 이해

김주한. "루터 종교개혁의 문화적인 의미." 『종교와 문화』 8집(2002, 6), 163-182.

_____. "마르틴 루터 신학에서 공공성의 가치." 『한국교회사학회지』 19집(2006), 63-92.

_____. "마르틴 루터의 정치신학에서의 자유의 가치." 『한국교회사학회지』 13집(2003), 173-198.

_____. "종교개혁은 교파분열의 발단인가?" 『한국교회사학회지』 28집(2011), 192-221.

니버, H. 리처드. 『그리스도와 문화』 서울: IVP, 2007.

딜렌버거, 존. 『루터 저작선』 서울: 크리스천다이제스트, 1994.

로제, 베른하르트. 정병식 역. 『마틴 루터의 신학』 서울: 한국신학연구소, 2002.

맥그래스, 앨리스터 E. 『루터의 십자가 신학: 마르틴 루터의 신학적 돌파』 서울: 컨콜디아사, 2015.

바르트, 한스-마르틴. 정병식, 홍지훈 역. 『마르틴 루터의 신학』 서울: 대한기독교서회, 2015.

스피치, W 루이스. 『종교개혁사』 서울: CLC, 1983.

이진구. "한국 개신교 지형의 형성과 교파정체성: 장로교, 감리교, 성결교를 중심으로." 『종교문화비평』 22권(2012), 51-87.

이형기. 『세계교회사 II』 서울: 한국장로교출판사, 1994. 참조 <http://www.nocutnews.co.kr/news/4620791 [Accessed July 15, 2016]>.

Anizor, Uche & Hank Voss, *Representing Christ: A Vision for the Priesthood of All Believers.* Downers Grove: IVP Academy, 2016.

Brietenberg, E. H. "What is Public Theology?," in D. K. Hainsworth and S. R. Paeth eds. *Public Theology for a Global Society.* Grand Rapids: Eerdmans, 2010, 3-17.

Cady, Linell E. "Public Theology and the Postsecular Turn." *International Journal of Public Theology.* 8(2014), 292-312.

Casanova, José. *Public Religions in the Modern World.* Chicago, The University of Chicago Press, 1994.

Case-Winters, Anna. "Learning from Luther: Reformed Appropriations and Differentiatioins." in Piotr J. Malysz and Derek R. Nelson eds. *Luther Refracted: The Reformer's Ecumenical Legacy.* Minneapolis: Fortress Press, 2015, 275-298.

Furgusson, David. "The Reformed Tradition and the Virtue of Tolerance" in William E. Strorrar & Andrew Morton ed. *Public Theology for the 21st Century* London: T&T Clark, 2004, 107-121.

Graham, Elaine. *Between a Rock and a Hard Place.* London: SCM Press, 2013.

Guder, Darrell L. *Missional Church: A Vision for the Sending of the Church in North America.* Grand Rapids: Eerdmans, 1998.

Latourette, Kenneth Scott. *A History of Christianity II: Reformation to the Present.* Peabody: Prince Press, 1953, 1975.

Montover, Nathan. *Luther's Revolution: The Political Dimensions of Martin Luther's Universal Priesthood.* Eugene: Pickwick Publications, 2011.

Niebuhr, H. Richard. *The Social Sources of Denominationalism.* Cleveland: the World Publishing Company, 1929, 1957.

Niebuhr, Reinhold. *The Nature and Destiny of Man II: Human Destiny.* New York: Chanrles Scribner's Sons, 1941.

Oberman, Heiko A. *The Impact of the Reformation.* Grand Rapids: Eerdmans Publishing Company, 1994.

Pearson, Clive. "What is Public Theology?." Public and Contextual Theology Strategic Research Centre.<https://www.csu.edu.au/_data/assets/pdf_file/0010/788590/What_is_Public_Theology.pdf [2016. 7. 22 접속]>.

Richey, Russell E. *Denominationalism.* Nashville: Abingdon Press, 1977.

Richey, Russell E. "Denominations and Denominationalism: An American Morphology." in Robert Bruce Mullin and Russell E. Richey ed. *Reimaging Denominationalism.* Oxford: Oxford University Press, 1994, 74-98.

Richey, Russell E. "'Catholic' Protestantism and American Denominationlism." in *Denomination-alsim: Illustrated and Explained.* Eugene: Cascade Books, 2013, 13-33.

Steinmetz, Divid C. *Luther in Context.* Grand Rapids: Baker Academic, 2002.

Troeltsch, Ernst. *Die Soziallehren der christilichen Kirchen und Gruppen*(1911). Olive Wyon. trans. *The Social Teaching of the Christian Churches II.* Chicago: The University of Chicago Press, 1976.

Wright, William J. *Martin Luther's Understanding of God's Two Kingdoms.* Grand Rapids: Baker Academic, 2010.

17장 만인사제론의 공공신학적 실천과 선교적 교회

김주한. "마르틴 루터의 신학에서 공공의 가치: 그의 사회 복지 정책의 이론적인 토대 탐구." 「한국교회사학회지」 19 (2006): 63-92.

구더, 대럴 L. 정승현 역. 「선교적 교회」 인천: 주안대학원대학교출판부, 2013.

뉴비긴, 레슬리. 홍병룡 역. 『오픈 시크릿』. 서울: 복있는사람, 2012.

_____. 홍병룡 역. 『다원주의 사회에서의 복음』. 서울: IVP, 1998.

딜렌버거, 존. 이형기 역. 『루터 저작선』. 서울: 크리스챤다이제스트, 1994.

록스버러, 알란. "선교적 리더십: 하나님의 백성을 선교를 위해 준비시키다." 대럴 L. 구더 편. 정승현 역. 『선교적 교회』. 인천: 주안대학원대학교출판부, 2013.

몰트만, 위르겐. 김균진 역. 『생명의 영』. 서울: 대한기독교서회, 1992.

밴 겔더, 크레이그 & 드와이트 샤일리. 최동규 역. 『선교적 교회론의 동향과 발전』. 서울: 기독교문화선교회, 2015.

성석환 편. 『선교적 교회의 오늘과 내일』. 서울: 예영커뮤니케이션, 2016.

아비스, 폴. 이기문 역. 『종교개혁자들의 교회관』. 서울: 컨콜디아사, 1987.

양권석. "성공회의 직제 이해와 평신도." 이형기 편. 『교회의 직제론과 평신도론』. 서울: 장로회신학대학교출판부, 2001.

옥덴, 그레그. 송광택 역. 『새로운 교회개혁 이야기』. 서울: 미션월드라이브러리, 1998.

이도영. "공동체성과 공공성을 회복하는 선교적 교회." 성석환 편. 『선교적 교회의 오늘과 내일』. 서울: 예영커뮤니케이션, 2016.

이형기. "종교개혁과 평신도." 이형기 편. 『교회의 직제론과 평신도론』. 서울: 장로회신학대학교출판부, 2001.

잉글랜드 성공회 선교와 사회 문제 위원회. 브랜든 선교 연구소 역. 『선교형 교회』. 서울: 비아, 2016.

콜린슨, 패트릭. 이종인 역. 『종교개혁』. 서울: 을유문화사, 2013.

프로스트, 마이클 & 알란 허쉬. 지성근 역. 『새로운 교회가 온다』. 서울: IVP, 2009.

훈스버거, 게오르그. "선교적 사명: 하나님의 통치를 나타내기 위한 부르심과 보내심." 대럴 L. 구더 편. 정승현 역. 『선교적 교회』. 인천: 주안대학원대학교출판부, 2013.

Anizor, Uche & Hank Voss. *Representing Christ: A Vision for the Priesthood of All Believers*. Downers Grove: IVP Academy, 2016.

Goodhew, David & Andrew Roberts & Michael Volland. *Fresh!: An Introduction to Fresh Expressions of Church and Pioneer Ministry*. London: SCM, 2012.

Montover, Nathan. *Luther's Revolution: The Political Dimensions of Martin Luther's Universal Priesthood*. Eugene: Pickwick, 2011.

Min, Anselm Kyongsuk. *The Solidarity of Others in a Divided World*. New York: Bloomsbury T&T Clark, 2004.

Roxburgh, Alan J. & M. Scott Boren. *Introducing the Missional Church*. Grand Rapids: Baker, 2009. 『선교적 교회 입문』(올리브나무 역간).

Walker, John. *Testing Fresh Expressions: Identity and Transformation*. Surrey: Ashgate, 2014.

<www.freshexpressions.org.uk>.

결론: 한국에서 공공신학자로 살아간다는 것

버거, 피터 L. 노상미 역. 『어쩌다 사회학자가 되어』 서울: 책세상, 2012.

샤피로, 이언. 노승영 역. 『정치의 도덕적 기초』 서울: 문학동네, 2017.

샌델, 마이클. 안진환·김선욱 역. 『정치와 도덕을 말하다』 서울: 와이즈베리, 2016.

성석환. "지역 공동체를 지향하는 선교의 공공성 연구: '후기 세속 사회'의 종교 담론을 중심으로." 『선교와 신학』 37 (2015): 13-43.

아렌트, 한나. 이진우·태정호 역. 『인간의 조건』 파주: 한길사, 1996.

월리스, 짐. 박세혁 역. 『하나님 편에 서라』 서울: IVP, 2014.

프레이저, 낸시. 김원식 역. 『지구화 시대의 정의』 서울: 그린비, 2010.

Brietenberg, E. H. "What is Public Theology?" Deirdre King Hainsworth & Scott R. Paeth eds. *Public Theology for a Global Society*. Grand Rapids: Eerdmans, 2010.

Brueggemann, Walter. *God, Neighbor, Empire*. Waco: Baylor University Press, 2016.

Cady, Linell E. "Public Theology and the Postsecular Turn." *International Journal of Public Theology* 8.3 (2014): 292-312.

Calhoun, Craig & Mark Juergensmeyer & Jonathan Van Antwerpen. "Introduction." Craig Calhoun & Mark Juergensmeyer & Jonathan Van Antwerpen eds. *Rethinking Secularis*. Oxford: Oxford University Press, 2011.

Casanova, José. *Public Religions in the Modern World*. Chicago: The University of Chicago Press, 1994.

Chung, Paul S. *Postcolonial Public Theology*. Eugene: Cascade Books, 2016.

Habermas, Jürgen. "An Awareness of What is Missing." Jürgen Habermas et al. *An Awareness of What is Missing: Faith and Reason in a Post-Secular Age*. Cambridge: Polity Press, 2010.

Hollenbach, David. *The Common Good and Christian Ethics*. Cambridge: Cambridge University Press, 2002.

Kim, Sebastian CH. *Theology in the Public Sphere*. Hymns Ancient and Modern Ltd, 2011.

Paeth, Scott R. *Exodus Church and Civil Society*. New York: Routledge, 2008.

Pearson, Clive. "What is Public Theology?" Public and Contextual Theology Strategic Research Centre. <(https://bit.ly/2EEVWxn) [2018. 4. 12 접속]>.

Richey, Russell E. *Denominationalism*. Nashville: Abingdon Press, 1977.

Riordan, Patrick. *A Grammar of the Common Good*. London: Continuum, 2008.

Rowlands, Anna. "The Language of the Common Good." Nicholas Sagovsky & Peter McGrail eds. *Together fro the Common Good: Towards a National Conversation*. London: SCM, 2015.

Taylor, Charles. "Why We Need a Radical Definition of Secularism." Eduardo Mendieta & Jonathan VanAntwerpen & Craig Calhoun eds. *The Power of Religion in the Public*

Sphere. New York: Columbia University Press, 2011.

Wallis, Jim. *The (Un)Common Good*. Grand Rapids: Brazos Press, 2014.

Willis, Jim. "Germans Are Welcoming Refugees as a Way to Honor Luther's Legacy." *Christianity Today* (2017.8): 69-73.

공공신학과 한국 사회

후기 세속 사회의 종교 담론과 교회의 공적 역할

Copyright ⓒ 성석환 2019

1쇄 발행 2019년 2월 28일

지은이 성석환
펴낸이 김요한
펴낸곳 새물결플러스

편 집 왕희광 정인철 박규준 노재현 한바울 정혜인 이형일
　　　　서종원 나유영
디자인 이성아 이재희 박슬기 이새봄
마케팅 박성민 이윤범
총 무 김명화 이성순
영 상 최정호 조용석 곽상원
아카데미 차상희

홈페이지 www.holywaveplus.com
이메일 hwpbooks@hwpbooks.com
출판등록 2008년 8월 21일 제2008-24호
주 소 (우) 07214 서울특별시 영등포구 양평로 11, 4층(당산동5가)
전 화 02) 2652-3161
팩 스 02) 2652-3191

ISBN 979-11-6129-102-4 03230